吉林大学"哲学—社会学一流学科"教授自选集

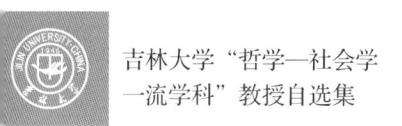

转型中的社会组织

崔月琴 著

Social Organizations in Transition

中国社会科学出版社

图书在版编目（CIP）数据

转型中的社会组织/崔月琴著.—北京：中国社会科学出版社，2020.6

（吉林大学"哲学—社会学一流学科"教授自选集）

ISBN 978-7-5203-5363-2

Ⅰ.①转… Ⅱ.①崔… Ⅲ.①社会组织—发展—研究—中国 Ⅳ.①C912.21

中国版本图书馆 CIP 数据核字（2019）第 230559 号

出版人	赵剑英
责任编辑	朱华彬
责任校对	张爱华
责任印制	张雪娇

出　　版	中国社会科学出版社
社　　址	北京鼓楼西大街甲 158 号
邮　　编	100720
网　　址	http://www.csspw.cn
发 行 部	010-84083685
门 市 部	010-84029450
经　　销	新华书店及其他书店

印刷装订	北京市十月印刷有限公司
版　　次	2020 年 6 月第 1 版
印　　次	2020 年 6 月第 1 次印刷

开　　本	710×1000　1/16
印　　张	23.75
插　　页	2
字　　数	383 千字
定　　价	148.00 元

凡购买中国社会科学出版社图书，如有质量问题请与本社营销中心联系调换
电话：010-84083683
版权所有　侵权必究

目 录

导论：中间社会的发育与社会治理新格局 ……………………… 1

第一编 社会变迁：个人与组织的变革

回到社会：非政府组织研究的社会学视野 …………………… 21

自由职业者的从业选择与从业方式探析
　　——以社会变迁中个人与组织关系为视角 ………………… 31

从"单位人"到"自由人"
　　——我国自由职业者生存特征的社会学分析 ……………… 45

韦伯对合理性悖论的反思
　　——现代性问题研究的起点 ………………………………… 57

有限理性思路的扩展与补充
　　——基于组织决策视野中的思考 …………………………… 67

第二编 社会转型："中间社会"的发育

后单位时代社会管理组织基础的重构
　　——以"中间社会"的构建为视角 ………………………… 79

转型期中国社会组织发展的契机及其限制 ………………… 92

新时期中国社会管理组织基础的变迁 ……………………… 104

再组织化过程中的地缘关系
　　——以地缘性商会的复兴和发展为视角 …………………… 112

转型社会的组织基础再造
——以律师事务所为例 …………………………………… 126

第三编　社会变革：社会组织的困境

转型期社会组织的价值诉求与迷思 ………………………………… 141

社会组织的发育路径及其治理结构转型 ……………………………… 155

社会治理创新背景下社会组织的资源困局 …………………………… 171

社会管理的组织化路径
——社区民间组织的"均衡化"发展 …………………………… 185

社会组织治理结构的转型
——基于草根组织卡理斯玛现象的反思 ………………………… 198

"双重脱嵌"：外源型草根NGO本土关系构建风险
——以东北L草根环保组织为个案的研究 ……………………… 213

嵌入式基金会社会化转型的困境
——基于组织场域视角的个案分析 ……………………………… 225

从国家法团到社会法团：官办NGO改革路径的再思考
——基于J省官办基金会的调查 ………………………………… 243

转型期宗教慈善发展的困境及路径选择 ……………………………… 258

第四编　社会治理：社会主体的协同

以治理为名：福柯治理理论的社会转向及当代启示 ………………… 273

草根NGO如何推进农村社区的新公共性建构
——基于吉林通榆T协会的实践探索 …………………………… 288

"村改居"进程中农村社区"公共性"的重建及其意义 ……………… 305

城镇化进程中农村社区"新公共性"的萌发与营造
——基于吉林省坪村的实地研究 ………………………………… 319

第五编 社会创新：社会主体的实践

社会组织管理模式变迁及创新路径 …………………………… 333

支持性评估与社会组织治理转型
　　——基于第三方评估机构的实践分析 …………………… 347

组织衍生型社会企业的实践逻辑及其反思
　　——以长春心语协会的发展为例 ………………………… 358

后　记 ………………………………………………………………… 372

导论：中间社会的发育与社会治理新格局

中国社会自1978年实施改革开放以来，发生了巨大的变化。一方面，传统的单位体制的逐渐消解，单位社会的变迁，政府简政放权的改革，使社会空间得到了极大的拓展；另一方面，伴随市场经济的发展，私营企业主、个体工商业者、自由职业者、下岗工人、涌入城市的农民工等松散个体的大量出现，社会原子化现象呈现，使社会的再组织化成为必然。因此，从20世纪80年代后期开始，社会结构的变迁，导致了传统社会秩序的紊乱，单位制的管理体制已难以适应社会变迁的需要，国家权力自上而下的社会管制难以适应社会的现实需求。社会层面大量涌现的社会团体、公益组织、社会服务机构成为新的社会增长点，新兴的社会组织大量涌现，社会力量不断增长，社会活力逐步增强。纵观40年来中国社会的变革，一个重要的不可忽视的观察视角，就是国家与社会关系的变化，从一个全能国家和总体性社会的管控模式向多元主体的共建模式转变。在新时代社会治理的背景下，中国社会正在努力建设一个由党委领导、政府负责、社会协同、公众参与、法制保障的社会治理新格局，逐步形成多元社会主体共建共治共享的社会生态。

从社会学的角度透视改革开放40年来中国社会的变迁，研究的理论视角和现实观照是多层面的。近十几年来，我在社会学领域的探索和研究，主要是以国家与社会关系为视角，运用组织社会学、社会行动、社会治理等相关理论对社会组织的发育和发展进行长期深入的个案分析和理论探索，发表了相关学术论文30余篇。通过梳理以往的研究成果，归纳一些自己的学术理解和认识，可以清晰地提炼出几个重要的核心问题，这些问题成为我研究中国社会变迁和社会组织发育发展的主线。

一 关于"中间社会"的形成和建构问题

对于中国社会长时段的历史发展来说,单位体制是新中国成立后建构的一个特色体制,是新中国社会整合和社会秩序形成的重要机制。在单位体制下,单位组织扮演着中间社会的角色,发挥着联结国家和个人的纽带作用并形成了强有力的社会管控机制。那么,在单位体制变革的历史转型中,考察社会结构的变迁与重构,这是一个极具时代性的理论和现实命题。

"中间社会"构成考察中国社会改革与变迁的重要维度。"在社会学理论传统和国内外既有研究的基础上,提炼出'中间社会'这样一个中观的理论概念,其目的在于从社会结构的角度来审视国家与社会,社会与个人的关系,借以思考中国社会结构变迁带来的社会管理组织基础的重构问题,这对社会学理论本身是一种推动,同时'中间社会'包含着十分丰富的社会实践内涵,有助于结合社会实践的具体情景思考中国社会进入后单位时期社会管理的组织基础问题。"[①]

"中间社会"概念主要源自古典社会学家面对社会变迁,而阐发的理论观点。社会学的创立者奥古斯特·孔德(Auguste Comte)在《实证哲学教程》中指出了"中间社会"(intermediate society)的重建对于社会秩序的重要意义,认为"中间社会"可以协调人的感情,帮助人们承认国家治理者的权威,节制权贵的专横和利己行为,教育人们热爱他人,对社会、对集体履行自己的责任与义务,克服原子化个体的利己思想,保证维持社会的共存与有序发展。[②] 涂尔干在《社会分工论》的第二版序言中则提出以职业团体来确立个体之间的社会联结,建立"国家—职业团体—个人"这样的三层次社会宏观结构体系,为社会秩序和社会道德重建提供组织基础。[③]

---

① 崔月琴:《后单位时代社会管理组织基础的重构——以"中间社会"的构建为视角》,《学习与探索》2010年第4期。
② Robert A. Nisbet, "the French Revolution and the Rise of Sociology in France," *The American Journal of Sociology*, Vol.49, No.2, September1943, pp.156-164.
③ [法]涂尔干:《社会分工论》,渠东译,生活·读书·新知三联书店2005年版序言。

社会学学科的建立正是在现代社会的变迁中引发对社会结构、社会行动、社会关系的思考。在社会变迁中如何重建社会秩序，如何联结国家与个体之间的关系，如何加强社会团结，古典社会学家对此给予了充分的关注，提出了中间社会建构的意义所在。

20世纪80年代以来，中国社会结构变迁的历史事实，为自下而上的中间社会的兴起和形成提供了现实依据。新中国成立以来，建立起由党和国家主导的、以公有制为主体的单位制的管理模式，形成了这一时期中国社会整合和社会秩序建构的重要机制，即"国家—单位—个人"的纵向管理体制。位于中观层面的单位扮演着"中间社会"的角色，形成了国家体制下以纵向管理为主导的强有力的社会管控机制。单位组织承载着政党、国家、社会等多重角色和功能，成为联结国家与个人的纽带，而以职业和社会需求自主联结的"中间社会"没有真正形成。从1978年中国实行改革开放之后，单位社会作为一种社会运行方式和管理机制走向了解体。单位组织的结构、功能发生许多重大变化，单位不再是一个无所不包、全能式的组织形态，它的一些社会功能开始转移。那种基于"国家—单位—个人"的社会管理体制已经完成了它的历史使命，在中国社会结构变迁中实现着新的转换。中间社会也随着这种历史性的、结构性的变革而获得发展的空间，以职业、学业、兴趣、需求而自发组织起来的社会组织重获新生。在国家政治、经济、社会体制改革的带动下，中国社会逐渐开始复苏并且不断焕发活力。社会力量与社会的自主空间得到有力的拓展。据民政部发布的统计季报（2019年1季度）数据显示，全国依法登记的社会组织近82.6万个，其中社会团体36.8万个、社会服务机构45.1万个、基金会7183个，另外还有城乡基层群众自治管理的社区社会组织300多万个。

中国社会在朝向现代化迈进中，既需要国家的经济实力，政治引导，也更需要社会的有序与"中间社会"的发达。中间社会包括一系列可以把公民组织起来的基层自组织、社会团体、公益组织等。这些组织将构成有序社会的组织基础，是社会良性互动的必要环节，也是解决社会问题，满足社会需求的重要的组织力量。但是也应该认识到这些组织必须在正确的指导下运行，才能发挥促进社会和谐推动社会进步的积极作用，因此再造"中间社会"和有序地引导和管理"中间社会"是和谐社会建设中同样举足轻重的议题。①

在中间社会的研究和分析中,我们既关注着中国社会结构变迁带来的中间社会的新的形态及与现代社会的需求与关联,同时在对各类组织的研究中运用默顿的关于中层理论研究的策略,从社会组织个案出发,运用相应具体的概念,并结合地域特点做具体的分析,提出相应的策略和组织行动。社会学的中层理论引导我们关注的,是从中观的组织层面来认识和分析新的组织形式——社会组织在社会转型中的发育、发展及面临的问题,他们的社会组织化机制、价值诉求等方面的相关问题。

二　社会组织的生成路径及发展面临的问题

对于中国改革开放 40 年来社会组织的爆发式增长来说,既与"全球性结社革命"的影响紧密联系,也与中国社会变迁与社会转型密切相关。社会组织的生长路径和发展模式在受到国际社会影响的同时也深嵌于中国社会历史与现实的具体情境之中,表现出特有的发育路径和组织结构模式。正是由于历史和体制转换等因素,使社会组织在不同路径的生长中呈现出各不相同的特征和方式,虽然各类社会组织在其发育和发展中有其不同的价值追求,体现出非营利性、自主性和自愿性,但在其组织发展运行中也呈现出价值的迷思。在以往的研究中我们对此给予了一定的关注,并围绕着社会组织的生成路径及价值诉求与迷思展开相关的思考。

1. 关于社会组织的生成路径及治理结构特征

基于学术界已有的研究成果,我们结合长期的个案调研积累,对社会组织的发育路径和治理特征进行了类型学划分,概括为"自上而下型""自下而上型"和"外部输入型"三种类型。循着不同的路径生成和发展起来的社会组织,其组织结构和制度机制呈现较大的差异,使其组织运行、组织的社会功效及治理结构也大相径庭,表现出不同的特征。②

---

① 崔月琴:《后单位时代社会管理组织基础的重构——以"中间社会"的构建为视角》,《学习与探索》2010 年第 4 期。

② 崔月琴、沙艳:《社会组织的发育路径及其治理结构转型》,《福建论坛》2015 年第 10 期。

其一,"自上而下型"组织,是依据社会组织成立及运行的轨迹,将那些由政府机构转变而来,依托政府资源,并运用行政权力实施管理的社会组织类型。其组织结构是自上而下型的官僚式行政化治理,具有依附政治权力的结构特征。有学者将这一类型的组织归为法团主义理论的权威学者菲利普·C.史密特提出的"国家法团主义"类型。"在中国,由国家主义集权方式向法团主义方式的过渡可以说是一种新的制度安排。正是由于这样一种制度的实施,在20世纪末期,自上而下形成的社会团体大量出现,即有各种形式的基金会,还有以行业类别组建的各种协会和商会。在国家与社会的新型关系建构中,国家威权始终发挥着主导作用,一方面,给予社会以自主性的空间,允许新兴社团的产生和发展;另一方面,虽然这些社团组织在形式上注册为非政府组织,但在人、财、物等方方面面仍依附于所从属的政府机构,组织中的领导人大多是由现职所在部门领导担任,对于大多数官方社团来说,由国家和各级政府领导人担任会长,由政府主管机关下拨活动经费、人员编制、办公设施等,使社会组织成为政府领导下的附属机构,或被人们称为'二政府'。"这种以行政化为主导的科层化治理机制,仍然延续着国家行政机关自上而下的管理职能,实质仍然代表官方意志行使着行政化管理的权力。这类社团组织所面临的问题,主要是组织缺乏自主性和活力,社会服务能力弱等。在近年来的社会组织治理转型中,正在就这些问题采取一系列的改革措施:一是与政府相关机构脱钩,摆脱行政化的束缚,二是断粮断奶面向社会,自主生存。对这类社会组织的社会化治理转型是其必然的发展方向,但在社会发育还不够充分的条件下,国家应在社会改革的顶层设计上合理布局,在政策上给予引导,在制度上明确定位,才能使这类社会组织继续生存并健康、有序地发展,成为稳定社会秩序、维护行业团结、建立职业道德的基础社会力量。

其二,"自下而上型"组织,即是指那些由非凡魅力和能力的领袖发起和成立的草根组织,依靠组织精英的超群能力和威望,基于社会的价值和使命而凝聚群体,实行领袖权威治理的组织结构。它是以能人治理为主导的治理模式。在中国社会由国家单一主体的权威结构向社会多元主体治理结构转型过程中,社会主体的发育往往是由社会各界精英来维系和推动的。对于草根组织来说,其最初的发起者或推动者总是具有一定特质的人,他或者具备一定的资源和人脉,或者具有某种知名度和影响力，或者具有突出的领导才能。与政府部门的关系往往也是草根组织卡理斯玛领袖所具有的重要资源。草根组织的能人治理结构往往呈现如下特点：一是高度集权。组织的创立者即能人主导组织方向和决策组织发展及行动，组织中的理事会等决策机构形同虚设，还没有建立起规范的组织结构。二是议行合一。组织中领袖既是决策者，也是执行者。对于许多初创的草根组织来说，组织结构简单，人员少，创立者自身兼有多种职能。三是特立独行。草根能人自主意识强，对组织的发展有理想有规划，既能多渠道获取资源和支持，也不依附于任何权威，坚守组织的使命和理想。这些特点表明，自下而上型的草根组织在组织成立与运行过程中主要凸显了领袖的能力和权威，在组织的发展中他们坚守自己的使命，凸显了组织自主性、社会性、志愿性的特征。但草根组织在不断发展中也呈现出明显的限制性，主要表现如下：一是草根组织的可持续发展问题；二是草根组织的能人依赖和制度化缺失问题；三是草根组织的社会服务能力不足的问题。这些问题的存在限制了组织健康有序的发展，造成组织个人化、初级化和孤立化发展的困境。

其三，"外部输入型"组织：是对境外NGO资源依赖型的简称，指资源结构中境外NGO支持占主体，资源路径指向境外而非本土。外部输入型草根组织，大多致力于环保、扶贫、卫生等公益慈善领域，它们依靠国外非营利组织发展的经验和国际资金的支持，在中国境内开展公益慈善活动，以此形成"较为开放的治理结构，公开透明的决策机制和运行高效的服务模式"。在中国社会组织的发育和发展中，国际NGO组织给予了大量的资源上的支持和理念、制度上的影响，对我国草根组织的成长及组织的规范化运行提供了较好的示范。但我们在研究中注意到，这种单纯由境外NGO组织获取支持而成长起来的本土草根组织，其成长和发展也存在一系列的问题。一是草根组织对国外资金、管理模式的吸纳，造成了草根组织的制度性依赖。因此，出现的问题，一是一些草根组织采取直接"拿来主义"，直接照搬使之成为被动的接受者和执行者，而缺乏符合本土情境的原创性、开拓性的组织项目和活动。二是境外非营利组织制度化治理与本土情境融合的问题。草根组织在对境外非营利组织治理模式的"嫁接"时，常常出现与我国的本土社会或熟人社会难以契合，甚至造成与本土社会关系的疏离，因而影响组织的发育和进一步发展。三是受境外资金支持的草根组织注册难的问题。如一些草根环保组织由于主要依赖于境外资金的支持,并独立开展项目,与地方政府及其相关部门联系不多,很难得到政府相关部门的信任和支持,出现"注册难"的问题。而境外非营利组织治理模式的"嫁接"也需要辩证看待。在改革开放之初,"理事会"的治理模式无疑是为当时国内社会组织的发展提供了一种制度范例,科层化的治理结构和人治模式之外提供了一种更为民主和现代的治理形式。然而任何制度的良性运行有赖于与地方性情境的耦合,否则他山之石亦难以攻玉。这种制度"嫁接"的诸多局限性在实践中慢慢呈现出来,因而如何使外源性制度更好地契合当前的社会治理创新则是此一类社会组织转型与发展的关键。

通过对以上三种类型社会组织治理特点的分析,我们看到无论是自上而下型的行政化的组织结构,自下而上型的个人权威型的组织结构,还是外部输入型的理事会制度化的组织结构,在其社会力量发育和发展的初期都发挥了特有的社会凝聚、社会行动功能,为社会空间的拓展,社会力量的汇集,社会公益的引导做出了一定的贡献。但在社会治理转型的背景下又面临着不同的难题和困境,这些问题应然地解释了社会组织在社会体制转型时期理应面对的变革。

2. 关于社会组织的价值诉求与迷思

对于全球范围内兴起的结社浪潮,有学者指出了社会组织在公共物品的提供方面相对于企业和政府所具有的独特优势。另一方面,社会组织同政府和企业在价值取向方面的差异也为学界所注意,其被学者视为是"基于价值的组织"(values-based organizations)。

社会组织在提供公共服务,增强社会参与的同时也承载了多元的价值理念。对于中国社会组织来说,价值诉求构成了其发展的原动力,为其赢得了发展空间和机会。然而价值性只是社会组织运行的一个方面,组织在实践过程中所发生的价值迷思也会成为其健康发展的障碍性因素。[①]

表现之一则是价值因素同组织发展的复杂关联。一方面,社会组织因其承载和表达了多元的价值理念而影响广泛且意义深远,同时多元的价值诉求也成为其成长发育的根源和动力;另一方面,组织发展过程中

---

① 崔月琴,袁泉:《转型期社会组织的价值诉求与迷思》,《南开学报》(哲学社会科学版) 2013 年第 3 期。

所生发的价值迷思又使组织发展陷入困境和歧途，使组织发展背离其应有之角色。对于发展障碍重重的中国社会组织，其起步发展的"第一推动"尤为关键。在困难与风险双重压力下，工具理性的行动取向难以解释组织的创始人何以投身于这样一项充满挑战的开拓性事业。"按照一定的价值观和习惯来选择自己的行动的'实践逻辑'"往往是组织成员行动的主要行为逻辑。观察一些社会组织初创阶段就不难发现，创始人所认同和坚持的价值观念也确实是推动其建立组织的重要力量，他们之所以成立这样的组织往往是为了践行一定的价值理想。社会组织多元化的价值取向，适应了社会转型过程中价值多元的趋势，也因而获得了广泛的支持和参与。一种价值主张既是社会组织创始人行动的精神力量，同时也是一种旗帜和符号，能够吸引志同道合的社会成员直接加入组织，或是以其他方式为组织贡献力量。这种价值的凝聚在公益慈善领域尤为显著，扶弱济困的社会关怀不仅使人们参与捐助，也号召了许多有志于公益事业的人士成为组织的一员。

如果说张扬价值理想是中国社会组织成长的动力，那么价值迷思所带来的异化则成了社会组织发展的障碍与歧途。价值性所带来的局限，不仅无助于实现社会组织在中国社会转型中所应承担的积极角色，也有损于社会组织自身价值诉求的真正实现。对此，既需要组织自身在坚持理想的同时不脱离现实，在追求自身价值的同时尊重不同价值，还需要公共政策在释放组织发展空间的同时去建立和完善组织的评估机制。

社会组织的价值性是转型期中国社会组织得以重生的重要属性，然而伴随组织自身的成长以及环境因素的影响，社会组织的价值性难免会发生异化，进而有悖社会秩序重建。

总之，当代中国社会结构的复杂变迁，其实质就是各种社会力量、不同类型组织功能的重新定位与整合的过程。在新一轮的社会改革治理中，如何在政府的简政放权中使社会组织稳健增长？如何让社会的公共空间得到有效的扩展，让草根组织在制度场域中获得合法性的发展？如何使社会组织走出资源依赖的困境，获得自主创新的空间？如何让社会组织的发展回归价值理想本身，推动社会公共性的构建？这些关键性问题的思考成为社会治理改革的重要环节。

三 社会治理新格局中社会主体的参与和创新

从中国共产党的十六届三中全会以来，中国的社会改革不断地推进。党的十八届三中全会进一步提出推进社会治理改革、激发社会组织活力的改革思想。在这样的指导方针下，为使社会组织能够真正参与到社会治理中，发挥其应有作用，国家开始通过各种方式激发社会组织的活力，促进社会主体的发育和成长并提升参与社会治理的能力。从社会管理到社会治理，其理论差异何在？治理理论的内核是什么？社会主体如何参与社会治理？这是我们研究中关注的核心问题。

1. 治理理论的探索

治理理论形成于20世纪末端，并很快为中国学者所接受和传播。詹姆斯·N. 罗西（J. N. Rosenau）的代表作《没有政府的治理》和《21世纪的治理》等文章，以及罗茨（R. Rhodes）、格里·斯托克（Gerry Stoker）的主要思想成为人们认识和理解"治理"的主要依据，治理往往被视作一种新的政府的以及非政府的管理模式和机制。对此，我们以福柯的治理理论的社会转向为主题进行了理论分析，探索其思想给予的理论借鉴意义。

福柯的研究是以"治理的艺术"（art de gouverner）为主导。治理建立在一种反思性的基础之上，通过反思，治理想要达到的是政治主权运转中的治理实践的合理化，这种合理化一方面表现在人们对于治理的权力技术的概念化与调节；另一方面表现在人们对于治理的实践领域、作用对象、一般规则以及整体目标的建构。他认为治理是与现代国家的历史相关联的。治理是对人的治理，治理术最初体现为一种国家理性，国家力量的增长是其中心问题。而随着人口成为治理主体，治理重新建构了一种新的合理性，迎来了自身的社会转向。中国共产党十八届三中全会以来，推进国家治理体系和治理能力现代化成为全面深化改革的重要目标，因而有必要从治理本身出发来进一步探讨治理体系与治理能力建设。①

对于治理体系的探讨涉及的是治理结构与治理机制。围绕中国的国家治理结构这一主题，许多学者进行了分析。周黎安认为中国因人口众多和国土辽阔，中央政府的治理能力受制于信息约束和财政约束，为了节省财政成本和行政监督成本，中央政府在国家治理上采取了两项基本原则：一为属地管理；一为行政逐级发包。曹正汉认为中央政府在考虑治理效率之外还需要考虑治理风险，因此形成了中央治官、地方治民的结构。周雪光认为中国的中央集权和地方分权的关系因为权威体制和有效治理之间的矛盾，而始终处于一种动态的周期性循环调整之中。曹正汉认为这三种不同的解释模型存在分歧，在不同层面上分别考察了不同的统治风险对于国家治理的影响；但也共享一个前提假设，即认为中央政府在处理集权与分权的关系上，既需要提高治理效率，也需要维护政权稳定，因此它们又是彼此互补的。但这三种模型探讨的事实上都是国家行政结构治理体系中的内部张力和矛盾，关注点在于这一政治的科层制结构本身的调整和补充，治理在其中依然是一种虚置的预设。

治理与管理的区别就在于它不再只是一种自上而下的单向的权力实施。其所呈现的是多元的、互动的、调和的一种治理结构。但在当代中国的治理创新实践，往往是在地方层面率先开展的，其背后的运作逻辑不是"自上而下整齐划一的治理意志，而是基于各级地方党委和政府负责人的人格魅力所推动的治理创新实践，以及基于窘迫的财政状况而被逼出来的治理创新实践，甚至是基于地方政府推卸责任后的无奈的治理创新实践"。而这种治理创新很容易出现"人在政推，人走政息"的状况，难以形成相对固化的制度形态。因此在中国，单向的自上而下的权力运作不仅存在于国家与社会之间，而且在政治结构内部也在阻碍着治理创新的实现。

从福柯的治理思想中，我们对治理的内涵有了更深层的认识，治理是建立在反思性基础上的治理能力和治理体系的建构。国家服膺于治理的历史选择和现实要求，国家原本所独占的统治权和治理权逐渐向社会

---

① 崔月琴，王嘉渊：《以治理为名：福柯治理理论的社会转向及当代启示》，《南开学报》（哲学社会科学版）2016 年第 2 期。

扩散和延伸，这一方面要求国家调整与改革自身的运作体系，而这也需要依据社会的发展现状与需要；另一方面社会本身有自我表达、自我维持、自我发展的需要，因此也有自我治理的需要，这种治理是在具体的实践中完成的，体现为一种多元治理结构的不断展开。

但在中国社会治理的实践中，如何将社会治理的理念，运用于实际的变革，多元主体如何在明确各自主体的定位和边界的同时，承担起服务社会的职责？如何从实际出发，避免政府在向社会组织赋权的过程中"官退民进"，而"民不负重"的现象发生。我们应从当前中国社会发展的现实出发，不断地反思，并合理地评估社会主体的现状和能力，从政策和制度上引导社会主体的健康发展。推进国家治理体系和治理能力的现代化，事实上探讨的是国家治理的外在框架与内在机理，而二者事实上也是相辅相成，互相表现的。国家依然是全景敞视式的，但它不再表现为国家意志对个体的规训，而是成为维系与引导社会运转与发展建设的手段与保障。

2. 社会主体的治理实践

社会治理是现代国家治理体系的重要组成部分，加强和创新社会治理是推进国家治理体系和治理能力现代化的重要内容。党的十九大报告指出，要建立共建共治共享的社会治理新格局，提高社会治理社会化水平，充分发挥社会力量和公众社会治理的协同作用。

纵观中国社会主体经过近40年的培育和发展，他们已在社会的各个层面形成了自己的社会参与方式，在社会治理实践中发挥着重要的协调和创新功能。

在基层社区，社会组织以贴近和服务于居民的方式，满足社会的多样化需求，促进居民的良性互动，培育社会公共意识，营造新的公共性。如上海徐汇区的"绿主妇"对社区环保事业的贡献和社区居民的凝聚，四川省成都市锦江区"爱有戏"社区文化发展中心，在促进居民互动，活跃社区氛围等方面的作用已家喻户晓，但在近年来对东北草根 NGO 的调研中，我们观察到，吉林省通榆县志愿环保协会，在参与驻村社区治理的过程，自治组织环保志愿者协会的发育和成长同时伴随和推动了当地社区治理格局的变革，并在变革过程中呈现出不同于其他主体的特性与优势。揭示了草根 NGO 培育社区治理主体，革新社区治理格局的独特路径机制，从而为农村社区治理格局的改革提供理论上的启示和实践中的典型案例。①

在农村社会培育多元的社会组织,使其与基层自治组织共生、互促、合作,从而重构农村社会的治理格局,被认为是解决农村社会治理问题的有效手段。在对外部介入但却长期扎根于农村社区的草根 NGO 在重构农村治理格局上的实践探索尚未引起学界足够的重视。毕竟相对于其他主体,草根 NGO 既缺乏行政权力,也没有足够的资金来源。但是,通过对通榆环保志愿者协会的访谈和观察,我们看到作为草根 NGO,他们经过十几年的实践探索,在一个农村社区培育了社区自治组织、革新了基层组织,并且与此二者共同初步搭建起了共生合作、协同共治的治理格局。尽管作为草根 NGO,其实践成果尚仅限于一个自然村,但其成效却是扎实而具有实质性意义的。一方面,社区自治组织并非流于形式地被行政权力强行组建,也不是被 NGO 以资源诱导和价值输入的方式速成,而是在内化公共精神的基础上,具备真实社区参与的社区组织化;另一方面,社区的三个治理主体并非各自为政、机械地组合在一起,亦非冲突性地对抗或者试图彼此吞噬,而是能够相互协调、互动,彼此促进,针对社区事务进行有效的协同治理。

这个案例,从一个侧面揭示了,草根 NGO 为了适应乡土社会以寻求自身发展,使其不得不放弃直接输入所谓的现代社会价值,而先去洞悉乡土社会的逻辑与结构,并因势利导地为我所用。长期参与而非项目式地参与,使其获得了真实的社区基础和村民的信任,并能够缓慢而深入地推动社区变革。作为 NGO 的理念与专业性以及中立性,使其能够理性地调节社区中官与民的互动,并促成协同共治的局面。因此,草根 NGO 是在推动农村社区变革中不可或缺的社会主体。

在社会主体的社会治理实践中,我们还关注到一种新型的支持性社会组织在社会治理实践中的社会参与和社会作用。基于国家对社会组织管理的改革,政府职能部门引入第三方评估机构对社会组织进行监督管理。一方面,契合了治理理论中的权力转移与下放,体现了政府管理职能的转变;另一方面,发挥第三方的专业技术,并将其作为责任主体,实现社会组织管理效率与公正的最大化。从政府管理部门主导的等级评

---

① 崔月琴、李远:《草根 NGO 如何推进农村社区的新公共性建构——基于吉林通榆 T 协会的实践探索》,《社会科学战线》2017 年第 3 期。

估到第三方评估机制的建立，促使以高校专业团体为主导的非营利机构的创办，这些具有智库型的专业性机构，将理论与实践有机地结合，参与政府购买的社会组织和公益项目评估，通过以评促建，发挥其对社会组织的引导和规范作用。

我们关注的案例是 2013 年由北京一所高校师生发起的社会公益研究中心，作为独立法人的评估机构，以"民办非企业单位"登记注册。社会组织评估是该机构的核心业务，主要承接当地基金会和民办非企业两类社会组织的评估。①

第三方评估机构通过参与社会组织等级评估与政府购买项目评估，与政府互动、合作，共同致力于支持社会组织发展。在此过程中，评估机构与政府的相关部门在理念的生产、指标的完善以及方法的创新方面，共同建构了支持性评估的运作机制。第三方评估机制的建立，对于社会组织自主性的发展，组织性的建构，公信力的维护、专业化的能力建设等方面都将形成积极的推动力量，它对于克服等级评估中的权力寻租和内部人把控的现象，实现以评促建，通过科学性、专业化的评估引导和推动社会组织健康有序地发展都具有重要的社会价值和意义。

引入第三方评估机制是政府在社会组织治理创新中的重要举措，也是政府主导下社会力量参与协同治理的实践探索。而第三方评估机构之所以能够实现与政府的协同治理，有赖于政府的放权和合理定位。首先，政府部门主动建构与其他治理主体的合作机制，委托第三方专业机构参与社会组织治理并支持社会组织的发展，培育其作为社会治理的主体。其次，政府赋权于第三方评估机构，通过支持性的制度设计保障了第三方的自主运作空间，并建立互动与问题反馈机制，重视协商对话以实现共同治理。最后，政府部门定位为引导者而非强制者，通过制定相关规则以及事前和事后监督规范第三方评估机构的行为，在评估过程中保障第三方评估机构作为独立责任主体，故而能够建构一套更为灵活有效、权责分明的制度体系。

第三方评估机构的自主性和专业性的发挥。协同治理所强调的多元社会主体协作，同时也是对专业性的关注。政府的放权和合理定位使评

---

① 崔月琴、龚小碟：《支持性评估与社会组织治理转型——基于第三方评估机构的实践分析》，《国家行政学院学报》2017 年第 4 期。

估工作能够以专业性为基点进行体系建构，是第三方评估机构的自主性和专业性发挥的关键。第三方是专业知识、技术资源的所有者，一方面，第三方评估机制的建立和完善需要专业评估机构的参与。第三方在评估实践与相关研究中积累的理论与经验，能够辅助政府完善评估指标和评估方法，使评估能够真正发挥对社会组织的引领并将社会组织的真实状况呈现出来。另一方面，第三方评估机构提供专业的评估服务需要保障独立的运作空间，发挥其自主性和专业性。一是避免被嵌入行政体系之中，保证评估的公正性；二是有益于提供专业的评估服务，提升评估的效率和效果，并促进社会组织与项目运作的信息公开与社会选择。

支持性评估机制的有效运行。在社会组织能力尚且不足的过渡阶段，支持性评估与政府深化社会组织治理改革相亲合。通过支持性评估发展社会组织，培育其自我治理的能力，进而发挥其在社会治理中的主体地位，成为社会组织治理创新的有效机制。政府的放权与合理定位以及第三方评估机构的自主性和专业性发挥是支持性评估机制有效运行的保证。通过支持性评估指标的设计和评估方法的创新，一方面，帮助社会组织在规范性基础上获得了更多的自主空间；另一方面，明确了参评社会组织的定位与发展方向，改善其服务模式、提升解决社会问题的能力。同时，支持性结构的构建链接了社会组织的资源关系，整合了政府、支持性组织等社会力量，共同致力于社会组织的发展。因此，社会组织能够更好地发挥自身功能，改善提供社会服务的能力，推进社会公共服务体系建设，更好地协调社会资源再分配，增强自我治理的能力，进而参与公共事务，促进社会的整合与稳定。

3. 社会组织的发展与社会创新

社会治理社会化和公共服务市场化已经成为一种发展趋势，社会组织和企业部门参与社会治理的情况越来越多，社会企业以一种新的组织形态开始涌现，在世界范围内迅速发展，并在社会治理方面发挥了重要作用。社会企业作为社会治理的新兴载体，近年来在国内迅猛发展，在其发展脉络中，形成了市场助益、政府引导、社会新创三种典型类型，但实际上还存在着由非营利组织而衍生的社会企业类型，一些非营利组织在面临资源困境、组织可持续发展危机的状态下尝试朝向社会企业探索，企图通过社会企业的衍生实现自我造血，推动社会组织与社会企业协同发展。

组织衍生型社会企业，具体表现为非营利组织为主体，社会企业为分支，非营利组织的坚实基础和经验为社会企业分支提供发展资源和路径，社会企业对非营利组织主体有较大依赖性，但在一定程度上反哺非营利组织；具体操作上，社会组织理事会和管理层横跨双向体制，日常活动紧密相连，社会企业和社会组织双轨并进。区别于成熟的社会企业发展类型，组织衍生社会企业公益指向明确，市场化手段薄弱，社会价值的实现多于企业盈利的获取，具有显著的个性化特征。[1]

非营利组织的资金来源主要有慈善捐赠和政府补贴两种渠道，渠道单一且不稳定，组织在发展过程中受到很大限制，组织衍生型社会企业是非营利组织突破转型的重要路径。笔者在东北地区社会组织的调研中发现，在社会企业的本土化实践过程中，非营利组织的发展与转型既伴随着时代的需求也呈现了组织自身的路径探索，从而形成了组织衍生型社会企业独特的实践逻辑。

我们关注并跟踪研究了一家拥有 20 多年公益历史的非营利组织，主要服务领域有助残、助学和心理援助。在助残项目的开展过程中，累计为 1200 名残障人士提供了技能培训和社会融入等服务，积累了丰富的助残经验。因此，组织在突破发展困境时选择将助残服务社会企业化，并于 2011 年注册了一家手工制品有限责任公司，试图通过市场化操作为组织带来更多资源活力。我们探索了他们转向社会企业的初衷和运行机制，并从现实层面，分析其发展初期存在的诸多不足与缺陷。

社会企业的发展尚处在广泛的摸索阶段，组织衍生型社会企业更是面临着现实和理论层面的双重困境。

首先，社会效益有限。组织衍生型社会企业依据非营利组织发展经验，面向市场提供社会服务或销售商品。一方面，销售商品在不具备大规模机械化的生产力的前提下，生产商品成本高，销售利润低，服务对象获得的经济回报有限；另一方面，提供社会服务在不具备系统化服务设施和人员配置的情况下，服务水平有限，服务对象享有的服务质量不高，因而组织衍生型社会企业在没有强力的商业手段支撑下，难以取得广泛的社会效益。

---

[1] 崔月琴、金蓝青：《组织衍生型社会企业的实践逻辑及其反思——以长春心语协会的发展为例》，《学习与探索》2018 年第 8 期。

其次，运行效率不足。社会企业由社会组织衍生而来，这决定着他们的行事逻辑中，社会组织固有的思维方式和行为模式占据主导地位，难以适应企业面向市场的竞争机制。特别是社会组织中缺乏企业管理的人才，导致社会企业的管理发展中存在诸多漏洞。

从理论层面看，社会企业作为一种新的组织形态，其意图在于指向公益领域与市场领域的交汇。定位于此，意味着社会企业在兼具多重身份属性的同时，也需要明确和清晰自身的发展方向。是立足于商业身份，还是坚持社会组织的诉求，成为看待社会企业发展的争论焦点。

组织衍生型社会企业作为非营利组织突破转型的发展渠道，对建构良好的社会治理环境、提高社会治理绩效、促进公益事业持续发展具有重要意义。这种发展趋向既是当下社会企业在中国萌生的现实呈现，又是实践发展的初步展开。但是必须要注意的是，趋向社会企业的这种发展只是社会组织的一种尝试，这种发展方向对于社会组织来说只是一种供给社会服务、参与社会治理的路径与手段。而就这种特定类型的社会组织而言，推动组织衍生型社会企业的发展不仅仅需要外部环境的支持，更需要自身能力的强化。

社会企业在发达国家和地区都有较快速的发展，如英国、日本，我国台湾地区等都呈现出不同的发展现状，他们超前的发展和成熟的经验和理念可以为内陆新兴社会企业的发展提供借鉴。台湾地区玛纳—光原社会组织双轨制发展模式是社会组织和社会企业双轨并进的一种成熟代表。玛纳有机文化生活促进会与光原社会企业优势互补，二者形成以帮助阿里山原住民经济发展及保护环境等为社会目标的社会企业发展模式。玛纳作为非营利组织吸收了很多外部的资源，而光原公司通过市场运作，一方面打通了销售渠道在市场上获得盈利；另一方面这些盈利反过来也可以支援玛纳的各项活动。玛纳—光原利用当地的资源优势，引入市场化操作模式，推动社会企业的活力运转。这种一个社会目标、两套操作体系、不断创新驱动、开放发展的理念成为社会企业持续发展的不竭动力。玛纳—光原作为非营利组织和社会企业协同发展的典型案例，实现了商业资本与公益目标的有效融合，为组织衍生型社会企业的发展提供了一种可以参照的方向。

社会企业作为一种新型社会组织形式，兼具社会特性和经济特性，在社会治理领域发挥了重要作用，对传统非营利组织产生了深刻影响，引发了国内大量非营利组织向社会企业的转型。而在社会治理转型浪潮下，面临公益与市场融合的潮流，社会企业采取何种路径落地生存，实现资本与公益的有机结合，成为中国社会治理创新中的一个重要问题，有待于进一步的理论追问和实践探索。

总而言之，以上是就我十几年来围绕并一直关注的"中间社会"的持续研究进行的梳理和总结，整理并理清以往研究成果的主线和研究进路，明晰"中间社会"在国家与社会关系中的结构性变动与互动，以及在组织层面上的地方性实践与影响，就其中的主要学术观点做进一步澄清，力图建立起认识中国社会变革的一个重要理论视角，并且提出一些自己粗浅的思路和见解，使读者能从组织的变革和中间社会的建构层面来认识和了解中国社会结构正在经历的变迁和变革过程。

第一编　社会变迁：个人与组织的变革

回到社会：非政府组织研究的社会学视野

20世纪90年代以来，一股强劲的社会浪潮吸引了世界范围的关注，莱斯特·M.萨拉蒙称其为"全球结社革命"。这股浪潮标志着非政府组织在全球范围的蓬勃兴起。按照萨拉蒙的观点，这场声势浩大的"全球结社革命"源自于对深刻"国家危机"的回应。[①] 一方面，西方发达国家传统的社会福利政策受到了一系列严肃的质疑和批评，而发展中国家由国家所主导的发展未能实现其早期的承诺，引起了普遍的失望情绪；另一方面，随着苏联解体，中欧和东欧的社会主义阵营已经土崩瓦解。在这种国家危机的刺激下，除了市场导向的经济政策之外，公民社会组织也承载了民众深切的期望。

本文认同萨拉蒙对20世纪90年代以来全球结社革命蓬勃兴起的解释，但从历史社会学的视野考量，笔者进一步认为：非政府组织的兴起至少与资本主义具有同样长度的历史，公民自发结社的非政府组织是对与近代西方资本主义兴起、社会结构剧烈变迁相伴生的社会解组运动所带来的社会原子化危机的回应。波兰尼认为非政府组织的兴起和发展是社会自我保护运动的重要组成部分，其发展经历了曲折的过程。此外，在思考20世纪90年代以来席卷全球的结社浪潮的时候，除了认定非政府组织作为对社会原子化危机回应的社会自我保护运动的一部分这个共性以外，更有必要把不同国家的政治、经济、社会和文化背景考虑进去。以中国为例，中国非政府组织在改革开放以来的兴起和发展，不能离开国家政体连续性和国家能力实质性的稳定这个重要背景来讨论，并且其与以中国单位社会消解为特征的社会结构变迁密切相关。中国非政府组织的兴起与发展受到中国文化传统、新中国集体主义传统和市场经济特

[①] [美]萨拉蒙：《全球公民社会——非营利部门视界》，社会科学文献出版社2002年版，第4—5页。

质的共同形塑。只有深入理解中国社会的结构特征及其改革开放以来的变迁，才可能准确把握中国非政府组织的现实状态及未来走向。

一　社会原子化危机与社会自我保护运动

社会原子化是指由于人类社会最重要的社会联结机制——中间组织（intermediate group）的解体或缺失而产生的个体孤独、无序互动状态和道德解组、人际疏离、社会失范的社会危机。一般而言，社会原子化危机产生于剧烈的社会变迁时期。西方社会在18世纪产业革命和民主革命的强势推动下进入了现代社会。现代社会代表了一种与中世纪贵族政体全然不同的社会组织方式，其确立过程从社会方面而言，以滕尼斯为代表的古典社会学理论给出了最为简单却又最有争议的概括，即从"共同体到社会"。滕尼斯给出的这一公式，在今天看来显得过于轻描淡写。共同体无可避免地衰亡了，而社会的确立却较理论逻辑上的推演复杂很多，并且一系列非预期的社会后果总是让这样随意而乐观的目的论式的模式显得捉襟见肘。

从共同体到社会，将这一公式放在西方社会发展的历程中考量，不免让人觉得啼笑皆非。社会在哪里，仍然是当代社会学的核心旨趣。共同体解组的社会危机——社会原子化，时至今日，仍然需要严肃地对待。波兰尼阐发的社会自我保护运动思想为寻找社会设定了更为广阔的视域，而在国家干预经济的鼎盛时期，在波兰尼思想中占据主导地位的仅仅是作为国家干预的社会自我保护运动，如以立法的方式认可工会身份，保障工人利益；以税收的方式，通过社会福利保护民众利益。本文认为社会自我保护运动在历史演进的过程中不断丰富其形式和内涵，在20世纪90年代兴起的全球结社革命正是其中的重要部分。

社会原子化危机的出现与现代性的起源可以追溯到同样长度的历史。现代社会的兴起是以社会解组为代价的，其直接后果就是社会原子化。按照社会思想史学家尼斯贝特教授的研究，社会解组运动以如下方式展开：

18世纪的法国依然保有许多中世纪的法则，诸如强大的行会组织、公社（commune）、教堂、大学以及父权制的家庭结构。这些团体合在一起构成了君主制国家（sover-eign state）与个人之间的"中间社会"（intermediate society）领域。卢梭等思想家的著作对此表示了最大限度的敌意而热望于国家保证下的个体绝对自由与平等，在他们看来国家与个体乃最高实体，而由社会团体构成的"中间社会"对个体的限制当在国家君主意志前消解，所有社会团体与社会秩序被原子化，传统社会的一切表征都应被抛弃。① 18世纪末的法国大革命则把哲学家产生于斗室中的思考放置于社会中践行。1791年的李·查贝利尔法案（The Law Le Chapelier）宣告"举国之内再无任何法团（corporation），唯有独特的每一个体之利益与普遍利益"②，随后雅各宾派执政将此原则发挥到了极致，所有被认为站在通往自由之路中央的事物——遗产、行会、社团、教堂乃至家庭——都必然灰飞烟灭。在法国大革命的洪流中，作为一个独立社会组织的教会不复存在，牧师也变成了政府的行政官员；修道院与教会大学中断运行，宗教生活在总体上被禁绝；行会秩序被破坏，并置于国家的严格控制之下；教育被改造为国家的专擅，以培育合格的公民；财产权亦由家庭持有转而为个体持有，家庭本身则为革命中的平等主义者不断修正，父权制失去了价值，自由与平等之观念进入家庭，婚姻被视为民间契约（civil contract）。

社会学的兴起正是对社会解组运动带来的社会原子化危机的直接回应③，然而正如我们所见，回到社会的道路是艰难而曲折的。

社会原子化危机与波兰尼所言的大转型具有内在一致性的是，近代以来"自我调节的市场"这样一个乌托邦在社会现实中是以社会脱嵌的形式完成的，当资本主义市场脱离社会而自主运行的时候，社会解组运动无可避免地发生了。自我调节的市场体系发展到激进形态，即市场社

---

① 为我们所熟悉的是卢梭基于"自然人"状态的论证而阐发的社会契约论，普列汉诺夫对此问题认识深刻，他指出："他的自然人是最极端的个人主义者。他独自一个人（seul）过活，因此他没有丝毫关于任何社会联合的概念。"参见普列汉诺夫《让·雅克·卢梭和他的人类不平等起源的学说》，王荫庭译，载卢梭《论人类不平等的起源》，商务印书馆1962年版，第115—136页。

② Robert A. Nisbet, "the French Revolution and the Rise of Sociology in France," *The American Journal of Sociology*, Vol. 49, No. 2, September 1943, pp. 156-164.

③ 孔德、涂尔干、马克思的社会学理论都可以概括为对社会原子化危机的回应。所不同者，孔德、涂尔干期望通过资本主义秩序的确立重建社会团结，孔德对"中间组织"寄予厚望，涂尔干则希望在职业团体的基础上获得新的道德秩序；马克思的社会学将自发阶级到自为阶级的转变和基于此的对资本主义秩序的外部超越视为理想。这个论题至为丰富，在此不作专门讨论。

会，人和自然都被纳入市场法则的支配下，社会原子化危机成为西方文明挥之不去的魔咒。而作为"双向运动"的一部分，社会的自我保护运动的兴起既是辩证法逻辑的必然，也为社会发展的历史所证实。

波兰尼在《大转型：我们时代的政治与经济起源》中所谈论的社会自我保护运动主要是指在社会保护原则支配下的政府干预和社会运动，"目标是对人和自然以及生产组织的保护；倚仗直接受到市场有害行动影响的群体——主要是但不仅仅是工人阶级和地主阶级——的各种各样的支持；它运用保护性立法、限制性团体和其他干涉手段作为自己的运作手段"①。需要指出的是，在波兰尼写作的年代，是以凯恩斯主义为指导的福利国家形成的时期和以苏联为代表的社会主义鼎盛的阶段。这一时期社会自我保护运动主要是通过国家干预的手段制度化地运行着。而伴随着20世纪六七十年代西方经济陷入长期的滞胀和低迷，福利国家危机呈现，萨拉蒙所言的市场导向的经济政策和公民社会组织的发展已经初露端倪。前者表现为以芝加哥学派为代表的新自由主义经济理论的兴起，后者表现为一些社会学家将目光转向了非政府组织和社会运动。

综上，我们应该认识到，20世纪90年代以来，非政府组织在全球范围的迅速发展有其现实依据，即西方社会20世纪70年代以来的"国家危机"；但从西方社会发展的长时段视角来看，则"全球结社革命"是伴随西方资本主义的兴起，对社会原子化危机回应的社会自我保护运动的一部分。接下来，我们将在历史社会学的视野中考察非政府组织的兴起和发展的历史进程。

二 非政府组织兴起与发展的历史社会学考察

如果说非政府组织在全球范围的蓬勃发展是发生在晚近的20世纪90年代的话，那么其兴起则可以追溯到至少与资本主义在西方社会兴起同

---

① ［匈牙利］波兰尼：《大转型：我们时代的政治与经济起源》，浙江人民出版社2007年版，第114页。

样长度的历史。① 前文所述，与近代西方由工业革命和民主革命而逐渐确立的现代性相伴随的是剧烈的社会解组运动，前现代社会的中间组织解体，社会原子化危机呈现，社会团结面临着空前的挑战。社会自我保护运动作为现代社会中双向运动中的一种，几乎与资本主义市场体系同时兴起。

就非政府组织而言，传统社会中亦存在大量的国家权力之外的组织，如行会、教会、公社等。这些组织具有"中间组织"的性质，可以起到缓冲国家与个体矛盾的作用。然而，随着"自我调节市场体系"的逐渐确立，中间组织要么被摧毁，要么性质发生了异变；个体与社会的联结断裂了，出现了托克维尔所说的"个体主义原子化"。托克维尔所处时代的法国，平等无可避免地降临，贵族体制的瓦解，身份平等的日益普遍化，固然让整个社会欢欣鼓舞，但在托克维尔看来，这里也包含着重大的危险，"我们不能笼统地断言当代的最大危险是胡作非为的暴政，是无政府状态或专制……这个原因就是个人主义造成的普遍的漠不关心。今天能使行政权可以总揽某些权力实行压迫的，正是这种漠不关心。而以后能使一个政党动员 30 个人投入战斗而且也实行压迫的，也是这种漠不关心"②。随着身份平等而扩大的个人主义，"是一种只顾自己而心安理得的情感，它使每一个公民与其同胞大众隔离，同亲属和朋友疏远。因此，当每个公民建立了自己的小社会以后，他们就不管大社会而任其发展了"③。在此，托克维尔指出了个体主义原子化对社会的肢解，"个体主义首先使公德的源泉干涸"④。

1832 年 2 月 22 日，托克维尔结束了历时 9 个多月的对美国民主制度的考察，回到法国。托克维尔对美国民主的思考结晶是分别于 1835 年和 1840 年出版的《美国的民主》的上下卷。在托克维尔看来，社会原子化将无可避免地带来混乱与暴政，"如果每个公民随着个人的日益软弱无力和最后不再能单枪匹马地保住自己的自由，并更加无法联合同胞去保护自由，那么，暴政必将随着平等的扩大而加强"⑤。托克维尔发现，在美

---

① 我们认为对非政府组织的研究视野不能仅仅局限于 1945 年联合国宪章提出了非政府组织这个概念以后，更不能仅仅谈论 20 世纪 90 年代以降全球结社运动中非政府组织的勃兴，而是需要在社会发展的历史脉络中去认识。
② ［法］托克维尔：《美国的民主》（下卷），商务印书馆 1988 年版，第 872 页。
③ 同上书，第 625 页。
④ 同上。
⑤ 同上书，第 635 页。

国社会，行政分权和地方性结社有效地克服了平等带来的个体主义原子化危机。结社作为一种自由，也作为一种艺术，不是来自自上而下的推动，而是一种民情。"美国居民享有的自由制度，以及他们可以充分行使的政治权利，使每个人时时刻刻和从各个方面都感到自己是生活在社会里的。"① "地方上的事情由当地居民主管时，这些居民自然要经常接触，而且可以说他们不得不彼此认识和互相讨好。" "地方性自由可使大多数公民重视邻里和亲友的情谊，所以它会抵制那种使人们相互隔离的本能，而不断地导致人们恢复彼此协力的本能，并迫使他们互助。"② 美国人把结社视为行动的唯一手段，并发展出了门类繁多的结社生活，政治性结社、实业性结社、兴趣结社、宗教结社，如此等等。政治结社和一般性结社互相推动，"通过政治结社，他们可以多数人彼此认识，交换意见，倾听对方的意见，共同去做各种事业。随后，他们又把由此获得的观念带到日常生活中去，并在各个方面加以运用"③。兴旺发达的报刊行业为分化社会中在广域社会空间建立结社生活和共同行动提供了保障，"报刊在制造社团，社团也在制造报刊"④。在此基础上，美国人以一种实用主义的道德观和宗教信仰，以"正确理解的利益"原则在一切可能的社会生活领域进行合作，从而有效地克服了身份平等带来的个体主义社会原子化。有学者指出，托克维尔论述了非政府组织的早期形态，我们认为这是恰当的。

托克维尔考察了美国社会自诞生以来就发展出的结社传统，这些地方结社都具有非政府组织的性质。并且这种作为民情的美国式民主足以克服个体主义的原子化危机。今天看来，托克维尔确实看到了社会自我保护运动的价值，但是对于社会自我保护运动发展的历史进程，想象得过于乐观。实际上，从19世纪30年代到20世纪初，即使是结社传统深厚的美国，同样也逃脱不了"自我调节市场体系"对社会的进一步破坏，而这一过程中，作为社会自我保护运动一部分的非政府组织向来没有得到应有的重视。在1929—1933年经济大萧条之后，社会自我保护运动的一部分以波兰尼所言的政府干预经济的福利国家形式在罗斯福新政中得

---

① [法]托克维尔：《美国的民主》（下卷），商务印书馆1988年版，第633页。
② 同上书，第632页。
③ 同上书，第649页。
④ 同上书，第642页。

到了确认,非政府组织在社区救济、城市贫困等方面发挥了一些作用。然而这种确认依赖于强大的政府,主题是政府干预经济活动,因此作为社会自我保护运动的另一部分——非政府部门,显然是不被看好的。20世纪50年代,凯恩斯主义结束了其辉煌,西方经济陷入了普遍的滞胀,社会自我保护运动以受后现代思潮指引的形形色色的文化政治面目登场,这一时期的社会运动表现出明显的反社会学特质①,在美国,这些运动虽然也展现了托克维尔所言的结社传统,但富有建设性的非政府组织虽已崭露头角却并没有得到实质性的发展。20世纪70年代,越南战争、水门事件等一系列政治危机使得公众开始质疑政府的外部性问题;第一次石油危机的爆发,使得西方社会在重整经济秩序和公共性格局的时候,认识到政府和市场一样可能出现失灵的状况;更为重要的是,这一时期,从政府、学界到公众都开始关注之前默默无闻的非政府组织。非政府组织作为社会自我保护运动获得了普遍的认同,并开始作为独立的社会力量加入到公共性格局的建构中。到了20世纪90年代,在福利国家危机和苏联式社会主义危机的爆发以及全球化的背景下,萨拉蒙所言的"全球结社革命"得以扩展到全世界,在世界风险社会,非政府组织甚至获得了超越民族国家范围的新内容,开始在全球性问题中发挥积极作用,比如食品安全问题、环境问题以及全球劳工保护等。

综上,非政府组织作为社会自我保护运动的一部分,对于克服西方自现代社会以降的社会原子化危机发挥了重要的作用,然而这种作用为学界所认识却是晚近的事情。另外,值得注意的是,社会原子化危机在不同时空的社会中出现,具有不尽相同的历史缘由和现实表现形态,同时由于该社会公共性格局演进或转换的背景差异,非政府组织的发展也会有不同的路径和走向。其中,国家能力成为解释非政府组织发展状况的一个重要因素。

三 国家能力与非政府组织发展的路径

在福利国家和苏联式社会主义大行其道的时期,国家能力毋庸置疑,

---

① [法]阿兰·图海纳:《行动者的归来》,商务印书馆2008年版,第16—17页。

而社会要么处于边缘地位，要么直接被吞噬。随着福利国家和苏联式社会主义出现危机，公民社会组织开始崭露头角。可见，国家能力、市场正外部效应和社会共同构成了当代社会的公共性供给主体。并且，根据既有的经验，国家能力、市场条件和社会风貌共同形塑了公共性的实践品格，如美国的多元主义、欧洲的法团主义。在发展中国家，由国家主导的工业化发展模式中，萨拉蒙所言的国家危机是不同质的，特别是在我国的市场经济改革中，国家能力并没有实质性的下降，相反国家在公共性供给中具有强劲且不可替代的作用。诚如台湾学者林德昌所言，一个国家内部的政治体制与环境，在相当的程度内，决定了该国非政府组织的特殊性，也进而塑造了公民社会的发展特色。① 对中国经验的研究，不仅能理解中国非政府组织发展的实践形态，同时对于萨拉蒙理论构架也是有益的补充。

理解中国非政府组织兴起与发展的关键在于理解国家主导的改革和社会转型，以及我国现阶段所遇到的值得警惕的社会原子化现象。新中国建立之初，为了巩固新生政权、稳定社会秩序、迅速恢复和发展生产，中国共产党以单位制作为组织手段，对晚清以降已然出现的"一盘散沙"式的社会危机做出了有效回应。整个社会都被纳入单位体制的控制之下，父爱式的社会主义包办了一切社会事务。这一时期，随着"从革命向建设"的时代主题的转换，作为中国近代革命重要组成部分的工会、妇联、共青团等组织转变为建设形态的党群组织，在社会主义建设中发挥了重要作用。可以说，在单位社会时代，是没有非政府组织这个概念的。

1978年以来，我国进入了国家主导的有步骤的渐进改革阶段。一个值得注意的现象是，在市场经济起步的同时，非政府组织也开始发展。社会团体和人民团体的恢复和重建从1979年开始，基金会则从1981年开始出现。② 在80年代末的政治体制改革中，非政府部门获得了进一步的发展，从政府部门和事业单位中剥离出来的一些职能由非政府组织承担；同时市场经济的发展也催生了一批自下而上的社会自组织，1989年国务院颁布了《社会团体管理条例》，该条例一方面赋予了新生社会自组织的

---

① 林德昌、王重阳：《非政府组织和公民社会的建构与发展：国际与国家层面的解析》，《非政府组织学刊》2007年第2期。

② 王名、刘求实：《中国非政府组织发展的制度分析》，载《中国非营利评论》第一卷，社会科学文献出版社2007年版，第101页。

合法身份，但另一方面也将社会自组织纳入"分类控制体系"①。这一时期，国家仍然保持了对社会的控制力，维护了社会稳定，但随着社会的进一步发展，统得太死的控制方式成为非政府组织进一步发展的瓶颈因素。

20世纪90年代，中国进入了加速转型期，在经济发展取得举世瞩目成就的同时，一些社会问题也暴露出来。这里着重要指出的是，随着国企改制走向深入，城市社会结构发生了重大的变化。单位制在市场经济的冲击和自身调整的双重动因下消解和异变，"国家—单位—个人"的社会联结机制不再能够高效运作，随着以单位为核心的公共性格局的失败，整个社会公共性格局需要做出相应的转变。市场化改革在取得巨大经济成就的同时，社会部门发展却相对滞后，社会出现了原子化的动向，社会自我保护运动难以通过常规化的正常路径表达，出现了诸多社会问题。例如，面对大型企业组织体系的组织霸权，原子化的消费者缺乏保护自己利益的行动能力；面对利益受到侵害，个体不能以正常的社会支持网络化解而走向"个人恐怖主义"；维权集体行动的非理性局面；公共生活贫瘠，道德、责任、信仰模糊，导致一些别有用心的恶性组织有机可乘。在这些领域里面，组织化并不可怕，只要以良性的方式通过必要引导，将有利于在矛盾多发期有效降低社会冲突。反过来，没有组织的原子化个体是社会的解构力量，反而是可怕的。这些组织化的任务不能完全由国家包办，而需要由非政府组织来承担。可以说，非政府组织的发展作为社会自我保护运动具有举足轻重的意义。

以上我们说明了在国家主导的自上而下改革的背景下，中国非政府组织的发展有其自身独特的路径，并指出，现阶段中国社会出现的社会原子化动向值得警惕，非政府组织的发展有利于对这一危机的化解，有利于和谐社会的建设。

四　有社会参与的和谐社会

如上文所述，社会学兴起于19世纪的法国，彼时产业革命和民主革

---

① 分类控制的理论解释可参见康晓光、韩恒《分类控制：当代中国大陆国家与社会关系》，《社会学研究》2006年第6期。

命已经催生出一套与传统贵族政体截然不同的资本主义体系。然而，随着自由和平等理念深入人心，经济高速增长，传统社会中间群体亦烟消云散。个体主义社会原子化成为资本主义文明的痼疾，孔德、涂尔干等社会学奠基者的理论追求正在于回归社会，重塑一个有活力的中间群体，为现代社会确立良性秩序。伴随着市场经济的发展，政府、市场和社会共同作为公共性的参与者，在协商、合作的基础上促进公共福祉。非政府组织的兴起和发展壮大正是社会复兴，超越社会原子化危机，实现社会和谐的重要组成部分。

回到社会，亦是本文的核心诉求。新中国单位社会确立，社会的独立性基本被取消。而随着单位体制的消解和变异，以及新的社会部门和社会现象的出现，呼唤社会的回归。和谐社会的建设，离不开社会部门有效而合理的运转。随市场经济改革兴起的社会自我保护运动需要和自上而下的政府机构改革结合起来，这是加强党的执政能力建设的应有之义。中国非政府组织的兴起和发展的过程是独特的，是政府机构改革、新时期克服社会原子化危机要求与全球结社革命共同作用的产物。国家能力是公共性格局中不可替代的要件，而随着改革的深化，富有活力、动态均衡的公共性格局，必然要包含社会部门的参与。通过非政府组织的发展，将社会组织起来，结束社会原子化的局面，对于建设和谐社会意义深远。

党的十六届四中全会提出了社会建设的时代任务，即通过社会建设缓解当前阶段的社会矛盾，为和谐社会建设和可持续发展提供强劲动力。非政府部门的成长，是社会建设中必不可少的一环。随着政府向服务型职能的转变，培育非政府部门，建立新型社会联结机制至关重要。

（原刊于《江海学刊》2009 年第 5 期）

自由职业者的从业选择与从业方式探析

——以社会变迁中个人与组织关系为视角

现代社会的一个显著特征就是各种组织的快速发展和壮大。各种各样的组织为从业人员提供了施展才技、获得资源的平台。现代社会的大多数人往往是选择一个适合自己特点的组织，通过组织的平台和阶梯来发展自我，实现人生的价值和理想。但在当今中国社会，一大批受过高等教育、具有专业特长的年轻知识分子却选择了组织外的从业方式。他们不固定供职于任何组织，不受任何组织或机构的限制，工作和生活基本上处于自由状态，他们通过市场提供的资源与机会来谋生，同时为社会提供服务，人们将这一人群称为"自由职业者"。

新兴的自由职业者群体是从知识分子队伍中分化出来的新的社会阶层，他们是在怎样的社会背景下成长起来的？他们为何做出这样的选择？他们的兴起和成长意味着个人与组织怎样的趋势？这是本文所要关注的焦点所在。

一 有关自由职业者研究的现状及本文的理论视角与方法

1. 关于自由职业者的界定

由于人们研究视角的不同，对自由职业者有不同的界定。有些界定很宽泛，如有人将自由职业群体概括为三类人：第一类是小本生意人，如个体零售店、小吃店、冲印店、装修公司老板；第二类是没有底薪的推销员，如寿险顾问、地产经纪、广告中介、传销人员；第三类是专业人士，如专职作家、翻译、画家、演员个体户、时装设计师、注册会计师、保险商、律师、计算机顾问、环境工程师、财务顾问、人员培训师、媒体专家、摄影师、公关专业人士、自由撰稿人、平面设计师、网页设计师、服装、珠宝、陶艺及各类工艺品设计人员,音乐、绘画从业人员等等。这三类人的概括涵盖了所有在组织外谋生的人。在笔者看来,自由职业者不仅仅以是否在单位组织外谋生作为区分的标准,最重要的是具有自我生存的能力即对专业技能的占有和对自由的生存意义的追寻。因此,我们综合各种观点认为,自由职业者是指那些受过专门的技能教育和培训,有突出的专业特长,不隶属于任何组织,不与任何组织建立长期的契约关系,利用自己的专业技能或特长获得资源、谋求生存的自由个体。

2. 研究现状

国内关于自由职业者的研究刚刚起步,多数研究者主要从现象描述和对策建议两个方面做了一些探索性的工作。一方面,一些学者就自由职业者的基本状态、自由职业者的概念进行了分析和描述[1];有的学者在中产阶级、知识分子和青年群体这三个群体的交错特征中间接地展现了自由职业者的特征[2]。自由职业者的从业体验是研究者们热衷的话题,他们常常列举一些生动而鲜活的个案来描述这一群体的生存状态。另一方面,自由职业者面临的困境得到了很多研究者的关注,特别是社会保障和理财方面的困境问题涉及较多。由于学术研究的相对缺位,从现象描述中引出的政策建议就格外受到研究者们的青睐,他们试图对这一新阶层进行引导和控制,督促他们形成有秩序的从业规范,为政府部门的决策提供可行的措施和手段。如规范自由职业者的税收制度、加强社区建设、以统战的思想容纳自由职业者作为新阶层的存在等等。

这些研究以新社会现象的视角向人们介绍了自由职业者的存在,比较系统全面地展现了这一新群体的生活,为进一步的研究提供了十分可贵的资料和基础。但是以往的研究仍然有待深入,存在一些不足:第一,以往研究的学科特征不突出。关于现象的描述止于个案素描,提出的政策建议又偏向一般性的措施和对策,欠缺学科和学术的视角。第二,以

---

[1] 邢军:《自由职业者的生存镜像与阶层培育》,《合肥学院学报》(社会科学版) 2005 年第 1 期。

[2] 周晓虹:《中国中产阶级:现实抑或幻象》,《天津社会科学》2006 年第 2 期。

往的研究缺乏理论依据和理论参照视角。学术研究应以理论为基础,若没有理论的依托会显得苍白无力。第三,即使少数研究的学术性较强,但对于自由职业者的直接研究尚有不足。如:周晓虹对于中产阶级的研究,汪和建对于自我经营方式的研究,都在某一个侧面触及自由职业者的问题,但自由职业者只是他们所论述群体中的一个子群体,还缺少专门的、系统的理论研究。因此,有关自由职业者的研究才刚刚开了个头,而且自由职业群体日新月异的发展又不断地涌现出新的素材,学术研究上还有很长的路要走。

3. 本文的研究视角和研究方法

本文在社会学的研究框架内,以组织理论和自由理论为基础,以个人与组织关系的视角为参照,对现阶段自由职业群体的选择行为、从业方式进行探索性的研究,以期通过这项研究进一步认识自由的社会学意义,了解并探索在社会变迁中人与组织新型关系的建构方式。

本文以定性研究为主,结合访谈法、问卷法进行分析。访谈材料来自天涯社区的自由职业者版面和一个电脑游戏自由开发者的QQ群;问卷来自中华英才网的问卷调查,调查的受访者来自全国,是平均分布于IT、金融、制造业等20个行业的2200余名企事业单位职员,笔者对部分调查结果进行了数据分析,作为定量材料。

二 选择自由职业的社会契机

在日常生活中人们崇尚和追求自由,但社会学意义上的自由是一种怎样的状态呢?萨特说,人是生而要受自由之苦,自由是选择的自由,这种自由实质上是一种"不自由",因为人无法逃避选择的宿命,人是社会的动物,因而人无可逃避地会去选择了解,选择去爱周围的人,这是人生而为人的天性。萨特的这段话深刻揭示了自由的社会学意义。自由是一种社会关系,是在纷繁复杂的社会关系中生成发展的。鲍曼对此有生动的论述:"你有自由随意地离开这个国家,可你却没有钱买车票;你有自由学习自己所钟爱领域的相关技能,可你却发现在这一领域中并没有你的一席之地;你可以希望从事你所感兴趣的工作,可你却发现这样的职位并没有空缺;你可以畅所欲言,可你却发现没有办法找到人听你倾诉。"①

无论是萨特还是鲍曼，都揭示了一个社会学的基本命题，即任何社会现象都是与其他社会现实相关联的，无不处在关系之中，人的行为总是要与社会的结构及环境相适应，人们的自由选择行为总要受到社会制度与社会关系的影响和制约。因而，自由职业者的出现与选择是中国社会体制转轨与单位组织变迁的结果，是区别于正式组织内固定员工的一种职业状况。

自由职业者在中国历史上由来已久，它在民国时期就已见诸报刊和官方文件中，是中国近现代社会长期存在的一个社会阶层，但这一阶层在20世纪50年代中期的集体化运动中作为城市小资产阶级的一部分被改造掉了。新中国成立以后，国家实行计划经济体制，形成了主要以单位制组织为主体的社会结构形式。单位制组织具有十分独特的性质，它控制着人们"从摇篮到坟墓"的所有资源，人的一生无论生老病死都离不开单位，人与单位的关系是一种资源依附的关系。单位通过垄断资源来控制其成员，使得他们服从单位组织的安排，无人能游离于组织之外，"只要人们摆脱不了对单位垄断性资源的依赖，那么他们就必然会放弃自身行为的自主性，以服从作为交换资源的代价。"② 所以，在单位制社会中的人们没有个人身份上的自由，更谈不上自身行为的自主性，自由职业者无法生存。然而，随着中国社会的改革开放及市场经济体制的建立，"自由"从业的社会契机出现了。

契机之一：单位组织的多样化和全能型单位的式微，使个人从单位组织中"解放"出来，获得了身份上的自由，为自由职业的出现提供了可能。

市场经济体制的建立，带来了单位社会的变化，表现为"单位组织的多样化"和"全能型单位的式微"③。前者是说，中国的所有制形式由单一的公有制发展成以公有制为主体、多种所有制并存的形式，私营企业、外资企业纷纷涌现，组织形式不再单一，组织风格也趋于多元化。后者是说，单位不再是一个全能的组织，个人与组织的关系由资源依附

---

① [英]泽格蒙特·鲍曼：《自由》，杨光译，吉林人民出版社2005年版，第2页。
② 李汉林：《中国单位社会——议论、思考与研究》，上海人民出版社2004年版，第40页。
③ 张建富、王志强：《后单位制时代的大学生就业》，《社会》2004年第6期。

转换为利益依赖①。

政治功能从经济组织中逐步分离出去,经济功能的日益凸显使企业组织逐渐走向市场化,权责分明。同时,在市场经济实行的过程之中,劳动力市场得以逐渐形成并成熟起来。有人总结了劳动力市场形成的四个阶段:1979—1983年是"体制外放开";1984—1991年是"体制内改革";1992—1998年是"以开放为主";1999年至今是"劳动力市场建设全面展开"②。由于这一系列的变化及政策的实行,使得单位人能够离开组织;随着劳动力市场的日渐成熟,劳动者也能够参与市场的分配与交易。

另外,20世纪90年代以后,中国高校毕业生的分配制度,由原来的国家统包分配制,转向用人单位与毕业生个人的双向选择制度,个人能够根据自己的专业特长和爱好自主择业,而自由职业在众多选择中成为另类的一种。

契机之二:现代企业组织灵活新型的雇佣关系和对于高技能专业人才的需求,使得自由职业者的出现成为现实。

单位制度的变迁,是与社会经济体制改革相伴随的。经济体制改革与社会发展变化带来了企业组织在资源分配、用工制度等方面的调整。用商业生态系统理论来说,则是组织与环境之间的共同发展、和谐共存。从经济形势上来讲,即市场经济的实行,意味着新的经济图景,以竞争性和流动性为显著特征。市场化意味着经济的全球一体化,竞争对手来自全世界,竞争范围扩大了。"今天的企业处在一个剧烈动荡、飞快变化着的世界中,经济的全球一体化、高度的不确定性、全球战略的实施,正使企业经历着空前严峻、激烈的竞争。此一时的竞争优势转眼就会变得不堪一击,企业自身的生存变得如履薄冰。"③

同时,日新月异的技术进步带来了强流动性的市场环境,技术的进步还意味着产品更新的周期变短,而产品更新的周期变短要求企业不断地发展以跟上技术进步的脚步,否则就会在激烈的竞争中败下阵来。

为了应对变化的经济形势,市场经济的主体——经济组织必须要根

---

① 此说法来自吴晓刚:《从人身依附到利益依赖:一项关于中国单位组织的研究》,北京大学社会学硕士学位论文,1994年。

② 宋湛:《中国劳动力市场动态调节研究》,经济科学出版社2004年版,第62—68页。

③ 杨雪莲、崔玲:《知识经济时代的新型雇佣关系》,《商业研究》2003年第15期。

据变化制定新的策略以求在竞争中获胜。因此,原有单一的"铁饭碗"的雇佣关系被打破,新型灵活的雇佣关系出现了,其中,雇佣自由职业者便是手段之一。Matusik 和 Hil[①]分析了组织雇佣自由职业者的原因和条件:一是降低成本;二是增强组织灵活度。从降低成本的角度来说,与组织内部人员相比,企业雇佣自由职业者不必对其进行培训,省去了人力资源方面的培训费用;企业雇佣自由职业者不必为其缴纳各种保险,省去了员工福利方面的开支;并且,在应对季节性的工作问题时,短期雇佣员工或者采用外包的方式进行工作,可以省去平日里聘用一名长期员工以应对各种临时需要的费用等等。由于不必向自由职业者提供长期承诺,组织就可以灵活运用劳动力,不在人力资源上耗费过多。从增强组织灵活度的方面来说,当技术革新时,如果组织内部没有一名固定员工熟悉该项技术,就可以雇佣一名自由职业者,在技术革新的关口上采取应急措施,渡过难关。同时,组织可能会学习自由职业者的技术,从而更新组织内部的知识结构,以更好地面对未来的挑战。这两个方面是互相促进的,灵活的组织比较容易降低成本,获得更大的灵活性。因此,组织需要雇佣自由职业者,以增强组织的竞争力。

综上可见,个人的自由是与组织、社会的结构和制度相关联的。正如鲍曼分析古代"自由"的社会学意义时,认为自由是一种解放,是奴隶从奴隶主的私有财产中脱离出来,成为自由民,这种解放是奴隶主对奴隶的赦免,是奴隶主特权的体现;分析西方中世纪时,认为政治制度从经济功能中分离出来,是"自由城镇"的胜利,他们从当权者那里取得了权利;分析现代社会时,认为多元主义的盛行,取代了唯一的权威机构,个人因此获得自我判断、自我选择的自由。[②] 鲍曼把这层意思表达得很生动:"现在,社会需求要由多种声音来表达——这多种声音的齐放,与其说是异口同声的合唱,倒不如说是难以调和的噪音。因此,这在很大程度上要由听者从中分辨出一种连贯的曲调。"[③]

从鲍曼的历史线性分析中,我们可以看出,撇开鲍曼论述的西方背景不谈,自由便是人身的解放,是经济领域的独立,是多元文化的碰撞,

---

① Matusik, H. F. &C. W. L. Hil, The Utilization of Contingent Work, Knowledge Creation, and Competitive Advantage, *The Academy of Management Review*, 1998, pp. 680 – 697.
② [英]泽格蒙特·鲍曼:《自由》,杨光译,吉林人民出版社 2005 年版,第 34—50 页。
③ 同上书,第 49 页。

这三方面均能够在中国近 30 年的单位组织的变迁过程中找到论据，这一过程中处处渗透着自由的契机。

三 "逆组织化"选择的主观因素

韦伯作为现代组织社会学的创始者，一方面，他对现代社会理性化组织的官僚体制给予充分的肯定，他在《经济与社会》一书中指出："在一个官员、职员和工人与行政管理物资分开以及纪律和训练有素都不可或缺的社会里，没有官僚体制的机构，除了那些自己还占有供应物资的人（农民）外，对所有的人来说，现代的生存可能性都将不复存在。"① 在他看来，只有自己占有"供应物资"，才能脱离官僚体制的控制。因为，"在技术和经济组织领域中的这种理性主义的进程，无疑决定了资产阶级社会的生活理想的一个重要部分。合乎理性地组织劳动，以为人类提供物质产品，毫无疑问是他们毕生工作的最重要的目的之一"②。另一方面，他对现代官僚体制对人的束缚也进行了深刻的揭示："这种经济秩序现在却深受机器生产的技术和经济条件的制约。今天这些条件正以不可抗拒的力量决定着降生于这一机制之中的每一个人的生活……"然而，这身外之物却注定"将变成一只铁的牢笼"③。一百多年前韦伯对官僚体制的深刻见解，在如今的现实生活中得到了很好的验证。

虽然现代理性组织的发展和壮大是不争的事实，但在信息社会来临之际，一些人正以一股"逆组织化"的力量影响和改变着经济组织的常规步伐，他们脱离组织机制的束缚，运用自己的技能，而不是某种物资，来换取金钱，获得生存的自由。他们的"逆组织化"行为能够透视出现代官僚组织形式的利弊，同时也昭示了现代组织发展的新特点与趋向。

选择自由职业，在最初的阶段，排除其客观因素，就主观来讲，人们往往受到"自由"理想的鼓舞，追求工作过程也可以是自由自在、随

---

① ［德］马克斯·韦伯：《经济与社会》，林荣远译，商务印书馆 1997 年版，第248—249页。
② ［德］马克斯·韦伯：《新教伦理与资本主义》，于晓、陈维纲等译，生活·读书·新知三联书店 1987 年版，第 55 页。
③ 同上书，第 142 页。

意舒适的。在中华英才网的调查中,在对"您,或您认识的自由职业者,选择自由职业的初衷在于?"这个问题的回答中,选择"追求自己的兴趣"的占 61.28%。可见,大多数人认为选择自由职业是由于个人的喜好和兴趣,"心里想这么做"成为最重要的理由。

在中国,由于社会的转型,单位体制的变迁,许多具有专业特长的人从单位人变成了自由人,他们凭借自身的专业技能服务于社会,来往于企事业单位与社区之间,尽管有些单位组织试图将其收编,但有些人已习惯于这种自由的职业生活,职业的灵活性和自由度成为他们理性选择的理由之一。此外,还有一些刚刚离开大学迈入社会的年轻人,他们对自由充满了好奇和向往,依靠所学专业的知识优势,建立自身独立从业的路径和渠道。

从自由职业者与单位组织员工的比较中能够揭示出自由选择背后的深层原因。笔者经过调查和分析,认为以下三点是个人面对自由职业与组织内固定职业的抉择中最为重要的因素。

第一,与单位组织的员工相比,自由职业者可以利用自己的特长和技能采取多种方式赚钱,收入相当可观,这是吸引人们选择自由职业的主要经济因素。Kunda 等人[①]认为,尽管人们对于自由职业有种种渴望的情绪,尽管不满于组织生活的种种弊端,但大多数人还是会选择主流的组织生活方式,选择自由职业的人有很多这样那样的原因,薪资问题始终是至关重要的原因之一。无论什么职业,能够得到足够的经济资源是最基本的要求,否则个人的生存尚且存在问题,如何谈得上精神上的自由。而如果通过从事自由职业,能够得到比在组织中工作更多的薪酬,就会更加有吸引力。

第二,选择自由职业可以摆脱正规组织官僚制度的束缚。现代组织的官僚制规则往往呆板而没有人情味,如韦伯所说,是一个"铁的牢笼"。"我们所熟悉的组织系统图是规则的视觉化形象,通过这种图,等级水平能够得以排序并且各部门得以协调。进入组织要经过在雇佣合同中详细规定的责任和义务规则的审查,内部流动受到在奖惩政策中体现

---

① Kunda, G., S. R. Barley & J. Evans, 2002, Why Do Contractors Contract? The Experience of Highly Skilled Technical Professionals in a Contingent Labor Market, *Industrial and Labor Relations Review*, 2002, pp. 234 – 261.

的标准的调节,上下班的时间安排,以及工作活动也受到规则的管理。规则定义了组织的身份以及边界,并且使之与其他组织的联系得以稳定。每个人都遵循着为他或她承担的角色所设定的适当行为的规则。"① 这种规则确保了组织按照一定的程序运行,而对个人来讲,这些规则可能恰恰是一种束缚。除非规则已经内化为人的行为习惯,否则人们总会感到规则的束缚,觉得不能按照自己的方式工作、不能充分发挥个人的多方面才能。因此,逃离"铁的牢笼"成为人们被动选择自由职业的一个要素。

第三,选择自由职业也可以逃避正规组织中的非正规性。组织理论的自然视角分析过很多非正式结构对组织的影响,而关于非正式结构的表现形式却涉及不多,尤其是负面的。Kunda 等人②指出了三种非正规性的表现形式:(1) 如果一个专业工作者做的所有工作都是为了成全上司的某些要求,并为上司的晋升提供条件,就会造成专业工作人员的抵制情绪;(2) 当专业人员的能力高于他的上司的时候,甚至上司完全没有项目领导能力而带来组织效能的低下时,员工往往觉得自己不受尊重或者感到不公平;(3) 如果工作强度大,却得不到相应的物质和精神鼓励,或者说公司要求职员对公司忠诚,却不能提供相应的安全感,被解雇的恐惧情绪笼罩着他们的全部工作生涯,员工们会感到沮丧和缺乏安全感。以上这些是非常现实的情况,在正规组织中经常会有非正规现象存在,一旦组织中有一些潜规则和灰色地带,个人就可能逃离组织,选择自由职业。

这些原因常常是综合起作用的,大多数情况下,单纯的自由幻想并不足以使人们放弃主流的组织生活,往往会有一个实际的因素成为最后的导火索,促使他们选择自由职业。Kunda 等人③认为,简单来说,个人选择自由职业的决策是经济因素、现实结构性因素和个人工作理念的混合产物,而且最后的契机往往来自公司裁员、其他自由职业者的引导等

---

① [美]詹姆斯·马奇、[美]马丁·舒尔茨、周雪光:《规则的动态演变——成文组织规则的变化》,童根兴译,上海人民出版社2005年版,第8页。

② Kunda, G., S. R. Barley & J. Evans, 2002, Why Do Contractors Contract? The Experience of Highly Skilled Technical Professionals in a Contingent Labor Market, *Industrial and Labor Relations Review*, 2002, pp. 234–261.

③ 同上。

等。"在社会分配关系中,自由常常被视为关系的一端,而位于另一端的是他律的不自主。正是在这样一种关系中,自由得以产生,同时自由也是保证这种关系得以永续的首要条件。自由既是特权又是权力。"① 经济来源、组织的官僚制度和非正规性都是"他律的不自主",人们在这样的现实关系中,在具备客观选择条件时,必然寻求现实条件基础上的自由。

四 自由职业者的从业方式

自由职业者虽然不固定供职于任何正式组织,但并不意味着他们与任何组织没有关联,自由职业者与组织的交易是他们的主要从业方式之一。笔者经过调查发现:自主经营和承接短期工作是新兴自由职业者从业的两种主要形式。

自主经营的方式是指自由职业者运用技能独立经营的工作方式。汪和建运用自我行动的理论对这一经营方式进行了深入的分析,认为"自我行动是影响和决定中国人选择自主经营这一市场实践方式的根本力量。其中,源于自我主义的自治感是引导中国人偏爱以自主经营的方式参与市场实践的主观力量;而来自关系理性的亲友关系运作则是决定个体能否获取社会资源,从而决定其能否实现自主经营的客观力量"②。

然而,选择自主经营方式的不一定是自由职业者,个体户、私营企业主等也选择自主经营方式,而他们具备组织形式;自由职业者则采取非组织形式运作。下面是一个自由职业者运用技能独立经营的典型例子:

2004年,大连轻工业学院服装设计专业毕业的张啸吟从某著名服装公司企划部辞职,带着简单的行李和1200块钱来到北京,开始了自找的"北漂"生活。他做过地下通道的流浪歌手,在后海酒吧刷过杯子,还曾经去某服装公司跑了三个月的市场。一切都是为了生存而打转。这年冬天,他的第一只布偶猫在酒吧诞生。现在看来,这只玩偶的设计并不完美,做工也很粗糙。那时候谁都无法预料,这只布艺玩偶会在以后的日

---

① [英]泽格蒙特·鲍曼:《自由》,杨光译,吉林人民出版社2005年版,第31页。
② 汪和建:《自我行动与自主经营——理解中国人何以将自主经营当作其参与市场实践的首选方式》,《社会》2007年第6期。

子里带来怎样的故事。

一次，张啸吟把自己设计的布偶照片发到某设计论坛"显摆"，结果很多网友回帖询问在哪里能买到。意识到有人喜欢这种古怪、非主流的"东东"，张啸吟开始批量地手工制作自己设计的玩具，然后通过邮购方式贩卖。在摸索中"幸福玩具车间"开始系统经营和管理，团队人员从最开始的一个人逐渐增加，2005 年 8 月，"幸福玩具车间"正式入户北京。①

承接短期工作。即短期从组织中承接任务，以计件或者计时的方式取得报酬。这也是目前大多数自由职业者采用的工作方式之一。

中国有三个比较完善的任务网站，网站中列出雇主给出的工作任务，自由职业者们承接任务，任务完成后获得计件报酬。比如，一项招标任务要求做一个奥运精灵鼠笔筒的设计，任务金额是 300 元，时间为半个月。② 也就是说，做设计的自由职业者可以在半个月内自由地完成这项任务，如果成果得到了采纳，就可以得到 300 元的报酬。

任务网站的招标方式是：招标任务在网站首页中滚动显示出来，承担任务者在网站上承接任务，获得相应报酬。笔者截取一页③，如表 1 所示：

表 1　　　　　　　　任务网站的招标任务

招标任务 ID	威客任务	任务金额（元）	发布人
19401	美工高手来接活，设计站点首页	545.00	wqivblpk
19420	三宝电子商务公司网站首页设计	1000.00	sunbom
19379	罗门风情婚纱摄影 LOGO 设计	500.00	qdqyqdqy
19397	一组简单的系统后台管理页面美化	500.00	MichaelHo
19372	诚求公司 LOGO 设计和名片	500.00	norvan
19326	平面公益广告	300.00	fanyaoqi
19344	《欧洲》建筑整修公司 - 名片/Logo	200.00	adamxu

注：表格是笔者为方便阅读所做，"发布人"一列为网络使用名。

---

① 《陈幸福：想做中国的迪斯尼》（http://bbs.cnii.com.cn/archiver/?tid-91604.html）。文中的"东东"为网络流行语，即"东西"。

② 《任务列表》（http://weike.taskcn.com/list）。

③ 同上。

又如电脑游戏开发行业,有很多自由职业者通过网络或者熟人介绍的方式承接工作,做完之后获得相应报酬。比如,笔者在一个自由职业者的工作群("CG自由职业者"QQ群)里看到一则广告:

> 有大量房屋模型,承包价钱是5—10块钱一个,都是很简单模型(提供贴图跟航空影像图作为参照)。价格层次是:差一点的5块;好一点的是7块钱;再好一点的10块钱。(注:都是很简单的模型跟帖图)有意者跟我联系,电话:132×××8670,QQ:×××××。

也有人通过自由职业者的群体推销自己,希望得到一份短期的自由工作,下面就是一位网友在自由职业者的工作群("CG自由职业者"Q群)里发布的求职信息:

> 奎尔萨拉斯:中国美术学院大四学生承接各种插图、插画以及CG设计外包兼职,有意者MM我,谢谢大家的支持。有10年绘画基础,功底扎实。[①]

从上述多种多样、机动灵活的招标与求职中,我们可以看到,自由职业者们在竞争激烈、市场活跃的社会背景下,能够脱离正式组织而独立生存。他们摸索并逐步形成了从业的运营方式。因此,如果个人具备足够的技能,并且能够符合市场的需要,能够获得足够的生存资源,那么,自由职业者宽裕而舒适的生活就不会太遥远了。自由职业者有了切实可行的生存途径,打开了自由职业的长足发展之门。

五 结 论

自由职业者群体是一个发展迅速的社会新兴群体,这一群体的成长与发展是现代公民社会建构的重要力量。从中国目前的自由职业者从业

---

① "奎尔萨拉斯"是该网友的网络使用名,"MM"意为"联系"。

状况来看，在社会转型过程中生成的自由职业群体具有厚积薄发的实力，原有的社会结构体系渐渐解体，单位社会体制下"解放"出来的个人跃跃欲试，逐渐走向个人与市场的新型关系，着手实践"自由"的意义；自由职业者在市场经济的具体实践中，找到了适合他们群体特色的运营方式，以自主经营和承接短期任务的方式为主，把自由的理想变成了具有可操作性的现实。

自由职业者群体的兴起，在一定程度上反映了现代信息社会带给个人与组织发展的新趋向。在笔者看来，自由职业者群体的兴起与盛行，呈现出来的趋势对于个人来讲是无边界的职业生涯，对于组织来讲是无边界组织的萌生。

无边界的职业生涯即"跨越组织边界的转换，跨越职业边界的转换，网络关系、雇佣关系意义的变革，跨越角色内边界的转换，跨越角色间边界的转换"①。自由职业者的职业生涯正体现了无边界职业生涯的趋势。

从自由职业者就业过程这一角度上来说，他们可以跨越组织边界和职业边界进行转换和流动。具体来说，他们可以在同一行业中不断地承接组织中的短期工作，跨越不同的组织，也可以跨越不同的行业，不断体验和尝试不同的工作类别，以积累更加丰富的工作经验，更好地适应灵活多变的劳动力市场状况。从工作理念这一角度上来说，自由职业者可以跨越不同的社会网络关系，在不同风格的工作群体中工作，也可以变换角色，以不同的职业身份工作等。这样，自由职业者能够在变化的工作关系中得到不同的情感体验，在流动的生活中寻找个人的精神家园。

基于无边界组织的理论，德瓦纳等认为无边界组织是信息时代的产物并提出可以通过发展信任、给所有层次赋予权力、淘汰一部分工作和构建新系统等方法来跨越从工业时代的组织到信息时代的组织之间的鸿沟。赫斯浩恩等从边界的角度明确提出创建无边界组织的边界并不是消除原先所有的组织边界，而是一整套新的边界的产生。无边界的组织并不是绝对地否定组织内外的一切界限，因为没有任何边界的组织将会一片混乱，边界的真正作用在于"以某些健康而且必要的方式把人员、流

---

① 庞涛、王重鸣：《知识经济背景下的无边界职业生涯研究进展》，《人力资源》2003年第3期。

程以及产物分割开来,让不同的事物保持集中和分明"①。

所谓的"无边界"是强调组织在面对外界经济形势、内部组织变化时,在垂直边界、水平边界、外部边界和地理边界中能够灵活处理,弹性应变。"无边界"的组织形式能够为组织带来很多好处,如美国的通用电气公司通过"无边界行动"及"零层次管理",使公司从原来的24个管理层次,压缩到现在的6个,管理人员从2100人减少为1000人,雇员人数由41万减少到29.3万,瓦解了自20世纪60年代就根植于通用组织的官僚系统,不但节省了大笔开支,还有效改善了企业管理功能,企业效益也大大提高,销售额由200亿美元增加到1004亿美元,利润也大幅度增长。②

市场经济的改革与发展,为独立个体的生成提供了土壤和条件;激烈的市场竞争也使社会中观层次的组织形成了多元的结构形态。个人与组织从单纯的依附关系走向多元的交互关系。从自由职业者群体的成长中我们看到了无边界的职业生涯和无边界组织的新趋向。无边界的职业生涯能够让个人更自由、组织更灵活,而无边界的组织能够让组织更高效、社会环境更和谐。这样,个人、组织与社会三者之间就能够更加互惠互利、有机融合了。

[原刊于《南京大学学报》(哲学·人文科学·社会科学版) 2008年第6期]

---

① [英]罗恩·阿什克纳斯、[英]迪夫·乌里奇、[英]托德·吉尔、史蒂夫·克尔:《无边界组织》,姜文波译,机械工业出版社2005年版,第3页。
② 参见邓正红《企业软实力:将企业打造成水一样的营盘》,http://manage.org.Cn/Article/200806/60065.html。

从"单位人"到"自由人"

——我国自由职业者生存特征的社会学分析

自由职业者群体作为近年来新兴社会阶层中的成员，已经引起了学术界和管理层的多方关注。虽然报刊网络上有一些研究和探索，但理论与学术层面的研究还略觉不足，特别是对自由职业者群体的本质特征及生存状态的认识还停留于表面。因此，我们有必要从学术层面进行探讨，澄清自由职业者概念上的模糊认识，把握这一群体的基本特征及生存需求，探寻社会转型与发展中呈现的人与组织、人与社会的新型关系，为党的十七大报告中提出的社会建设理论与实践提供学理上的参考。

一 关于自由职业者的界定

自由职业者概念近些年经常见诸我国的报刊和网络，表面看似乎是一个产生于近几年的概念，其实并非如此。早在我国的民国时期就已出现在报刊和官方文件中。在民国时期，自由职业者"是指需要通过专门的考试，取得资格后得以从事专门职业的人，范围包括律师、医师、会计师、工程师、审计师、教师、记者等。由于这些人共有的一大特点是具有某种专业技术或技能，所以也有学者称之为近代中国的专业群体"[①]。

自由职业的概念在英文的文献中常用"profession"一词，专指那些需要接受高深教育及特殊训练，进而获得特定从业资格的专门职业。从事这些职业的人，就是我们所说的自由职业者。英文的资料中还有"temporary-worker（employee）"一词也常常被用于对自由职业者的表述，是

[①] 朱英：《自由职业者：近代中国社会群体研究的新领域》，《华中师范大学学报》（人文社会科学版）2007年第4期。

指短期或临时参与组织的人。

《现代汉语词典》中"自由职业"一词的释义为:"旧时指知识分子凭借个人的知识技能从事的职业。如医生、教师、律师、新闻记者、著作家、艺术家所从事的职业。"①

现如今社会广泛使用的自由职业者概念与最初的概念相比有了更宽泛的外延。

"自由职业者:指那些不与用人单位建立正式劳动关系,又区别于个体、私营企业主,具有一定的经济实力和专业技能并为社会提供合法的服务性劳动,从而获取劳动报酬的劳动者。"②"自由职业即自雇佣者,也就是既不雇佣他人,也不受雇于人,而是自己给自己打工,既不是在校学生,也不是在职员工,而是一个游离于组织之外自给自足的个体劳动者,其主要特点是自我支配时间,自我安排工作,自我寻求发展。"③ 社会上对自由职业者也有许多称谓,如:顾问、临时工、承包人、自由代理人、单飞雁、独行侠、单干户、自由工、电信通(指精通电子的人,尤流行于欧洲)、虚拟雇员、虚拟企业主。还有人将自由职业者概括为三类人:第一类是小本生意人,如个体零售店、小吃店、冲印店、装修公司老板;第二类是没有底薪的推销员,如寿险顾问、地产经纪、广告中介、传销人士;第三类是专业人士,如摄影师、专利代理人、律师、会计师、牙科医生、技术顾问、管理顾问、管道工、电工、理发师、艺术家,等等。

上述对自由职业者的种种界定,基本涵盖了两层意思:一是不隶属于任何组织,在组织外谋职生存的人;二是具有某种专业技能的人。尽管有的只侧重于前者,外延过于宽泛;有的侧重后者,但综合起来基本表达了自由职业者的基本特点。据此,笔者认为,自由职业者一般是指接受过高等教育和技能培训,具有某种专业特长,不与任何组织建立长期的契约关系,以自己的专业技能或特长独立自主地获得资源、谋取生存的人。这一界定,主要涵盖和表达了"自由"所蕴含的本质和意义。在社会学意义上,自由被看成是一种社会现实,其含义是由其在社会中

---

① 中国社会科学院语言研究所词典编辑室:《现代汉语词典》,商务印书馆1978年版。
② 陈秀珊:《我国自由职业者的特性及发展对策分析》,《经济前沿》2004年第12期。
③ 张艳丽:《自由职业与自由职业者》,《教育与职业》2004年第16期。

所处的特定时空赋予的。自由只有作为一种社会关系时方能存在。自由常常被视为关系的一端，而位于另一端的是他律的不自主。在现实社会中，自由总是相对的，只有把它看作过去或现在某些状态间的对立物才有意义。所以，职业的自由需要特定的社会条件和自身的素质，这种自由也是相对的。

基于上述界定，自由职业者不包含那些无固定职业的临时打工仔、业余职业者，也不同于单干的个体户。自由职业者应是学有专长的知识分子，获得并具备了享有自由发展的空间与时间的能力和条件的人。

二 现阶段我国自由职业者的基本特征

在中国，个体自由是伴随着经济体制的改革得以实现的。自由职业者是中国近现代社会长期存在的一个社会阶层，但这一阶层在20世纪50年代中期的集体化运动中作为城市小资产阶级的一部分被改造掉了。这一时期国家是以单位制来整合和控制社会，个体被纳入或消失在各种组织和群体之中。单位制组织控制着人们"从摇篮到坟墓"的所有资源，人的一生无论生老病死都离不开单位，人与单位的关系是一种资源依附的关系。单位通过垄断资源来控制其成员，使得他们服从单位组织的安排。个体的社会存在被个体的组织存在所替代；社会实现了组织化，但个体与组织失去了自主化。① 在这一体制下，"只要人们摆脱不了对单位垄断性资源的依赖，那么他们就必然会放弃自身行为的自主性，以服从作为交换资源的代价"②。在这样的社会结构中，人的独立性与个体性都被湮没在集体和单位组织中，独立的个体无从体现，自由职业者无法生存。

改革开放后，在市场机制的作用下，中国社会实现了劳动者的个体"解放"，个体的行动有了较大的自主性和灵活性，人们不但可以选择职业种类，还可以选择从业方式。各类人才真正成为自身人力资本产权的

---

① 林尚立：《两种社会建构：中国共产党与非政府组织》，王名主编《中国非营利评论》（第1卷），社会科学文献出版社2007年版，第3页。

② 李汉林：《中国单位社会——议论、思考与研究》，上海人民出版社2004年版，第40页。

所有者，从而能以独立的经济主体身份参与市场交易。正如英国学者鲍曼（Bauman, Z）所说："自由个体的形成，必须具备一系列特殊的客观要素。而且，只有当这些特殊要素持续不变时，自由个体才能得以存活。自由个体，远远不是一种人类的普遍状态，而是一种历史和社会的创造物。"① 自由个体的出现，表明了现代社会的个体性特征。"个体性作为一种价值，是对个体差异性和独特性的强烈关注，也是一种同时成为'自我'和'拥有'自我的强烈经验。"② "埃米尔·涂尔干（Emile Durkheim）把现代个体性的产生与不断加深的劳动分化以及每一个社会成员都会随之而遭受的专业化和互不调和的权威领域的影响联系起来。卢曼（Niklas Luhmann）将现代个体性的起源归于'社会内部从阶层分化到功能分化的转化'。"③ 在中国社会由"单位制组织"向"社会化组织"的转型过程中，以自主性和独立性为特征的自由职业者大量涌现。他们为摆脱单位体制的各种束缚，自主择业和创业，以其高超的专业技能和独特的从业方式凸显其个体的独特性。这些新生的自由职业者群体呈现出如下生存特征：

（一）自主性：他们不隶属于任何组织，在单位体制外以个体的形式独立自主地获得资源谋取生存，自由职业者是单位体制外的自由个体。他们不受任何组织或机构的束缚，工作和生活基本处于自由状态，具有较高的工作自由度和灵活的生存发展空间。他们通常无固定工作单位、无固定工作内容，根据自己的喜好和技能自主地寻找服务对象，并根据服务对象的要求自由地安排工作时间和工作地点。他们拥有"工作时间自由支配""工作环境自由支配""工作内容自由支配"等特点。对于他们来说，更注重的是自主的工作方式和自由的时间与空间，按照自己的方式做自己喜欢做的事。在中华英才网的调查中，关于"您，或您认识的自由职业者，选择自由职业的初衷在于？"这一问题的答案中，选择"追求自己的兴趣"的占61.28%。可见，大多数人认为选择自由职业是由于个人的喜好和兴趣，"心里想这么做"成为最重要的理由。

在中国，经过40年的改革开放及社会变迁，许多具有专业特长的

---

① ［英］泽格蒙特·鲍曼：《自由》，杨光译，吉林人民出版社2005年版，第9页。
② 同上书，第52页。
③ 同上书，第53-55页。

"单位人"变成了"自由人",他们凭借其自身的专业技能服务于社会,来往于企事业单位与社区之间,他们受到不少用人单位的青睐,但却从不成为某一单位的正式成员。他们已经习惯于这种自由的职业生活,职业的灵活性和自由度成为他们理性选择的理由之一。此外,还有一些刚刚离开大学迈入社会的年轻人,他们对自由充满了好奇和向往,依靠所学专业的知识优势,建立自身独立从业的路径和渠道。

另外,在中国新兴的自由职业者群体中,还有一部分人是在企业改革和单位改制中被动进入自由职业者群体的。这部分人在国有企事业单位的改革、改制中,从原来的单位退出,不得不重新选择就业。他们多是传统行业中的技术或专业管理人员,离岗后,为了维持生存,寻找谋生渠道,而进入自由职业群体。另一部分是高校毕业生,在就业难的状况下不得不选择自由职业,以维持生存。这些人缺乏独立创业的信心和勇气,有的已习惯于对单位的依赖,在他们自主从业时遇阻或在社会上受挫,在沉重的生活压力与事业挫折感的双重冲击下,一些人对社会对现实不满,出现人格的扭曲,甚至危害社会。自由个体的成长和成熟,需要社会的培育和有效的制度安排。

(二)专业性:他们具备较高的文化程度和专业技能,以其独到的技能和专业优长立足于社会。自由职业者的称谓并非涵盖游离于组织之外的所有从业者。自由职业者,首要的必备条件是具有相当深厚的专业知识储备和专业技能,接受过高等教育或专业技术教育,具有某项专业特长或能够安身立命的本领。而对于那些一无所长的待业人员、失业人员,靠出卖体力获得临时工作维持生存的人是不能称之为自由职业者的。他们维持生存尚成问题,何以为自由呢。人们的自由选择行为既要受到社会制度与社会关系的影响和制约,也要受到自身的知识与技能的限制。自由职业的选择并不是唾手可得、轻而易举的事情,只有具备较高的专业知识或技能,才能获得真正的"自由"和"独立"生存的能力。特别是在我国社会转型时期,社会组织发育不良,社会功能不健全的情况下,一个人如果缺乏独特而优秀的专业技能,就不能自主地选择理想而又自由的工作,只能被动地等待他人或社会的选择,无法成为真正意义上的自由职业者。就中国的现状来说,从事自由职业的人员除传统的文化艺术界之外,多分布在高科技和新兴的第三产业中。如:专职作家、翻译、画家、演员个体户、时装设计师、注册会计师、保险商、律师、计算机顾问、环境工程师、财务顾问、人员培训师、媒体专家、摄影师、自由撰稿人、平面设计师、网页设计师、服装、珠宝、陶艺及各类工艺品设计人员、音乐人等等。可以说，自由职业者从业范围广，且专业技术强，他们是以其精湛的技艺和专业素质而立足于社会。

自由职业群体是一支具有较高专业素质的队伍，如何将这些处于游移状态的松散人员有效地组织起来，建立起社会网络，发挥他们服务社会、技术为民的作用，已成为社会工作与社会管理者的重要任务和责任。

（三）边缘性：他们生活在城市边缘，远离社会中心，虽然经济收入高，但社会认同度低，新兴的自由职业群体，由于他们处于社会主导结构中的单位组织之外，以及由于社会组织的发育不良，很少有机会在社会中展示他们多方面的能力和才能，他们靠技术和专业能力只能获得生存资源，却很难获得相应的社会地位和社会认可。他们游移于社会的边缘，缺少社会及各种组织的关爱和社会认可，成为城市中"自由漂泊"无归属的知识群体。由于这种边缘性状态，造成他们生存的多重压力。主要表现为两个方面：

第一，经济收入的不稳定和社会保障的缺失。在经济生活上，自由职业者的收入相对较高，但很不稳定，并且花销很大，属于高消费群体。自由职业者尽管对个人技能有一定的自信，但没有组织作为依靠，自由职业者往往没有稳定的制度性保障，惶恐感也总是不断地袭来。我们就中华英才网调查问卷中的问题"自由职业最让您担心的问题是什么？"做了数据分析，如图1所示。超过一半的人认为"收入不稳定"是最大的问题。同时，在收入不稳定的情况下，自由职业者还是高消费的群体。由于没有组织为他们缴纳各种费用，他们的高消费主要用于个人的各项保险金、个人的医疗卫生费用和个人的职业技能培训费用等，比固定职业者的花费要多出很多。

在生存保障问题上，自由职业者的后顾之忧较多。由于社会保障政策的缺位，社会组织的欠发达，自由职业者的很多权利无法得到保障。由于传统社会体制的延续，"许多城市未把自由职业者纳入社会保障体系之中。从社会保障制度看，城市中的医疗制度、住房制度、教育制度、养老制度、福利制度均不考虑自由职业者阶层的利益，自由职业者成为所在城市的无归属的群体和事实上的二等公民，给他们以巨大的心理打击，使之成为城市不稳定的矛盾源，将会给社会管理产生巨大的阻力和压力"①。

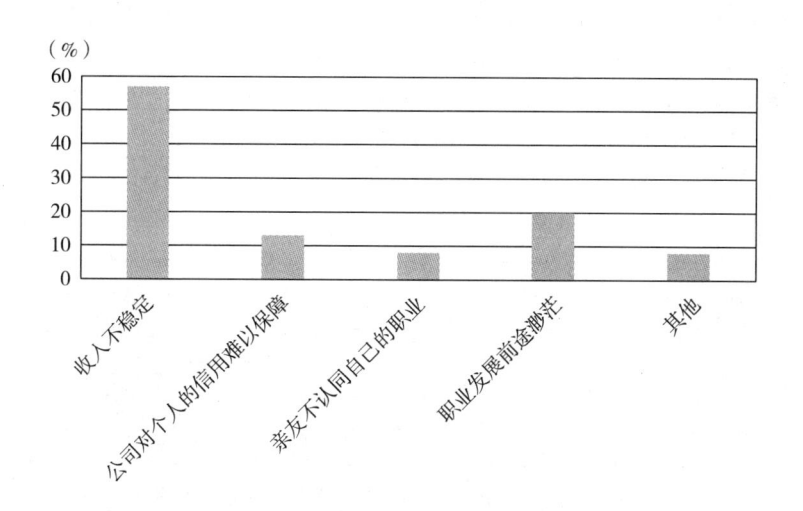

图1 自由职业者最担心的问题

（横轴从左至右：收入不稳定、公司对个人的信用难以保障、亲友不认同自己的职业、职业发展前途渺茫、其他）

第二，社会声望和文化认同度低。自由职业者是以独立的个体在社会中立足，他们富有其内在的生存能力，但缺乏其外在的社会地位和声誉。他们"是生活在城市边缘的知识群体，与社会主流相距较远，社会往往有意无意地忽视他们的政治、经济、文化等各种权利"②。就社会主流来说，多数人生存在各种组织中，是以在各行业组织中的位置而获得社会的身份和地位，无论是从政、从教还是从商，都伴随有相应的职务或职称，并据此获得相应的报酬和社会声望。而自由职业者虽然学历高、能力强，但一直不能和专业研究机构、高校及事业单位中的人员一样参加各种职称评定，他们的能力和社会地位往往得不到社会的认定和认可，并产生一种普遍的歧视，认为他们是一群"不务正业者"，甚至于也得不到家属和亲友的接受和理解。缺乏认可的自由职业生活也常常会带来很大的精神压力。中华英才网的调查中问道："依据您的主观判断，自由职业者是否真的自由？"统计结果如图2所示。32.33%的人认为精神压力大，可见，"自由"并不易得，社会的认可与职业声望的提高还需要很长

---

① 邢军：《自由职业者的生存镜像与阶层培育》，《合肥学院学报》（社会科学版）2005年第1期。

② 同上。

的过程。在精神生活上,自由职业者是"永远的陌生人"①。自由职业者在从业过程中,总是在不断地更换工作对象,进入不同的工作场所,一方面固然积累了一定的社会资本;但从另一方面来说,由于没有固定的工作场所或共事的人群,常常没有归属感和认同感,漂泊在各个群体之间,是"永远的陌生人"。

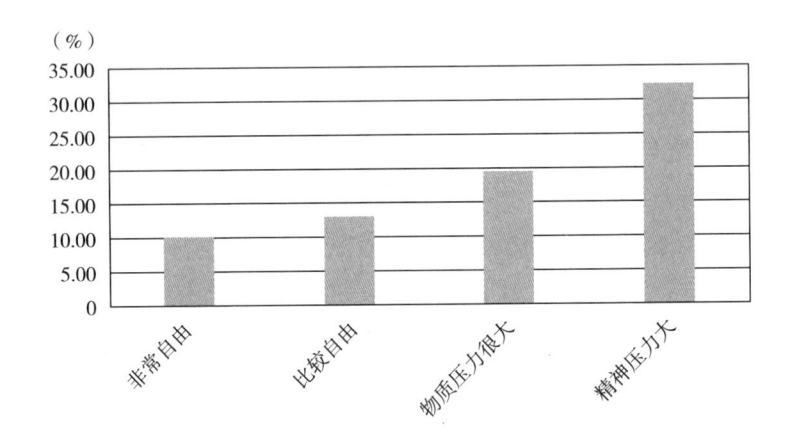

图 2　自由职业者的自由程度

从以上对我国自由职业者的存在状态和特征的分析来看,新兴的自由职业者群体尽管具有自主性强、专业素质高的特点和优势,但在现实的社会中却处于边缘化状态,仍然面临许多生存难题。这从一个侧面反映了单位社会走向消解后,社会联结机制所存在的问题,进而导致的社会交往不足、共同体瓦解、社会资本总量降低的社会状况。大量的新兴社会阶层及自由职业人陷入一种联结匮乏的原子化状态。因此,研究新的社会建构体制,探索新型的社会联结机制,促进新兴社会阶层的健康成长,发挥其积极的社会作用,成为十分紧迫的社会课题。

---

① 即"being an outsider"。这个说法来自 Gideon Kaunda, Stephen R. Barley, James Evans, "Why Do Contractors Contract? The Experience of Highly Skilled Technical Professionals in a Contingent Labor Market," *Industrial and Labor Relations Review*, Vol. 55, No. 2. January 2002, pp. 234 – 261.

三 探索自由职业者生存困境的解决途径

中国自由职业群体的生存状态,反映了社会转型期的社会现象和问题。如何进行有效的社会改革和社会建构,一些学者进行了卓有成效的研究,如:林尚立教授提出的"两种社会建构"方式给予我们很多启示。他认为,改革前中国的社会是"组织化社会"的建构体系,是"以政党组织及其网络体系为基础来建构社会与国家,实现社会整合与国家整合"①,而市场经济实行之后,"个体的独立与社会的自主,从根本上冲破了改革前的社会结构体系与社会组织方式,日益活跃的个体和各种社会力量开始并把从国家控制中独立出来的个体与社会重新组织起来。社会组织化的社会建构体系也就因此形成",这一建构体系运用"独立的个体,自由的资本,多元的网络等,来建构社会,整合国家"②。在社会组织化的建构体系中,组织不再是社会控制的手段,而是作为目的,服务于社会团体,承担着完善社会秩序的作用。因此,政府职能的转变,社会组织机制的完善和健康的公共生活与公共领域培育是解决新职业群体社会联结问题的有效途径。

(一) 加强政府的服务性功能,为新兴社会群体提供制度保障和政策支持

自由职业者是新兴社会阶层群体中的一员,这一阶层的兴起与成长意义非常重大。社会新阶层的扩大,利于形成"中间大,两头小"的橄榄型社会结构,利于社会的稳定。同时,"如果说新社会阶层是一个政治概念,其政治意义就在于:新社会阶层的出现,使中国社会终于出现了一种体制外的异己社会力量,而体制外的异己力量历来是社会变革的潜在动力和强大推助器"③,按照这个逻辑,自由职业群体的崛起和他们的政治诉求就会在一定程度上推动社会转型,带来社会变革。因此,在市场经济的条件下,政府要从大包大揽的管理型政府向服务型政府转变。

---

① 林尚立:《两种社会建构:中国共产党与非政府组织》,王名主编《中国非营利评论》(第1卷),社会科学文献出版社2007年版,第5页。
② 同上书,第5—6页。
③ 刘畅:《新阶层与社会转型》,《书屋》2007年第10期。

政府要在政治、经济、文化上制定相应的政策，为这一阶层人员的劳动、工作与生活提供一个公平的发展环境，保证他们的权益不受到任何剥夺。如各种社会福利的保障，正常的职称评定，各种权益的行使等，使自由职业得以纳入正式的社会职业体系当中，形成有序的职业群体，从而促进社会中间阶层的发展，推动社会的改革和进步。

（二）推动社会民间组织的建设，提供中介服务

"一个健全的、可持续发展的社会不仅需要一个强大的、高效与廉洁的第一部门（政府），需要一个强大的、充满生机活力与创新的第二部门（市场），而且同样也需要一个强大的、自主与有序的第三部门（非政府部门）。"[①] 由于自由职业者在关系上不隶属于任何组织，政府和市场之外的非政府组织对他们来讲就格外重要。从制度供给的角度看，非政府组织是介于政府与市场之间的一种制度安排。从组织社会角色的角度看，非政府组织与政府、企业具有价值互补关系。从组织行为的角度看，非政府组织是一种社会的"自组织"行为。[②] 这些特性对于自由职业者而言，在市场体制不完善的情况下，在政府暂时不能解决的问题上，各种社会中介组织能够代表自由职业者的意愿，解决一些实质性问题，承担另外两者不能承担的责任；在价值观上，非政府组织能够在多样化的价值观中，以适应自由职业者价值观的方式建构组织，让他们在这一组织中形成认同感和归属感；在组织形式上，非政府组织以自治性、自愿性、非营利性、民间性为特征组织起来，为自由职业群体的生存与发展提供帮助。

自由职业者作为社会中独立的主体，既需要社会公共领域中建立起良好的权利和利益的诉求机制，也需要各种社会组织提供中介服务，特别是中介组织为其提供的有效的信息服务。交易成本理论告诉我们，市场上常常存在信息不对称的问题，自由职业者和用人单位之间由于信息的不完备、不对称，要花费很多的人力、物力和财力来实现二者之间的交易，增加了交易成本。而中介组织恰恰能够作为自由职业者与用人单位之间的第三方，起到桥梁的作用，节省交易成本。中介组织可以确认

---

① 邓国胜：《中国非政府部门的价值与比较分析》，载王名主编《中国非营利评论》（第一卷），社会科学文献出版社2007年版，第89页。
② 刘祖云：《非政府组织——兴起背景与功能解读》，《湖南社会科学》2008年第1期。

并担保自由职业者的专业技能，使他们得到市场的认可；可以提供一些如职业培训、交往能力培训等，提升自由职业者的市场适应能力；更为基本和重要的是，中介组织可以搜集双方面的信息，为自由职业者提供工作机会，为用人单位提供人才。中介组织以信息为桥梁沟通自由职业者与企业的关系，可以有效地保障自由职业者信息的畅通和收入的稳定。

近年来，我国民间组织以每年10%左右的速度递增，总数已发展到近32万个，虽然其数量大大增加了，但组织的运行机制、服务对象等还不尽完善和明确，需要社会各界的共同努力。

（三）培育公民意识和扩展公共生活空间

公民意识是指公民的主体意识、权利意识和社会责任意识。自由职业者是生活在城市边缘的知识群体，由于他们远离主流社会，缺少组织内的身份标志，在生活中往往受到周围人群的人格歧视，造成他们普遍认为社会剥夺了他们应有的权利。这种受歧视感和地位低劣感，造成了他们心理上的无形屏障，使他们缺乏责任意识，缺乏一个良好公民应有的社会责任意识和职业道德。培育自由职业者的公民意识，要从多方面入手：一方面，政府和社区要加强公共物品的提供，发挥基层社区组织的作用，提供良好的社会服务，使他们感受到社会的关爱和温暖；另一方面，扩展他们的公共生活空间，参与社会活动。要将自由职业者吸纳进各种行业协会、社区草根组织的活动中，发挥他们的特长和潜能，使他们在公共组织的活动中提高组织化的程度，扩大社会支持网络，获得社会资本，体现个人的价值，增强他们的权利意识和社会责任意识。

结　论

自由职业者群体是近年来一个发展迅速的社会群体，是新兴社会阶层中的一员，是现代公民社会建构的新生力量。他们以独立的个体面向市场，摆脱了单位体制的羁绊和束缚，实践着"自由"的价值和意义。他们凭借高超的专业技能自立于社会，尝试着自主择业、自主从业的工作方式，感受着"自由"的快乐和辛劳。他们面临种种压力和困境，发出了来自新群体的呼声，这些诉求将成为新阶层前进的动力，并将推动整个社会结构的稳定和社会的进步。

自由职业者群体的成长与发展，需要"个人—组织—社会"这一链条的互惠互利，和谐共存。自由职业者是社会新阶层中的一个子群体，他们的生存是在"个人—组织—社会"的链条中实现的。在新群体发展伊始，政府为代表的政治组织、中介组织为代表的市场经济组织和作为第三部门的非政府组织都能够在自由职业者的发展过程中，为其提供强有力的支持和帮助，是自由职业群体发展壮大的必要力量，表现出自由职业者与组织互相依赖的关系，在二者的交错关系中事实上展开了个人、组织与社会的综合复杂关系。因此，自由职业者的发展需要整个社会力量的支持与帮助，换句话说，只有这三级链条的融会贯通，自由职业者群体才会有真正长远稳定的发展。

[原刊于《福建论坛》（人文社会科学版）2008年第12期]

韦伯对合理性悖论的反思

——现代性问题研究的起点

现代性是在启蒙运动和资产阶级政治革命的历史巨变中形成的新的时代意识。现代性理想是一种特殊的乌托邦,它相信人类可以借助理性、科学、道德和民主实现主体的解放和人类关系的和解。它成为推动近200年来人类历史变革的精神源泉。但正是这一不言自明的现代性理想受到了挑战。如哈贝马斯所说,现代使自主性变成了依附性,使解放变成了压迫,使合理性变成了非理性。在许多现代思想家看来,启蒙运动并没有沿着理想的道路运行,而是背离了它的方向。现代性的这些病症,成为现代思想家反思合理性问题,重建合理性的突破口。韦伯作为现代性研究的开创者之一,他在现代社会诊断中开启了反思现代性的先河。他对现代社会的分析和批判是从对社会的合理化、文化的合理性入手的。他以合理性概念来说明和分析现代社会,使作为人的思考能力的理性拓展到人的行动或历史、社会的具体现实领域,"使得合理性这个以往平淡无奇的概念,一下了获得了与世界进程以及人类命运相维系这样一种显赫的声誉,同时也使得西方各种现代性批判理论获得了一种分析问题的理论武器"[①]。

一 合理性概念的含义

韦伯在其影响广泛的《新教伦理与资本主义精神》一书中试图回答的一个核心问题是:现代资本主义为什么会在西方产生。由此,他提出了一个著名的论断:在新教伦理这一特定的文化气氛中培育出来的资本

---

① 傅永军:《韦伯合理性理论评议》,《文史哲》2002年第5期。

主义精神具有合理性，① 正是这种合理性构成了西方经济的强盛、工业文明得以形成的最深刻、最本质的原因。韦伯所谓资本主义精神具有合理性，是指在资本主义发展之初，由于宗教的改革、职业伦理观念的变化，人们形成的对工作和劳动所具有的一种合理的认识及合理的行为方式。他是从资本主义获利方式即生产和管理方式（以及劳动致富之精神）的角度来论述这种合理性的，韦伯指出："对财富的贪欲，根本就不等同于资本主义，更不是资本主义精神。倒不如说，资本主义更多地是对这种非理性欲望的一种抑制或至少是一种理性的缓解。不过资本主义确实等同于靠持续的、理性的、资本主义方式的企业活动来追求利润并且是不断再生的利润。"② 这种合理性具体表现为三个方面：

第一，人们的获利是靠自身的能力和劳动，而非经济上的投机取巧、政治上的特权和其他非理性手段。韦伯在分析新教的禁欲主义与资本主义精神时指出："加尔文教的领导者普遍都激烈反对这种政治上享有特权的、商业性的、借贷性的、殖民主义的资本主义。与这种资本主义相对，他们提出通过人自身的能力和主动性去合乎理性地、合法地获利，强调这种个人主义的动机。"③

第二，获利方式是严格的、精确的经济核算。"资本主义的获利活动是按照理性来追求的，相应的行为就总要根据资本核算来调节。这就意味着，这种行为要适合于以这样一种方式来有条不紊地利用商品或人员劳务作为获利手段……所有这一切所影响的只不过是资本主义获利方式的理智性的程度而已。"④

第三，获利过程是采用科学来指导生产过程，建立严格的科学管理制度。韦伯所以承认资本主义的获利方式是合理的，并非是以主观感受为依据，而是取决于客观可见的经济成效，即由于资本主义的生产和管理过程中引入了科学和技术的因素，使得社会经济生活的各个方面得到了严格有序的指导和控制。资金周转的速度在加快，劳动效率在大大提

---

① 合理性对应的英文 Rationality 在《新教伦理与资本主义精神》一书的中译本中被译为"理智性"，在《经济与社会》中译本中则被译为合理性。
② ［德］马克斯·韦伯：《新教伦理与资本主义精神》，于晓、陈维纲等译，生活·读书·新知三联书店1987年版，第8页。
③ 同上书，第141页。
④ 同上书，第8页。

高,物质财富在迅速增多。所以说,科学技术的应用所带来的人类物质生活的优化,就是韦伯所述的合理性的一个客观标准。

韦伯在这里所讲的合理性这一概念的应用范围,基本上没有超出经济领域,它是表示人们的劳动获利方式、经济活动和科学的要求之间吻合一致的代名词。正是在这个意义上,哈贝马斯称韦伯的这种合理性是"科学的"或"技术的"合理性。

韦伯提出合理性概念的意义不在理论方面而在实践方面。他是以现代社会现象为出发点,并通过这些现象对独特的西方现代文明的本质作出清楚贴切的透视。为此,他通过分析现实社会的合理化过程来拓深对合理性的认识。

韦伯以合理化说明了西方近代社会的诞生。他认为近代西方社会,从中世纪到近代的转换的这种历史性变化其实是两个层次的"合理化",前者是所谓"世界图像"的"文化合理化";后者是所谓官僚化的"社会合理化"。由此韦伯相信,从这两个层次上出现的合理性的显著提高(即合理化)的角度能说明近代西方社会所经历的变化。

韦伯还说明了上述两个层次的合理化如何反映在"行动"、"价值领域"和"社会结构"等方面。在他看来,首先,对行动方面而言,在现代社会,对行动的诸组成要素(即手段、目的、价值及结果)的自律控制力得到显著提高,意味着行动的合理性也得到提高。在《经济与社会》一书中,韦伯基于他的行动类型论把行动分为四类,即目的合理行动、价值合理行动、情感行动以及传统行动,[①] 同时认为,在近代社会,目的合理行动成为最具支配性的行动类型,尤其是在现实中它被具体化为"经济"体系和"行政管理"体系。其次,对价值领域方面而言,在传统社会,诸价值领域尚未分化而是互相融合在一起的,而到了近代社会,诸价值领域被分化为具有相对自律性的部分体系,即认知—技术领域、审美—表现领域以及道德—实践领域,同时各价值领域处于持续的合理化—自律化过程。最后,社会合理化的结果,资本主义经济和近代国家体制出现并成为"经济"和"行政或管理"等下属体系。

韦伯将合理性"看作是与传统主义相对立的、现代欧洲独特文明的总和,它赋予西方社会整个现代化过程以一种有秩序的运动,符合理性、

---

① [德]马克斯·韦伯:《经济与社会》,林荣远译,商务印书馆1997年版,第56页。

符合目的性的色彩"①，因此，"在韦伯视野中，合理性就是西方现代性的本质，合理性由于自己内在的必然性和普遍性而成为现实性，它构成了西方经济强盛、工业文明得以形成的最深刻、最本质的原因，标志前欧洲社会发展乃至整个人类历史进程的一个不可逆转的总趋向"②。这里，合理性概念具有了社会建构的意义，他把狭义上被看作是人的内在思考能力的理性通过合理性概念拓展到行动领域或外部世界，进行了对历史变动或社会现象的分析研究。从此，合理性理论成为分析现代社会的重要理论武器。韦伯也成为现代性问题研究的先驱。

二 合理性悖论与现代性反思

韦伯把现代西方社会的现代化过程，理解为一个全面趋向理性化、合理化、理智化的过程，理性的觉醒和伸张，导致了西方社会的历史性转折，即社会开始摆脱传统的控制，转向运用理性的方法来理解和征服世界。但在韦伯看来，西方社会的现代化过程，主要表现为"目的—工具"合理性行为的形成和扩大的过程，现代西方社会的本质特征是一切行为都单纯以目的—工具合理性为取向。西方文明的全部成就皆源于目的合理性的追求，才会产生以利润为取向、以合理的簿记为特征、充分利用科学技术的资本主义企业活动。总之，在现代资本主义社会中无论是社会、文化，还是个性，无不浸透着目的合理性的精神。韦伯正是通过对现代社会中合理性悖论的反思来昭示现代西方文明的形态及其限制，并为思考理性化及其限制所带来的社会难题提供了批判的立场。

韦伯基于合理性悖论所发现的理性化难题，可以概括如下：现代社会变迁的本质是合理化和现代化，现代化与合理化意味着理性的增长，个人的解放和自由。然而，合理化的结果却与合理化的理想背道而驰，传统世界观的解体，意味着由实体性理性转变为形式理性，在这一理性框架中，只有工具性的知识可以得到合理的证明，而价值和规范是无法通过理性证明的，它们也就没有存在的权利。文化合理化只是工具理性

---

① 傅永军：《韦伯合理性理论评议》，《文史哲》2002 年第 5 期。
② 同上。

的合理化。完全启蒙的世界是一个没有意义和价值的世界。与这种合理化相适应的经济和政治制度使人完全失去了自主性，成了被动执行系统命令的存在物。自由的失落和意义的丧失成了韦伯对现代性的基本诊断。

关于意义的丧失。文化的合理化对意义的剥夺，表现为诸价值领域分化独立，现代社会丧失了具有涵盖性、统摄性的规范原则，不能协调各种价值之间的冲突，维系社会的共识。在韦伯那里，合理化是由两个相关过程构成的：一是文化的世俗化；二是社会组织的合理化。现代科学摆脱了传统宗教和形而上学的前提，科学家以客观的观察者身份从事研究，以经验的、几乎是量化的方式观察世界，摧毁了那种认为自然界是由神创造、由上帝安排的有着伦理意义的宇宙观，自然不再笼罩在神话的神秘氛围中。现代艺术也从传统的伦理和宗教关系中解脱出来，它只承担表达个人主观性的内在义务，不再承担宗教、政治和道德的教化功能。现代道德和法律已脱离传统亚里士多德式的德性伦理学的背景，脱离了传统形而上学真、善、美的精神母体，成为专门处理规范和价值的特殊领域。这些为人的生活方式合理化提供了理性潜能，它是西方社会合理化的文化基础。

世界观合理化的结果是文化的世俗化。经济系统从传统的宗教政治统一体中分化出来，成为相对自主的行为领域，生产者按照目的合理性行动；国家摆脱了传统宗教和道德的合法性压力，转向按抽象的法律规则进行管理，国家职员日益脱离传统生活世界的道德和社会习俗的约束，按照形式合理化的要求行动。经济和政治的合理化使社会发生分化，形成了结构上日趋复杂、功能上日趋独立的行为系统。这种状况，一方面使各个个别价值领域各自拥有其抽象的价值标准，如真理、真诚性和正当性等，使代表这些价值标准的各门科学取得了长足的进步，这无疑是西方解除魔咒后在文化领域取得的良性结果。但另一方面这种状况破坏了宗教世界观形成的意义统一性，从而形成了各自独立的诸价值领域之间的矛盾、对立和冲突。当人们从这些多元的价值中选择出适合自己的一些价值，作为目的合理性行为的出发点时，人们实际是将自己置于不可消解的冲突中。"局限于专业化的工作，弃绝它所牵涉的浮士德式的人类共性，是现代社会任何有价值的工作得以进行的条件，而其得与失在今天必然是互为条件的。"① 以这种方式实现人生命价值意味着同追求完整和美的时代的分离。"当竭尽天职已不再与精神的和文化的最高价值发生直接联系的时候，或者，从另一方面说，当天职观念已转化为经济冲动，从而也就不再感受到了的时候，一般地说，个人也就不再找什么理由为之辩护了。"② 人的行为动机的外在化意味着人本身就不再成为自身的目的，它成了一架赚钱的工具。那种生气勃勃地为自己的使命献身的个人就消失了。资本主义时代之所以出现价值虚无化的倾向，是因为它按照个人利益原则利用文化资源，在这个过程中，那些有碍于资本主义生产和管理的价值取向就被压抑了。一旦金钱代替了传统价值作为行为调节的力量，价值虚无化的时代就到来了。

韦伯对此得出结论，认为在西方社会的合理化过程中，世界由"一神论"变成了"多神论"，理性本身也裂变为一种价值多元状态，并破坏了其自身的普遍性，合理化的世界因此变得没有意义。正是这一状况，造成了现代人的精神迷失。因为当宗教世界崩溃又没有引发意义统一性的整合原则来替代它时，人们往往求助于各门科学体系。然而，各门科学体系都没有能力承担解释世界的任务，因为它们虽然能够说明世界却并不能回答自古以来人们对人类行为作为一个整体之为何的问题。因而，现代世界变成了精神的荒漠，生命曾拥有的一切意义都已丧失，人是空洞、迷失的灵魂，游荡于他们无法了解的世界。

关于自由的失落。社会合理化对自由的窒息，表现为社会的经济系统和政治系统日益官僚化，社会系统日益侵占个人行动筹划领域，结果伴随个性解放带来的是自由的失落。

韦伯一方面对西方社会的合理化给予充分的肯定，认为西方社会的现代化，使人们的行为冲破情感的藩篱，纳入到社会的理性框架之中，目的理性支配着资本主义经济和行政管理的运作，形成了结构上日趋复杂、功能上日趋独立且严格按照目的合理性方式行动的行为系统，这一行为系统创造出前所未有的控制自然与社会的能力。自然的变化得到认识和控制，现代社会被管理得井井有条，工作和组织效率得到极大的提

---

① ［德］马克斯·韦伯：《新教伦理与资本主义精神》，于晓、陈维纲等译，生活·读书·新知三联书店1987年版，第141页。
② 同上书，第142页。

高，物质生产能力得到飞跃发展。按照目的理性而运行的现代组织行政官僚制可以获得最高程度的效率。正如韦伯所说："纯粹的官僚体制的行政管理，即官僚体制集权主义的、采用档案制度的行政管理，精确、稳定、有纪律、严肃紧张和可靠，也就是说，对于统治者和有关的人员来说，言而有信，劳动效益强度大和范围广，形式上可以应用于一切任务，纯粹从技术上看可以达到最高的完善程度，在所有这些意义上是实施统治形式上最合理的形式。"①

另一方面他也认识到这种资本主义及其目的—工具合理性的行为模式，极大地压制了人按照自己的信仰、理性的价值而行动的自由，把人们变成了"没有精神的专家"、不懂感情的享乐者，变成了功效、金钱、商品、机器的奴隶。具体来说，在现代资本主义行政组织机构中，行政管理所贯彻的是形式化的、非个人性的、普遍主义的精神，一切皆建立在功效关系上。这种行政组织对于社会的管理和经济的发展，从功效、功率上看，远胜于历史上其他任何组织形式，精确性、速度、清晰性、持续性、统一性、降低人力物力消耗等等，在严密的官僚制的行政管理中，这些都被提高到最适宜的程度。在行政管理中，目的合理性的程度越高，就越是对个人自由意志和尊严构成威胁，即在官僚体制中，人的一切行为都要服从于这一体制，听命于官僚机器的指令，人的情感需求、心理愿望和创造力都受到压抑，使人逐渐失去个性，变成机器的附属物。一旦经济和法律秩序的规则成了行为合理性的准绳，并把人完全纳入到科层组织的功能之中，人们就失去了自由选择自己价值和生活目标的能力。

在经济活动中，目的合理性的表现方式，韦伯称之为"形式合理性"，即以效益最大化作为经济活动的最高宗旨。这种以金钱计算形式运作经济的理性活动，必须以人与人之间在市场上的争斗为存在的基本条件，从而引发目的合理性在经济活动中的道德、价值的矛盾。因为人的理性本应把人的生活提升到自由、尊严和自主的境地，而在现实中，人反倒在理性的活动中，变成了追求与此目的背道而驰的工具，一切都变成了赢利的工具。禁欲主义者从修道院的斗室进入日常生活，形成了庞大的近代经济秩序，"而这种经济秩序现在却深受机器生产的技术和经

---

① ［德］马克斯·韦伯：《经济与社会》，林荣远译，商务印书馆1997年版，第248页。

济条件的制约。今天这些条件正以不可抗拒的力量决定着降生于这一机制之中的每一个人的生活。而且不仅仅是那些直接参与经济获利的人。也许这种决定性作用会一直持续到人类烧光最后一吨煤的时刻。巴克斯特认为,对圣徒来说身外之物只应是'披在他们肩上的一件随时可甩掉的轻飘飘的斗篷'。然而命运将注定这斗篷将变成一只铁的牢笼"①。

由此可见,目的合理性支配的行为,在经济管理和社会行政管理机构中,已经产生了一种控制人的异己力量,在这一力量面前,人的自由受到威胁,遭到剥夺。韦伯就此得出结论:现代资本主义及其目的—工具合理性的行为模式,对人的本性、人的自由不啻是一座"铁的牢笼"。价值的失落也必然带来自由的失落。一旦行为者不再把价值合理性作为追求的目标,就意味着行为完全工具化。

韦伯对合理性悖论的反思,表达了他对现代性的基本诊断。韦伯通过对现代社会目的合理性行为的分析,得出了悲观主义的结论。在他看来,终极价值的隐退,造成意义的飘散,人性的压抑、萎缩,导致自由的沦丧,这是现代社会所无法逃避、必须面对的现实。在这个意义丧失和自由失落的世界里,启蒙运动理想已经无可挽回地消逝了。现代社会追逐目的合理性所造成的异化现象,在现代资本主义社会是无法克服的,就是在资本主义以外的社会形式中,也永远无法从根本上加以克服。尽管韦伯对合理化或现代性的后果持一种悲观主义态度,"但他并不就此断定现代性实践已失败,合理化的西方社会是不合理的。在他看来,无论是形式合理性还是实质合理性都是合理性"。尽管韦伯对现代性的难题持悲观主义态度,但他所提出的问题却成为人们认识现代性的转折点,他对现代性两大病症"意义丧失"和"自由丧失"的病理学诊断成为后来所有思考现代性问题的思想家都必须正视的问题。

三 韦伯对现代性反思的意义

韦伯关于合理性的研究,特别是对现代性的诊断,开启了反思现代

---

① [德]马克斯·韦伯:《新教伦理与资本主义精神》,于晓、陈维纲等译,生活·读书·新知三联书店1987年版,第141页。

性话语的先河。韦伯在现代性话语中的影响来自他对现代性的诊断，他不仅看到现代性中存在的问题，而且否认现代社会具有自我拯救的能力。韦伯的现代性难题成为现代性话语的转折点，在社会理论建构及现代性研究中具有重要的理论意义。

首先，韦伯对合理性悖论的反思，成为现代性与后现代性理论的重要思想资源。正如哈贝马斯评论的那样，韦伯关于现代性的两大论题直到今天仍然是怀疑社会进步的社会科学意识形态的主要依据，世界观的合理化确立了不同符号系统的合理性，却导致形而上学、宗教世界观意义统一体的解体和价值领域内不同要求的冲突。此后的现代性理论大都要通过破解韦伯难题寻找理论建构的突破口，它们对韦伯的合理性理论形成了一种"路径依赖"关系。有学者认为某些后现代理论者对现代性所作的种种分析，在韦伯的著作中已经得到深入的剖析。韦伯的著作在许多方面预见了现代主义者与后现代主义者之间的论争。他的思想成为探讨现代性的重要资源。

在韦伯之后，虽然各种理论思潮观点不同，但似乎找到了共同的批判对象，现代性中的各种病症和症结集中反映在合理性问题上。霍克海默、阿多尔诺认为，理性已经堕落为工具理性，自由、平等和正义的现代性理想成了不折不扣的谎言。福柯认为，现代性的科学、道德、理想不过是权力意志的话语。"现代"和"前现代"的区别在于，前者借助于知识合理化进行隐蔽的统治，后者以鲜血和权杖进行公开的统治。海德格尔认为，现代社会是技术统治的社会，这一统治是"在"的命运的现身方式，是"在的遗忘"和"在的沉沦"。德里达把一切知识都还原为文学的隐喻，把启蒙的主体自由理想称之为逻格斯中心主义。以上这些学者批判的共同点在于，他们都把现代性的困境归罪于西方理性主义，归罪于启蒙运动，因为启蒙时代确立的主体哲学的基本原则产生了以主体为中心的理性观，而它又导致了主体与客体的分离和对立、对自然的横征暴敛、对他人的奴役和自我压抑。这些反思和批判揭露了主体理性观的片面性。现代性的这些病症，成为思想者反思合理性问题、重建合理性的突破口。以至于后来法兰克福学派的批判理论、哈贝马斯交往合理性的重构都是从韦伯思想出发，以批判工具理性的扩张为主要目标，来解决现代社会发展的难题。

其次，韦伯的合理性理论开启了现代社会学研究的新思路。韦伯是以他独特的思路，用合理性概念和合理化的理论机制，通过经验研究来把握历史和理性之间的关系，并把理性人的内在思考能力通过合理性概念拓展到行动领域或外部世界，对历史变动或社会现象进行分析研究，他的研究可以说开启了社会现代化研究的新思路及新兴学科——社会学的新视野，并被学者视为社会学理论的重要奠基者。

韦伯对现代经济行为合理性的探讨，对科层制组织理想类型的建构，对法律社会学的深入分析，为当时刚刚兴起的社会学学科奠定了重要的学科基础。他对社会理论、社会现象的研究成为社会学学科创立的重要起点，无论经济社会学还是组织社会学的后续研究者都是以韦伯提出或分析的问题为出发点而展开的。如韦伯的科层制研究，在后来组织社会学史上成为经典问题，许多组织社会学的研究者都是以此为起点对现代社会的科层组织进行研究的。

韦伯之后的现代性理论和社会学研究都是通过对他的思想不同倾向的强调完成自身理论形态的建构的。因此，韦伯的合理性理论已成为各种现代性社会理论重建的起点，同时也成为后现代性理论的起点，对现代性问题的研究、批判都绕不开韦伯的现代性难题。

[原刊于《扬州大学学报》（人文社会科学版）2008年第2期]

有限理性思路的扩展与补充

——基于组织决策视野中的思考

有限理性学说的提出打破了完全理性一统天下的局面，并使得日益走入死胡同的以完全理性学说为前提假设的理论研究重新焕发了生机，为社会科学领域的可持续发展注入了新的活力，但无论以怎样美好的语言来为有限理性歌功颂德，不可回避的是，发展至今日，有限理性作为一种研究思路在指导我们进行各种研究的时候已经显得力不从心。首先，虽然自有限理性提出至今已有半个多世纪，但对其内涵仍然没有定论，西蒙当年认为有限理性理论是考虑限制决策者信息处理能力的约束的理论，但近年来出现了各种不同的论调，他们质疑当初西蒙所论之不完全信息以及信息处理能力的有限性是否构成了有限理性概念的全部；其次，诚然，我们完全认可人类理性是有限度的这一论断，但问题是这只能是我们的一种学术态度，而不是推动我们深入研究和解决问题的方法，我们需要深入探索能让我们规避这种限制或者降低限制程度的新思路。有限理性的真理性是不容置疑的，但这个高屋建瓴的指导理论在面对具体问题时需要一些更为细致的诠释。本文从有限理性的发展困境出发，归纳和总结近年来在此基础上发展出来的一些指导组织研究的新的理论思路，试图探索能弥补有限理性思路缺陷的更为具体的指导组织决策研究的新方法和新思路。

一 有限理性思想的历史回顾

20世纪50年代以来，在社会科学领域中理性选择成为主流决策理论的分析框架。在主流经济学领域，完全理性假设是一切经济决策和理论构建的基点。同时，作为主流经济学的核心概念，完全理性假设又是各个理论学派之间纷争的焦点,并且这一超现实的前提预设也使得经济学大厦不断出现危机。在这一背景下,有限理性思想应运而生,成为一个与之分庭抗礼的代表性理论。

(一) 西蒙有限理性的基本思想

有限理性概念的提出起因于赫伯特·西蒙在考察组织决策的实际过程时发现,人们在从事组织决策时的行为并非总是遵循理性模式(西蒙对理性的定义是人们据以合理筹划和行动的能力)[①],而运用理性是为了最有效地达成预定目标,但其结果往往不可能达到效率最大化的目标,因此,基于理性选择的组织决策模式只能是一种乌托邦式的美好理想了。基于这一发现,在20世纪50年代西蒙提出了"有限理性"这一概念,并与卡纳基—梅隆学院的两个学者詹姆斯·马奇和理查德·塞特一起发展和丰富了这一研究思路,建立了一整套关于组织决策的描述性理论。西蒙是从理性不及和理性约束的维度来批驳完全理性假设的。他认为人类有限的认识能力给理性的利用和发挥划定了界限,决策者由于受到所掌握信息、知识、认知的内在约束和制度、伦理、社会环境复杂性和不确定性的限制,使得人的理性不是全智全能的。概括来说,"有限理性的基本思想是:人们信息加工的能力是有限的。因此,人们无法按照充分理性的模式去行为,即人们没有能力同时考虑所面临的所有选择,无法总是在决策中实现效率最大化。人们试图按照理性去行动,但由于理性本身的有限性,人们只能在有限理性的范围内行为"[②]。从这一理论出发,行为心理学等学派引申出两个行为原则,一是满意原则:人们在决策过程中不是追求实现"最大化",而是寻找到"令人满意"的选择为止;一是经验估计原则:在不确定条件下,人们面临的选择是以概率分布出现的,故常常不是按"理性模式"选择最优化,而是参照以往的经验来估计。

应该说,有限理性概念的出现是具有划时代的意义的,它打破了近代以来经典的完全理性观的神话。另外,有限理性的适时提出与行为科学不谋而合。行为科学理论开始于20世纪20年代末、30年代初的霍桑

---

① [美]西蒙:《现代决策理论的基石》,杨砾等译,北京经济学院出版社1989年版,第163页。

② 周雪光:《组织社会学十讲》,社会科学文献出版社2003年版,第161页。

试验，创始人是美国哈佛大学教授、管理学家梅奥（也译为梅厄）。霍桑试验的研究结果否定了古典管理理论对于人的假设（后者认为人是唯利是图的经济人），试验表明工人不是被动的、孤立的个体，其行为不仅仅受工资的刺激，影响生产效率的最重要因素不是待遇和工作条件，而是工作中的人际关系。据此，梅奥提出了自己的观点：工人是"社会人"而不是"经济人"。① 梅奥的这一理论在当时被称为人际关系理论，也就是早期的行为科学。有限理性与行为科学的结合进一步促进了有限理性理论的发展和丰富。发展至今，有限理性不仅已经成为一种经典的理论，一个永恒的主题，更是沉淀为一种研究思路，一种指导我们认识组织现象，进行组织研究的方法论。在具体的理论层次上，有限理性是一个完整的理论体系，它对人的行为提出了"有限理性"的前提预设，并在此基础上发展了一系列可资验证的命题；在一个更为抽象的层次上，"有限理性"已经上升为一个认识组织现象的重要前提，一种方法论或一种研究思路。

（二）有限理性在组织决策中的应用

20世纪50年代以前，社会科学领域中主流的决策理论均是以理性选择为基本分析框架的，也即是在完全理性的思路下来研究组织决策行为的。但是，事实上，人们的决策行为以及决策结果均与理性选择模式所描绘的美好图景相去甚远。在实际的决策过程中，模糊性、不确定性时刻存在，为我们达至理性选择的完美目标设置了一系列障碍。它们表现为：目标的模糊性、历史事件的模糊性、理解和解释过程的模糊性、组织过程的模糊性，另外还有信息的不确定性、利益集团博弈的微妙性等等，所有这一切导致了决策效率和收益最大化目标的不可实现。周雪光在《组织社会学十讲》一书中对基于有限理性思路的组织决策模式进行了归纳总结：一是规章制度基础上的组织决策。日常生活中的决策大多是建立在组织规章制度的基础之上的，并且在进入决策过程之前就已经在很大程度上决定了组织决策的结果。而规章制度是人类理性的产物，有限度的理性必然使得我们的制度理性也呈现相似的限度。在此基础上，马奇提出了一个"合乎情理的逻辑"的决策模式。其中心思想是，在许多情形下人们的决策过程是受"合乎情理的逻辑"支配的，这就给人们

---

① ［美］西蒙：《管理行为》，詹正茂译，机械工业出版社2004年版，第57—58页。

的思维加上了一个限制。二是组织决策的政治过程。不同的组织有着不同的集团利益，在组织决策过程中常常相互冲突，相互妥协，因此，决策结果很难遵循效益最大化原则，而只是博弈的结果。三是组织决策的解释过程。基于有限理性模式的组织决策，其信息是非完全的、策略的，其意义常是模糊不清的，需要加以解释的。但解释过程受到很多不确定性因素的影响，如不同的经历、角色身份、利益常常导致同一信息的完全相悖的理解。另外，由马奇和他的合作者提出的著名的"垃圾箱决策理论"也是有限理性思路在组织决策中的一个重要的应用，其基本思想是如果将一个组织决策的结果比作一个垃圾箱的内容的话，那么参与的人，扔垃圾的时间，以及垃圾箱周围的环境都对垃圾箱的内容有重要的影响。除此之外，时间性在这里也起着重要的作用，如果在不同的时段取走垃圾箱，它的内容也总会不同。虽然这一决策理论的名字十分不雅，但却十分简洁明了地表述了有限理性思路下的组织决策过程。

除此之外，有限理性的思路在一些重要的组织研究理论流派中也有广泛的应用。其中，威廉姆森的交易成本学派就将有限理性思路作为重要前提假设之一；在20世纪90年代形成的一个比较重要的"行为经济学"流派也提倡从人的角度去研究经济行为，并且他们关注的一个焦点就是在理性有限的情况下，人是如何行为的。另外，20世纪八九十年代，在组织研究领域盛行一时的制度学派的许多基本命题也是以"有限理性"为前提的，如迪玛奇奥和鲍威尔提出模仿是组织趋同性的一个重要机制，也即是说，在不确定的条件下，因为组织无法预测未来的情况，所以只有通过模仿成功的组织模式来降低不确定性和风险性；社会网络学派从有限理性的角度提出了一系列问题，如社会关系网络是否也具有局限性等等。

二　有限理性的困境

有限理性的提出打破了完全理性一统天下的局面，同时也犹如一股清新的风给社会科学领域的发展注入了新的活力，但随着研究的深入，我们发现，有限理性的发展存在着严重的困境，并且有限理性也并不是一把开启智慧之门的神奇钥匙，不是一个放之四海而皆准的真理，它也有其解释和适用范围，其理论内核也存在着逻辑缺陷，从而导致了其作为一种方法论的困境。

(一) 困境的含义

一般说来，有限理性的困境有两层含义：一是指由于理性本身的限度，导致人们在发挥理性解决问题的过程中遇到了一系列的障碍和困难，这种困境指的是理性本身的缺陷，也即是理性之所以被称之为有限理性的缘由，是难以避免的；二是指有限理性作为一种研究思路和解释逻辑（方法论和认识论）在组织研究中的困境。西蒙、马奇、卡尼曼等人对人类的理性不及及非理性行为做了大量深入细致的研究工作，为当代经济学和社会学建构了一个人性化的理论框架，但是有限理性学说并未阐释在人类决策过程中如何对理性与非理性进行合理配置或者是在"有限"的理性领域之外应该如何行动以及应该如何弥补"有限"的缺陷。另外，我们多是在个人层次上来谈论有限理性的困境，考虑的问题主要是个人的心理机制与外界的不确定环境，那么在信息技术大发展的今天，作为集群组织，其有限理性的最初困境——信息获得和加工的局限性是否还存在呢？毫无疑问，信息技术的高速发展对于组织和团队克服信息不足产生的问题有着重要的作用，但随着信息量的大幅上涨，由于信息泛滥选择所导致的信息选择问题仍然是有限的理性所无法解决的。

(二) 困境的根源

西蒙在《现代决策理论的基石》一书中，针对决策中的理性进行了精辟的论述，他指出：现实中的决策者由于信息的不完备性、认知的局限性以及决策情境的不确定性和复杂性，使得"理性原则"在很大程度上被偏离。由西蒙肇始，半个多世纪以来，人们对有限理性的认知也一直局限在其批判和超越完全理性的意义上，却很少有人关注"有限理性"的理论内核。(1) 有限理性理论一直是从约束这个角度来定义理性的边界的，导致约束的因素包括我们耳熟能详的不确定性、信息成本等等。事实上，正如哈耶克曾指出的有限理性不仅存在着"理性不及"的约束型有限理性，而且还存在着以理性"无知"或理性"非理性"为表现形式的节约型有限理性。(2) 西蒙对有限理性的关注点集中于对信息成本、决策成本的考察，而忽略了对心智成本的考察。有限理性假设下的心智应是一种稀缺资源。而心智成本是人类运用理性与非理性，并对其进行合理配置所花费的成本。当收益和外在约束既定时，经济主体倾向于脑力的节约。在复杂性和不确定性条件下，依赖世界观、直觉、情感、习惯、组织和秩序等信息简化机制可以降低心智成本。心智成本主要包括：理性计算的思维成本、对信息理解和处理的成本、认知协调成本，以及与情感、动机、偏好、价值观相关的心理成本，心智成本决定了人类理性和非理性运用的状态和程度，是有限理性的重要根源。（3）有限理性理论在考察理性与非理性行为时忽略了对环境结构的分析。

因此，承认人类理性的有限性只能是我们认识问题的一种态度，而并不是解决问题的方法，对有限理性思路下的组织决策行为的研究还应继续深化和扩展。

三　有限理性思路的扩展与补充

（一）有限理性的实现程度

在现有研究有限理性的著作或文章中，通常都是集中于对完全理性的批判，从而来彰显有限理性理论的真理性和客观性，而对有限理性的实现程度问题却现实地忽视了，不管这种忽视是无意的还是有意的（有限理性概念的难以操作化是一个客观事实，它涉及一系列认知心理学的问题）。正如何大安教授在《行为经济人有限理性的实现程度》一文中所归纳的那样，"行为主体打算做到理性，但现实中却只能有限度地实现理性"[①]，西蒙在最初的关于有限理性的学说中就已经提及了有限理性的程度问题，但他却没有进一步深究这个程度到底是多少。威廉姆森继承并发展了西蒙的有限理性思想，他曾从纯学理和现实契约协议两方面对有限理性进行了分析，并归纳了计划、承诺、竞争、治理等四种制度安排模型，这些模型触及了有限理性的操作层面，但没有涉及有限理性的实现程度问题。哈耶克曾强调每个人都有某种理性不及的无知状态，思想观念和行为规则会对个人理性行为的不足起调适作用。这些分析流露出了理性程度的痕迹，但他同样没有对有限理性的实现程度问题做出研究。

交易成本经济学、新制度学派、社会关系网络学派均以有限理性为

---

① 何大安：《行为经济人有限理性的实现程度》，《中国社会科学》2004 年第 4 期。

分析假设前提建立了各自的理论框架，但我们认为仅仅将有限理性这一大而化之的概念作为理论预设是难以加深和细化组织研究的，如果我们能在何大安教授的启发之下，对有限理性的程度加以划分，并根据其所划定的有限理性的不同波动或取值区间来展开理论分析和研究，那么，组织理论的研究会更加贴近现实，有限理性思路会具有更强的解释能力。

（二）感性选择因素

诚然，"人类理性是有限度的"这一论断的真理性和客观性是不容置疑的，我们在日常生活和组织活动中时刻受到有限理性的限制，从而使得我们难以实现目标的最大化。对正处于社会转型时期且具有浓厚传统根基的中国社会而言，除了有限度的理性以外，我们的决策行为还受到一系列感性因素的影响，因此我们在进行组织决策研究时还应考虑到中国的现实国情和民族特征。

中国社会自古以来便是一个重亲情、人情的社会，在中国人的社会行为取向中，存在着明显的感性选择特征，因此，无论是理性选择模式还是有限理性模式都不能恰如其分地指代中国人的行为特征。在探索有限理性思路在中国社会组织研究中的困境及其出路时，我们必须将一些影响中国人行为模式的感性因素纳入研究视野。这些感性因素包括具有差序格局的人际关系网络、日常生活经验、直觉、情绪等等，其中最为关键的便是具有中国特色的"差序格局"了，这是费孝通先生在《乡土中国》一书中的核心概念，它指出了中国社会的本质属性。这一概念的基本思想即中国人的社会关系是以己为中心投入水中的石子所形成的波纹，愈推愈远，愈推愈薄。[①] 差序格局表明中国人的人际关系属性是特殊主义的，不同于西方团体格局的社会关系。差序格局不仅是中国传统社会的组织规则，更是中国人据以行动的重要规则。人的社会行为均是在具体的社会关系结构中完成的，而一个人的人际关系的结构决定了一个人获得信息的数量和质量而信息又是个人决策和组织决策的基本依据。因此，将差序格局这一概念应用到组织决策研究中就会使有限理性思路的本土化有了更深厚的立论基础，能更好地解释中国人的决策行为。

（三）适应性理性的解释逻辑

所谓适应性理性是指基于适应性匹配和经济性原则，在考虑环境结

---

① 费孝通：《乡土中国》，上海人民出版社 2006 年版，第 22—23 页。

构的前提下对理性和非理性优化配置的一种理性,这种理性的本质仍然是有限理性,只不过这是一种认知和心智层面上的有限理性。之所以提出这一概念是因为西蒙及其继承者均未阐释在人类决策过程中合理配置理性与非理性进行的内在机制。适应性理性的基本思想是:人们在组织决策过程中仍然遵循高效、节约的经济性原则(虽然这一原则因为理性的有限性很难被完全贯彻),而从行为生态学和自然选择理论的视角来看,人类作为理性适应的进化者,适应性才是生存发展的前提,因此在人类的决策行为中,经济性原则与适应性原则相辅相成,共同支配决策。人类在决策的过程中不仅存在着理性计算的思维成本,更存在着大量的对理性与非理性进行合理配置的心智成本,因此我们需要运用适应性理性对行为主体进行指导,配置理性与非理性的心智结构,从而制定出适应性的决策。①

(四) 生态理性范式

生态理性与有限理性思路的基本原则是一致的,可以说是有限理性的另一个"变种",这一理论的解释框架是组织决策研究中的进化论范式,其从生物进化的角度强调了个体适应环境的重要性。这一理论首先强调了"决策制定的机制就是充分利用环境中的信息结构以得出具有适应价值的有用结果"的过程;其次强调了个体适应环境过程中获得的识别环境信息结构的功能作用。② 简单来说就是论述了环境对人的塑造作用和人在适应环境的过程中所获得的新的认知,其本质是认识的合理性不在于认识形式本身,而在于具体的认识结构是否与具体情境中的信息结构相吻合。这一理论与组织理论中的权变思路有些相似。德国的 ABC 研究小组(the Center for Adaptive Behavior and Cognition)从 20 世纪 90 年代中期开始对生态理性进行系统研究,他们的研究就是围绕人的认识方式与环境结构之间的适配性,着重关注具体的推理策略是否与外部世界即具体环境相匹配,并将其作为判定认识合理性的标准。生态理性的提出是具有开创性的,它是一种互动状态下的合理性,因而它是一个动态的概念,这一理论不仅对有限理性思路有很好的补充作用,而且使我们开

---

① 张茉楠:《从有限理性到适应性理性》,《经济社会体制比较》2004 年第 6 期。
② 庄锦英:《论情绪的生态理性》,《心理科学进展》2004 年第 6 期。

始"重新估计人类各种认识形式和认识规则的价值"[1]。

有限理性思路的科学性至今仍然散发熠熠光辉,但是,仅仅将理性或者有限理性作为假设前提是难以深化和细化组织行为分析的。如果我们遵循有限理性的思路,并在此基础上对其实现程度进一步加以划分,并糅合进人类的感性因素,在进行分析研究时充分考虑外部环境因素,努力使人的思维方式与环境结构适配的话,那么我们就能够更好地接近事实的真相。毫无疑问,这是一条艰难的道路,需要我们为之不懈地努力和探索。

(原刊于《社会科学战线》2007年第4期)

---

[1] 唐本钰:《论生态理性》,《济南大学学报》2004年第3期。

第二编　社会转型："中间社会"的发育

后单位时代社会管理组织基础的重构

——以"中间社会"的构建为视角

从长时段的视角看,中国社会经历了从传统社会、单位社会以及随着单位社会的消解进入的"后单位社会"。所谓传统社会,通常是指费孝通所描述的"乡土社会"或"熟人社会"。它是以血缘和地缘关系为纽带形成的村庄共同体,是以民间自治为主导的社会调节机制。单位社会,是指在新中国成立后由中国共产党以组织化的方式来确立的独特的宏观社会联结结构,是国家通过单位组织整合与控制社会的制度形式。"单位社会虽然不再以血缘关系为基础构成,但借助国家对经济社会资源的整体垄断所形成的对每个人的强大吸纳和支配作用,依然将人们的生产空间和生活空间紧密地统一在一起。"① 改革开放使中国在告别计划经济的同时,逐步走出单位社会,进入后单位时期。在新的社会建构中,单位社会释放出来的社会空间正在被各种中间社会组织所取代,这些位于国家与个人之间的社会组织我们称之为"中间社会"。"中间社会"是现代社会中联结国家与个人的纽带,并将成为新型社会发育成长的重要组织基础。

一 "中间社会":社会重建理论的核心议题

社会学诞生于法国大革命和工业革命的时代,是在直面当时社会所处的危机并寻求有效的社会管理,达到社会和谐运行的理论追求下产生的。社会学的奠基者们给出了各自理想的社会管理模型。

---

① 王名:《中国民间组织30年——走向公民社会》,社会科学文献出版社2008年版,第265页。

（一）建立"国家—职业团体—个人"三层级社会宏观结构体系

奥古斯特·孔德（August Comte）认为人类社会与自然界的发展和变化都是由一些规律所支配的，社会学的任务就在于把握社会运行和发展变迁的规律，在此基础上实现有效的社会管理以获致秩序，"秩序本身就会带来进步"①。这样社会就会处于一种和谐状态。在《实证哲学教程》第五卷中，孔德指出了重建一个"中间社会"（intermediate society）对于社会管理和社会和谐的重要意义，认为"中间社会"可以协调人的感情，帮助人们承认国家治理者的权威，节制权贵的专横和利己行为，教育人们热爱他人，对社会、对集体履行自己的责任与义务，克服原子化个体的利己思想，保证维持社会的共存与有序发展②。涂尔干（Emile Durkheim）对于当时社会失范现象与社会道德危机作出了出色的社会学分析，涂尔干指出在社会物质密度和精神密度同时增加基础上诞生的社会分工，并没有伴随着新的社会联结形式，新的基于个体主义的社会联结模式并没有确立起来。涂氏提出以职业团体来确立个体之间的社会联结，建立"国家—职业团体—个人"这样的三层次社会宏观结构体系和社会管理体系，为社会秩序和社会道德重建提供基础③。

随着工业化的持续拓展，工业体系日趋完备，体系的运行效率也在不断提高。但是，西方发达资本主义国家走过的历程显示出随着工业体系和市场体系组织化和集权型的提高，也带来了重大的阶级矛盾和社会不和谐因素。作为"中间社会"重要部分的工会，在工业资本主义的早期并没有发挥应有的功能，这点在马克思和恩格斯的著作中我们可以看到。然而随着"大公司"在西方世界逐渐占据重要地位，"中间社会"也获得了一定程度的发育。达伦多夫（Ralf Dahrendorf）和密里本德（Ralf Miliband）对伴随普遍公民权而在资本主义工业体系中出现的"工业仲裁程序"虽然给出了完全不同的解释，但是在工业仲裁程序所扮演的化解矛盾和促进和谐上取得了一致。在他们看来，无论是经过什么样的具体过程而产生的工会，在其功能上都"把劳动者动员起来，使之成为有组织的劳动者"，这些有组织的劳动者在维护自身利益方面显得更具有优

---

① ［法］阿隆：《社会学主要思潮》，华夏出版社2000年版，第20—66页。
② NISBE T, "The French Revolution and the Rise of Sociology in France", *The American Journal of Sociology*, Vol. 2, 1943, pp. 156 – 164.
③ ［法］涂尔干：《社会分工论》，渠东译，生活·读书·新知三联书店2005年版，序言。

势，另一方面也使得阶级的冲突和矛盾在一定范围内被化解，现存秩序得到了比较好的维持①。

通过对社会学兴起的回顾，我们发现社会学的奠基者期望借助"中间社会"的重建来作为社会管理和社会和谐运行的组织基础。法国大革命和工业革命一方面使得自由与平等的观念深入人心；但另一方面传统的中间社会部门也在其摧枯拉朽的革命洪流中灰飞烟灭，而在新的社会情境下重建"中间社会"则是社会管理与社会建设理论与实践的出发点。当然，我们也应该看到，社会学奠基者的思考还是针对的西方社会，一些思考被证明是具有普遍性的，但同时也有很多内容需要我们认真反思。

（二）克服社会原子化困局和极权主义

从传统社会到现代社会的转型实践中，中间社会消失的一个直接后果就是社会中出现了两个由于组织化程度不同，因此行动能力天渊之别的人群，一方面是高度组织化、拥有大量各方面资源的利益联合体；另一方面是社会联结松散、无法有效保障自己权利和发展自己利益的原子化的个人。原子化是社会生活的否定形态，将导致个体的无安全感、无归属感和价值虚无，导致社会整体的失序混乱和矛盾冲突。德·托克维尔和汉娜·阿伦特的论著分别在"中间社会"的兴盛克服社会原子化困局和"中介社会"消亡导致极权主义灾难方面作出卓越的分析。

托克维尔认为，在美国社会，行政分权和地方性结社有效地克服了平等带来的个体主义原子化危机。结社作为一种自由，不是来自自上而下的推动，而是一种民情。"美国居民享有的自由制度，以及他们可以充分行使的政治权利，使每个人时时刻刻和从各个方面都感到自己是生活在社会里的。"② 当地方上的事情由当地居民主管时，这些居民自然要经常接触，而且可以说他们不得不彼此认识和互相讨好。地方性自由可使大多数公民重视邻里和亲友的情谊，自然抵制那种使人们相互隔离的本能，而不断地导致人们恢复彼此协力的本能，并迫使他们互助。美国人把结社视为行动的唯一手段，并发展出了门类繁多的结社生活，政治性结社、实业性结社、兴趣结社、宗教结社，如此等等。政治结社和一般

---

① ［英］吉登斯：《批判的社会学导论》，郭忠华译，上海世纪出版集团2007年版，第3—23页。

② ［法］托克维尔：《美国的民主》下卷，董果良译，商务印书馆2006年版，第633页。

性结社互相推动,"通过政治结社,他们可以多数人彼此相识,交换意见,倾听对方的意见,共同去做各种事业。随后,他们又把由此获得的观念带到日常生活中去,并在各个方面加以运用"①。兴旺发达的报刊行业为分化社会中在广域社会空间建立结社生活和共同行动提供了保障,报刊在制造社团,社团也在制造报刊。可见,美国人以一种实用主义的道德观和宗教信仰,以"正确理解的利益"原则在一切可能的社会生活领域进行合作,有效地克服了社会原子化动向。

汉娜·阿伦特则深刻反思了由社会原子化产生的极权主义灾难,提出:"极权主义运动是原子化的、孤立的个人的群众组织。……个体成员必须完全地、无限制地、无条件地、一如既往地忠诚。""这类忠诚只能产生完全孤立的人,他们没有其他社会联系,例如家庭、朋友、同志,或者只是熟人。忠诚使他们感觉到,只有当他属于一个运动,他在政党中是一个成员,他在世界上才能有一个位置。"② 极权主义通过其制造的无阶级的社会,使生活于极权体制的人失却了民主的政治权利,屈从于横暴的权力宰制。

通过上述对西方相关研究的梳理,我们认识到,有效的社会管理建基于"中间社会"的发达。中间社会包括一系列可以把公民组织起来的基层组织、社会团体、非营利组织等。这些组织将构成社会管理的组织基础,但是也应该认识到这些组织必须在正确的指导下运行,才能发挥促进社会和谐推动社会进步的积极作用,因此再造"中间社会"和管理"中间社会"是和谐社会建设中同样举足轻重的议题。

二 中国单位社会:独特的社会组织整合机制

中国的工业化和现代化起步于新中国成立之后。新中国成立起由党和国家主导的、以公有制为主体的单位制的管理模式,即国家—单位—

---

① [法]托克维尔:《美国的民主》下卷,董果良译,商务印书馆2006年版,第649页。
② [美]阿伦特:《极权主义的起源》,林骧华译,生活·读书·新知三联书店2008年版,第420—421页。

个人的纵向管理体制。位于中观层面的单位承载着政党、国家、社会等多重角色和功能,成为新中国联结国家与个人的重要机制和纽带。

(一) 单位社会的结构及组织特征

单位社会是中国社会发展史中经历的一种独特的社会运行方式,与西方社会学大师们所经历的西方社会结构变迁存在较大的差异,单位组织与韦伯阐述的现代理性组织也大相径庭。它是现代化起步阶段中国发展模式的一种尝试。

关于单位社会的特征,国内学者给予了足够的关注。学者们从不同的角度进行了概括:李汉林指出:单位社会"是一个由极其独特的两极结构所组成的社会:一极是权力高度集中的国家和政府;另一极则是大量相对分散和相对封闭的一个一个的单位组织"[①]。田毅鹏则从四个方面概括了单位社会的总体特征:"(1) 特殊的'国家—单位—个人'的纵向联结控制机制。即单位成员依赖于单位组织,单位组织乃政府控制社会的组织手段;(2) 单位组织体制的高度合一性,即单位的党组织和行政管理部门不仅是生产管理机构,同时也是政治、社会管理机构,具有高度的合一性;(3) 终身固定就业与'包下来'的单位福利保障制度;(4) 基于单位组织的自我封闭性而形成的具有浓厚伦理色彩的'熟人社会'。"[②]

从社会结构上看,单位社会是一个功能尚未分化的总体性的结构形态。这种制度结构的形成与当时中国所面临的社会状况有关。建国初期,面对刚刚摆脱战争的困扰,千疮百孔、一盘散沙的社会状况,中国共产党以组织化的方式将社会有效地组织起来,并按组织类别建立起由党一元化领导的各种各样大小不一的单位,并实行全面的整合与控制,使中国社会迅速摆脱了松散、无序的状态。在单位体制下"整个国家按照统一计划、集中管理、总体动员的原则被组织起来"[③]。国家通过单位组织对其社会成员进行社会资源分配、社会控制和社会整合。单位不但是一个经济组织,还是政治组织、社会组织,行使着党和国家的动员、组织、

---

① 李汉林:《中国单位社会》,上海人民出版社2004年版,第5页。
② 田毅鹏、吕方:《单位社会的终结及其社会风险》,《吉林大学社会科学学报》2009年第6期。
③ 孙立平、王汉生、王思斌等:《改革以来中国社会结构的变迁》,《中国社会科学》1994年第2期。

控制等权力。

从社会管理制度上看,党和国家是通过高度整合的单位组织来实施全面的社会管理和控制。社会成员被组合到单位组织中,单位组织形成一个个封闭的"共同体"。每一个单位组织都有共产党的组织系统,并通过这一系统来组织和控制单位成员的行为。在单位体制下,人们的自由空间十分有限,对于工作、职工的选择往往是被动的,哪里有需要就被分配到哪里去。单位组织间只有纵向的领导,很少有横向的交流。组织间或异地的流动非常艰难,往往一个大的单位就形成了一个封闭、自足的社会。单位除具有政治、经济的功能之外还发挥着重要的社会职责,承载着这一时期社会控制、资源分配、福利保障、安置就业等多方面的社会功能。

从个人的生存需求来看,单位已经成为城市社会中人们赖以生存的依靠。它既是人们从事生产的工作场所,也是人们获取社会资源、参与社会活动、获得社会支持的社会场域,单位基本控制和满足了单位人的吃穿住行。终生固定的职业和福利,使单位人以单位为家,形成了人们工作与生活的共同体,工、妇、青等部门也经常代表党组织表达对职工的关爱,发挥着调节作用。有困难找单位,已成为人们的惯习,单位也成了具有伦理色彩的"熟人社会",从某种程度上满足了人们情感和精神上的需求。稳定的工作和包下来的福利,形成了人们对"单位"的高度依赖。

"人们从摇篮到墓地,生生死死都离不开单位,在这里,单位社会的生活成为人们社会生活的常态,人们社会行为的常态。"[①] 单位组织几乎囊括了个人工作生活的全部丰富性,构成了新中国基层社会秩序的独特景观。

(二) 单位社会的终结与社会机制的转换

改革开放后,中国单位社会的总体性格局,随着私营经济的兴起、国有经济的改革、新兴社会群体的出现而被打破,单位制的社会运行和管理机制已逐步走向终结。

单位社会作为一种社会运行方式和管理机制走向了解体。从1978年中国实行改革开放之后,单位组织所赖以存在的国家的社会管理体制发

---

① 李汉林:《中国单位社会》,上海人民出版社2004年版,第6页。

生了巨大的变化，原有被国家所吞噬的社会慢慢独立出来，逐渐被一种新的社会管理体制所替代，由此作为"职场"的单位组织其自身的结构、功能也发生了许多重大变化，它也伴随整个"单位体制"的变革而形成功能的分化。单位不再是一个无所不包、全能式的组织形态，它的一些功能开始向社会转移。单位组织性质及功能的变革，究其实质是一种社会管理体制的变革，那种基于"国家—单位—个人"的社会管理体制已经完成了它的历史使命，在中国社会结构变迁中实现着新的转换。

单位组织将生产空间与生活空间紧密地联系在一起的格局发生了转变。单位与政府、单位与个人的关系发生了根本性改变。具有生产和经营职能的单位从封闭性、保守性、多功能性，朝向韦伯所说的合理性组织形式转变。按照市场化的要求，这类经济组织由市场来配置资源，参与竞争，越来越多的经济组织摆脱行政化管理，走向契约化管理，建立了法人制度，同时甩掉了强加于经济组织的政治和社会功能，以其独立、高效、合理的方式成为市场的主体。国家在推动企业改革与实施现代企业制度过程中，大力推进社会福利制度的改革，如住房、医疗、社会养老保险等改革的措施，促进了组织的分化和社会分工，使经济组织、政府组织及社会组织都有了明确的定位和边界。

单位与个人关系的变化，体现在日益二元分化的生产空间与生活空间的分离，使个人的经济活动、话语表达、自我组织、自我管理等空间被逐渐独立出来，获得了生产的自主和生活的自治。传统的一元利益格局分化为多元的利益格局，形成了具有不同利益要求的社会群体和阶层。特别是社会秩序的构建逻辑从自上而下、权力集中分配的机制，向个体独立、自由基础上的社会整合模式的发展，出现了由原有的行政性整合向契约性社会整合的变革。建立在契约性关系基础上的商会、行业协会等中间组织，在经济活动方面发挥着越来越重要的作用。在更广阔的社会生活领域，随着私人空间的拓展，民间社会的自治需求和组织化需求大大增强了。

当单位社会完成了它的历史使命走向消解之时，新的社会机制正在孕育，介于国家与个人之间的"中间社会"有了生长的空间和土壤，新型的"国家—社区、社会团体—个人"的社会联结机制已经形成。

三 后单位时代"中间社会"构建的路径选择

20世纪90年代以来,在中国社会结构变迁和全球结社思潮的双重影响下,处于国家与市场之外具有中间社会性质的第三部门迅速增长。"在旧有的单位福利保障体系宣告终结的同时,昔日的'单位人'也变成了'社会人',原来由国家、单位承载的公共性逐渐让渡给真正意义上的'社会'。为避免'单位社会终结'后社会的'原子化',人们开始意识到着力建设独立于国家、单位、市场以外的社会支持体系的重要性。于是,昔日由国家和单位垄断和承载的公共性自然被打破,社区发展和NPO、NGO等非政府组织和非营利组织的建设便成为当代中国社会建设的重要内容。"① 这些内容组合在一起,构成了中国特色社会主义社会的"中间社会"。

(一)后单位时期"中间社会"的初步发展及其现实困境

公允地说,我国的"中间社会"实践已取得了令人瞩目的成就。表现为各种中间社会组织在数量上的不断增长,以及这些组织在社会生活中覆盖面的不断拓宽。但是,由于特定的历史实践背景,"中间社会"在中国的发展依然面临较多的困境和难题。

1. 新型社区得到广泛的推广和发展,但仍带有明显的行政化色彩。当单位制渐渐退出历史舞台后,国家赖以整合城市社会的单位制的控制功能逐步弱化,原来的街居体系在政府的主导下开始了新社区建设运动。为此,国家设立了全国社区建设试验区,并通过多年的实践,总结概括社区建设经验,形成了诸如上海模式、青岛模式、沈阳模式等。由此,新型的社区模式应运而生,并得到全国范围的推广。新型社区建设对于培育以社会契约为原则的社区价值,塑造平等、参与、合作的社区精神发挥了一定的作用。但由于行政权力在社区权力中仍然占据着主导地位,这种行政化的取向造成了社区居民的认同度低的局面。

---

① 崔月琴:《中国社会组织发展的契机及其限制》,《吉林大学社会科学学报》2009年第3期。

2. NPO、NGO等非政府组织和非营利组织发展十分迅速，但包括工青妇在内的带有浓厚官方色彩的"中间组织"的转型却仍然十分缓慢。据统计，近年来，我国中间社会组织呈直线上升势头，数量发展十分迅速，"截至2007年底，依法登记的社会组织已经超过38.69万个，其中社会团体21.16万个，民办非企业单位17.3万个，基金会1340个，较之1988年增长了87倍。目前，仍以每年10%～15%的速度在发展"①。中间组织经过多年的发展，在数量上有了大幅的增长，但从组织性质上看，绝大多数公益事业组织基本上还是作为政府工作的延伸部分，即使是近年来成立的社会团体、行业协会等大多也是挂靠某政府部门和主管单位，具有半官半民性质。包括工青妇在内的单位社会时期形成的带有浓厚官方色彩的群团组织在改革中也面临根本的转型。据清华大学NGO研究所的一项调查表明：中国民间非营利组织中有46%是由业务主管部门提供办公场所。1998年度被调查的非营利组织中政府提供的财政拨款、补贴占到非营利组织中收入的49.97%以上，政府提供的项目经费占3.5%，会费收入占21.18%，营业性收入占6.0%，民间组织收入严重依赖政府的财政拨款和补贴②。可见，短时间内一些中间社会组织"官"的色彩和作用还是不可忽视的，这种变革还需要政府制度上的推动和民间自主性的增强。

3. 一些民间的"草根组织"十分活跃，而政府在管理扶持方面的制度性机制还不完善。中间社会发育的活性与制度性运行约制尚存矛盾。随着改革的推进，国家从一些社会领域中退出，这些领域经过震荡与重组亦已表现出一定程度的活性，大量自发的"草根组织"活跃于民间，对于这些自治的民间组织，国家还缺乏必要的管理和扶持措施，体制化的运行模式尚未确立，社会活性未被充分激活或处于散乱状态。例如食品安全维权，我们认为食品安全问题的解决并不能仅仅在食品生产和流通领域寻求突破，有活力的中间社会将构成针对市场霸权的社会自我保护运动③。这种趋势是明显的，例如在三鹿奶粉事件中很多市民自发地组织起来保护自己的利益，并通过舆论手段构成了对市场的约束性力量。

---

① 孙伟林：《探索有中国特色的社会组织发展之路》，《社团管理研究》2008年第10期。
② 孙志祥：《北京市民间组织个案研究》，《社会学研究》2001年第1期。
③ [匈牙利]波兰尼：《大转型：我们时代的政治与经济起源》，冯钢，刘阳译，浙江人民出版社2007年版。

然而，不得不指出，这种运行方式也是代价高昂的，未能纳入中间社会制度性运行框架中的社会力量在保护市民利益的同时，可能构成对刚刚起步的市场的致命伤害。此外这种保护有可能扩展为一种盲目拒斥，也是对公民利益自身的贬损。如何通过"中间社会"的构建，在国家、市场与公民之间创生出共赢的运行方式，应该成为未来中间社会发育的重要议题。

中间社会组织的大量涌现，一方面，表明社会转型所导致的社会自治力量的增长和需求；另一方面，社会重构过程中的矛盾和问题也反映了中国社会转型中交织着的各种各样新旧社会因素及范式的交锋和较量。社会的重建，社会秩序的恢复还有待时日，中间社会的发育和成熟还需党和政府适应社会进步的改革和创新，也需要中国公民自治力量的积聚。

（二）制度创新与后单位时期"中间社会"发展的路径选择

单位社会走向终结背景下的社会变迁实际上是一种制度创新。关于社会制度意义上的创新，德国社会学家沃尔夫冈曾作过比较详尽的论述，他认为："社会创新是达到目标的新的途径，特别是那些改变社会变迁方向的新的组织形式、新的控制方法和新的生活方式，它们能比以往的实践更好地解决问题，因此值得模仿，值得制度化。"[1]

从制度创新角度审视单位社会走向终结背景下的"中间社会"的发展，我们应处理好以下几个问题：

第一，重新认识国家与社会的关系，反对简单的"去国家化"的观点。近年来，在国家与社会关系的问题上，"抑国家"而"扬社会"的观点似乎明显占据了主导地位。此种观点的论据主要从西方市民社会与政治国家的二元化理论架构出发，认为市民社会实际上是作为对国家权力的分割与制衡的一种存在，是一个社会现代性的核心标志。尤其是对于发展中国家而言，如何使国家让渡出更多的社会空间以为民间自治力量提供发展的土壤，是其深层现代化的必然选择。此外，还有的观点认为："随着全球化背景下居民跨越国界、跨地区行为的增多，一般民众的国家认同也将大打折扣，导致民族国家这个'想象的共同体'的地位开始下降，最终出现所谓'空心国家'、'无边界社会'。"[2] 正是基于上述理论

---

[1] ［德］沃尔夫冈：《现代化与社会转型》，社会科学文献出版社 2000 年版，第 21—22 页。
[2] 田毅鹏：《单位制度变迁与集体认同的重构》，《江海学刊》2007 年第 1 期。

和思考，学术界开始关注民间社会的研究，对第三部门的发展更是表现出异乎寻常的热情。国家研究中的"批判反思"视角开始占据了绝对主导的地位。如1998年美国耶鲁大学教授詹姆斯·斯科特推出了《国家的视角——那些试图改善人类状况的项目是如何失败的?》一书，试图解说"为什么国家要积极地推行那些社会工程"，解释"那些20世纪乌托邦式的大型社会工程失败背后所隐藏的逻辑"①。书中的主体格调是对国家权力扩张的反思和警示。

应该承认，包括斯科特在内的那些以国家为主体的"极端现代主义"的反思，具有一定的合理性，但我们却不能简单地表示认同而接受其"去国家化"的观点。因为对于包括中国在内的发展中国家而言，现实的国家与社会的关系非常复杂。在这种复杂"国家—社会关系"的背景下，我们最不能接受的是那种"弱国家—强社会"的"去国家化"的选择，而应努力选择"强国家—强社会"的方案。虽然上述选择在很大程度上带有理想型特点，但多数人似乎都会承认，对于像中国这样的大国来说，失去了国家权威，实际上意味着"失序"和"混乱"。

第二，恰当评价"中间社会"的作用。与前述观点直接相联系，在这里我们似乎应该对"中间社会"给出一个恰当的评价。作为西方社会学创始人之一的涂尔干在《社会分工论》中曾提出过一个颇富启示价值的观点。他认为，"国家—初级社会群体、法人团体—个人"之间存在着一种连环式的关系。"如果在政府与个人之间没有一系列次级群体的存在，那么国家也就不可能存在下去。如果这些次级群体与个人的联系非常紧密，那么它们就会强劲地把个人吸收到群体活动里，并以此把个人纳入到社会生活的主流之中。"② 他认为在国家与个人之间如果失去了次级社会群体这个中介，那么"国家与个人的距离也变得越来越远，两者之间的关系也越来越留于表面，越来越时断时续，国家已经无法切入到个人的意识深处，无法把他们结合在一起"③。这些次级群体可以对国家构成制约从而保证个人不受国家的暴政压迫，但如果其力量过于强大，

---

① ［美］斯科特：《国家的视角：那些试图改善人类状况的项目是如何失败的》，王晓毅译，社会科学文献出版社2004年版，第4页。

② ［法］涂尔干：《社会分工论》，渠东译，生活·读书·新知三联书店2005年版，第40页。

③ 同上。

则会使个人陷入次级群体的暴力压榨之中,在这时国家的保护作用便空前突显了,"国家自身的意志并不是与个人截然对立的。只有通过国家,个人主义才能形成"①。可见,"国家—初级社会群体、法人团体—个人"之间这种"连环平衡"关系至关重要,缺一不可,不能简单地强调其中的一面。

在当代中国现实中,中间社会发展所面临的种种困境,似乎证明了上述观点。如构成中间社会的社会中介组织,本应是独立于政府和工商企业之外的第三种力量,它的生命力来源于公信力。就在中国公众逐渐认识到中介组织的力量,并对其顶礼膜拜的节骨眼上,"牙防组事件"和"欧典地板事件"像一盆当头浇注的凉水,泼向公众对"社会中介组织"的热情。几乎在一夜间,这些社会组织成了少数公众心目中的"第五纵队"②。近年来社会上反映的社会组织运行中,公益低效和公益腐败问题亦反映了社会组织的运行、管理和监督机制中的不足。对于中间社会组织,我们要认清它的成长阶段,在恰当评价的同时,给予必要的监督和扶持。

第三,形成一种复杂的社会联动机制是当下社会建设的关键。中国社会结构的变迁从一定意义上说,就是各种社会力量、不同类型组织功能的重新定位与整合。当中国社会告别了由党和政府高度控制的单位社会后,如何在新的历史条件下提高社会协同能力和公民参与意识,成为体制转换的关键。

自 1978 年以来,党和政府对民间组织的态度和认识经历了不断调整变化的过程。最初的态度是控制。这种控制并不是限制不让民间组织发展,而是要达到一种可控的发展;然后是规范其发展,要求各类社会团体重新登记,将其纳入政府统一管理的范围;再接下来是加强对民间组织的领导和引导;党的十六大之后又进一步提出整合并开发民间组织功能的设想,推进社会管理体制创新。在对社会建设进行界定时,提出必须创新社会管理体制,整合社会管理资源,提高社会管理水平,健全党委领导、政府负责、社会协同、公众参与的社会管理格局。"很显然,这一新的社会管理格局已非昔日的'国家—单位—个人'的旧体制,而是

---

① [法]涂尔干:《职业伦理与公民道德》,上海人民出版社2001年版,第69页。
② 胡逸:《第三部门"蜕变"成"第五纵队"?》,《南风窗》2006年第5期。

一个强调在党委领导、政府负责的前提下,社会团体社会协同,公众'自下而上'积极参与的新格局。"① 很显然,中国社会在相当长时间内仍然要以党和政府为主导来整合并开发社会与民间的力量,引导和推进"中间社会"的发展,脱离中国文化背景和中国国情的社会重建只能让我们的建设进程更加漫长。

虽然中国共产党的十六届六中全会对构建社会主义和谐社会若干重大问题做出了决定,对重新建立党和社会的关系业已设计了比较清晰的框架,但是如何建立起一个能够合理运行的有效机制还有待于党领导国家与社会能力的提高和社会建设方略的不断调整和改进。

(原刊于《学习与探索》2010年第4期)

---

① 田毅鹏、吕方:《单位社会的终结及其社会风险》,《吉林大学社会科学学报》2009年第6期。

转型期中国社会组织发展的契机及其限制

自20世纪90年代以来，伴随着中国改革开放的历史进程和全球结社浪潮，中国社会涌现出以社会民间力量为主导，以非政府性、非营利性、社会性为特征的组织形式，并以迅猛之势快速发展起来。这些组织被冠以"非政府组织""非营利组织""社会组织""民间组织""第三部门"等多种称谓。这里我们沿用"社会组织"的称谓，意在表明它在功能和属性上的社会性特征。本文以社会变迁为背景，探讨社会组织作为新兴的社会力量产生和发育的历史必然性，进一步反思社会组织在社会转型期及现行体制下所遇到的限制和难题，从而为社会组织的培育和健康成长提供理论支持。

一 社会转型和全球结社革命：社会组织发育的土壤和契机

中国社会在30多年的改革历程中，经历了社会结构的分化与整合，国家与社会的关系正在发生着重构，政府、市场、社会的三元结构已显现出来。转型期的中国社会正在经历着历史性的变迁，无论是市场经济的发育、社会结构的调整，还是政府职能的转变都为新兴社会力量的成长和发育提供了重要的契机。"全球结社革命"的浪潮也深深地影响着中国社会改革的进程。

（一）社会结构变迁：社会组织发展空间的拓展

改革开放前，中国社会是一个同质性极高的组织化社会，社会的管理与整合主要是通过单位来实现的。1949年中华人民共和国成立后，中国社会"形成了以政党组织为核心的社会建构体系"①,社会结构呈现出总体性特征。"整个国家按照统一计划、集中管理、总体动员的原则被组织起来。"② 社会上几乎所有成员都被纳入到各种单位组织中,单位不但成为国家与社会成员之间不可缺少的中介,也成为社会成员生活和工作的中心。在单位体制下,社会成员的社会生活与社会管理都由组织承担起来,社会变得空洞而弱小,个体的自主性和独立性几乎完全丧失,并形成了对组织和国家的高度依赖性和依附性。

改革开放后,我国的社会结构从总体性社会向分化性社会转变,并寻求新的社会整合机制。以产权的多元化和经济运作市场化为基本内容的经济体制改革,极大地促进了具有自主性社会的形成。随着政府职能的转型,国家权力实现着从无限到有限的界定过程,个人的经济活动、话语表达、自我组织、自我管理等空间被逐渐释放出来。传统的一元利益格局分化为多元的利益格局,形成了具有不同利益要求的社会群体和阶层。特别是社会秩序的构建逻辑从自上而下、权力集中分配的机制,向个体独立、自由基础上的社会整合模式的发展,出现了由原有的行政性整合向契约性社会整合的变革。建立在契约性关系基础上的商会、行业协会等中间组织,在经济活动方面发挥着越来越重要的作用。在更广阔的社会生活领域,随着私人空间的拓展,民间社会的自治需求和组织化需求大大增强了。在改革前的国家极强、社会极弱的总体性社会体制下,既没有相对独立自主的社会,当然也谈不到民间社会的组织化,在十几年的改革开放过程中,由于社会力量的发育和成长,组织化的需求已经出现。这种需求的实质在于,用民间社会自己的力量来协调自己的行为。

中国社会日益深化的改革进程,催生和培育了新的社会组织形态。据统计,近年来,我国社会组织的发展和扩大呈直线上升势头,"截至2007年底,依法登记的社会组织已经超过38.69万个,其中社会团体21.16万个,民办非企业单位17.3万个,基金会1340个,较之1988年

---

① 林尚立:《两种社会建构:中国共产党与非政府组织》,《中国非营利评论》2007年第1期。

② 孙立平、王汉生、王思斌等:《改革以来中国社会结构的变迁》,《中国社会科学》1994年第2期。

增长了 87 倍。目前，仍以每年 10%—15% 的速度在发展"①。快速的社会变革，使得社会空间得到了极大的拓展；政府职能的转变，"小政府，大社会"的社会管理理念，使得更多的社会功能需要社会组织的承接并发挥作用。因此，加强基层组织和社区建设，培育和发展民间组织成为我国当代社会建设及社会管理的重要任务。

（二）"全球性结社革命"：我国社会组织建设的海外参照

20 世纪 80 年代以来，全世界范围内掀起了一场结社革命，在世界的每一个角落都呈现出大量的有组织的私人活动和自愿活动的高潮。"这场革命对 20 世纪后期世界的重要性丝毫不亚于民族国家的兴起对于 19 世纪后期世界的重要性。其结果是，出现了一种全球性的第三部门即数量众多的自我管理的私人组织，它们不是致力于分配利润给股东或董事，而是在正式的国家机关之外追求公共目标。"②

西方社会在 20 世纪后叶出现的"非政府""非营利"组织，其主要的原因在于，发达资本主义国家的"福利国家"制度、发展中国家的发展模式、社会主义国家的"国家社会保险"制度和全球环境等方面的危机，以及经济增长带来的社会结构变化和通信革命所形成的信息全球化等多种因素，究其实质，主要是对"政府失灵""市场失灵"做出的正面回应。西方各国在经历了漫长的资本主义发展历程后，市场经济发育成熟，使得人们在很大程度上可以享有经济生活的自由，企业作为市场经济的主体，已经构成一个相对独立的部门，但是政府和市场无法解决人们公共生活中的各种问题，因此，独立于政府和经济组织之外的以追求公共目标、提供公共服务为主的第三部门应运而生。这些组织被称作"非营利的""自愿性的""公民社会的""第三的"或"独立的"部门，并在数量和规模上迅速增长。这些社会组织在解决社会危机、缓和社会矛盾、提供公共服务等方面发挥了重要的作用，成为国际社会积极倡导的社会自治力量。他们的独特性及社会功能受到了各国的普遍关注，也为当代中国的社会改革和社会治理提供了可资借鉴的经验。

全球结社浪潮，恰逢中国改革开放和社会变迁的历史阶段，为中国

---

① 孙伟林：《探索有中国特色的社会组织发展之路》，《社团管理研究》2008 年第 10 期。
② ［美］莱斯特·萨拉蒙：《非营利部门的崛起》，谭静译，http：//www.henan.edu.com.，2007 年 3 月 31 日。

国家与社会关系的重新定位及社会民间力量的发展提供了有益的参照。特别是国际社会共同关注的环境问题及相关非政府组织对我国环境保护的关注，推动了中国民间环保组织的成长和发展，从而也带动了其他各类社会组织的蓬勃发展。

20世纪90年代以后，受国际民间环保组织示范的影响，具有极强公益性质的中国民间环保组织的兴起在中国社会引起了广泛关注。1994年经民政部门批准注册的，中国最早的民间环保组织"中国文化书院绿色分院"简称"自然之友"成立。它的成立不但为我国环境保护事业开拓出一条新的思路，而且从聚结民间力量的角度进行了新的尝试，从而改变了政府包办环境治理的局限。此后，中国的民间环保组织像雨后春笋一样在全国各地出现。

在全球化趋势日益凸显的当今世界，全球性的非政府、非营利组织的发展为中国社会民间组织的发育和成长提供了最有力的支持。这场全球性的结社革命无疑是社会组织在人类社会进步中作用日益重要的有力证据，也是社会秩序在多主体的治理框架下重塑公共性内涵的佐证。

二　"5·12"震灾：社会组织和志愿者活动的实践检醒

如果说社会结构转型和全球结社浪潮促发了中国社会组织的产生，那么"5·12"震灾救援和灾后重建过程，则为社会组织和志愿者活动提供了最直接的实践坛场，检验了社会组织发展的成就、意义及不足，为今后的完善、发展指明了方向。2008年5月12日的汶川大地震发生后，大量志愿者和慈善组织奔赴抗震救灾第一线，履行并实践着志愿服务的义务。这些有组织的行动，使社会组织的救助和服务功能得到了充分的体现，其公益性得到了彰显，社会公信力有了显著提高，使得2008年作为中国的"公益年"、"志愿者年"而载入史册。

（一）组织性与快速动员能力的实践

汶川地震发生后，以社会组织为代表的民间力量迅速行动起来，奏响了抗震救灾的集结号，在很短的时间内，全国汇集了强大的民间慈善力量，组成了民间应急救助队伍，在抗震救灾第一线发挥了重要的作用。

一是承担社会捐赠的组织和实施。以中华慈善总会、中国红十字会、中国社会组织促进会等全国性慈善和公益组织率先通过各种媒体向社会发出抗灾慈善捐助倡议，全国各地社会组织也迅速动员各方力量，为灾区人民捐款捐物。据民政统计，截至 5 月 26 日，在地震后短短的 14 天内，国内外的捐赠款物就达 308.76 亿元。① 四川省慈善总会一直参与和负责境内外组织、个人捐赠款物的接收、管理和救灾物资的采购工作和救灾物资的分配运输工作。在安排输送救灾物质及时运往灾区，保证灾区人民的衣食住行方面发挥了重要作用。

二是成为抗震救灾的先遣队。自然之友、绿色和平、绿色家园志愿者等组织在地震次日联合发起了 NGO 抗震救灾行动；一些社会组织甚至在四川设立了抗震救灾 NGO 四川协调总处，下设医疗服务、物资分配、前方信息收集、对外宣传、机构联络、志愿者管理、后方信息收集整理分析等小组；一些具有草根性质的社会团体也组织专业人员奔赴抗震救灾第一线，成为抗震救灾的生力军。

（二）与政府力量合作互动的实践

在 2008 年抗震救灾中，许多社会组织发挥了联系广泛、整合资源和专业特长的优势，为政府在大规模抗震救灾中拾遗补缺、填补空白、完善救灾体系起到了非常积极的作用。中国政府及社会组织的快速反应和相互配合的积极行动，是中国社会在几十年的改革和发展中走向理性、走向成熟的真实写照和有力证明。

一是协助政府开展灾后应急服务。大地震后，全国各级政府积极组织各方力量支援灾区，社会组织积极响应号召并配合行动。各协会、商会、专业团体、医疗组织都组织专业救助队奔赴灾区，协助政府做好伤员救助、危机处理、情绪安抚等工作。

二是协助政府开展灾后重建。灾后重建是由政府牵头，社会组织参与的共同行动。灾后重建是一项复杂的工程，包括社区、家园、文化、心理等多方面的建设，社会组织发挥其优势，组织各方专业人员帮助灾区建设表现出政府力量与社会力量的相互信任和良性互动的趋势。

（三）志愿者活动的实践

在抗震救灾中，全国各地涌现了前所未有的大规模的志愿者行动，

---

① 郭小刚：《众志成城共渡难关全国社会组织紧急行动积极投身抗震救灾》，《社团管理研究》2008 年第 5 期。

外国媒体惊叹：发生在中国的毁灭性地震催生出中国的志愿者大军！志愿者服务在我国只是近年来的事情，以往人们对它没有足够的认识，这次的救援行动中志愿者的精神和称号深入人心。

志愿者精神得以弘扬。灾情发生后，大批自发的志愿者主动来到灾区第一线，怀着无私奉献的信念，寻找自己力所能及的服务空间，默默无闻地参与救助，出现了许多令人感动的场景。志愿者精神在救援中得到了前所未有的弘扬和展现。同时也表明了来自中国民间的慈善事业有了一定的基础。

志愿者管理机制尚待完善。在灾情发生之后，由于希望加入志愿者行列的人们来自全国各地，失序的灾区前线，一时无法容纳如此多的外来人口，衣食住行都成问题，致使有的媒体呼吁，请志愿者服从当地政府的安排或暂缓进入灾区。因此，尽管以援助为目的的志愿者活动值得大力提倡，但如果没有完善的机制，人们的善意同样将无法得到充分体现。

志愿者的专业化培训还需加强。在紧急救援中，各方救援的志愿者队伍迅速冲到了灾区第一线，那些具有专业救助知识和救助能力的人员发挥了重要的作用。对于一些因缺乏平时专业培训有善心而无善力的志愿者来说则难以发挥更有效的作用。因此，加强志愿者日常化的专业培训，提高相关技能对于紧急救助和灾后重建都是十分必要的，也是社会组织提高公共服务能力和提升社会公信力的重要途径。

总之，在汶川抗震救灾中，社会组织表现出有效的动员能力和行动能力，自觉地承担起政府职能以外的相关救援工作。志愿者们以其无私奉献的行动获得了社会的广泛尊重和认同。已经在人们心中孕育的公益精神在这里得到了凝聚，刚刚诞生不久的民间公益组织获得了进一步成长。

三　社会组织发展与公共性构造转换进程中的难题

中国社会在经历了数十年的改革开放历程后，已经步入了全球化和现代化的轨道。社会组织在历经20世纪80年代的兴起，90年代的规范管理，及新世纪以来的蓬勃发展几个阶段后，也正在经历社会转型中组织隶属、结构、制度、功能等方面的调整和转变。这一转变既涉及管理层观念上的变革，也面临社会中各方利益的取舍，还有传统文化的影响和制约。只有正视社会组织构建与发展中现实的复杂性，从理论上厘清其中的关键问题和难点，在实践中把握社会改革和建设的幅度，才能保证社会发展的稳定与和谐，使社会组织按照合理的路径健康发展。

（一）公共性构造转换进程中的"官—民"转换难题

中国社会组织的建设实质上是社会公共性的重新建构问题。何为公共性，中国学者李明伍曾给出较明确的定义："某一文化圈里成员所能共同享受某种利益，因而共同承担相应义务的制度的性质。"[①] 就公共性存在的形态来看，在不同的文化地理空间范围内存在着不同类型的公共性。

在中国，无论是古代还是现代，"官"始终扮演着"公共性"承载者的角色。在古代，"公家""公门"都是指与"君""官"有关的场所，到近代，进而引申为"政府"或"国家"的领域。在新中国成立之初，公共性的建构是在单位体制内完成的。单位覆盖了社会，大量的具有社会服务功能的组织和团体是在国家体制内生成的，其公共性主要体现为单位体制下的完善的福利保障制度，仍然是以"官""国家"为载体，社会结构呈现为"官"强"民"弱的格局。改革开放以来，伴随着"单位社会"走向终结的进程，在旧有的单位福利保障体系宣告终结的同时，昔日的"单位人"也变成了"社会人"，原来由国家、单位承载的公共性逐渐让渡给真正意义上的"社会"。为避免"单位社会终结"后社会的"原子化"，人们开始意识到建设独立于国家、单位、市场以外的社会支持体系的重要性。于是，昔日由国家和单位垄断和承载的公共性自然被打破，社区发展和NPO、NGO等非政府组织和非营利组织的建设便成为当代中国社会建设的重要内容。"新公共性"构建的意义在于寻找新的社群生活，人们可以通过"社群"建构一种"公共性"。这种"公共性"能够让人们发出面对生活共同抉择的呼声，可以使其在面对社会急剧变化的"速度"时不致失掉方向感和生存的力量，以实现由国民向市民的

---

① 李明伍：《公共性的一般类型及其若干传统模型》，《社会学》1997年第4期。

转化过程。①

新公共性的建构并非一朝一夕。一方面，新的公共性要素与以"官"为主体的传统公共性二者之间应有相当长的"共存"时间。因为在当下的中国社会，单位制的痕迹依然很浓，绝大多数公益事业基本上还是政府工作的延伸部分。即使是在改革开放后大量涌现的各种社会团体、行业协会等大多也是挂靠某政府部门和主管单位，具有半官半民性质。据清华大学 NGO 研究所的一项调查表明：中国民间非营利组织中有 46% 是由业务主管部门提供办公场所。1998 年度被调查的非营利组织中政府提供的财政拨款、补贴占到非营利组织中收入的 49.97% 以上，政府提供的项目经费占 3.5%，会费收入占 21.18%；营业性收入占 6.0%，民间组织收入严重依赖政府的财政拨款和补贴。② 可见，短时间内"官"的作用还是不可忽视的。如果我们盲目地以民间组织替代"官"的作用，就会出现"官退"而"民未进"的困局，导致公共性的"真空"，造成社会的无序和混乱。另一方面，新公共性要素的培育和发展是一个复杂的系统工程，还需要国家与社会多层面改革的推进。

（二）公共性构造转换进程中的"制度性限制"

我国社会组织的大量兴起得益于宏观制度环境的改革。但是，在中国现实制度环境中还存在着大量阻碍社会组织发展的制度性因素，导致民间组织发展存在规模偏小、社会服务功能偏弱、公信力偏低的现象。从我国对民间组织的现行管理制度来看，一方面，表现出强烈的限制和控制特征；另一方面，激励和监督制度则严重缺失，从而使民间组织的发展壮大遭遇严重的体制性障碍。具体表现如下：

一是双重管理制度的阻碍。目前，我国政府对民间组织的管理采取业务主管单位和登记机关双重管理制度。实行这一管理制度，一方面，使民间组织行政化倾向严重，定位不明；另一方面，使民间组织的负担加重，从而选择在工商管理部门登记或放弃登记，致使大量的民间草根组织游离于政府监管之外，而不具有现实的合法性地位。一些地方民政部门在 2002—2003 年进行过摸底统计，有的学者在安徽、深圳等地以乡

---

① 田毅鹏：《东亚"新公共性"的建构及其限制》，《吉林大学社会科学学报》2005 年第 6 期。

② 孙志祥：《北京市民间组织个案研究》，《社会学研究》2001 年第 1 期。

镇为单位进行过小规模的实地调查，结果发现，经过登记的社团组织数量约占社团组织实际数量的1/12—1/20，经过登记的民办非企业单位占实际数量的1/10—1/12，这个比例结果比地方民政部门的摸底结果更低。① 这在很大程度上造成了民间组织管理的失控。

二是非竞争原则和跨地区限制原则的阻碍。非竞争原则是指在同一行政区域内禁止设立业务范围相同或相似的民间组织，避免出现竞争。限制原则是社会团体与民办非企业单位不得设立地域性的分支机构。这一原则极大地限制了民间组织发展的多样化，人为地赋予某些民间组织以垄断地位和特权，造成了这些组织缺乏积极进取的动力，从而偏离非营利性、公益性的组织特点。

三是民间组织重大活动的请示报告制度和年检制度的阻碍。民间组织的重大活动请求报告制度是一种事前检查和审批制度，是建立在对民间组织不信任的基础上的，是典型的去自主性的做法，易使民间组织产生对立情绪，不利于民间组织的自主发展。

这种以控制为主导的思维方式和管理制度，导致我国民间组织的畸形发展。具体表现为：从结构上看，学会多，协会少；从性质上看，官办多，民间少；从功能上看，事务性多，公益性少；从人员看，安置的多，志愿的少。这种状况致使大批的社会组织难以发挥他们服务社会的功能，有的组织人员老化、经费短缺、管理混乱、难以维系。这也正是民间组织在现阶段公信力不高的主要症结所在。

从以上管理制度可以看出，我国关于民间组织的相关政策法规表现出强烈的控制型管理取向。这一制度的体制背景仍然是计划经济，其理念在于：对社团等民间组织进行严格的制度嵌入，使其合乎体制要求，成为党联系群众的桥梁，辅助国家来控制和管理社会。这种取向是建立在将公民社会与国家二元对立的理论假设基础上的。这一取向既有历史的根源，也有现实的原因。在我国古代，民间组织往往被等同于秘密会社，民间的反政府力量往往与它有关，人们一般将其视为"官"的对立面，对其抱有不信任甚至怀疑的态度。新中国成立后，面对当时复杂而松散的社会状况，中国共产党对民间结社进行了彻底的清理和整顿，带有封建色彩的互助组织、慈善组织以及带有宗教性、反革命性质的组织

---

① 谢海淀：《中国民间组织的合法性困境》，《法学研究》2004年第2期。

被取缔，改造和建设起一批新型的社会团体，其非政治性成为这一时期民间组织的鲜明特征。1989年政治风波后，国务院颁布了《社会团体登记管理条例》，增加了更加严格的限制条件和要求。长时期以来，我国"官"方和民间都对来自民间的非政府组织表现出矛盾和不信任态度。既希望它能发挥桥梁作用，对政府的职能起到拾遗补缺的补充作用，又担心民间组织会发展成为体制外的异己力量，挑战党和政府的权威。这一态度代表了控制型管理制度的思想基点，并成为民间组织发展壮大的思想阻力和制度瓶颈的根源。

20世纪90年代以来，各级党和政府领导人对民间组织的态度处于发展变化之中。特别是党的十六届四中全会和党的十七大，进一步明确社会事务管理中党和政府主导、社会协同、公民参与的格局，明确了社团、行业组织和社会中介组织的三大积极作用即提供服务、提出诉求和规范行为，形成了培育发展与监督管理并重的政策基调。社会组织得到了来自体制的认可、包容和支持。但从历史的长时段看，观念与制度的转变是一个相对缓慢的过程，如何建立适应转型社会需求的民间组织培育发展与监督管理并重的新的制度模式，既需要理论的探索，更需要来自基层民间组织管理实践经验的积累。目前，清华大学NGO研究所经过多年的调查和研究，提出的"构建一个建立在科学分类和分层基础上、包括备案注册——登记认可——公益认定的三级民间组织准入制度……在现行民间组织管理局的基础上成立独立的民间组织监管委员会，统一行使对民间组织的备案、登记和监管的职能"[①] 等新的管理改革方案；上海浦东非营利组织发展中心正在进行的"公益孵化器：公益性社会组织支持发展的新模式"[②] 的尝试等，都为社会组织的培育、管理、发展提供了新的路径和模式。

（三）公共性构造转换进程中的公益效率低下与信任缺失

社会组织的发育和成长是基于社会发展中公共领域的扩展和公共服务需求的提升。它在很大程度上承担着服务社会的公益使命。社会组织的社会信任资本是通过以正当和合法身份对社会的服务和奉献，得到政

---

① 贾西津：《第三次改革——中国非营利部门战略研究》总序，清华大学研究所王名教授在总序中就中国NGOT管理体制改革提出了几点建议。清华大学出版社2005年版。

② 沪社团：《公益孵化器：公益性社会组织支持发展的新模式》，《社团管理研究》2008年第11期。

府、企业、公众的信任和支持，进而获得社会的认知和认可来实现的。中国社会组织一直致力于推动公益事业的发展，有效地缓解了由于社会转型而产生的社会矛盾，减轻了政府和企业的压力，在社会公益服务方面发挥了积极的作用。但在巨大的社会需求和良好的发展机遇面前，社会组织在自身能力和公信力方面的软肋不断暴露出来。具体表现在以下几个方面：

一是公益低效和公益腐败问题。它反映了社会组织的运行、管理和监督机制中的不足。一方面，具有"官"办性质的公益组织过分拘泥于陈旧的组织管理制度，"行政化管理"、"官本位"、"按资排辈"等官僚主义现象严重，致使公益项目执行效率低下，公益事业浮于表面，服务不到位。另一方面，一些民间组织由于定位不清、组织机构不健全、监督制度缺失等因素也导致公益低效和腐败。如近些年媒体曝光的一些公益机构违约筹款、挪用公益基金及捐赠物资从事不符合宗旨的活动和事业；侵占或贪污捐赠的款物；逃税漏税逃汇骗汇；日常管理中的财务浪费。[1] 这些公益低效和腐败问题的频频出现，严重地影响和损害了社会组织的形象，引起人们对社会组织公信力的质疑。

二是公益组织的营利问题。社会组织是以追求社会公益或者社会互益为主要目标，它的最主要特征之一就是"非营利性"，这是它与以追求利润最大化为目的的营利性组织的最大区别。但实际上我国社会组织的市场化运作趋势越来越明显，变相的营利性经营形式越来越多。特别是一些民办非企业单位，有些借公益之名，获营利之实。在社会福利、行业协会、民办教育等组织中都存在以营利为目的的经营活动，有的甚至不择手段。这些极端化的谋利现象必然导致社会组织的信任危机。

我国社会组织是在社会转型过程中刚刚发育起来的，在单位社会时期被总体性社会构造所覆盖的社会力量目前尚处于弱势状态，一些民间组织在定位、制度和管理等方面都存在着不规范、不成熟等问题，其社会信任资本还没有切实地建立起来。这些都对民间组织的发展构成了种种限制。因此，如何有效地改进和完善现行的组织运行机制，建构合理的组织制度，探索多样化的组织模式是社会组织建设迫切需要解决的问

---

[1] 陆明远：《公益效率化：社会组织公信力建设路径研究》，《社团管理研究》2008 年第 11 期。

题。在这方面，我们既要在实践中根据中国国情探索适合本国土壤的建构模式，同时也要借鉴和吸收西方先进国家在公民社会建构、推进社会慈善、社会福利等方面的经验，尽快完善社会组织的法人治理结构，建立和健全规范社会组织运行的法律和法规，运用政策引导、法律约束、民众监督的多种方式促进社会组织的健康成长。

综上所述，我国社会组织是在改革开放的大潮推动下，在社会转型的机遇中，在全球结社革命的影响下产生和发展起来的；与改革开放以来中国的经济奇迹相似，其发展速度和数量都是十分惊人的。这些刚刚问世不久的社会组织虽然还很弱小、稚嫩，但在解决社会危机、缓和社会矛盾、提供公共服务等方面显示出独有的优势。但是，由于受到我国非制度性文化观念的渗透，及新中国成立后被强化了的行政化、单位化的社会网络和思维习惯的影响，形成了对公共意识、民间组织活动的认识偏差，造成社会层面公共精神不足，社会信任机制薄弱，行使个人自主权力的能力低下。这些背景因素构成了我国社会组织发育和成长的限制。尽管我国现在社会自组织的力量还非常弱小，相应的制度环境还远不健全，但从社会变迁的视角来看，社会组织是适应中国从"整体性社会"向"个体化社会"转化的需求而产生的，具有不可低估的发展优势和潜力。汶川地震后民间力量在社会救助和社会重建中的潜在优势已经得到了充分的印证。它在促进社会自治，推动社会福利，提供社会服务等方面的独有特点将逐渐显现出来，成为未来中国社会发展与稳定的重要力量。

（原刊于《吉林大学社会科学学报》2009年第3期）

新时期中国社会管理组织基础的变迁

20世纪80年代以降,处于社会转型期的中国社会发生了巨大的变化,这些变化既表现在宏观的制度层面,也表现为中观的组织层面。市场经济制度的建立,单位体制的变革以及政府职能的转变,引发了社会基础秩序和社会管理组织结构的变迁,为中观组织发展的多维空间奠定了基础。传统的以党和政府直接控制的、以单位组织为基础的社会管理组织体制开始走向终结。在社会空间得到空前拓展的同时,政府和市场组织之外的"第三部门"蓬勃兴起,它们以其所特有的非营利性、非政府性、志愿性、自治性等特点,受到现代社会的青睐。在新兴社会力量的推动下,社会管理机制正在朝向多元化、公民化的方向转换。尽管第三部门的发展才刚刚起步,但伴随经济的快速发展以及社会问题的凸显,其在服务社会、提供社会支持、化解社会矛盾等方面所具有的优势和作用日益显现出来。第三部门的发育和成长为新时期中国社会管理的变革奠定了重要的组织基础。

一 传统体制下单位组织的整合与控制

1949年新中国成立后,中国共产党领导中国走上了一条与西方国家不同的发展道路,即:"以计划经济、公有化、人民当家作主的社会主义制度来建设新中国。实行了以政党组织为核心的社会建构体系,建立起由党和国家主导的、以公有制为主体的单位制的管理模式,即国家—单位—个人的纵向管理体制。位于中观层面的单位承载着政党、国家、社会等多重角色和功能,成为新中国联结国家与个人的重要机制和纽带。"[①]

---

① 崔月琴:《后单位时代社会管理组织基础的重构》,《学习与探索》2010年第4期。

西方社会在走向现代化道路之初，社会层面大量涌现的组织形式往往是面向市场的理性化的经济组织及行使国家管理职能的行政管理组织。而中国的单位组织则是中国现代化发展初期所实行的一种独特的社会管理机制。

在中华人民共和国成立之初，社会主要是由两部分构成，其一是高度集中的国家和政府；其二是分散的单位组织。社会的管理和控制是国家通过高度整合、低度分化的单位组织来实施的。在城市社区中，社会成员都被组合到各种类型的单位组织中，单位成员的职业需求和生活需求都要通过单位来获得。每一个单位组织除所从事的专业分工不同外，几乎都兼具政治动员和控制、社会福利和整合的功能。单位垄断了中国城市的社会空间及社会组织的地位，城市中，单位以外的民间组织由于受到国家的禁止而难以生存。单位组织被赋予、被塑造成全能性组织。

单位的政治统治功能。单位作为一种统治制度和结构，是国家实现统治的中间环节。由于单位组织既拥有国家行政权力的职能，同时也拥有国家经济财产权力的职能，借此来实行对个人的控制。同时，单位还是中国共产党的基层组织。每个单位中都有党的组织系统，并通过这一系统来协调和控制单位成员的行为。个人的要求和意见只有通过单位中党的组织才能上达至国家，单位成为党和政府双重控制的工具。

单位的经济功能。在计划经济体制下，对于大多数经济类或生产型单位组织来说，它们就像是国家大工厂下面的生产车间，按照国家的指令和计划进行生产，没有经济效益和利润指标的要求，每年按时完成国家计划是这些企业组织的宗旨。企业单位只肩负生产的任务，而生产的计划和产品的分配都由国家统一包办下来。

单位组织除具有政治、经济的功能之外还承担着重要的社会角色，承载着这一时期社会控制、资源分配、福利保障、安置就业等多方面的社会功能。单位组织基本控制和满足了单位人的衣食住行。稳定的工作和包下来的福利，形成了人们对"单位"的高度依赖。

因此，这一时期，对于城市居民来说，单位是他们赖以生存的重要的组织基础。单位组织，不仅是国家实施社会建设的基础秩序，也是将社会成员稳固地结合在一定的地理空间中，通过生产与生活合一的体制而形成的"共同体"。单位组织几乎囊括了个人工作生活的全部丰富性，构成了新中国基层社会秩序的独特景观。

二 转型期社会组织的分化与转换

改革开放后,中国相继进行了经济体制、政治体制和社会体制的改革。社会主义市场经济体制的建立、政府机构的精简与职能的转变和"小政府、大社会"目标模式的确立,使得国家与市场、国家与社会的关系面临深刻的变化和调整,单位组织的结构、功能也发生了重大变化。单位不再是一个无所不包、全能式的组织形态,它在适应中国社会变迁的过程中发生了明显的分化与重组,社会呈现出大量分工明确、具有各种专业职能的组织形式,社会中观层面呈现出丰富、多元的社会景象。单位制的社会运行和管理机制已逐步走向终结。各类社会组织的功能面临新的分化与合理定位。

政府(行政)组织的变革与转换。在传统的行政管理体制下,中国政府长期扮演着"全能政府"的角色,就是它对社会事物的全方位包揽。实行政府机构改革的主要目标是对传统管理方式、管理手段的变革,转变政府的职能。改革的重点是使全能型政府由微观管理转向宏观管理;由直接管理转向间接管理;由部门管理转向行业管理。政府的管理理念也由以"管"为主转向以服务监督为主。政府转变职能的根本途径是权力下放、政企开分。因此,政府行政体制的改革,从根本上说是还权于民,让渡部分社会空间和权力。这些改革措施调整了政府与市场、政府与社会的关系,使一些具有经济职能和社会职能的新兴组织形式得到快速的发展。

经济组织的变革与转换。在计划经济体制下,中国的经济组织只有国有经济和集体经济两种组织形式。在市场经济条件下,经济组织形式多样,数量大增。除了国有经济和集体经济外,非公有制经济(主要包括个体、私营经济和港、澳、台及外商直接投资经济)大量呈现,并在国内生产总值中的比重大幅度上升。原来由国有经济占主导地位的形势,在改革开放后的十多年时间里就发生了扭转。在1985年国有企业改革正式开始之前"全民所有制"企业的生产份额占到70.4%,国有企业的生产能力占据绝对优势。十几年后的2002年,经济组织形式更加多样,有"国有企业""集体企业""股份合作企业""联营企业""有限责任公司""股份有限公司""私营企业""港澳台商投资企业""外商投资公司"等多种所有制形式,其中国有企业的地位大大降低,其在企业总数中所占的比例为16.2%,在生产总额中的所占份额为15.6%。① 所有制结构的变化使得原有的单位组织形式发生了深刻的变化,单位已不再是城市唯一的组织形式,城市劳动力人口可以在不依赖单位的情况下,获得生产、生活所需的资源,即出现了多元化利益主体。

社会组织的变革与发展。在中国经济、政治等方面的快速变革中,国家与社会的关系发生了重构。一方面,个体户、私营企业的大量出现,需要一种新的沟通方式将他们联结起来,以维护自己的利益;另一方面,市场和政府也需要一种全新的方式来维护市场秩序,联结政府和个人,进行社会性的调节与整合。正是这一需求促进了中国社会改革的进程,确立了社会改革的方向,即"政社分开",将原本应由社会承担的职责还给社会,培育和发展社会中介组织,促使具有社会管理职能的"第三部门"蓬勃兴起。

"第三部门"是学者按照社会三分法的逻辑,将国家或政府系统以及市场或企业系统之外的所有民间组织或民间关系的总和看作为第三部门,包括公民的维权组织、各种行业协会、民间的公益组织、社区组织、利益团体、同仁团体、互助组织、兴趣组织和公民的某种自发组合等等。近年来,第三部门在我国的发展呈现出两个特点:

一是数量的急遽增长。据统计,从1949年到改革开放前,中国社团的数量一直很少。在20世纪50年代,全国性规模的社团只有44个,到了60年代也不足100个,地方社团的数量也只有6000来个;而到了1989年,全国性规模的社团达到1600个,地方社团超出20万个;再到1997年全国性规模的社团达到1848个,县级社团有18万个。② 进入新世纪以来,我国社团的发展和扩大呈直线上升势头,"截至2007年底,依法登记的社会组织已经超过38.69万个,其中社会团体21.16万个,民办非企业单位17.3万个,基金会1340个,较之1988年增长了87倍。目前,仍以每年10%—15%的速度在发展"③。

---

① 中华人民共和国国家统计局编《中国统计年鉴》,中国统计出版社1986、2003年版。
② 毕监武.《社团革命——中国社团发展的经济学分析》,山东人民出版社2003年版,第60页。
③ 孙伟林:《探索有中国特色的社会组织发展之路》,《社团管理研究》2008年第10期。

二是种类的多样化趋向。在20世纪80年代以前，我国只有为数不多的、单一的、高度行政化的社会团体，如工会、共青团、妇联等。80年代以后，第三部门的种类迅速增加，即有同业组织、行业管理组织、慈善组织、社区组织、学术团体、兴趣组织、公民自治组织、民办非企业组织、信息咨询组织等等，这些组织已经渗透到人们生活的方方面面。

综上，我们可以看到，快速的社会变革，使得中国社会组织的结构、类型发生了较大的变化。原来的单位组织向各自归属的领域分化，被挤占的社会空间得到了极大的拓展；政府职能的转变，"小政府，大社会"的社会管理理念，使得更多的社会功能需要新型社会组织的承接并发挥作用。因此，第三部门的兴起和发展，成为中国新时期社会建设及社会管理的重要组织元素。

三　重建社会管理组织基础的理论参照与现实思考

现代社会管理组织基础的研究与探索，不仅是中国社会变革中所面临的现实问题，也是一个多世纪以来现代化进程中社会学先驱们一直关注的核心问题。迄今为止，国内外学界围绕此问题已展开了较为系统的研究。

在国外，从社会学诞生伊始，其奠基者们在直面工业社会初期的社会危机过程中开始寻求有效社会管理新方案，提出了各自理想的社会管理模型。

奥古斯特·孔德在《实证哲学教程》中即指出重建"中间社会"对于社会管理和社会和谐的重要意义，认为"中间社会"可以协调人的感情，帮助人们承认国家治理者的权威，节制权贵的专横和利己行为，教育人们热爱他人，对社会、对集体履行自己的责任与义务，克服原子化个体的利己思想，保证维持社会的共存与有序发展。[1] 孔德的"中间社会"包括一系列可以把公民组织起来的基层组织、社会团体、非营利组

---

[1] Robert A. Nisbet, "the French Revolution and theRiseof Sociologyin France", *the American Journal of Sociology*, Vol. 49, No. 2, (Sep., 1943), pp. 156 – 164.

织等。

涂尔干在《社会分工论》的第二版序言中，针对社会变迁所导致的欲望膨胀、行为偏差的社会失范问题，探讨如何消除社会病态，建立新的社会整合秩序。他为摆脱社会危机开出了一个救世良方：提出以职业团体的组织方式来确立个体间的社会联结，建立"国家——职业团体—个人"这样的三层次社会宏观结构体系和社会管理体系，为社会秩序和社会道德重建提供基础。①

此外，托克维尔在《论美国的民主》，汉娜·阿伦特在《极权主义的起源》等著作中也分别从公民社会的成长对克服社会原子化困局和社会整合机制的消亡导致极权主义灾难方面做了卓越的论述。美国学者莱斯特·M. 萨拉蒙在《全球公民社会》中对各国社会组织的分析和比较也为我们提供了富有启示的研究路径和方法。

国内学界在探索社会管理的组织基础时，学者们明确了公民社会组织建设的必要性，并从社区组织、第三部门（NGO）以及公共服务组织的建设管理等方面进行了卓有成效的研究。

如俞可平从社会治理的角度提出："善治是公共利益最大化的管理过程。善治的本质特征，就在于它是政府与公民对公共生活的合作管理，是政治国家与公民社会的一种新颖关系，是两者的最佳状态。"②

王名就社会组织的发展趋势提出："经过 30 年的实践，一个相对而言较为丰富、多样和开放的结社生态系统逐渐形成，社会组织作为其主要制度形式渐趋规范有序，社会组织的活动领域日益广泛。今日中国的经济发展、社会和谐与政治文明，越来越离不开社会组织。"③

陶传进从新社会的建构视角提出："我们需要的是一个全新的社会，并以此为基础建构法治、建构民主以及建构最本原意义上的生活共同体。"④

国内外学者的研究为我们分析和认识新时期我国社会管理组织基础

---

① [法] 涂尔干：《社会分工论》第二版序言，渠东译，生活·读书·新知三联书店 2005 年版。
② 俞可平：《善治：政治合法性主要来源》，《社会科学报》2010 年 7 月 29 日第 3 版。
③ 王名、孙伟林：《我国社会组织发展的趋势和特点》，《中国非营利评论》第 6 卷，2010 年。
④ 陶传进：《民间组织的发育与社会重建》，王名主编《中国民间组织 30 年》，社会科学文献出版社 2008 年版，第 231 页。

的转换，提供了重要的理论参照。基于这些理论的启发和对中国社会变革的认识，笔者认为，第三部门作为新兴的社会力量和社会组织形态，业已成为中国现代社会建构中的重要组织成分，并将作为社会管理的主体协同政府共同建设和管理社会。但就中国社会转型的现状来看，我国社会管理组织基础的转换与建设任重而道远。对于转型期的中国社会来说社会管理还是一个崭新的课题。如何确定社会管理主体的职责？如何重新定位各类组织的性质和功能？如何培育社会底层的公民自治组织？所有这些都是现实中国社会管理秩序重建所面临的关键性问题。

首先，关于我国社会管理的主体问题。有的学者认为，在我国，"社会管理主要是政府和社会组织为促进社会系统协调运转，对社会系统的组成部分、社会生活的不同领域以及社会发展的各个环节进行组织、协调、服务、监督和控制的过程"①。很显然，这里所指的社会管理是一个全方位的社会的综合管理。那么，作为管理主体的政府如何来定位自身的管理职能？政府中的各个部门在社会的综合管理中是否明确自身的角色定位？如果政府管理主体没有明确的管理目标和职能定位，就会出现许多社会事务管理上的真空地带，从而造成社会矛盾的积累和聚积。近年来许多群体性事件的发生，究其原因，主要是管理主体的缺失和管理方式的失误造成的。另外，从中国的现实来看，大量的基层民间组织还处于一种自发的生存状态，其身份的合法性、生存的空间、资源以及法律规制等问题还有待解决与完善，确立自身管理主体的意识和身份还有待时日。

其次，关于社会组织形态的复杂性问题。中国社会虽然经历了40多年的改革进程，但单位制的痕迹依然很浓，绝大多数公益事业基本上还是政府工作的延伸部分。即使是在改革开放后大量涌现的各种社会团体、行业协会等大多也是挂靠某政府部门和主管单位，具有半官半民性质。据清华大学NGO研究所的一项调查表明：中国民间非营利组织中有46%是由业务主管部门提供办公场所。1998年度被调查的非营利组织中政府提供的财政拨款、补贴占到非营利组织中收入的49.97%以上，政府提供的项目经费占3.5%；会费收入占21.18%；营业性收入占6.0%，民间

---

① 李学举：《加强社会建设和管理促进社会和谐与发展》，《求是》2005年第6期。

组织收入严重依赖政府的财政拨款和补贴。① 可见，短时间内大量从政府的职能中剥离出来的社会组织，实际还在政府部门的领导下继续履行原来的职能。如各省市的慈善协会、行业协会等，仍处于半官半民状态。现实中"官"的作用还是不可忽视的。如果我们盲目地以民间组织替代"官"的作用，就会出现"官退"而"民未进"的困局，导致社会管理的"真空"，造成社会的无序和混乱。

第三，关于社会弱势群体阶层自治组织的培育问题。所谓"弱势群体"具体是以城市中的下岗工人、失业者、来自农村的农民工、退休人员等为代表。"代表和维护城市无业人员、下岗工人、退休人员、疾病患者、农民、农民工等社会弱势群体利益的利益集团，其组织化程度较低，所拥有的资源较少，利益表达渠道不畅，告状难，反映问题难，利益诉求不被重视。"② 由于"弱势群体"不拥有向社会倾诉自己窘迫困境的组织渠道，因此，有关贫困和相对剥夺等社会问题，难以获得公共政策的关照而被搁置。"弱势人群"更需要组织和群体力量的关照。虽然社区在组织开展社区活动、提供社会福利方面做了大量的工作，但仍然缺少代表"弱势群体"的组织系统。这应成为现阶段我国社会管理组织体系建构中的重点。

综上所述，可知当代中国社会结构的复杂变迁，其实质就是各种社会力量、不同类型组织功能的重新定位与整合的过程。当中国社会告别了由党和政府高度控制的总体性社会后，如何在新的历史条件下提高社会协同能力和公民参与意识，形成"党委领导、政府负责、公众参与、社会协同"的社会管理新格局，便成为社会管理体制转换的关键。在渐进式改革过程中，社会组织基础的建设不可避免地带有现体制为基础的路径依赖。转型阶段社会组织的生长和发育，既需要政府在政策上、管理方式上的变革和推动，更需要培育积极的社会力量，以探索并寻求有效的组织模式和运行机制。

[原刊于《福建论坛》（人文社会科学版）2010年第11期]

---

① 孙志祥：《北京市民间组织个案研究》，《社会学研究》2001年第1期。
② 程浩、黄卫平、汪永成：《中国社会利益集团研究》，《战略与管理》2003年总第59期。

再组织化过程中的地缘关系

——以地缘性商会的复兴和发展为视角

单位制变迁以及市场经济兴起的背景下,再组织化已成为中国社会转型时期的一项重要议题。新中国成立至改革开放初期,单位一直作为中国社会的重要组织基础,在整合社会资源、调节社会秩序方面发挥了关键作用。然而,随着市场经济的兴起和不断发展,计划经济体制下单位承载的诸多社会功能逐渐消解的同时,单位作为社会组织基础的地位亦开始动摇,越来越多的社会成员游离于单位组织之外。为了避免社会的"原子化"困局,中国社会亟须更有效的整合与管理,社会的再组织化已成为必然趋势。

在后单位时代,中国社会的再组织化呈现出诸多不同的路径和机制,并反映于多元的组织样态之中。这些社会组织包括:基于居住空间而形成的社区组织,其被看作"为那些脱离单位、分散的个人打造新的活动和参与政治生活、文化生活和社会生活的新空间"[①];基于市场转型后专业人士社会自主性空间拓展而形成的职业团体,诸如律师事务所这种新型组织机构就"形成了转型期社会组织基础再造的微观机制"[②];基于血缘结成的宗族组织也在改革开放后得到复兴。除上述诸种已被学者关注的再组织化机制外,曾经在传统中国社会合群结社时发挥重要作用的地缘关系,在当代中国社会组织化过程中亦扮演了重要的角色。截至2012年,全国超过9000家在民政部门登记的地缘性商会即是地缘关系复兴的有力证明。本文拟就地缘关系在中国社会组织化过程中的历史、机制、功能及其困境进行分析和探索。

---

① 崔月琴、袁泉:《社会管理的组织化路径——社区民间组织的"均衡化"发展》,《社会科学战线》2011年第10期。

② 崔月琴、张冠:《转型社会的组织基础再造——以律师事务所为例》,《学术研究》2013年第8期。

一 组织化变迁中的地缘关系

从长时段的历史来看，地缘关系在中国近代社会就已成为民间组织形成的关键因素。然而新中国成立后，会馆、商会等地缘性组织却被国家视为封建组织予以清除和取缔，直到改革开放，随着国家不断地释放出新的社会空间，地缘关系重新作为社会组织化的重要机制展示出新的活力。

（一）历史上作为组织化机制的地缘关系

费孝通先生视传统中国社会结构为乡土社会，其基本特征之一就是人们终老己乡，不轻易流动。"乡土社会在地方性的限制下成了生于斯、死于斯的社会"①，因此也就使"世代定居是常态，迁移是变态"。然而"人究竟不是植物，还是要流动的"。那些远离故地的人们难免会产生"身在异乡为异客"的漂泊感，进而在异地与同乡之间的情谊显得弥足珍贵，这也成为同乡聚合的基础。据学者推断，因地缘关系而聚合的现象形成的年代十分久远，"中国'认老乡'文化现象至迟在汉晋时代已经在观念和行为上出现"②。

明朝永乐年间，在北京出现了由同乡官绅出资设立的同乡会馆，其初衷是为进京赶考的同乡学子及其他旅京同乡人士提供寄居之所。随着经济的发展，商人跨区域经营，被称为"商帮"的商人组织开始出现。商帮是由来自同一地方的商人组成，是松散的地缘性组织。随着商帮势力的强大，商人正式的地缘性组织——商人会馆得以形成。"他们借用会馆的形式，在通商大埠营建房舍，作为来往住宿、储货、交易以及酬神、议事、宴乐的场所。"③

中外学者对中国社会传统的会馆等地缘性组织进行了广泛的研究。据何炳棣考证，19世纪的北京有391个同乡会馆；而另一位日本学者仁井田陞则认为，当时在北京为同乡服务的组织有598个。美国学者罗威廉

---

① 费孝通：《乡土中国》，北京出版社2005年版。
② 贾忠文：《"认老乡"的文化现象解析》，《江汉论坛》1993年第9期。
③ 虞和平：《商会史话》，社会科学文献出版社2009年版。

突破了以往学者将会馆简单视为行会的观点,在对近代汉口的研究中将会馆区分为同乡型、同业型以及同乡兼同业的复合型。另一位美国学者顾德曼专门以上海的同乡会馆作为研究对象,她认为籍贯具有稳定性,不会以新的居住地代替祖辈的籍贯,对籍贯的强烈认同构成了同乡会馆形成的重要原因。上海同乡会馆的权威一方面来源于其在租界当局和同乡之间进行利益调节;另一方面在于其围绕同乡开展包括殡葬服务、岁时节令的民俗活动以及家乡戏剧的演出等活动,通过这些活动强化同乡对于会馆的认同。除同乡组织的日常活动外,即使像五四运动这样的革命事件,上海地区的革命组织也是由地缘关系作为纽带,利用同乡情结进行革命动员。裴宜理在对上海工人罢工的研究中也认为:"在民国时期,无论在工人招募,还是在工人抗争行动上,籍贯都是其中的主要基础。"[1] 可见,在近代中国城市社会,地缘关系在组织化过程中的作用就已经十分普遍和显著,"同乡认同和同乡团体得到精心培植的程度,同乡情感和机构的牢固和力量,却是中国城市的一大特色"[2]。这种局面一直延续至新中国成立初期。

(二) 新中国成立后社会的全面组织化

新中国成立以后,党和国家对近代以来的社会组织进行了全面整治,各种旧式组织不是被取缔就是被纳入国家体制之中。城市中那些基于地缘关系形成的各类组织被视为封建团体予以清理整顿。例如,在中国共产党接管济南后,"通过运动,在广大工人群众中进行自我教育,消除了封建行帮、地域所造成的隔阂"[3]。从此,诸如会馆、商会这类的组织及其活动也销声匿迹。截至1956年前后,在城市社会中已经不存在任何脱离于国家体系之外的社会组织。

在对旧的组织形式清除或改造的同时,新的组织形式开始出现并发挥作用。新的组织形式主要以单位组织为主,居民委员会为辅,这也构成了计划经济时期国家调整和控制城市社会的主要方式。国家将大部分

---

[1] Lü X-b, Elizabeth J P (ed.) *Danwei: The changing Chinese workplace in historical and comparative perspective*. ME Sharpe, 1997.

[2] [美] 顾德曼:《家乡、城市和国家——上海的地缘网络与认同,1853—1937》,宋钻友译,世纪出版集团、上海古籍出版社 2004 年版。

[3] 中共济南市委党史研究室、济南市档案馆:《济南的接管与社会改造》,济南出版社 1998 年版。

城市居民组织进入各种单位，如党政机关、工厂、学校、医院等，剩下的少部分社会成员则被纳入街道居委会。单位组织被认为是计划经济时期"我国政治、经济和社会体制的基础"[1]，构成了一种"组织化"的社会形式并建立起"国家—单位—个人"的社会联结机制。单位对各种资源的占有和控制以及严格的人事管理制度，使单位人完全依附于其所隶属的单位组织并难以在不同城市和单位之间流动。而街道居委会将单位之外的自由职业者和无业居民作为其组织和管理的对象并辅之以粮食统购统销和户籍制度，使这一部分人员也固定下来，便于管理和控制。

这一时期国家通过对社会的全面组织化，一方面确如郭圣莉所言："经过如此改造重组后的城市社会已经相当规整，原来杂乱无章的社会经过清理，被精心编织成一张大网，所有城市居民都各按其类，归入一个组织网格，每一个网格都是国家的一个管理单元。"[2]另一方面社会成员被"编入"一张张组织之网并非其本意，而背后是国家对资源的全面垄断，对社会的严格控制，使当时的社会成员既缺乏"自由流动资源"亦难觅"自由流动空间"，只能依附于各种单位组织。然而，计划经济时代国家通过各种方式限制社会成员的流动，将他们"组织起来"固定于某一地域的做法，确实也为"改革开放后人口流动大潮中大量地缘群体以及地缘关系为纽带的现象的出现起到了铺垫作用"[3]。

（三）新时期地缘关系的复兴

20世纪90年代初，市场经济的兴起对单位的组织方式构成了挑战。在市场中各种替代性资源开始出现，单位制不再是资源分配的唯一方式，单位也逐渐转变为面向市场的生产性组织，其社会功能逐渐减退。在改革的浪潮中，大量下岗工人、农村涌入城市的民工及新兴民营企业家等成为无组织的个体，社会原子化趋势不断增强。面对这种状况，国家曾经试图通过"社区制"代替"单位制"来发挥组织化功能。不可否认，随着越来越多的人住进了商品房小区，社区在整合社会成员、提供社区服务、实现基层民主等方面发挥了积极作用。但社区的行政化及自律性的丧失也成了一个普遍现象，"今天的社区是一个什么都能装的筐，成

---

[1] 路风：《单位：一种特殊的社会组织形式》，《中国社会科学》1989年第1期。
[2] 郭圣莉：《转型社会的制度变革：上海城市管理与社区治理体制构建》，华东师范大学出版社2013年版。
[3] 郭星华：《漂泊与寻根：流动人口的社会认同研究》，中国人民大学出版社2011年版。

为上级行政管理部门工作的基层依托组织"。在市场经济背景下，国家试图将社区打造成像单位一样的全能组织的各种条件已不具备。为了在新形势下达成组织化目的，许多组织化资源都被加以利用。

在这些组织化资源中，近代以来就曾在同乡群体合群结社时扮演重要角色的地缘关系，在当下亦得到充分重视。新兴的市场经济体制带来了中国人口的大范围流动。根据第六次全国人口普查统计数据，我国流动人口约2.6亿，占总人口的比例为16.53%。这些在异地务工、经商、求学的流动人口易于对来自同一地域的人产生认同，结合成新的群体和组织。例如，在20世纪80年代末，由浙江温州到北京经商的商户就自发聚居形成了"浙江村"，甚至这种因地缘关系而聚居的模式在巴黎亦得到复制；在数码快印行业中出现了"新化人"现象；刚入学的大学生会按地域加入"同乡会"；而当农民工的利益受损时他们也因地缘关系组织开展维权活动。由此可见，地缘关系这种盛行于近代中国城市社会而在新中国成立后一度销声匿迹的组织资源正在复兴。

在商业领域，自1995年第一家地缘性商会——昆明温州商会成立以来，各地纷纷效仿，地缘性商会发展势头十分迅猛，已成为中国新兴组织中的一道亮丽风景。与行业性商会不同，地缘性商会是指："具有相同原籍（县级以上行政区）的企业和工商业者，因工作或业务的需要，为维护自身利益，在原籍外的另一行政区依照自愿原则成立的民间商会组织。"[①] 以往学者在进行商会研究时并未严格区分地缘性商会与行业性商会，笼统地研究其在行业治理、社会管理、维护权益等方面的功能，甚至以国外商会作为参照进行比较研究，然而这些研究视角忽视了由中国传统地缘关系所建构的商会的独特性质。

二 地缘关系组织化机制探析

基于对东北某省地缘性商会的调研，笔者认为地缘关系在当下商人群体组织化过程中扮演了重要的角色，其中因地缘关系而产生的情感归属、社会身份认同、社会资本因素均构成了商人群体组织化过程中发挥

---

① 张高陵：《中国异地商会的渊源与现状》，《中国商人》2011年第3期。

作用的具体机制。

（一）作为情感归属的地缘关系

人类是具有情感的动物，然而人类的情感并非单纯基于生理或心理，"它是一种社会化的情感，长期受到社会情境与社会结构的制约"①。经由地缘关系，身处异地的同乡之间能够产生出一种共有情感，主要体现为："个体在外地面对不熟悉的情境时，当遇到来自家乡或邻近地区的人，在心里产生的对家乡或邻近地区人所持有的语言、文化、情感、生活方式、价值观念、宗教习俗等的一种积极的情感卷入和趋同倾向的过程。"② 这种因地缘关系产生的情感卷入和趋同倾向对于地缘性组织无疑具有重要意义，尤其在地缘性组织的形成阶段，情感因素往往成为其产生的原始动机。

对于那些到异地经商务工的商人们来说，他们脱离了故乡熟悉的生活环境和群体，情感上难免会产生孤寂感和失落感，这种情感一方面会使他们产生对故乡的怀念、对故乡人与物的依恋；另一方面，他们也希望在新地寻找群体归属，获得情感支持。因此，他们以地缘关系为纽带并以此作为联结机制，自发地成立地缘性商会，为异地经商的人们提供了一个既能舒缓思乡之情又能找寻到群体归属的场所。在这一点上，地缘性商会继承和延续了近代同乡商人会馆的功能，无论是地缘性商会还是会馆，都是同乡商人"敦亲睦之谊""叙桑梓之乐""虽异地宛若同乡"③ 的空间。

地缘性商会也会通过组织唤起同乡会员家乡记忆的活动，制造思乡情境，生产并强化他们对商会的凝聚力和归属感。笔者调研时发现，中秋节联谊是所有地缘性商会都格外重视的一项活动。在中国的传统习俗中，中秋节是唤起人们思乡之情的重要节日。因循这样的传统，在中秋节当日地缘性商会也会组织同乡会员的联谊活动，联谊形式多以同乡聚餐、娱乐活动、节目表演为主，但思乡之情、同乡之谊始终贯穿其中。例如，在一位商会会长中秋致辞中就引用了"身在异乡为异客，每逢佳

---

① Shott S, "Emotion and social life: A symbolic interactionist analysis". *American Journal of Sociology*, Vol. 84, No. 6, 1979, pp. 1317—1334.

② 张海钟、姜永志：《和谐社会建设视野的中国区域文化心理差异研究》，《理论研究》2010年第3期。

③ 李华：《明清以来北京的工商业行会》，《历史研究》1978年第2期。

节倍思亲"的诗句，引起在座同乡的共鸣。在地缘性商会中，类似的活动还有很多。例如，某市莆田商会邀请莆田本地戏曲演员赴该地连续五天表演传统妈祖戏，深受同乡的青睐；遵照莆田人的传统宗教习俗，莆田商会还准备在该市兴建一座妈祖庙供同乡祈福祭拜。许多商会都会在一些中国传统的重要节日中举行带有地域文化特色的仪式活动。柯林斯在互动仪式的研究中认为："仪式是一种情感性能源，能够滋生强大的情感性力量，仪式具有情感生成的作用，仪式创造了共同的情感和符号。"①我们也可将地缘性商会的联谊等活动视为"仪式"，同乡之间的共同情感经由"仪式"得到升华，把思乡之情转化为对地缘性组织的归属感。这种由地缘关系产生的情感归属成了地缘性商会较之于其他社会组织更具凝聚力的关键。

（二）作为社会身份的地缘关系

在中国社会，籍贯作为一种先赋性因素一直都是形塑个人身份的重要标识。在顾德曼教授看来，籍贯与身份之间存在密切联系，"家乡在传统中国是个人身份的关键部分。陌生人见面，照例先问'老家在哪儿？'""籍贯是某人姓名、字号之外第一个特征记录，在法律面前需要确认某人身份的首要事实。"此外，籍贯还具有长期稳定的特征，"旅居者的身份没有因居住地的改变而改变"。中国社会对籍贯的重视强化了个体对这一个人身份特征的认知，这也成为个体因地缘关系建构其社会身份的基础。

社会身份与个人身份不同，涉及的是个体与某一群体之间的关系问题。社会身份被认为"是有关个人在情感和价值意义上视自己为某个社会群体成员以及有关隶属于某个群体的认知。这种两人以上的社会群体分享着共同的身份，是一种相同的社会类别，群体的属性是其基本特征"②。对于同乡群体来说，生活在同一地域的人们因为相同的籍贯获得了相同的个人身份，然而却并不必然导致其对地缘身份的强烈认知，正是背井离乡的经历强化了具有相同籍贯的人们的相似性，触发了他们对地缘身份的认同，将自身类别化入同乡群体之中。而这一点对于地缘性组织的形成和发展意义重大。众所周知，对于任何组织而言，组织的内

---

① Collins R. *Conflict sociology: Stratification, emotional energy and the transient emotion.* Albany: State University of New York Press, 1990.

② Turner. Towards a cognitive redefinition of the social group. In TajfeL H (ed.) *Social identity and intergroup relations.* Cambridge: Cambridge University Press, 1982.

部认同都是相当重要的因素。所谓组织内部认同就是组织成员意识到自己与组织外成员的差别,明确自己组织成员的身份,而地缘性组织通过地缘关系建构内部认同,与其他籍贯群体之间界限明晰,内部关系十分紧密。

中国商人自古就有根据地缘关系建构社会身份形成商人组织的传统,近代的"十大商帮"(晋商、徽商、陕商、闽商、赣商、粤商、苏商、鲁商、宁波浙商、龙游浙商)就是这种地缘身份建构下的产物。当下商人们加入地缘性商会组织也是明晰自身地缘身份的体现,一方面,他们自觉归入某一同乡群体并经由对地缘身份的认知形成对地缘性组织的认同;另一方面,地缘性商会的某些行为在一定程度上亦强化了商人对其地缘身份的认知。例如,东北某省的川渝商会在一所高校设立了资助"双特生"(学习特别优秀、家庭特别困难学生)的奖学金,其资助对象的评选范围仅限于该所高校来自于川渝地区的学生,而非针对所有"双特生"。从某种程度上来看,无论对于作为捐助方的川渝籍商人还是作为受助方的川渝籍学生,这样一种奖励范围的设置都强化了他们对自身川渝籍身份的认知,激发了他们对于川渝商会的组织认同感。

(三)作为社会资本的地缘关系

"中国社会长期以来被一些研究视为把人际关系、社会网络和社会资本强调为社会各项活动的一个重要原则,它在整个社会系统的运行中一直发挥着非常重要的功能。"① 在异地务工、经商的人们身处于人地生疏的陌生人社会,原有的社会资本已不再发挥作用,而在新的环境建构新的社会资本又需较长时间。面对社会资本匮乏的境况,地缘关系帮助他们在陌生人社会建立起熟人关系,对他们在异地的工作和生活都大有裨益。

社会资本对于商人群体的意义更为显著,因为他们所占有的社会资本有转化为物质资本的可能。在与商人群体的交流中,商人们均非常重视经营自己的"人脉"。而所谓经营"人脉",即"社会资本的生产和再生产预设了对社交活动的不间断的努力,这意味着时间和精力的投入、直接和间接的消耗经济资本"②。因此,除日常生产、经营活动外,商人

---

① 张文宏:《社会资本:理论争辩与经验研究》,《社会学研究》2003 年第 4 期。
② Bourdieu P. The forms of social capital. In Richardson J G (ed.) *Handbook of theory and research for the sociologyof education*. New York: Greenwood Press, 1986.

群体也将发展社会资本作为一项重要的投入。对那些在外地经商的人们而言，加入地缘性商会则是他们在异乡社会资本匮乏的情况下扩展社会资本的理性选择。一位商会负责人形象地将这种因社会资本匮乏而产生聚合的组织现象称为"抱团取暖"。

通过在地缘性商会中的"抱团取暖"，会员的多种需求也能通过地缘性商会内部的社会资本获得满足。笔者在调研中发现，地缘性商会中的主体仍然是中小企业，融资问题往往成为阻碍其发展的制约因素，而融资困难的症结是发放贷款的银行等金融机构对于中小企业的信用状况心存疑虑，担心其资不抵债，无力还贷。然而，随着地缘性商会的出现，企业融资也产生了新方式。例如，针对会员融资困难的问题，商会中的若干会员共同向银行担保并承担连带责任，为需要资金的同乡获得贷款；在某些地缘性商会中，同乡会员还共同出资成立小额贷款公司，无息或低息向资金周转困难的同乡放贷，助其渡过难关。事实上，融资的关键是信任问题，中国人把地缘关系视为发展信任的潜在基础。而布迪厄认为，社会资本"是为其成员提供获得信任的'信任状'"，地缘关系正是充当了这样一种社会资本。同时，社会资本被帕特南认为是社会组织的重要特征，从地缘关系之中衍生出的信任、合作等社会资本形式也确实推动了社会组织内部的协调和交流，有助于解决社会组织所面临的集体行动困境。

在功能主义看来，组织之所以形成正是因为它能够满足人们的需求，而地缘关系所蕴含的情感归属、社会身份、社会资本等因素一方面，满足了同乡群体在异乡情感和认同上的需要；另一方面，基于同乡之间的信任和合作也为经济利益的实现提供了可能。因此，由地缘关系产生的共同情感和共同利益成了地缘性商会形成的关键，而同乡之间"情"与"利"的交织构成了地缘性商会的重要组织特色。

三　地缘性商会的功能与"家庭主义"局限

正如前文所述，地缘关系作为同乡群体获得情感归属、建构身份认同、扩展社会资本的重要联结机制，无论是在近代还是现代中国社会的组织化过程中都十分普遍和有效。然而从某种程度来看，当下的地缘性商会仍然具有传统商人会馆的一些特点，其中地缘性商会的"家庭主义"倾向构成了制约其朝向现代社会组织发展的障碍性因素。因此，我们应该深入思考如何突破地缘性组织中的"家庭主义"局限以及经由中国传统的地缘关系建构具有现代意义的新型社会组织之路径选择。

（一）地缘性商会的功能

地缘性商会作为由同一籍贯的商人自组织成的社会团体，汇集社会力量和市场力量于一体，其在国家的社会建设和市场经济发展中均扮演了重要角色。

一是联结和整合商人群体。从商人群体的来源上看，在改革初期出现的商人大多来自于边缘群体。根据蔡欣怡的调查："在改革的最初十年中，私营企业家主要由农民和从未当过工薪族的人们组成。这些个体户一般由于缺乏体面的就业机会而转向从事私营商业。"[1] 随后出现的商人在来源上更加多元，进城农民、下岗工人、辞职的国家干部、毕业后创业的大学生等都是当前商人群体的重要组成部分。然而，无论是改革初期还是近些年成长起来的商人群体，往往游离于国家体制和各种社会组织之外，缺乏有组织的沟通和交流平台。从这个角度来看，商人群体成了后单位社会再组织化的重要对象，尤其是跨区域经商的商人数量不断增加，更加大了整合的需求和难度。面对这一难题，地缘关系提供了一条可行的组织化路径。地缘性商会将同一籍贯的商人群体有效地整合到商会组织之中，缓解了商人群体的原子化趋势。同时，商会一方面能够将国家的政策向商人群体传达；另一方面也可以代表商人群体向国家反映利益诉求，成为当前国家与商人群体之间有效联结的纽带和桥梁，是新型社会组织中的重要组成部分，为国家实现有效的社会治理，形成稳定的社会秩序提供了可能。

二是平衡和促进地方经济。地缘性商会因横跨两个区域成了商人原籍贯地政府和现居住地政府之间的桥梁和纽带，这一特性对于国家尤其是地方政府的市场经济建设作用巨大。在分税制改革后，各地方政府为了解决财政困境均大力发展地方经济，招商引资成为地方政府的一项重要任务。而地缘性商会因地缘关系能够有效沟通两地经济，因此成为

---

[1] 蔡欣怡：《绕过民主——当代中国私营企业主的身份与策略》，浙江人民出版社2013年版，第70—71页。

了地方政府招商引资的重要手段和方式。同时，也正是因为地缘性商会的出现，才在地区之间实现了"南资北上、东资西进"，有效地改善了欠发达地区的经济状况，平衡了地区之间的发展水平。笔者所在的东北某省受计划经济的影响较为深远，国有企业大量解体后经济发展缓慢，而随着2006年该省第一家地缘性商会的出现，截至今年已成立20余家省级商会，这些地缘性商会通过自身的地缘关系网络，引进了大批同乡企业在该省投资设厂，极大地促进了该省的经济转型。正是由于对国家和地方经济贡献良多，地缘性商会较之于其他类型社会组织获得了政府的更多支持。一方面在申请成立时，地缘性商会能够更顺利地获得民政部门的登记注册；另一方面在发展过程中，地缘性商会更易实现与政府间的沟通与合作，政府在经济方面的倚重成了地缘性商会蓬勃发展的重要原因。

三是参与和实践社会公益。在社会转型的过程中，国家逐渐转变计划经济时期包揽全体人民福利事业的局面，转而让渡出部分社会空间并积极培育社会组织，使其成为当前社会公益事业的主要承接者。而在众多社会组织之中，地缘性商会在参与和实践社会公益事业方面扮演了非常重要的角色。事实上，近代中国社会中的地缘性商会就已经成为民间慈善事业的推动者和践行者。究其原因，这与地缘性商会由资金雄厚的商人组成密切相关，强大的经济实力使商会组织在提供公益资源方面较之于其他类型的社会组织具有天然优势。笔者所在省份的地缘性商会在扶贫济困、捐资助学、助残等事业中都贡献颇大，尤其是在汶川地震和雅安地震期间各商会慷慨解囊、赈济灾民，一位商会会长甚至带领会员亲赴灾区参与救援。地缘性商会在社会公益事业中的积极参与为会员参与公共服务、投身公益提供了平台，引导会员实践社会公益。同时，商会组织的公益行为在一定程度上缓解了政府所面临的诸多社会问题，为商会组织赢得了充分的社会合法性。

(二) 地缘性商会中的"家庭主义"局限

地缘关系可以被看作是一种类血缘关系，其中也隐含着"家庭主义"倾向。在张静教授看来，"家庭主义"采取特殊主义原则，只重视家庭和家族等小团体的利益，社会公共利益则被放置于次要和从属的位置，它是一种建基于私人关系，内部紧密、对外封闭的组织原则。① 因此，"家庭主义"并不利于现代社会组织的建构，而地缘性商会中的"家庭主义"倾向也构成了限制其发展的制约性因素。

首先，地缘性商会中存在明显的"家长式"治理结构。"家庭主义"所形成的秩序突出强调了家庭或家族成员对家长权威的服从，在地缘性商会中也存在着类似的情况。地缘性商会虽然是在民政部门注册的正式社会组织，商会《章程》也写明最高决策机构为会员大会，但是在实践中很多地缘性商会的大小事宜往往是会长一人决定，会员大会形同虚设。这种"长老统治"能够在地缘性商会中通行无阻，究其原因是地缘性商会会长几乎全部由同乡商人中具有雄厚经济实力和丰富社会资本的大企业家担任，他们成了地缘性组织中的卡理斯玛型的行动者因素，然而"这种精英治理的模式也表现出了自身所存在的局限性，因而也面临着治理结构的转型要求"②。

其次，地缘性商会存在对"家庭成员"的过度保护。"家庭主义"最重要的功能之一即体现为对家庭或家族成员利益的重视，当成员利益受到威胁时提供保护。这一点在地缘性商会中体现为商会对同乡商人提供的维权服务。笔者在调研中发现地缘性商会所维护的同乡权益，并非都是正当、合法之权。例如，某些商人因生产不合格产品被工商部门处罚，通过商会的"疏通"即可减轻甚至免除处罚；商人因违反公共交通规则被吊销驾驶证时，商会也会"出面相助"。可见，商会在维护内部成员私人利益的同时却忽视了社会公共利益，有时甚至还成了同乡不法行为的"保护伞"。

再次，地缘性商会的封闭性限制了不同地缘群体的交流。"家庭主义"的内外有别，使社会信任与合作只发生在由家庭成员组成的熟人关系之间而无法向陌生人扩展。"搭建平台，资源共享"是地缘性商会宣传时经常使用的话语，然而地缘身份筑起的边界使资源共享只发生在商会内部，限制了商会外部成员对资源的获取。正如波兹在研究社会资本负功能时所言："在一个群体之中，为群体成员带来收益的强关系，通常也

---

① 张静：《公共性与家庭主义——社会建设的基础性原则辨析》，《北京工业大学学报》2011 年第 3 期。

② 崔月琴、王嘉渊：《社会组织治理模式的转型——对卡理斯玛现象的反思》，《学习与探索》2014 年第 7 期。

会阻碍该群体之外的其他人获得为该群体控制的特定社会资源。"

(三) 突破"家庭主义"局限的路径选择

虽然同乡会馆与地缘性商会均以地缘关系作为组织化机制，但前者产生于传统社会，而后者则肇始于改革开放后的现代社会，社会背景的变迁亦使组织的目标和治理结构应有严格的区别。现代社会是开放和多元的社会，其社会组织应该成为社会公共性的重要载体，这种公共性不仅是使社会组织超越狭隘的团体利益而关注公共生活的重要条件，也是形塑现代国家与社会组织间互相合作、互为监督格局的立基所在。因此，思考并突破地缘性商会中"家庭主义"局限，使其朝向现代社会组织的方向发展成为我们探索的核心。在具体实践中，如下路径可供选择：

第一，国家管理层面应积极介入并引导地缘性商会的规范发展。地缘性商会虽然较之于其他类型的社会组织更容易获得民政部门的注册登记，但也应该注意到，近20年来地缘性商会数量的快速增长与国家大力发展市场经济以及地方政府立足招商引资的背景关系密切，能够顺利获得注册并不代表其在组织治理方面优于其他社会组织，国家介入并引导地缘性商会规范发展十分必要。在组织登记上，国家应守好地缘性商会的准入大门，不能仅仅因为地缘性商会在经济建设方面的贡献而降低其准入门槛，使一些资质不良、行为不端的商会进入社会组织队伍。在组织治理上，国家应要求地缘性商会严格按照商会《章程》办事，突出强调商会的人事、财务、活动以及涉及组织发展方向等重大问题由全体会员实行民主决策，避免会长垄断商会权力。在组织评估上，应采取国家相关部门和民间评估机构及公共媒体的监督，对地缘性商会的行为做出客观评判，防止其因团体利益而侵犯社会公共利益，推动地缘性商会的自律。

第二，加强地缘性商会组织公共性的营造。田毅鹏教授将公共性的核心要素总结为：共有性、公开性、社会有用性和社会理念性，而"作为新公共性最重要的承载者，NPO、NGO等非政府组织和非营利组织在新公共性的构建过程中发挥着越来越重要的作用"[①]。加强公共性的营造有助于地缘性商会将社会信任与合作由内部向外部扩展，由私人关系进

---

① 田毅鹏：《东亚"新公共性"的构建及其限制》，《吉林大学社会科学学报》2005年第6期。

入公共关系，而营造公共性具体的措施则是在地缘性商会内部积极培育公共意识和社会责任，在充分尊重其他社会多元主体的基础上，实现国家、市场、社会的良性互动。

第三，促进中国多元地缘文化之间的交流与认同。地缘文化是指"在同一空间区域内，以地缘关系为纽带结合而成的社会群体，因受其所处的地理环境（自然地理环境和人文地理环境）的条件限制，而在历史、语言、信仰、道德、风俗、艺术、民族精神面貌、心理状态、思维方式、价值取向等文化层面上或内隐或外显地呈类同性、趋近性"[1]。因此，地缘关系可以视为地缘文化的载体，事实上建基于地缘关系的商会并非完全按照行政区划进行组织，地缘文化才是商会形成的关键因素。例如，全国各省、市川渝商会的形成就是由于四川和重庆两地商人在语言、饮食、风俗等方面都极为相似，自古共享相同地缘文化的结果。而地缘性商会之间之所以互相封闭和隔阂，也与各自承载着不同的地缘文化不无关系，促进不同地域之间文化的交流与认同有助于改善此种状况。同时，强化社会成员建构对于民族国家的认同也将是超越地缘文化隔阂的一种有效方式。

总之，在近代中国社会合群结社时发挥重要功能的地缘关系在当下已得以复兴，不可否认，地缘关系作为一种类血缘关系存在着"家庭主义"倾向。正如秦晖教授所言："民间的任何合作与认同方式都是一种值得珍视的组织资源。"[2] 只要我们认清地缘关系的本质并对其加以调整和理顺，地缘关系同样能够在单位制解体以及市场经济兴起的背景下成为社会组织化的重要机制，对中国社会建设有所助益。

（原刊于《吉林大学社会科学学报》2014 年第 4 期）

---

[1] 杨艺：《从中国地缘文化看中国人"和为贵"的平和心理》，《西南民族大学学报》2004 年第 6 期。

[2] 秦晖：《农民需要怎样的集体主义——民间组织资源与现代国家整合》，《东南学术》2007 年第 1 期。

转型社会的组织基础再造

——以律师事务所为例

组织是人类社会存在的基本形式,社会秩序的维系与其组织基础联系密切。改革开放以前,国家通过单位组织实现了对社会成员的整合,使单位这一特殊的组织成为当时中国社会秩序形成的基本单元。而在市场经济兴起的背景下,单位组织在整合和控制社会成员方面已不再具有绝对优势,其作为社会组织基础的地位也开始动摇。伴随着大批人员脱离单位组织,城市社会组织基础的再造已成为中国社会秩序重建的重要议题之一。

对转型社会的研究中,许多学者从宏观层面对单位制的变迁及新型社区组织的建设给了较多的关注,而对新兴的自由职业群体的组织依托和转变机理关注不够。这些新兴的职业群体是市场经济中诞生的新生力量,他们是如何在社会变迁中从国家体制脱离出来而获得新的组织依托?新的组织机制的特征表现如何?在转型期,律师业组织形态的变迁所呈现出的连续性和复杂性的特征,成为分析这一问题较好的经验基础。因而,笔者梳理了律师业管理体制和组织变迁的历史脉络,并深入律师业组织内部进行了田野调查,以期将在国家、市场和社会力量推动下形成的"律师事务所"的组织特点及其在律师行业秩序中的作用呈现出来,以此彰显转型社会中组织基础再造的意义所在。

一 律师业管理体制及其组织变迁

从总体上来看,改革以来中国社会的组织变迁表现为单位体制的不断消解,单位组织所承载的社会功能不断剥离,而单位以外的社会空间在不断扩展。由此,一些新的组织模式也开始出现,这些组织或是因社会的自组织而出现，或是在国家的引导下成立。对于律师业来说，律师的组织形态不仅经历了从单位体制分离的过程，还受到了来自市场因素的影响。

（一）单位制组织向社会化组织的变迁

以单位制为主导的中国社会的运行方式，与西方社会的结构变迁存在着较大的差异，它是中国现代化初期发展模式的一种尝试。许多学者对此给予了研究和概括。路风认为："单位体制是我国各种社会组织所普遍采取的一种特殊的组织形式，是我国政治、经济和社会体制的基础。"[①]吕晓波则指出："作为共产党社会政治秩序的基本单元，单位是国家控制干部，监督普通市民以及落实政策的机制。"[②] 田毅鹏则将单位社会的总体特征概括为以下四个方面：（1）特殊的"国家—单位—个人"的纵向联结控制机制。即单位成员依赖于单位组织，单位组织乃政府控制社会的组织手段；（2）单位组织体制的高度合一性，即单位的党组织和行政管理部门不仅是生产管理机构，同时也是政治、社会管理机构，具有高度的合一性；（3）终身固定就业与"包下来"的单位福利保障制度；（4）基于单位组织的自我封闭性而形成的具有浓厚伦理色彩的"熟人社会"。值得特殊说明的是，在上述几个特征中，"国家—单位—个人"的纵向联结控制机制最具核心意义。[③] 单位组织通过生产和生活合一的体制而形成的"工作共同体"，将社会成员工作、生活的几乎全部内容囊括进来，成了这一时期城市社会重要的组织基础，从而构成了中国社会秩序的独特景观。

改革开放以来，伴随着中国社会转型，单位组织的功能和形态开始发生变化，尤其是对于城市社会的组织化能力开始下降。单位不再是城市社会组织化的唯一方式，大量的职业团体、公益组织、新型社区等组织形式为主要标志的社会团体的兴起与建设，都构成了中国转型社会中区别于单位组织的新的社会秩序单元。单位体制的变迁实质上"由那种基于'国家—单位—个人'的社会管理体制转向'国家—社区/社会团体

---

① 路风：《单位：一种特殊的社会组织形式》，《中国社会科学》1989 年第 1 期。
② L, Xiaobo, "Minor Public Economy: the Revolutionary Origins of the Danwei", *Danwei: The Changing Chinese Workplace in Historical and Comparative Perspective*, New York: M. E. Sharpe, 1997.
③ 田毅鹏：《单位社会的终结及其社会风险》，《吉林大学社会科学学报》2009 年第 6 期。

—个人'的社会管理体制"①。这些构成后单位时期"中间社会"②的社会化组织，分工明确且各具专业职能，使社会中观层面更加丰富与多元，成了现代社会中联结国家与个人的纽带。

在这些社会化组织的形成和发展中，律师行业的执业组织独具特色，既经历了从"单位制组织"到"社会化组织"的转变，并且可以说发生于律师业的组织变迁是单位制变革最彻底，也是最典型的领域之一。它的变革与组织建构表明了新时期社会组织基础的鲜明特征。

（二）律师业组织变迁的历程

伴随国家的治理转型，自20世纪70年代以来中国的律师群体的从业方式与组织方式都发生了诸多变化。律师经历了身份上由"国家的法律工作者"到"为当事人提供法律服务的执业人员"，执业组织上由作为国家事业单位的"法律顾问处"到完全非国有化的"律师事务所"的转变过程。考察新中国成立以来律师业兴衰的历程，不难发现国家的重要影响。

新中国成立后，国家开始建立新的律师制度。但在1957年的"反右"运动中，许多律师被打成"右派"，随后的"文化大革命"更是将"公、检、法"一并砸烂，刚刚建立的律师制度因此夭折。其后，中国的律师业销声匿迹20年，直到中共十一届三中全会后才开始恢复重建。1980年8月26日，五届全国人大常委会第十五次会议通过和颁布了《中华人民共和国律师暂行条例》，这部条例是当代中国第一部关于律师制度的法律，它规定了律师的性质、任务、职责和权利、资格条件及工作机构。如《律师暂行条例》中明确规定律师是"国家的法律工作者"，"律师执行职务的工作机构是法律顾问处"，且法律顾问处是国家非营利性质的事业单位。重建后的律师制度基本上是对50年代律师制度的恢复，"恢复了50年代的律师制度设计，把律师业纳入国家公职范围，说明此时的中国社会仍然是国家和社会高度一元化的大一统社会"③。而此时，作为"单位人"的律师在经费和编制上依赖着国家，也享受着国家医疗、住房、教育等福利政策，法律顾问处成了当时律师们所依托的单位组织。

---

① 田毅鹏：《单位社会的终结及其社会风险》，《吉林大学社会科学学报》2009年第6期。
② 崔月琴：《后单位时代社会管理组织基础的重构》，《学习与探索》2010年第4期。
③ 张志铭：《20世纪的中国律师业》，《20世纪的中国：学术与社会·法学卷》，山东人民出版社2003年版。

伴随着改革开放的深入，中国社会也出现了巨大的变化，国家和社会的二元格局逐渐形成，对外封闭的时代已经结束，与国际接轨参与国际竞争势所难免。加之市场经济的逐步确立与成熟，其对于法律服务的需求也日益增长。正是在此背景下，律师业开始了与国家的逐步分离；律师的执业组织也相应地发生变化。1988年，司法部下发《合作制律师事务所试点方案》，开始试验新的律师事务所的组织形式。合作制律师事务所由所内律师共同出资成立，以该事务所的全部资产对其债务承担责任。合作制律师事务所遵循"两不四自"原则，"两不"即不占行政编制、不靠财政经费，"四自"即自收自支、自负盈亏、自我发展、自我约束。合作制律师事务所的出现迈出了律师业与国家分离的重要一步。1994年，司法部在《关于深化律师工作改革中应注意的几个问题的通知》中提出："律师工作改革要进一步解放思想，在观念上实现'四个转变'，即不再使用生产资料所有制模式套用律师事务所；不再用单一的形式发展律师队伍；不再用行政级别和行政官员的概念界定律师的性质；不再实行单纯的行政管理模式。"1996年，新中国第一部《律师法》正式颁布，在这部具有里程碑意义的法律里，律师从"国家的法律工作者"转变成了"为社会提供法律服务的执业人员"，律师的执业机构也形成了"国办所""合作所""合伙所"并存的格局。至此，过去以挂靠于政府机关的单位形式而存在的律师业成为历史，律师由此脱离对于国家和行政体制的依附状态，开始感受来自法律服务市场的竞争压力。

（三）律师业组织模式的形成

律师业通过2000年前后的"脱钩改制"过程，才逐步确立了目前中国律师业的组织模式。1999年10月国务院办公厅发布了《关于清理整顿经济鉴证类社会中介机构的通知》。2000年5月，国务院清理整顿经济鉴证类中介机构领导小组下发了《关于经济鉴证类社会中介机构与政府部门实行脱钩改制意见的通知》。所谓"脱钩改制"是指："律师事务所在人员、机构编制、资产收入分配等方面，全面地、全部地与挂靠单位（包括党政机关、社会团体、企业事业单位、大专院校等）彻底脱离关系。具体讲就是，律师事务所在编人员要退出国家编制，挂靠单位与所属律师事务所进行清产核资,明确产权并解决产权的归属问题。"①这样,国家强制性的将律师事务所的人员、业务、财务等与其挂靠的政府部门进行了分离。在此基础上,2007年新《律师法》将律师重新界定为:"为当事人提供法律服务的执业人员",律师的执业机构主要为合伙制律师事务所并有限度地允许律师个人执业,而合作制律师事务所则被取消。脱钩改制后的律师事务所在组织模式上与单位社会时期的法律顾问处相比发生了根本变化。律师事务所不再是依据国家行政指令设立,而是由律师自主联合成立,律师事务所在经济上独立核算、自负盈亏,由合伙人共同承担风险,律师事务所既不为律师发放薪酬,也不为律师分配案源,律师还要分摊律师事务所的办公成本,律师的收入完全依靠个人代理案件的数量来决定,律师的薪酬收入、社会地位等已经在很大程度上由市场机制决定,不再是国家分配的结果,表现出与以往单位制组织不同的自主性和独立性特征。

在中国渐进式的改革进程中,"中国律师业的产权非国有化改革得比较彻底;律师执业人员和律师事务所的市场自主性也比较强"②,中国律师从法律顾问处这样的单位组织进入到了以合伙制律师事务所为主要形式的职业组织,脱离了对国家编制和经费的依赖,真正成了在法律服务市场中寻求生存的自由职业者。

二 律师事务所:一种新型社会秩序生成的组织单元

律师事务所作为一种有别于单位组织的社会秩序单元,其组织形态的确立并非完全是由律师行业自身的特点所决定的。一方面,"强国家"是中国社会转型的一个重要特征,国家在律师业的组织化中必然扮演重要的角色。另一方面,律师业在从国家政法系统分离的同时,其生存和发展则直接依赖于法律服务市场,因而其组织结构的形成亦无法回避来

---

① 孙超美:《在改革中发展为市场经济服务——北京市律师事务所脱钩改制工作基本完成》,《中国民营科技与经济》2001年第2期。

② 程金华、李学尧:《法律变迁的结构性制约——国家、市场与社会互动中的中国律师职业》,《中国社会科学》2012年第7期。

自市场的影响。这就导致律师事务所不仅延续了单位组织的一些特征，而且深深地打上了市场的烙印。

(一) 律师事务所对单位传统的延续

在社会转型期，社会组织基础的变迁并未完全脱离旧体制的轨迹，"基层社会组织的功能和结构是根据体制运行的要求设置的，基层社会组织的目标、规范和行为模式在很大程度上是由传统体制注入的"①。而法兰西斯（Francis）关于海淀区高科技部门的研究则指出，在市场经济情境下单位制度的特征得到了再生。② 在律师事务所组织模式中，单位组织的某些传统确实也得到了延续，主要体现在以下三个方面：

首先，律师事务所既成为个体律师执业的组织依托，也成为对其进行有效控制的手段。在我国，律师事务所构成律师执业活动开展的组织依托是由国家法律所规定的。在对律师准入资格控制方面，根据《律师法》规定律师申请执业时必须提交的材料中就包括"律师事务所出具的同意接收申请人的证明"。也就是说，律师只有在获得某一律师事务所接收后才能进行执业活动。在对律师事务所准入资格方面，以往的《律师法》一直对律师个人执业持否定态度。虽然2007年《律师法》放开了对律师个人执业的限制，但个人执业也必须是以成立个人律师事务所的形式才能得以实现。个人律师事务所在申请设立的程序上也更加严格，不仅要满足设立律师事务所的一般条件，还要求设立人具有五年以上的执业经历（合伙制律师事务所设立人要求有三年以上执业经历）且对律师事务所的债务承担无限责任。同时，《律师法》中还规定律师承办业务时应"由律师事务所统一接受委托，与委托人签订书面委托合同，按照国家规定统一收取费用并如实入账"。这也意味着，个体律师必须进入律师事务所才能获得律师身份，进而"生产"法律服务，获得客户"消费"。

其次，律师事务所使个体律师具有了社会归属感。尽管律师对律师事务所的依赖是由法律所规定，这种法律关系是硬性的、冰冷的，但事实上律师个体与律师事务所之间也具有温情的一面。脱钩改制使律师业与国家行政体制分离，在法律服务市场中获取资源成为他们生存的主要

---

① 方明、王琦、王颖等：《城市社会组织发展：体制转换阶段的关键》，《改革》1988年第5期。

② Francis, C. B, "Reproduction of Danwei Institutional Features in the Context of China's Market Economy: the Case of Haidian District's High - tech sector", *The China Quarterly*, Vol. 1. 1996.

方式,但"中国的法律服务市场的社会结构又是高度割据的,多个法律职业群体占据了这一市场的各个角落,律师业与其他职业之间的管辖权关系界限十分模糊,而管理律师业的司法行政机关,在同样高度割据的国家管理体系中也处于相对弱势的地位,因此律师在法律服务市场上的地位就显得极不稳固"①。在法律服务市场中处境艰难的中国律师更希望能够在组织中寻求支持。在笔者的调查中,有律师这样描述:"律师事务所首先能给你一种类似单位的归属感,尽管所有的钱都要自己去赚,但这种归属感还是必要的,让你觉得每天是有一个单位在上班的,是有人在管我的。"另外,律师的社会地位与其所执业的律师事务所在法律服务市场中的名气也息息相关,律师事务所的名气带给律师个体的不仅仅是较高的社会地位,也会为他们带来实实在在的经济等方面的收益。

再次,律师事务所成为从业律师知识传承和职业规范养成的场所。在其中传递的知识既包括法律实践知识,也包括国家主流意识形态所强调的价值观念和行为规范。其一,《律师法》规定申请律师执业应具备的条件中包括"通过国家统一司法考试","在律师事务所实习满一年"。并且,在实习期内申请律师执业的人员也并不具备律师的相应权利。律师职业是一个法律理论知识与法律实践知识并重的职业,西方法律社会学的安赫斯特学派指出:"法律的意涵并非仅仅在正式的法律制度中得以确立,而更重要的是通过日常社会生活中的话语和互动行为而被建构。"②通过国家统一的司法考试,只代表申请律师执业人员具备了法律理论知识,而更为重要的法律实践知识则要经过在律师事务所长期的观察和学习才能获得。律师事务所除了使申请律师执业人员获得律师所应具备的法律实践知识之外,也能使已执业的律师提高业务水平。在笔者调研的律师事务所,每周五的下午都会组织全体律师进行业务学习,平时律师之间也会对彼此案件进行交流和讨论,加深了对案件的理解,提高了法律服务质量,更重要的是增强了律师在法律服务市场中的竞争力。其二,律师事务所仍然具有传递国家主流意识形态,规范其行为的功能。在笔者曾经调研的律师事务所中建有党支部,19名律师中有12名中共党员,

---

① 刘思达:《割据的逻辑:中国法律服务市场的生态分析》,上海三联书店2011年版。
② 刘思达:《当代中国日常法律工作的意涵变迁(1979—2003)》,《中国社会科学》2007年第2期。

在党支部书记的组织下,党员定期召开小组会议、支部会议进行政治学习。司法局也会定期召集律师事务所的党支部书记举行会议,传达贯彻国家相关政策,党支部书记负责向事务所的律师传达上级精神和意图。

(二) 市场因素对律师事务所组织结构的影响

虽然律师事务所作为新的组织建构继承了单位组织的部分功能和传统,但它是与市场机制相伴生的产物,市场机制同样成了形塑律师事务所组织形态的重要因素。

"中国从计划经济体制向市场经济体制的转型,实质上意味着从以抽象整体利益为主的单位组织转向以具体个人利益为导向的契约组织的运动过程。随着资源配置手段和社会结构的变革,单位体制的解体和个人化的发展是同样不可避免的。"① 在中国律师业脱钩改制中,律师从作为国家单位组织的法律顾问处走出之后,虽然并未踏上西方律师个体执业的道路,但身份上已然由作为公职人员的国家法律工作者转变成为在市场和社会中获取资源的自由职业者,"律师很大程度上是当事人的代理人,成为了市场本身的一部分"②。对于由这些面向社会、市场的自由职业者自主联合而成的组织,市场利益是他们不得不遵循的生存逻辑。在脱钩改制之后,律师事务所对国家和司法部门的依赖性不断地弱化,同时随着市场经济的快速发展和利益实现方式的多元化,也使得个体律师对律师事务所组织的依赖性弱于单位成员对单位组织的依赖。市场成了律师事务所获得资源的重要领域,律师事务所及律师个体的收益和社会地位的获得,已经不仅仅依赖国家的分配,更取决于律师的能力和委托人的需求在市场上相互交换的结果。在律师事务所中,律师不再像单位成员对待单位组织一样将律师事务所视为一种"生活共同体",而更多地将其视为单纯的工作场所和执业的平台。因此,律师的参与行为的基础已经不再是对律师事务所的终身依附,律师可以依据市场化的方式选择组织。正是由于市场因素导致的律师对律师事务所的依赖与认同低于单位组织,使律师事务所在组织模式上呈现出了新的特点。

第一,律师事务所没有严格的等级结构,是从业律师的自主联合体,

---

① 曹锦清、陈中亚:《走出"理想"城堡——中国"单位"社会现象研究》,海天出版社1997年版。

② 强世功:《惩罚与法治:当代法治的兴起(1976—1981)》,法律出版社2009年版。

更类似于"律师社区"。"律师社区"的特殊性就在于"社区"内部不存在明确的科层结构，律师之间基本上是一种平等合作关系。即便是律师事务所的合伙人也无法使律师事务所内的全部律师完全听从他的安排，其权力远远弱于单位组织中的领导，在笔者访问的律师看来："普通律师和合伙人律师的区别只是反映在对律师事务所内部的投资上，并不是说像领导和员工之间的上下级关系，因为无论是合伙人律师还是普通律师对外都叫'律师'。"

第二，律师事务所内部管理遵循市场原则。在律师事务所内部管理上，律师在律师事务所中更类似于以"租赁柜台"的方式执业。事务所既不为律师发放薪酬，也不为律师分配案源，律师还要分摊律师事务所的办公成本，承担个人社会保险。律师的薪酬收入、社会地位等等与法律服务市场息息相关。在调查中，律师这样看待律师事务所与单位的差别："律师是一个自给自足的职业，律师事务所不给你开工资，你还要向事务所提成，要交养老保险、医疗保险，还有给律协交的各种费用，每一分钱都需要自己去赚，和在单位上班挣工资是有差别的。"

第三，律师事务所为从业律师搭建了共享的网络平台。律师加入某一律师事务所不仅仅构成了律师事务所这个社会网络关系中的一个"点"，也将他隶属的其他网络关系带入进来，律师事务所成了所内全体律师社会网络关系的交集和平台。目前中国法律服务市场的特点使得关系网络对于律师执业具有重要意义，而律师事务所在关系网络中的枢纽地位使其成为律师执业成功与否的重要基础，律师事务所拥有的网络关系资源也成为律师选择加入的重要考量。首先，案源是律师得以生存的根本所在，接手案件的多寡是律师成功与否的重要指标。而对于大多数律师来说，案源的获得与关系网络有着密切的关系。其次，关系网络构成了律师提供法律服务的重要资源，也就是说，律师事务所的网络关系资源是律师执业的必要条件，成为律师这一职业不可或缺的"生产性要素"。

第四，律师事务所人员结构的稳定性较弱。在律师行业，律师在不同事务所之间的流动较为频繁，律师往往根据律师事务所代理案件提成比例的高低决定加入或离开某一律师事务所。如果说律师在中国被界定为自由职业者，"自由"的含义可能更多体现在对组织的依赖少，可以"自由流动"这一方面。律师的流动性使律师事务所不再具有单位社会时期由于单位成员终身固定就业所导致的单位组织封闭性特点，使之成为一种现代化的开放组织。

在市场因素的形塑作用下，律师事务所不再如单位组织成为律师的"生活共同体"，而仅仅构成了律师执业的组织平台，律师与律师事务所的关系更多是建立在契约关系基础之上。这种契约关系也使得律师事务所的组织结构更加扁平和开放，因此，律师事务所可以被认为是具有松散组织结构的正式组织，属于伯恩斯和斯托克所界定的有机型组织，[①] 这种组织类型更适宜于充满机遇和风险的市场情境。

三　国家与市场共同影响下的组织再造

从上文的分析我们不难看出，律师事务所如转型期的其他组织类型一样都在某种程度上延续了单位组织的某些传统和特征，但其组织形态的塑造也受到了市场因素的诸多影响，进而形成了转型期社会组织基础再造的微观机制。也正是由于市场因素的进入，转型期中国的社会秩序相对于"单位社会"呈现出了新的样态。

首先，在社会组织基础变迁的过程中，国家扮演了强有力的角色，组织在社会控制中仍具有重要的作用。在国家权力逻辑下，单位社会的联结控制机制得以在转型社会复制。在传统单位制总体特征中，最具核心意义的就是"国家—单位—个人"的纵向联结控制机制，单位社会时期的社会秩序也正是通过这一纵向联结控制机制得以实现。在律师业脱钩改制之前，律师被国家纳入公职范围，工作单位是国家事业单位性质的法律顾问处，作为"单位人"的律师在经费和编制上依赖国家，同时还享受着国家医疗、住房、教育等福利政策。这样，国家仅仅通过法律顾问处就可以对律师按照主流意识形态所提倡的行为规范和价值取向进行整合和控制，这种整合和控制则主要是基于律师对其单位组织的全方位的依赖，律师只有通过服从国家和政府的命令、安排，作为交换才能获得社会身份、自由和权力。在律师业脱钩改制之后，国家对律师的管理上并没有放开对律师个体执业的限制，即使2007年新的《律师法》颁

---

① ［英］吉登斯：《社会学》，李康译，北京大学出版社2009年版。

布之后在这一方面有所松动,但也只允许设立个人律师事务所。通过针对律师个体执业的限制可以看到单位社会时期国家的社会管理方式在当今律师组织的投影,国家在对律师职业的管理上试图复制"国家—单位—个人"模式,建立"国家—律师事务所—律师"的联结控制机制。这样,国家只要对律师事务所采取有效的管理就能够达到整合与控制个体律师的目标,律师事务所这样的组织单元成为当前国家管理社会的重要环节。

其次,市场经济的兴起拓展了社会成员的生存空间,其生存所需要的资源不再由国家完全掌控。因而在律师事务所中,组织对个人控制的机制由单位制下的终生依附转向了契约式的合作,个体的独立性远高于过去的"单位人"。随着社会转型,价值观念和资源获取方式更加多元化,在"国家—律师事务所—律师"的联结控制机制发挥作用的同时,市场利益逻辑也在形塑着律师事务所的组织结构。在市场利益逻辑下,律师的执业组织转变为合理性的组织形式,按照市场化的要求获取资源,参与竞争,实行契约管理。脱钩改制后的律师事务所既克服了单位组织的僵化、丧失活力,又避免了律师个体执业有可能导致的人际关系疏离、个人与公共世界疏离的社会原子化困局,使律师能够独立地运用法律知识维护市场经济秩序和社会的稳定,又不至于脱离国家的规制。这也使社会秩序的构建逻辑从自上而下权力集中分配的机制向个体独立、自由基础上的社会整合模式的发展,出现了由原有的行政性整合向契约性社会整合的变革。

再次,基于多元的社会管理需求,社会的自组织机制和新型的组织化方式是新时期社会秩序建构中不可或缺的元素。"在中国社会由'单位制组织'向'社会化组织'的转型过程中以自主性和独立性为特征的自由职业者大量涌现。他们摆脱了单位体制的各种束缚,自主择业和创业,以其高超的专业技能和独特的从业方式凸显其个体的独特性。"[①] 在市场经济中,自主择业和创业成为新的就业取向。但对于社会个体从业者来说,组织化的需要仍很迫切,无论是政治上的诉求还是社会生活的保障都需要组织的依托。因为缺乏组织归属的个体往往处于社会的边缘,原

[①] 崔月琴、刘秀秀:《从单位人到自由人:我国自由职业者生存特征的社会学分析》,《福建论坛》2008年第12期。

子化的工作和生活方式面临更多的风险。对于国家来说，通过一个个的组织单元相较零散的个体在管理上更为便利。在转型社会的组织基础再造的过程中，国家通过引导和培育新型组织来控制社会的这种方式并没有发生更根本性的转变。如果从更长时段的社会变迁来看，组织化的机制自新中国成立以来就一直是国家管理社会的主要方式。尽管随着改革的深入，国家权力在不断让渡出新的社会空间，但也不难发现在旧有组织形式衰落的同时，新型的各种组织单元并没有脱离国家的管控，由于市场因素的影响，个人与组织之间的关系更为灵活，个人获得了选择组织的更多可能，这体现了一种与单位社会不同的社会秩序。

总之，转型期中国社会的组织基础变迁经历了组织模式的复杂转换，社会秩序的形态也随之改变。从本文的分析中不难发现，作为组织单元的微观结构类型对于宏观社会秩序有着重要的影响，不同的组织单元结构和运行方式会引发不同的社会秩序。这对于中国社会管理创新的启示在于，社会组织基础的结构类型是社会秩序生成的重要方式，加强社会组织基础的合理化建构，有助国家对于社会的管理和控制。因而，如何建构更为合理的社会组织单元将是增强社会活力，实现社会管理创新需要加以研究的重要课题。

（原刊于《学术研究》2013 年第 8 期）

第三编　社会变革：
社会组织的困境

转型期社会组织的价值诉求与迷思

20世纪80年代前后，表现为社会组织迅速发展的"全球性结社革命"在世界范围内发生，社会组织不仅在美英等西方发达国家大量涌现，类似的情况亦出现在巴西、埃及和印度等发展中国家[①]。对此，社会科学不同领域都展开了持久深入的研究，形成了诸如政府失灵、合约失灵、第三方管理等理论解释，指出了社会组织在公共物品的提供方面相对于企业和政府所具有的独特优势[②]。另一方面，社会组织同政府和企业在价值取向方面的差异也为学界所注意，其被学者视为是"基于价值的组织"（values – based organizations）[③]。

与上述进程相呼应，在中国社会转型过程中，社会组织亦发生了井喷式的增长。据统计，截至2011年3月，全国依法登记社会组织44.7243万个，较1988年的数量增长了100倍。这些社会组织在中国30年的社会变革中显示了独特的价值功能和优势，在解决社会危机、缓和社会矛盾、提供公共服务等方面发挥了不可替代的作用，其影响涉及政治、经济和社会的各个领域，已成为中国社会建设中不可忽视的中间组织力量。对于中国社会来说，社会组织的成长和发育与"全球性结社革命"紧密联系，但其生长路径和发展模式深嵌于中国社会的具体情境之中，表现之一则是价值因素同组织发展的复杂关联。一方面，社会组织因其承载和表达了多元的价值理念而影响广泛且意义深远，同时多元的价值诉求也成为其成长发育的根源和动力；另一方面，组织发展过程中所生发的价值迷思又使组织发展陷入困境和歧途，使组织发展背离其应有之角色。

---

① 史柏年：《"全球性结社革命"及其启示》，《中国青年政治学院学报》2006年第3期。
② 田凯：《西方非营利组织理论述评》，《中国行政管理》2003年第6期。
③ Edwards, M. & Sen, G., "NGOs, Social Change and the Transformation of Human Relationships: A 21st – century Civic Agenda," *Third World Quarterly*, Vol. 21, No. 4, 2000, pp. 605 – 616.

社会组织价值迷思所带来的异化在一定程度上已成为其发展的障碍性因素，甚至使组织的发展走向歧途。因而，本文拟就社会组织发展中的价值因素进行初步探讨，试图从价值的角度分析转型期中国社会组织发展的动力和根源，辨析并澄清社会组织发展过程中的价值迷思，探索超越现有发展困境的路径，以求为社会组织的健康发展和有效管理提供政策依据。

一　价值诉求：社会组织发展的重要推动因素

中国社会组织的兴起和发展有着与西方社会不同的历史脉络和现实情境。中华人民共和国成立后，国家以单位组织、公社组织等国家权力延伸的组织形式取代传统的社会组织，社会的自组织传统曾一度被迫中断。改革开放以来，随着国家日渐从社会领域退出以及市场经济逐步兴起，社会组织的发展有了新的契机。然而，在制度空间以及其他各类资源十分匮乏的背景下，社会组织的价值面向对其发展就显得尤为重要。一方面，社会组织表达了社会成员日益多元的价值理想；另一方面，社会组织的价值诉求构成了其成长发育的重要推动因素。

（一）价值性作为社会组织的重要特征

相对于其他社会部门，社会组织的一个特征在于，其组织或机构的动力和运行主要是建立在价值承诺（value-based commitment）之上[①]。政治理论的视角下，社会组织的重要性不仅体现在其服务提供者的角色，还表现在其作为潜在的公民养成（constitution of citizens）的场所，以及共同利益、共同价值表达的载体[②]。而在社会学家看来，社会组织既是公共物品提供方式的"非营利部门"，还是参与者及行动者的"价值的所在"（locusofvalues），包含了志愿精神、多元主义、利他主义和参与共享

[①] Atack, I., "Four Criteria of Development NGO Legitimacy," *World Development*, Vol. 27, No. 5, 1999, pp. 860.

[②] Clemens, E. S., "The Constitution of Citizens: Political Theories of Nonprofit Organizations," in Powell, W. W. & Steinberg, R. （Ed）, *The Nonprofit Sector: A Research Handbook*, New Haven & London: Yale University Press, 2006, pp. 216.

等价值理念①。在公民社会的话语下,价值性是社会组织的要素之一。伦敦政治经济学院公民社会研究中心的定义中,"公民社会乃是围绕共享的利益、目标和价值展开自由共同行动的舞台"②。总之,社会组织同价值的关联表现在:一方面是价值诉求作为组织的目标;另一方面则是组织的运行彰显价值理念。

中国社会组织的发展也存在相似的价值关联,在承载社会成员价值诉求的同时,组织的价值性也有助于其成立与成长。随着单位制变迁以及市场经济的兴起,过去社会成员对国家和政治的依附状态发生了变动。然而,作为个体可依赖的共同体,单位还曾是个人生活意义的重要来源。③ 单位制的变迁则消解了基于单位组织而存在的意义和价值系统。当社会成员远离单位,因市场而获得个体独立性的同时,也面临个体原子化与价值迷失的问题。市场条件下社会成员如何表达多元化的价值理想,与规避单位制消解的社会风险同样是中国社会转型需要面对的挑战,而社会组织的发展则为社会成员的多元需求提供了场所和平台。

改革以来中国社会组织的发展代表着社会力量的增长,其所承载的价值观念也挣脱了过去意识形态的束缚,呈现出多元的样态。各类社会组织或是倡导公民参与,或是主张环境保护,或是提倡公民权利、志愿精神等等。这些组织一方面表达了成员的价值诉求;另一方面也推动了这些价值理念在社会的生长。以中国青少年发展基金会和自然之友为例,前者倡导"社会责任、创造进取、以人为本、追求卓越"的价值观,后者主张"与大自然为友,尊重自然万物的生命权利",这些理念都具有鲜明的价值性。总之,价值因素同社会组织发展的关系不仅是一个理论命题,同样有其重要的现实意义。从价值的层面展开研究,既能够分析社会组织发展的动力和条件,也能够发现其发展的误区和困境。

(二) 价值诉求是社会组织发展的重要原动力

从长时段的社会变迁来观察,中国社会组织的发展并非肇始于改革开放。但从单位体制的变迁来看,社会组织在中国的发展却仍处于初期

---

① DiMaggio, P. J. & Anheier, H. K., "The Sociology of Nonprofit Organizations and Sectors," *Annual Review of Sociology*, Vol. 16, 1990, pp. 137 – 159.

② http://www.centroedelstein.org.br/PDF/Report/ccs_london.htm.

③ 崔月琴、袁泉:《社会管理的组织化路径——社区民间组织的"均衡化"发展》,《社会科学战线》2011 年第 10 期。

阶段。无论是基层的社区社会组织，抑或是各类 NGO、基金会等，都是改革以后才开始为人们所认知。即使是传统的社团、协会类型，其数量迅速增长也是发生在 20 世纪 80 年代以后。社会自组织的现象在历史上并不鲜见，然而新中国成立后国家中断了这样的传统，以单位组织、公社组织等国家权力延伸的组织形式取代之。传统中断且长期处于禁锢的社会体制下，社会组织如何生长是一个理论与实践的双重难题。

社会组织的研究始于对社会组织何以出现的解释。"市场失灵""政府失灵"以及"契约失灵"的理论解释从功能主义的角度分析了社会组织的出现，预设社会组织拾遗补缺的角色。然而对于中国社会组织的发展和成长，这类解释还缺少对其发生学的阐释。政府和市场在一些领域的缺陷并不意味着社会组织由此应运而生。组织创立者的价值取向则是其选择"社会组织"这一形式的影响因素之一①。也有研究从组织使命（organizational mission）的角度阐释价值对于组织的推动作用，认为社会组织为人们提供了表达价值信念的机会，组织的使命促使创立者开创组织，使命表明组织的积极性和重要性，鼓励人们投入时间、精力和资源。②

价值对于社会组织发展的推动作用并非现代社会所特有的现象，梁其姿在对明清慈善组织的研究中指出，从需求解释当时慈善组织出现的原因是不具说服力的。要充分解释其出现，应重点关注慈善家的主观动机，而穷人的客观需求只是必要的背景和条件。进而她认为，在当时的历史情境下，价值观所产生的动力不可轻视，明清几百年间不断发展的民间慈善活动部分产生自这股动力。③ 价值观念影响组织发展的另一个经典案例是韦伯的"新教伦理"命题④。在韦伯看来，理性化经营的现代企业组织是资本主义的重要担纲者，其形成的重要原因在于"新教伦理"对于经济传统主义的超越。而对于长期受单位体制制约的中国社会来说，多元的价值诉求对于中国社会组织基础的演进具有相似的作用，与转型

---

① 顾昕：《事业单位的主导性与中国公民社会发展的结构性制约》，载高丙中、袁瑞军主编：《中国公民社会发展蓝皮书》，北京大学出版社 2008 年版。
② Minkoff, D. C. & Powell W. W., "Nonprofit Mission: Constancy, Responsiveness, or Deflection," in Powell, W. W. & Steinberg, R. (Ed), *The Nonprofit Sector: A Research Handbook*, New Haven & London: Yale University Press, 2006, pp. 591.
③ 梁其姿：《施善与教化：明清的慈善组织》，河北教育出版社 2001 年版，第 49—92 页。
④ [德] 韦伯：《新教伦理与资本主义精神》，广西师范大学出版社 2007 年版。

社会的现实情景共同促成了中国社会组织的新发展。而不同的价值追求也影响了中国社会组织发展的品格，马秋莎从作为组织发起者的知识分子分析了这种关联。在她看来，正是这些知识分子的价值观和理想塑造了社会组织的视野和独特角色。[1]

对于发展障碍重重的中国社会组织，其起步发展的"第一推动"尤为关键。在困难与风险双重压力下，工具理性的行动取向难以解释组织的创始人何以投身于这样一项充满挑战的开拓性事业。"按照一定的价值观和习惯来选择自己的行动的'实践逻辑'"往往是组织成员行动的主要行为逻辑。[2] 观察一些社会组织初创阶段就不难发现，创始人所认同和坚持的价值观念也确实是推动其建立组织的重要力量，他们之所以成立这样的组织往往是为了践行一定的价值理想。近年来，民间公益领域中活跃着一大批富于价值追求的社会精英，他们成立各类社会组织，积极地将其价值理想付诸实践。例如，国内一批知名企业家，出于生态责任和社会责任，筹备成立了阿拉善 SEE 生态协会以推动沙尘暴治理以及环境保护；而基于自己对乡村教育的理想，崔永元发起成立了"崔永元公益基金"，等等。大量的民间公益和志愿者组织兴起的背后都深深地蕴含着一种价值理念和追求。

（三）价值诉求为社会组织的起步赢得生存空间

组织在其社会环境中生存并繁荣所需要的不仅是物质资源和技术知识，还需要社会的认可和信赖，社会学家将此称之为合法性（legitimacy）[3]。萨奇曼（Suchman）在其广被引用的合法性的定义中，指出了合法性与价值之间的关联。"合法性是这样一种普遍的观念或假设，认为行动主体的行动处于某种社会建构的规范、价值、信仰和解释系统之内。"[4]

---

[1] Ma, Q., *Non-Governmental Organisations in Contemporary China Paving the Way to Civil Society*? London and New York: Routledge, 2005.

[2] 朱健刚：《行动的力量——民间志愿者组织实践逻辑研究》，商务印书馆2008年版，第13页。

[3] Scott, W. R., Ruef, M., Mendel, P. J. & Caronna, C. A., *Institutional Change and Healthcare Organizations: From ProfessionalDominance to Managed Care*, Chicago&London: University of Chicago Press, 2000, p. 237.

[4] Suchman, M. C., "Managing Legitimacy: Strategic and Institutional Approaches," Academy of Management Review, Vol. 20, No. 3, 1995, pp. 571–610.

具体来说，社会组织所秉持的价值主张为组织赢得"声誉"① 是其获取合法性的重要途径。此外，组织价值诉求的表达还有助于凝聚具有共同价值关怀的社会成员参与到组织的事业中去，从而促进组织的发展。

改革以来，社会组织的价值追求一方面能够同社会需求和社会文化相契合；另一方面还通过其价值理念的张扬，开辟了新的价值领域。通过组织的宣传和倡导，新的价值理念得以传播，这些观念一旦获得了社会成员的认同，那么对于这些组织来说也就有了生长的土壤。环境保护、慈善救助、消费者权益、希望工程等新的价值理念与模式正是通过这些组织的倡导而得到社会的广泛认知。这些理念因顺应中国社会发展趋势，通过满足人们多元的价值诉求而获得知名度。民间环保事业倡导者和活动家北京地球村环境教育中心廖晓义女士表达了这样的观点："我们民间环保组织一无权、二无钱，我们再没有知名度我们还有什么，我再没知名度我们还怎么干?!"②

社会组织多元化的价值取向，适应了社会转型过程中价值多元的趋势，也因而获得了广泛的支持和参与。一种价值主张既是社会组织创始人行动的精神力量，同时也是一种旗帜和符号，能够吸引志同道合的社会成员直接加入组织，或是以其他方式为组织贡献力量。这种价值的凝聚力在公益慈善领域尤为显著，扶弱济困的社会关怀不仅使人们参与捐助，也号召了许多有志于公益事业的人士成为组织的一员。

总之，社会组织的价值主张一方面满足了组织发展对合法性的需要，为其进一步发展开拓了空间。另一方面也因组织鲜明的价值和理想，凝聚了成员，吸纳了资源。一些不具备充裕资源和完善结构的公益团体正是凭借着自身对组织角色的定位和组织宗旨的坚持，吸引了有志之士加入或是支持，并不断发展和完善起来。

二　价值迷思：社会组织发展的障碍与歧途

价值是理解和分析社会组织兴起和发展的一个重要维度，也是组织

---

① 周雪光：《组织社会学十讲》，社会科学文献出版社2003年版，第262—283页。
② 王名主编：《中国NGO口述史》（第一辑），社会科学文献出版社2012年版，第55页。

运行中的目标取向。但当我们考察其实际运行时，不能不看到，组织的价值性同公共性之间的张力，组织价值诉求同其行为模式的差异，以及组织价值理想的意识形态性都会成为其发展障碍，或使组织发展进入误区。

（一）组织价值性与社会公共性

"作为新公共性最重要的承载者，NPO、NGO 等非政府组织和非营利组织在新公共性的构建过程中发挥着越来越重要的作用。"[①] 然而，由于社会组织承载着多元的价值理念，表达了不同社会群体差异化的价值需求，因而也很难形成公约的共识。虽然这种价值困境是现代社会所无法回避的根本性议题，但是从社会组织管理实践的角度来看，以公共性作为衡量社会组织行为的尺度仍是必要的。在社会建设的背景下，"'公共性'是促成当代'社会团结'的重要机制，对于抵御市场经济背景下个体工具主义的快速扩张有着实质性意义；是使个体得以超越狭隘的自我而关注公共生活的立基所在；还是形塑现代国家与民众间良性相倚、互为监督新格局的重要条件"[②]。

然而，价值的多元诉求决定了每一种价值诉求往往难以同社会的公共性完全相一致，如果社会组织发展运行仅以其价值诉求为至上，就会导致所涉及的社会群体的利益和公众利益发生矛盾。近年来，各类动物保护组织频繁地进入公众视野，在一些事件中组织的价值诉求同公共性之间的张力得以显现。以 2012 年末北京动物园流浪猫事件为例，事件中首都爱护动物协会同北京动物园在保护流浪猫的问题上发生了矛盾。协会成员对于流浪猫的喜爱和对流浪猫"权利"主张的背后是一种动物伦理的价值观念，而这显然并非一项社会共识。然而，协会却将这一理念诉诸公共实践，要求动物园方面为流浪猫负责，而忽视流浪猫对园内其他动物以及动物园日常秩序的威胁。

最近几年，类似这样的事件屡有发生，例如动物保护组织曾不止一次在高速公路"拦车救狗"。在事件引发的争议中，"吃狗肉是否道德"成了被讨论的关键话题。在动物保护组织看来，吃狗肉的风俗在道德上

[①] 田毅鹏：《东亚"新公共性"的构建及其限制》，《吉林大学社会科学学报》2005 年第 6 期。

[②] 李友梅、肖瑛、黄晓春：《当代中国社会建设的公共性困境及其超越》，《中国社会科学》2012 年第 4 期。

并不妥当。因此动物保护组织不惜干扰交通秩序，甚至违反相关法律，去"营救"这些将被屠宰杀害的小狗。对于这样的事件，讨论"拦车是否违法"与"吃狗肉是否道德"的张力则更有意义。现代社会很难确立某种价值排序，用以区分不同价值主张的重要性，而法律作为一种公共规则具有调和不同价值诉求之间矛盾的功能。这些组织赋予动物伦理以优先的价值排位无可厚非，但同样应该认识到动物伦理同当前社会主流共识以及其他社会群体利益之间的矛盾。价值层面的合理性无法成为社会组织将自身价值诉求付诸实践，破坏公共秩序的理由。然而，社会组织因其价值的合理性而遮蔽失范行为的事件损害的不仅是公共秩序，这对于组织自身的发展亦有不利。组织的价值理念虽然会引起共鸣，但对于自身价值诉求"原教旨"式的实践则会导致公众的反感。

对于价值诉求缺少反思的道德态度往往会遮蔽二者之间的张力，把价值诉求等同于"善意"，把由之主导的行为视作"义举"，贬低与之不同的其他价值或是利益诉求。这种标签式分类的一个后果则是，否认多元价值之间应有的平等关系，将组织自身的价值诉求同其他社会群体的价值观念对立起来，缺少对其应有的尊重。这一方面会增加社会组织发展的阻力；另一方面也容易使人们对社会组织发生误解。忽视这两者之间的张力不仅无助于组织价值诉求的合理表达，也会使组织的发展走上歧途。从社会建设的角度出发，虽然多元的价值诉求有助于保持社会的活力与进步，但是价值性不应成为衡量一个社会组织行为的唯一尺度，也不应成为其损害社会公共性的理由。因此，对于社会组织的发展来说，如何在追求自身价值理想的同时承担具有公共性的社会角色乃是一个不容回避的问题。

（二）组织价值诉求与行为模式

从组织自身的角度来看，价值是组织行为的重要依据，决定其行为模式与组织结构。"任何社会系统结构分析的要点都在于其价值模式。在组织中，价值模式决定其在所处情景中运行的基本取向，由此而引导其中个人的行动。"[①] 而社会组织一旦形成并开始运行，就具有了组织的结构，组织的需求，其发展也难以回避组织发展的一般规律。其作为组织

---

① Parsons, T., "Suggestions for a Sociological Approach to the Theory of Organizations – I," *Administrative Science Quarterly*, Vol. 1, No. 1, 1956, pp. 63 – 85.

化的社会力量,虽并不以营利为目的,但是也面临着市场化、商品化、专业化以及科层化的压力,而专业管理价值观的滋长则会同组织初创时的价值诉求相抵牾。①

近年来,慈善组织发展面临危机的原因之一就在于,组织价值诉求的理想性与组织运行的现实性之间发生了矛盾。社会组织价值的理想性造成了公众对其较高的期望,因而对于其行为的评判也有着更为苛刻的标准。这种理想化的定位对于组织成长有积极作用,但同样也构成了组织长期发展的障碍性因素。这种限制在慈善组织资金的管理方面尤为突出,尽管慈善组织运行是否应该发生管理费用,以及善款是否能够进行投资是一个有待讨论的公共议题,但对于组织的持续发展来说,资金以专业的方式管理在所难免。然而,公益慈善价值性所指向的无私与崇高又让人们难以接受组织因市场化和科层化而出现的偏差。在"青基会事件"中,公众对于善款管理使用的严格要求,使得组织的运行如履薄冰。事件中,基金会"挪用善款"进行的不当投资引发了公众对其的质疑和误解,甚至让基金会深陷"黑幕"与风波。而最近的"郭美美事件"甚至引发了整个慈善领域的信任危机。

组织价值诉求同其行为模式的差异不仅使其外在舆论形象较为脆弱,还对其内在组织结构造成了限制。对于社会组织的发展来说,最理想的情况是组织的行为与价值能够完全一致,然而在现实发展中"行"与"义"总是存在一定的差距。组织运行复杂性的表现之一是,其发展要受到各种不同的结构性因素的影响和制约。公众不仅会同情和支持组织的价值主张,也会对组织运行的效率和效果有较高预期。然而,价值理想往往难以成为组织长期运行的激励机制,其对于组织的凝聚力会随着组织发展的日常化而消退,因而难以维持稳定的人员结构。而价值理性对于组织科层化的排斥也会影响到组织的行动效率,而这也是影响社会组织公信力的一个重要因素。

从组织社会学的角度来看,组织目标的蜕变乃是组织发展的客观规律。在组织实际运行中,组织的合法性基础同其效率之间也存在一定的矛盾。对于社会组织来说,价值诉求与行为模式的差异在所难免。组织

---

① [澳大利亚] 柯文·M. 布朗、苏珊·珂尼等:《福利的措辞》,浙江大学出版社 2010 年版,第 54 页。

价值诉求对于组织的发展有积极的一面，然若仅是采取价值理性的组织运行方式而否认组织的现实需求，不但会造成组织运转困难，也会因组织的价值光环而放大组织运转出现的偏差，从而造成组织的生存危机。

（三）组织价值与意识形态性

社会组织的价值主张有其理想性的一面，但也有意识形态虚伪的一面，在标榜理想价值的同时也会维护不同社会群体或社会阶层的特权和利益。"同一时代的民间组织所代表的，往往是那个时代具有代表性的社会阶层的共同利益和价值。"[1] 社会组织多元的价值取向同样与不同社会群体或阶层的利益存在关联。价值诉求的表述一般并不指向具体的利益，甚至会遮蔽真实的利益矛盾，但这些价值旨趣背后却是不同社会群体的利益需求。以动物保护和环境议题为例，一方面动物权益、环境保护已成为新兴中产阶级的话语专利；另一方面环境破坏、剥削动物又与中产者现代化和消费化的都市生活方式关系密切。[2]

社会组织的价值诉求有其现实性的指向，但更多地表现为抽象的理念。那些越能够获得共鸣和同情的价值理念也越模糊，在实际运作中越难以落实。组织在理念层面的价值也许会形成超越具体利益的理想方针，但在组织的实际运作中，这些价值理念则有可能符号化，仅成为组织发展的标签。不难看到，环保组织更关注与环境相关的议题，却常常忽视地方性的社会经济发展；行业协会虽然以市场秩序为目标，但更多的还是维护行业自身利益；即使是慈善组织，在帮扶对象的选择上也并非一视同仁。这不仅无助于组织所宣扬价值理想的实现，而且对于社会整合也有负面作用。

一般认为，人们的价值诉求不仅受文化因素影响，还取决于自身社会经济地位。因而，一些社会组织通过价值主张所吸引的成员往往在社会阶层属性上有着较高的同质性。在缺少多元利益竞争机制的情况下，社会组织所标榜的价值往往会成为其维护自身利益的手段。但社会组织价值表达的话语却隐藏了其背后的利益诉求，甚至发生借助公益、环保等旗号直接为成员牟利的情况。在现代社会，不同群体的利益之争无可

---

[1] 刘求实、王名：《改革开放以来我国民间组织的发展及其社会基础》，《公共行政评论》2009年第3期。

[2] 张慧瑜：《"归真堂"与动物保护》，载杨早、萨支山主编《话题2012》，生活·读书·新知三联书店2013年版。

避免，建立制度化的协商机制则能够形成良性的利益秩序。利益诉求若以价值话语表达，并通过组织化的方式实现则会加剧社会不平等。然而，价值话语并无法维持利益关系长期的不平等，通过价值话语掩盖利益矛盾只会积聚更深的矛盾。

此外，价值之争难以像利益冲突在一定的框架下调和妥协，而以组织的方式践行某种价值则会增强不同社会群体的认同感，无助于社会整合。在缺乏理性论辩机制的情况下，一些社会组织通过舆论所引起的价值讨论往往无助于具体社会问题的解决，反而加深了持有不同价值观念的社会群体之间的对立。在"流浪猫"事件中，不难发现所谓"猫粉"同"非猫粉"往往不是在寻求事件合理解决的途径，而是在争论应不应该保护流浪猫，本应该是城市管理的公共政策问题被转换成了有没有爱心的道德争论。这一过程中，爱猫群体则加深了自身同其他社会群体的隔阂。

三　价值回归：社会组织健康发展的路径探索

如果说张扬价值理想是中国社会组织成长的动力，那么价值迷思所带来的异化则成了社会组织发展的障碍与歧途。价值性所带来的局限，不仅无助于实现社会组织在中国社会转型中所应承担的积极角色，也有损于社会组织自身价值诉求的真正实现。对此，既需要组织自身在坚持理想的同时不脱离现实，在追求自身价值的同时尊重不同价值，还需要公共政策在释放组织发展空间的同时去建立和完善组织的评估机制。

（一）明确组织价值边界

尽管可以从学理上论证多元价值何以共存，但在实践中价值冲突往往比利益、权力之争更难以调和。然而，转型期中国社会发展极度的不平衡造成了基层社会制度、文化环境的巨大差异，形成了诸多彼此矛盾的价值诉求。因此社会组织在开展行动时就必须明确自身价值诉求的边界所在，认识到自身价值理想的局限。虽然，社会组织价值的合法性可以成为其发展的有利因素，但这并不是无条件的，只有那些同具体社会情境很好契合的价值诉求才能成为其发展的动力。如果社会组织在坚持自身价值主张的同时，却不考虑具体的社会情境，就会导致水土不服的情况出现。因此，组织在发展中可以从三个方面来确立其价值边界。

首先，社会组织要避免"原教旨"式的行为模式，在实现自身价值诉求的过程中应同国家、市场以及其他社会组织在协商与妥协中共存。社会组织在运行过程中应该尽量避免将价值分歧转换为公共议题，而应"多研究些问题，少谈些主义"。在参与公共事务的过程中应充分权衡行为的利弊，以及相关社会群体的损益，同时减少价值话语的使用，在解决公共议题中实现价值祛魅。

其次，要尊重不同价值需求的合理性，并认识到价值理念背后的利益诉求。不同社会组织的价值之争首先可以表现为一个伦理问题，但随着社会组织的发展，不同价值诉求背后还可能暗含着阶层和利益冲突。现代社会的复杂性导致各类公共事务很难再用某种绝对的价值尺度来衡量，因而，要协调不同价值诉求背后的利益矛盾，首先就需要组织对于相异的价值诉求予以充分尊重和理解。

最后，根据社会发展状况以及具体社会情境调整组织价值诉求的内涵。相比于国家，社会组织解决社会问题的优势是其灵活的行为模式。相应地，社会组织在发展过程中也应该避免组织价值诉求僵化陈旧，而应与时俱进，以开放包容的心态调适自身价值理想的内涵。

（二）加强组织公共性建构

参与新公共性的构建是中国社会组织发展的重要使命。作为转型期中国社会组织基础变迁的重要方面，社会组织发展的意义不仅在于张扬自身价值理想，还在于参与中国社会公共性构造的转换。只有承载了这样的使命，社会组织才能具有长久的生命力。如果说自身价值诉求是社会组织发展的理想目标，那么公共性的构建则是其实现目标的现实路径。社会组织一旦丧失了公共性品格，其价值诉求难免蜕化成为虚假的符号，其生存和发展也将步履维艰。因此，对于社会组织的发展来说，一方面需要在实现价值诉求的同时将公共性建构作为组织的目标；另一方面还需要同作为公共性另一重要载体的国家加强互动与合作。由此，社会组织才能承担更多和更重大的社会责任，成为社会建设重要的主体。

加强社会组织公共性的建构，首要的内容是实现组织和其他社会运行主体的良性互动。这就要求社会组织在坚持自身价值理念的同时，加强同政府和企业的沟通与了解，尊重彼此的价值定位，而避免将各自价值诉求绝对化。在彼此尊重的基础上，社会组织还应该努力去营建同政府、企业以及其他社会组织之间交往的规制和机制，用程序化的方式来解决各种矛盾和冲突，而不应忽视社会问题的复杂性，以价值话语占据道德高地。社会组织也应该认识到自身能力和行为模式的不足，在参与合作中提升自己，实现其价值理想，推动社会进步。

处理好组织同国家的关系是转型期中国社会组织公共性建构的关键。改革以来，对全能主义体制弊端的批评一直不绝于耳，转变政府职能的理念也深入人心。社会组织的发展也是伴随着国家对于社会空间的让渡，逐步成为社会运行的主体之一。然而，这并不意味着社会组织相对于国家就具有天然的优势，是处理公共事务、承载社会公共性的唯一模式。甚至正是因为这样的社会历史情景，中国社会组织的发展与国家有着更为复杂的关系。一方面，社会组织自身的不成熟意味着其在公共性建构方面还存在种种缺陷，相对于国家社会组织所能够承载的更多是一种局部的公共性。另一方面，转型期国家与社会的分化尚不完全，国家对于社会组织发展的限度存在差异，但其对于社会组织的监管和培育仍具有重要的意义。

（三）完善社会组织评估体系

价值迷思成为社会组织发展障碍的原因之一，就在于人们对于社会组织行为的认知和判断失实，对于其评判往往仅是主观地从"义"的角度来进行。然而，恰恰是组织自身的价值诉求以及外界对组织的价值定位导致了组织发展中出现了一些困难。从总体上来看，学界、公众乃至政府都存在对社会组织定位过于理想化的倾向，视之为中国社会管理体制理想构造形成的路径，认为社会组织所代表的是相对于政府的社会或者民间的力量，承载了公民社会的理想与希望。随着中国社会组织规模增长和影响力增强，这样一种对于社会组织基于价值性的判断需要进行反思。

系统论创始人阿什比（Ashby）曾从更为一般的角度指出："在任何绝对意义上都不存在'好组织'。组织的好坏往往是相对的；在某一情景或标准下是好组织，在其他情景和标准之下或许则成为坏组织。"[1] 如果

---

[1] Ashby, W. R., "Principles of the Self–Organizing Systemm," in Zopf, G. W. & Von Foerster, H. (Ed), *Principles of Self–Organization: Transactions of the University of Illinois Symposium*, London: Pergamon Press, 1962, pp. 255–278.

仅从其价值诉求来评判社会组织，就难免会出现毁誉不实的情况。因此，客观地评判社会组织的角色与功能对于社会组织摆脱价值异化与迷思有着积极的意义。虽然，大量社会组织的繁荣一方面提高了公众的福祉，促进了社会的进步；然而另一方面我们也看到有不少社会组织以价值的名义行不义之举。

因而，对于中国社会组织的发展，国家不仅要降低其准入门槛，还应该建立客观的评估机制，通过科学公正的方式来评估社会组织的行为。这将有助于认识社会组织"行"与"义"的张力，明确社会组织的角色定位，使组织既不因其价值光环而掩盖不义之行，也不因运行的失误与缺憾而承担过多的公关成本。另外，相对刚性的组织监管，通过科学的评估能够更为全面地指导组织的运行，这将有助于扩展社会组织自主发展的空间，推动社会组织的自律。

总之，社会组织的价值性是转型期中国社会组织得以重生的重要属性，然而伴随组织自身的成长以及环境因素的影响，社会组织的价值性难免会发生异化，进而有悖社会秩序重建。如何让社会组织的发展回归价值理想本身，推动社会公共性构建乃是需要加以深入探讨的课题。基于社会组织发展过程中出现的价值迷思，我们认为明确组织的价值边界，加强组织公共性建设以及完善社会评估体系将是克服社会组织价值迷思、防止其价值异化的可行路径。

[原刊于《南开学报》（哲学社会科学版）2013 年第 3 期]

社会组织的发育路径及其治理结构转型

自20世纪80年代以来，中国社会结构的显著变化，是社会空间的扩展和社会组织的大量涌现。随着我国经济的持续快速发展和社会、政治的转型，各种形态的社会组织也得到了前所未有的快速发展和繁荣。[①] 但中国社会组织的发育和生长一定程度上同步于计划经济的体制变革，组织的运行形态及治理模式往往带有旧体制的痕迹，而有悖于社会治理的理念。如何认识社会组织的兴起和发展，引导社会组织的健康发展和良性运行，引起了学界和国家管理层的高度重视。学者主要从理论层面给予关注，形成了市民社会、法团主义、利益契合、分类控制、社会治理等多视角的理论阐释。在理论研究的推动下，党和政府对社会组织功能的认识不断提升。从十六届三中全会明确提出"社会组织"概念，到党的十八大明确提出："加快形成政社分开、权责明确、依法自治的现代社会组织体制。"党的十八届三中全会首次引入了"社会治理"概念，提出推进社会治理改革，创新社会治理体制，改进社会治理方式，激发社会组织活力等思想。这表明，党和政府充分认识到社会组织在社会建设中的积极作用，并决心改变现实中社会组织治理结构中的政社不分、权责不明的现象，实现社会组织依法自治的目标取向。

在社会治理创新的背景下，我们对社会组织的研究，一方面应不断扩展新的理论研究框架；另一方面应从现实出发，关注社会组织的生存困境，探寻其治理改革的路径。本文正是循着这个思路，基于学术界已有的研究成果对社会组织做"自上而下型"、"自下而上型"和"外部输入型"[②] 的类型学划分。三种类型不仅有着生成路径的差异，而且其治理

---

① 刘求实、王名：《改革开放以来我国民间组织的发展及其社会基础》，《公共行政评论》2009年第3期。

② 中国青少年发展基金会：《处于十字路口的中国社团》，天津人民出版社2001年版，第5页。

结构亦有所不同。结合长期的个案积累以及调查研究资料，本文对三种形态社会组织的治理特征进行了如下概括：自上而下型组织多呈现较为典型的科层化特征；自下而上型的组织则更多为精英人治的治理形态；外部输入型则更多采用"移植"或"嫁接"而来的治理模式。从这些社会组织的治理形态中我们明显地看到其组织运行中的政治依附、组织个人色彩浓厚以及组织外形化等有悖于当前社会治理创新的组织治理的特征。当然，本文无意对社会组织的治理类型进行全面的梳理，而是通过这几种社会组织治理类型特点和困境的阐述，充分认识和分析社会组织的现行治理状态及其面对的难题，为探寻激发社会组织活力，建构现代社会组织治理体制提供理论和实践的参考。

一 "自上而下型"组织：依附政治权力

依据社会组织成立及运行的轨迹，自上而下型的官僚式行政化治理，是指那些由政府机构转变而来，依托政府资源，并运用行政权力实施管理的社会组织类型。有学者将这一类型的组织归为法团主义理论的权威学者菲利普·C. 史密特提出的国家法团主义类型。在史密特看来，法团主义是以社团形式组织起来的民间社会的利益同国家的决策结构联系起来的制度安排。"在转型国家中，国家法团主义通常起一种过渡性的作用。在市场和民主转型的初期，由于继承了极其丰厚的国家主义遗产，国家法团主义为自主性社团空间（包括专业社团组织）的形成提供了制度框架。"[①] 在中国，由国家主义集权方式向法团主义方式的过渡可以说是一种新的制度安排。正是由于这样一种制度的实施，在 20 世纪末期，自上而下形成的社会团体大量出现，既有各种形式的基金会，还有以行业类别组建的各种协会和商会。在国家与社会的新型关系建构中，国家威权始终发挥着主导作用。一方面，给予社会以自主性的空间，允许新兴社团的产生和发展；另一方面，虽然这些社团组织在形式上注册为非政府组织，但在人、财、物等方方面面仍依附于所从属的政府机构，组织中的领导人大多是由现职所在部门领导担任。对于大多数官方社团来

---

① 顾昕、王旭：《从国家主义到法团主义》，《社会学研究》2005 年第 2 期。

说，由国家和各级政府领导人担任会长，由政府主管机关下拨活动经费、人员编制、办公设施等，使社会组织成为政府领导下的附属机构，或被人们称为"二政府"，呈现官本位和泛行政化倾向。

具体来说这类带有官方色彩的社团呈现如下特点：一是组织的领导权力来源于政府，强调政府的主导作用，实行自上而下的管控式治理。二是组织结构仍然沿用政府的科层化机制，组织的领导往往具有行政级别。组织的任务也是按照科层体系逐级下达，各级行政机关在践行行政指令和任务时，视任务的完成为最终目标。三是治理的权力主体仍然代表部门利益主体，维护部门的行政利益，而难以代表普通会员的利益，少数干部的意愿取代了众多会员的需求。行政化治理集结了科层化的权力体系，依靠行政职权维护在治理过程中的地位和权威，各级官僚组织逐级下达指令。所有岗位的组织遵循等级制度原则，每个职员都受到高一级的职员的控制和监督。[①] 这种以行政化为主导的科层化治理机制，仍然延续着国家行政机关自上而下的管理职能，实质仍然代表官方意志行使着行政化管理的权力。从中国改革开放初期至今，以国家法团主义的框架建构起来的社会组织机制始终占据主导，这些组织在中国社会转型和新时期社会秩序的建构中所发挥的社会团结和社会整合的作用是不可忽视的。无论是国家层面的"中国红十字总会""中国青少年发展基金会"，还是各省市成立的"慈善总会""行业协会""基金会"等等，这些组织在扶贫济困、灾害救助、助残助教、行业培训等社会公共服务和公益慈善等方面都发挥着十分重要的作用。这些由国家财政进行拨款，采取行政或事业编制，在国家体制内运行的官方社团，由于得到政府等相关部门的各种支持，往往发展和运行较好，并形成一定的规模和影响力。如东北J省的见义勇为基金会，是由省公安厅牵头创办，1996年成立注册，注册资金400万元，归属于公安厅下属部门。基金会中四人是公安厅的公职人员，一人是基金会聘用人员。省财政、省慈善总会提供基金会所需费用。近20年来他们在宣传、保护、抚恤、表彰见义勇为人员等方面进行了卓有成效的工作，并在全国同系统中率先建构了由见义勇为基金会、见义勇为办公室、见义勇为评审委员会三位一体的组织构架，

---

① [德] 马克斯·韦伯：《支配社会学》，康乐、简惠美译，广西师范大学出版社2004年版，第25、274页。

并在全省各市公安机关中建立了见义勇为基金会，在县级成立见义勇为办公室和协会，有效地鼓舞了见义勇为行为以及对当事人的鼓励和保护政策的实施，在全国同行业中获得好评。[①] 但伴随中国经济市场化的推进，社会生活多样性需求的增加，以行政化治理为主导的官方社团的局限性逐渐显现。

首先，组织缺乏活力。虽然官方社团在体制内受到行政管理的监督，在组织运行和管理上具有较高的规范性和有序性，但行政化、科层化的管理，限制了组织自身发展的活力，组织的灵活性、创新性不足。对于省市厅局的官办基金会来说，基金会的财务大多不是独立的，由业务主管单位实行财务统一管理。基金会人员往往是按照既定的工作目标开展相关项目，很少开展资金投资增值或新项目。在政府和事业单位的管理监督中，资金的安全最重要，基金会的资金使用和新项目的开展都会受到限制。

其次，由于资源依赖，缺乏自主性。官办社团从成立之初，就受到相关政府部门的政策和资金等多方面的长期支持，形成了发展的路径依赖。如东北 J 省的见义勇为基金会，虽然注册为公募基金，但由于每年能够获得财政的拨款，保证安抚和奖励资金的正常运行，其公募热情不高，近 20 年来很少开展公募捐助，依赖政府财政资金成为习惯。由于这些组织从成立之初就由主管单位提供全方位的工作条件、资金所需，其自主意识很弱。长期的路径依赖和行政依附，不利于实现资源的有效配置和建立多元化的资源渠道。

最后，社会服务能力弱。大量的由业务主管部门推动成立的具有行业管理职能的官办社团，其使命和角色往往偏重管理职能而缺失服务职能。由于自上而下管理的固化，易使社会组织沦为被动的"接受者"，减弱了组织自身社会服务的效能，使其缺乏自主发展的能力。

从 20 世纪 80 年代以来，自上而下形成的大量的官方社团，是在中国从总体性社会的单位体制向国家、市场、社会多元体制的发展中形成的，既体现了原来体制的痕迹，又内蕴新的社会运行机制的萌芽形态。正是由于历史的惯性和时代的印迹，在新兴的社会组织运行中，仍然伴有国

---

① 来自于 2015 年 7—8 月课题组成员崔月琴、沙艳、李远、朱先平、李慧、祈骥对东北地区基金会所进行的持续调研，所整理的调研记录。

家权力的影响,过多地依赖政府的行政化力量,偏离了自身的原始角色,甚至出现功能的异化。在政府作为权力主导的社会形态中,社会组织的"官民二重性"具有一定的应然性。如顾昕、王旭所言:"改革前的全能主义无疑留下了国家强控制的遗产,这一遗产为当前国家与专业团体的关系打下了深深的法团主义烙印。那么,从国家主义向法团主义演变的走向如何?国家在推动这一演变方面所扮演的角色是什么?"① 这已成为当下中国社会治理改革的关键。如何有效地协调"官方性"和"民间性"的关系。政府在保障社会组织规范发展的同时,给予社会组织"民间性"发挥效能的公共空间,增强社会组织的自治性和主体性,从而使社会组织更好地发挥国家与民众间的桥梁作用。例如,遍布全国各地大大小小的行业协会,其中主流行业协会多是自上而下型的行政化治理结构。在政府机构改革和简政放权的目标中,如何推进去行政化措施值得研究和思考。如果只是简单地理解"民间性",政府采取断奶断粮,只会造成大量行业协会的混乱和失序。对这类社会组织的治理转型,国家应在社会改革的顶层设计上给予布局,在政策上给予引导,在制度上明确定位,才能使其健康、有序地发展,成为稳定社会秩序、维护行业团结的有生力量。

二 "自下而上型"组织:人治的治理模式

自下而上型组织中的能人即"动员精英",指能干的或在某方面才能出众的人。② "在中国文化的语境下,'精英'与'能人'并非是一个新的学术话题。当代中国的社会转型中,学界关注农村社会中的政治精英、经济精英与宗教精英对于农村社会的治理结构与经济发展的影响,以及城市中精英阶层的再生产。但这里所谓的精英更多地表示为一种权力与资源的占有者。"③ 自下而上型的能人治理,即是指那些由非凡魅力和能力的领袖发起和成立的草根组织,依靠组织精英的超群能力和威望,基

---

① 顾昕、王旭:《从国家主义到法团主义》,《社会学研究》2005 年第 2 期。
② 罗家德、孙瑜:《自组织运行过程中的能人现象》,《中国社会科学》2013 年第 10 期。
③ 崔月琴、袁泉、王嘉渊:《社会组织治理结构的转型——基于草根组织卡里斯玛现象的反思》,《学习与探索》2014 年第 7 期。

于社会的价值和使命而凝聚群体，实行领袖权威治理的组织结构。

　　对于中国现存的草根组织来说，它们的成立与组织的生存和发展，得益于马克斯·韦伯所指向的卡理斯玛式的能人。在中国社会由国家单一主体的权威结构向社会多元主体治理结构转型过程中，社会主体的发育往往是由社会各界精英来维系和推动的。"对于草根组织来说，其最初的发起者或推动者总是具有一定特质的人，他或者具备一定的资源和人脉，或者具有某种知名度和影响力，或者具有突出的领导才能。与政府部门的关系往往也是草根组织卡理斯玛领袖所具有的重要资源。……草根组织发展的初期，组织领袖的勇气、视野、创造力都是组织进一步发展的必要条件。从组织自身的发展方向、总体规划和行为模式，到组织外部的环境支持、资源获取与网络建设，都有赖于组织领袖的开拓建设。"① 这些卡理斯玛式的能人既是组织初创时的重要"发起者"，也是组织发展中的掌舵人和组织的管理者。

　　在中国社会转型初期，国家主义和单位制的影响很广很深，"草根组织的成长可谓步履维艰，因而其创始人的卡理斯玛品格就显得弥足珍贵。草根组织领袖的卡理斯玛特质，既呈现出凝聚价值认同的个人魅力，包括将公益组织的价值诉求广为传播，还包括挣脱体制束缚，循使命奉献牺牲的勇气。如果其发起者或推动者没有足够的信心和能力，不仅难以带动和领导草根组织有效开展活动，更难以使得组织维持生存下去"②。因此，草根组织的能人治理结构往往呈现如下特点：一是高度集权。组织的创立者即能人主导组织方向和决策组织发展及行动，组织中的理事会等决策机构形同虚设，还没有建立起规范的组织结构。二是议行合一。组织中的领袖既是决策者，也是执行者。对于许多初创的草根组织来说，组织结构简单，人员少，创立者自身兼有多种职能。三是特立独行。草根能人自主意识强，对组织的发展有理想有规划，既能多渠道获取资源和支持，也不依附于任何权威，坚守组织的使命和理想。这些特点表明，自下而上型的草根组织在组织成立与运行过程中主要凸显了领袖的能力和权威，凸显了卡里斯玛式的权威治理特性。

---

　　① 崔月琴、袁泉、王嘉渊：《社会组织治理结构的转型——基于草根组织卡里斯玛现象的反思》，《学习与探索》2014 年第 7 期。
　　② 同上。

卡理斯玛化的组织治理结构，虽然有其历史的应然性，但在草根组织的不断发展中呈现出明显的限制性。主要表现如下：

一是草根组织的可持续发展问题。卡里斯玛式领袖在组织的成立和运行过程中，扮演着带头人、引领者的角色，对组织的发展起着不可替代的作用，但正是这种不可替代性，随着第一代领袖的离开，由于其组织的规范性结构尚未形成，组织的后续能力不足，许多组织面临着因第一代领袖的离开而难以为继的问题。正如韦伯提出："卡理斯玛支配若想转化为一种持久的制度，其面临的首要基本问题，也就是找寻先知、英雄、导师及政党首脑之后继者的问题。正是此一问题，无可避免地开始将卡理斯玛导入法理规则与传统的轨道。"① 寻求可信赖的"继承人"，维系组织的健康发展是卡里斯玛式草根组织面对的难题。

二是草根组织的能人依赖和制度化缺失问题。在我国制度变迁的背景下，自下而上成立的草根组织，在成立之初，面临着诸多难题。如：资金获取不足、注册困难、影响力弱等问题，富有非凡魅力和品质的卡里斯玛领袖运用自己的社会资本和不懈的努力去克服和解决这些难题，这更加增强了组织成员对卡里斯玛领袖的信任和依赖，其代表性已成为组织的"符号"。卡里斯玛领袖在组织中建立起极高的威望并形成组织的依赖性，在组织的决策机制和运行规则不健全的状态下，使组织的发展过多地呈现个人化和初级化现象。

三是草根组织的社会服务能力不足的问题。自下而上草根组织的大量兴起，主要是应对市场经济背景下社会公共服务的需求，填补国家社会福利所缺失的部分。近年来，国家对社会组织的培育和发展给予了较多的关注和支持，国务院在政府机构改革中，加强与社会组织的合作，并通过购买社会组织服务、项目制、招投标等各项措施来激发社会组织的活力。但对于初创时期的草根组织来说，组织规模小、人员少、专业服务能力弱、执行项目和参与购买服务的能力不足，往往不能引起政府购买服务时的注意，造成政府寻求转移职能和草根组织孱弱发展的非良性互动。

草根组织的上述问题，限制了组织健康有序的发展，造成组织个人

---

① ［德］马克斯·韦伯：《支配社会学》，康乐、简惠美译，广西师范大学出版社2004年版，第25、274页。

化、初级化和孤立化的困境。尽管卡里斯玛权威治理是社会转型初期社会组织自上而下发展的必经路径，符合社会组织初创的一般规律，但随着国家社会治理模式的逐步调整，以及草根组织自身影响力的日益拓展，卡里斯玛治理向现代社会组织治理的转型则成为组织健康有序发展的前提。① 一定时期里，这种能人色彩浓厚的治理模式开辟了一条有别于"自上而下"的社会组织发育路径，其对于中国社会组织发展的意义非同寻常。然而，随着社会治理理念得到各方认同，这种治理结构的弊端也不容忽视。

三 "外部输入"型组织：治理结构的"嫁接"

外部输入型，是对境外 NGO 资源依赖型的简称，指资源结构中境外 NGO 支持占主体，资源路径指向境外而非本土。外部输入型的制度化治理，是基于组织的资源结构与治理结构的一种理想型的划分，指组织的资金来源、项目运作、治理方式主要来自于境外非营利组织的输入、培训和参照。外部输入型草根组织，大多致力于环保、扶贫、卫生等公益慈善领域，它们依靠国外非营利组织发展的经验和国际资金的支持，在中国境内开展公益慈善活动，以此形成"较为开放的治理结构、公开透明的决策机制和运行高效的服务模式"②。

我国有相当一部分草根组织是在国际组织的资源支持下生长发育起来的，而不少的草根组织至今仍然主要甚至全部依赖国际组织的资金和项目维持其生存和发展。一些在国际上具有影响力的 NGO 组织，如：乐施会、联合国儿童基金会、世界自然基金会、国际小母牛组织等等，在我国先后建立了分会并积极开展公益慈善活动，与中国的本土社会组织形成了互动的网络，为草根组织学习境外 NGO 组织结构和运行模式提供

---

① 崔月琴、袁泉、王嘉渊：《社会组织治理结构的转型——基于草根组织卡里斯玛现象的反思》，《学习与探索》2014 年第 7 期。
② 王名、孙伟林：《我国社会组织发展的趋势和特点》，《中国非营利评论》2010 年第 4 期。

了方便。

国内学者对境外 NGO 组织对中国草根组织影响进行了研究。韩俊魁通过宣明会培育本土草根 NGO 的个案研究,认为"国际组织的介入一方面能够使得草根 NGO 获得启动的注册资金;另一方面也可以通过自身的正式与非正式关系帮助草根 NGO 获得行政合法性以利于其注册"[1]。凯瑟琳则从环境倡导的视角研究了三个接受国际资助的草根 NGO 的发展状况,认为国际组织通过理念、项目、资金等多维度的支持促进本土草根 NGO 生长与倡导能力。[2] 归纳以上研究的逻辑大致是,原本资源匮乏而发育缓慢的草根 NGO,由于国际资源注入,可以迅速获得发展,提升自身的社会服务与政策倡导的能力,甚至能够在国际组织的帮助下与地方政府搭建关系获得合法身份,进而使其能够与政府构建合作关系并获得社会认可,扎根民间社会,最终利于组织实现资源本土化的可持续发展。

境外 NGO 组织在国内的落户,为国内社会组织提供了很好的组织示范和资源联接。本土草根组织在向外寻求资源支持的同时,也接受了国际 NGO 组织的制度化引导,吸纳了它们的制度化管理方式。成立理事会决策机构,发挥理事的决策参与和组织的民主化、规范化运行。开展项目运行中的规范化管理,从而优化了组织治理的结构,提高了草根组织运作的效率。

我们不能否认,在中国社会组织的发育和发展中,国际 NGO 组织给予了大量的资源上的支持和理念、制度上的影响,对我国草根组织的成长及组织的规范化运行提供了较好的示范。但我们在研究中注意到,这种单纯由境外 NGO 组织获取支持而成长起来的本土草根组织,其成长和发展也存在一系列的问题。

一是草根组织对国外资金、管理模式的吸纳,造成了草根组织的制度性依赖。规范和正规的组织结构值得学习,但一些草根组织采取直接"拿来主义",使之成为被动的接受者和执行者,而缺乏符合本土情境的原创性、开拓性的组织项目和活动。

二是境外非营利组织制度化治理与本土情境融合的问题。草根组织

---

[1] 韩俊魁:《境外在华 NGO:与开放的中国同行》,社会科学文献出版社 2011 年版,第 100—114 页。

[2] 皮特何:《嵌入式行动主义在中国:社会运动的机遇与约束》,社会科学文献出版社 2012 年版,第 261—286 页。

在对境外社会组织治理模式的"嫁接"时，常常出现与我国的本土社会或熟人社会难以契合，甚至造成与本土社会关系的疏离，因而影响组织的发育和进一步发展。[①]

三是受境外资金支持的草根组织注册难的问题。如一些草根环保组织由于主要依赖于境外资金的支持，并独立开展项目，与地方政府及其相关部门联系不多，很难得到政府相关部门的信任和支持，出现"注册难"的问题。这些组织虽然成立多年，开展许多项目活动，但由于合法身份的缺失致使其处于非法状态，仍缺乏现实中的合法性。在现行的制度环境下，如果社会组织脱离于行政管理或与政府关系疏离，其组织的合法性地位的获取就成为一个难题。对于那些本土资源匮乏，依赖外源建构发展起来的社会组织来说，建立多元资源渠道，汇聚本地志愿者队伍，开展地方服务的社会项目，逐步形成组织的特色和影响力，接上地气，才能真正获得现实的合法性。对于政府管理部门来说，提供社会服务项目的资金，合理投放资源，提供社会组织购买服务的公正平台，才能让那些有专业基础，依赖外源项目的社会组织回归本土，成为提供社会公共服务队伍中的有生力量。西方福利国家在自身政治、经济和文化的基础上建立了独具文化特色的志愿服务体系，并有着深厚的历史根源，"联邦政府提供绝大部分人类服务项目资金，州和地方政府做大部分管理工作，实际上是非营利组织提供绝大部分服务"[②]。而我国政府在资源配置和社会服务中居强势地位，并且民众志愿服务精神不足，缺乏有效的动力机制，因此国外输入的管理经验和我国本土情境的适应性，成为这一类组织发展中需要思考的关键问题。而境外社会组织治理模式的"嫁接"也需要辩证看待。在改革开放之初，"理事会"的治理模式无疑是为当时国内社会组织的发展提供了一种制度范例，科层化的治理结构和人治模式之外提供了一种更为民主和现代的治理形式。然而任何制度的良性运行有赖于与地方性情境的耦合，否则他山之石亦难以攻玉。前文也指出了这种制度"嫁接"的诸多局限性，因而如何使外源性制度更好地契合当前的社会治理创新则是此一类社会组织转型与发展的关键。

---

① 崔月琴、李远：《"双重脱嵌"：外源型草根 NGO 本土关系构建风险》，《学习与探索》2015 年第 9 期。

② [美] 莱斯特·M. 萨拉蒙：《公共服务中的伙伴——现代福利国家中政府与非营利组织的关系》，田凯译，商务印书馆 2008 年版，第 83 页。

四 社会组织治理转型的几点思考

通过对以上三种类型社会组织治理特点的分析，我们看到无论是自上而下型的行政化治理，自下而上建立的卡里斯玛式治理，还是外部输入型的制度化治理，在社会治理转型的背景下都面临着不同的难题和困境，这些困境应然地解释了社会组织在社会体制转型时期理应面对的变革。当代中国社会结构的复杂变迁，其实质就是各种社会力量、不同类型组织功能的重新定位与整合的过程。[①] 在新一轮的社会改革治理中，如何在政府的简政放权中使社会组织稳健增长？如何让社会的公共空间得到有效的扩展，让草根组织在制度场域中获得合法性的发展？如何使社会组织走出资源依赖的困境，获得自主创新的空间？这些关键性问题的思考成为社会治理改革的重要环节。

（一）政府与社会的边界：是"官退民进"还是"各司所长"？

政府与社会的关系，是新时期中国社会建设和社会发展中的核心问题，无论是理论的探讨还是实践中的改革都在不断地推进中。中国共产党十八届三中全会文件中，首次引入了"社会治理"概念，确立的一系列重大改革发展举措，体现出了政府简政放权的理念，进一步明确了政府、市场和社会的职责和边界，重塑了三者之间的新型关系和治理模式，赋予社会组织更多的职能和更大的发展空间。实现从管理到治理的转变。[②] 虽从社会管理到社会治理只有一字之差，但其转变的内涵隐藏着深刻的政治态度和社会期待。从社会管理到社会治理的变化积淀着我们近十年来在社会建设方面的经验和教训。[③] 按照全球治理委员会的界定，"社会治理是各种公共或私人机构和个人管理其共同事务的诸多方式的总和；社会治理是使相互冲突的或不同的利益得以调和并且采取联合行动

[①] 崔月琴：《新时期中国社会管理组织基础的变迁》，《福建论坛》（人文社会科学版）2010年第11期。

[②] 刘西忠：《政府、市场与社会边界重构视野下的社会组织发展》，《江苏社会科学》2014年第6期。

[③] 李强：《怎样理解"创新社会治理体制"》，《毛泽东邓小平理论研究》2014年第7期。

的持续的过程"①。社会治理所呈现的是多元的、互动的、调和的一种治理结构。"随着全面深化改革进程的不断推进，政府将更多的职能和权利让渡给市场和社会组织，政府、市场和社会边界得以重塑，逐步达到一个相对平衡的状态。特别是随着由管制型政府向协调型政府转变，由政府的单向管理向政府与社会协同治理转变，社会组织在国家治理中的地位日益重要。"②

在社会治理的理念中，政府、企业、社会作为公共事务的主体，共同承担着服务社会的职责。但在社会治理的实践中，在明确各自主体的定位和边界的同时，更要确定其职责。政府在向社会组织赋权的过程中，应该避免"官退民进"，而"民不负重"的现象发生。我们应从当前中国社会发展的现实出发，合理地评估社会组织的现状和能力，从政策和制度上引导社会组织的健康发展。而一味地强调"简政放权"或"职能转移"不仅为政府的塞责留下话语空间，被堪以重任的社会组织也将因"揠苗助长"而难以健康成长。

社会结构的调整和社会组织的建设是一个长期的任务，那种认为我国快速实行"小政府大社会"治理模式的观点是不符合中国实际的。中国因长期的历史传统和文化影响，整个社会对官的观念已经根深蒂固，如果政府变成小政府、弱政府，那么社会就会呈现杂乱无序的状态。我们在基金会组织调研过程中，某基金会理事长谈道："现在去行政化的核心是干部问题就是领导班子问题，假如说像某会长、某理事长都退出基金会，坦白说它生存不下去，你让一个社会人士做这个他做不下去，这个基金会最后彻底就没了。"③ 在社会治理改革进程中，一方面我们要学习参照西方发达国家的社会治理经验，加强政府政策上的引导，制度上的协调作用；另一方面应从中国社会实际出发，建立多元协调机制，发挥多元主体各自的功能。总之，各类治理主体充分互动合作是社会治理创新的基础，而其中各方的进退取舍还要依据治理内容而定，正如李克强所多次强调的，简政放权的前提是"社会组织有积极性且适合承担"。

---

① 全球治理委员会：《我们的全球伙伴关系》，牛津大学出版社1995年版，第23页。
② 刘西忠：《政府、市场与社会边界重构视野下的社会组织发展》，《江苏社会科学》2014年第6期。
③ 来自于2015年7月至8月课题组成员崔月琴、沙艳、李远、朱先平、李慧、祈骥对东北地区基金会所进行的持续调研，所整理的调研记录。

(二) 地方政府的角色定位：是"老板"还是"伙伴"？

在社会治理理念的引导和国家顶层设计方案不断出台的背景下，地方政府如何贯彻实施成为改革的关键。同理，社会治理的中轴乃是良性政社关系的形成，其中，社会组织并非政府的伙计受其任意支配，而政府也非社会组织的老板可以一意孤行。因而社会组织治理结构的转型也不应只停留在文件和理念层面，政府在其中角色的切实转变才是关键。

地方管理者对社会改革的认识程度决定了其改革的进程和发展。地方政府处于社会治理改革的第一线，既是社会改革政策的制定者，也是社会改革方案的执行者。近年来，东部沿海省份和城市在社会治理改革中走在了前列，形成了许多地方特色和经验。但对于许多内陆省份来说，社会治理的理念和政策还没有实行根本性的转变，对待社会组织特别是草根组织还停留在"制度限制"阶段。草根组织发展举步维艰，主要表现为难以注册、难以获得政府的信任和资源的配置，以使一些组织不得不寻求境外资源的支持，不得不依赖组织中的能人通过私人渠道获得其生存和发展。正如有学者指出的："政府的资源获得需求与社会控制需求之间的持久张力，是慈善组织的形式与运作脱离的制度根源。"[①] 地方的社会改革与社会建设要依赖于地方政府执政理念的更新和对社会改革发展的正确认识和理解，才能真正落实社会治理的原则和理念。

地方社会治理的实施在于政策上的落实。党的十八届三中全会上提出的，政府简政放权，改革社会治理方式，激发社会组织活力等思想，不只是一句口号，而是伴随着相关政策和制度的实行。地方政府一方面要从政策层面对社会组织给予扶持，赋予社会组织发展和运行的权力和职责，加大政府购买服务的广度和宽度，提供相应的立法支持、资金帮扶、财税优惠、技术支持等等；另一方面地方政府应结合地方情境，发挥社会治理中的掌舵者、监督者的职能，组织和动员社会各方力量参与社会改革进程，形成由政府与社会各界共同参与的社会公共服务体系和社会监督网络系统。伴随新时期社会治理改革进程的推进，培育社会力量，激发社会活力，提高社会自治能力已然成为衡量现代政府治理角色转变的关键。

---

① 田凯：《组织外形化：非协调约束下的组织运作——一个研究中国慈善组织与政府关系的理论框架》，《社会学研究》2004 年第 4 期。

(三) 社会组织治理：是"制度移植"还是"制度创新"？

在社会治理改革的宏观背景中，社会组织的治理转型最根本的目标是建构起现代社会组织的制度机制。中国社会组织的源起既受到"全球结社"革命的影响，也受到中国改革进程的推动。社会组织的建构模式既体现与国际非营利组织接轨的理事会制度，也掺杂着中国社会传统的长官意志和家长制作风，组织的自主性、志愿性和规范性严重不足。其原因在于社会组织管理中只注重制度形式上的模仿，缺乏适应组织生存和发展的制度创新。社会组织治理创新应从以下几点入手：

首先，完善管理部门与社会第三方联动的评估机制。自1989年国家开始重视和加强对社会组织的管理，几经修订形成了"双重管理"制度以来，对社会组织的管理形成了三道防线，一是登记；二是年检；三是评估。其三个环节的管理监督主要通过民政管理部门来完成。面对日益增长的社会组织，民政管理部门形成较大的压力，普遍出现人手不足，管理监督不到位的情况。多数管理部门的年检、评估是通过上报材料来完成的，缺少专业的、规范化的标准，难以发现组织中的问题和不足，难以及时纠正问题，引导社会组织规范化发展。近年来，广东省及其他一些省市的管理机构，开始尝试发挥地方高校研究机构的专业性特长，引入第三方参与年检和评估，或以政府购买服务的方式招标评估机构。这种政府主导出资，民间社会机构提供社会服务的模式，既充分地发挥民间专门机构的功能，又有质、有效地完成评估，有利于减少行政化的干扰，达到其客观效果。可以推广和借鉴。

其次，引入市场竞争机制，运用商业手段增强组织的造血功能。对于许多民间创办的社会组织来说，资源的获取和有效配置是其生存发展的关键。许多组织由于面临资源困境，而不得不形成资源的路径依赖，使组织缺失自主性和发展的活力。党的十八届三中全会提出"全面深化改革的目标是完善和发展市场""发挥市场在资源配置中的决定作用"等重要思想，明确了市场的地位。在现今充满变幻和转型的时代，社会组织在新时期应在市场中求变，不断调整治理模式和结构，与其等待被资助，不如自主性地谋求组织自身的持续发展。政府已实行以招标的形式进行项目化运作，鼓励组织主动地发挥自身优长，开拓思路、设计符合本土情境的创新项目，调动了社会组织治理的积极性，增强社会组织的危机意识和风险意识，从而激发组织发展的活力。西方国家中"会费主导型"的非营利部门，其主要的现金收入不是来自慈善事业或公共部门，而是来自于私人会费和收费，比如：教育领域、职业培训、文化领域等。社会组织应主动增强自身资源获取能力，拓宽组织资源获取的途径和领域，开发并探索促使社会组织可持续发展的商业模式和社会企业模式，让社会组织的发展呈现蓬勃生机和活力。

我国上海首创"公益孵化"概念的恩派（NPI）公益组织发展中心的经验值得借鉴。恩派起步于2006年初，它以"助力社会创新，培育公益人才"为使命，致力于发掘培育那些处于创业期的草根社会组织，恩派通过与联想、诺基亚、康师傅、英特尔、帝亚吉欧、招商局等优秀企业的合作，持续地注入资金，以集约化、多元化、专业化的形式来解决草根组织的制度创新问题，增强了组织自身的造血功能。

再次，建立志愿者的社会动员机制。从社会治理需求来看，志愿者的动员和培育，是建立社会公共服务体系，形成社会公众参与社会事务的有效机制。"一方面，通过这种参与来实现民主决策和科学决策，使经济社会发展更加贴近人民群众的生活需要；另一方面，通过公众参与使居民承担起更多的社会事务，减少政府在公共领域和社会领域的投入和负担，实现社会发展方式的根本转变。……如果说，在市场经济领域，价格机制是配置资源的基本手段，那么，在社会领域，志愿机制是动员社会资源的重要手段。"① 从公益组织的特征来看，按照萨拉蒙的思想，志愿性是社会组织的一个重要特征，也是区别于其他组织的标志。社会公益组织与营利性组织的不同，在于其组织人员是以其使命和公益精神参与其中的，是自愿自由的。因此公益慈善组织人员具有不确定性和松散性。具有充足的优质志愿者储备，公益组织才有活力和能力开展活动。因此，从社会和组织两个方面来建立和完善志愿机制，形成以社会动员和组织吸纳为主导的社会参与机制。

综上所述，三种发育路径的社会组织的治理模式都构成了社会治理体系的子系统，过去受路径依赖以及旧有政社关系的制约，三种治理模式的形成和发展都有其历史的合理性。然而在新的社会治理创新的场域中，这三种治理模式的局限日益凸显，各自转型变革已成为社会治理创新的重要议程。本文认为，在这一过程中，明晰政社关系边界的内涵、

---

① 丁元竹：《发展志愿机制动员社会资源》，《学习时报》2013年2月25日。

政府在其中的角色定位以及推动制度创新则是社会组织治理模式的转变和变革。

[原刊于《福建论坛》（人文社会科学版）2015年第10期]

社会治理创新背景下社会组织的资源困局

资源匮乏以及管理体制滞后长期被视为中国社会组织发展的主要障碍，突破资源瓶颈和变革管理体制则成为近年来激发社会组织活力，创新社会治理体系的主要思路。与此同时，随着慈善捐赠等社会资源持续增长，以及政府购买服务等方面的资金投入大幅增加，社会组织资源严重匮乏的局面出现扭转。有研究者指出："社会组织的资源状况发生显著变化，资源总量增大来源增多，资源结构趋向合理，资源短缺局面有所缓解。"① 资源匮乏情况下，我国社会组织发展筚路蓝缕，而随着资源增长这一状况能否得到改善还有待实践检验。组织理论和历史经验都表明社会组织发展与资源的复杂关联，一方面，社会组织通过政策倡导（political advocacy）促进社会资源公正分配，提升弱势群体福祉；另一方面，资源作为组织运行的基本要素和必要条件，特定资源结构和资源获取渠道又可能对组织发展构成障碍和风险。由此，研究者有必要对社会组织的资源问题进行深入分析，探讨资源状况对于社会组织发展的影响机制以及潜在困境，进而为中国社会组织管理和培育提供对策建议。

一 社会组织的资源特征

一般来说，社会组织的资源特征，体现为其资源来源的多元化渠道与资源使用的社会性效益。社会组织由于其独特的价值诉求，从而体现出与政府组织、市场组织不同的资源运用逻辑。

---

① 王名、张严冰、马剑银：《谈谈加快形成现代社会组织体制问题》，《社会》2013 年第 3 期。

(一) 社会组织资源问题的历史语境

社会组织的资源问题既是组织发展的现实问题,也是组织研究的关键论题。社会组织的资源问题有其特定历史脉络。"尽管独立非营利部门的形成乃是现代西方国家政治经济晚近的产物,但推动这一进程的行动者(actors)、价值观和传统(institution)则有着被忽略的悠久历史。"①20世纪中叶,欧美等国所走的"福利国家"的道路以及理论界"国家—市场"的思辨一定程度上遮蔽了社会组织的价值。直到20世纪七八十年代"福利国家危机"浮现,"社会组织"分配资源的模式与机制才开始进入政治与学术视野,形成了由社会组织参与其中的"混合福利""多元福利"等政策理念,由此也推动了《第三部门》、非营利组织或者公民社会②等研究领域兴起。

"资源"是经济学研究的起点,也是理解现代组织历史以及现代社会组织发展的维度。协调大量资源是现代组织的重要功能,而"自由流动资源(free-floating resources)"又是现代组织兴起的必要条件。③ 这里组织多指伴随市场经济发展而兴的企业组织,其效率与价值已为经济学充分揭示;但市场经济也引发自身难以克服的弊端,社会不平等经由"看不见的手"放大且合理化。以英国为例,工业革命带来了前所未有的财富,同时英国社会也出现了以贫困为核心的大量社会问题,失去传统社区支持的城市底层生活处境极为恶劣,英国现代福利政策正是缘于对这些问题的应对。在国家进行制度化济贫以前,当时的社会组织就已开展了广泛的救济活动,这些现代社会组织雏形的背后则是教会、国家以及商人阶层资源占有格局的转变。④

"二战"后,英美等国迈向"福利国家"道路,建立国家主导的福利资源分配体系。这种福利分配模式自建立就遭多方批评,矛头多指向官僚体系分配资源以及提供服务的臃肿和低效。到了20世纪70年代,福利

---

① Robbins, K. C., "The Nonprofit Sector in Historical Perspective: Traditions of Philanthropy in the West", In Powell, W. W., Steinberg, R (Eds.), *The Nonprofit Sector: A Research Handbook*, Yale University Press, 2006.

② 由于学科差异以及不同国家地区的差异,社会组织在不同语境下有多种名称和表述,如果不做特殊说明,本文的社会组织基本上等同于非营利组织、第三部门等。

③ Eisenstadt, S. N., "Bureaucracy, Bureaucratization, and Debureaucratization", *Administrative Science Quarterly*, Vol. 4, No. 3, 1959.

④ 秦晖:《政府与企业以外的现代化》,浙江人民出版社1999年版。

国家财政不堪重负，英国撒切尔政府开始对既有福利体系进行私营化改革。同时，美国里根政府大幅削减联邦政府福利开支，转而强调社会组织的作用。一时间，注重社会组织参与福利供给的"福利多元化"理念成为多国福利政策改革的主流，社会组织由此在世界范围内迅速发展，形成萨拉蒙描述的"全球结社革命"。这种大范围的扩张一方面标志着社会组织在公共资源配置中扮演越来越重要的角色；另一方面也意味着社会组织要吸纳更多的资源来支撑组织的个体发展与整体建构。

（二）社会组织资源来源的多元化结构

社会组织资源的来源结构与政府部门和企业组织有着关键差别。社会组织吸纳了许多慈善资源、社会资源或是志愿性资源，相对于建立在政府财政能力基础上的政府福利，社会组织对于慈善资源或者志愿者的吸纳展现了强大的整合资源能力，在行政化渠道之外，拓展了更为开放的社会化渠道，由此促生的广泛的社会参与也推动着公众公共精神的逐步建构，进而为社会组织的资源获取铺设坚实的社会基础。例如，中国2013年的志愿者服务可折算为83亿元。[1] 因此，社会组织在得到政府的政策鼓励与资金扶持的同时，一定程度上也起到了扩充福利资源的效果，对于当前中国的民政工作与社保体系都有着重要的补充作用。除此之外，一些社会组织还具有经营性收入，但这种模式还基本上属于尝试阶段，社会企业也正是很多从业者所探讨的国外经验和发展方向。

社会组织的资源结构往往是多元的，在当今世界的任何国家都难以找到以慈善捐赠为主要资源来源的社会组织。几乎所有国家的社会组织都主要依靠政府支持、经营收入或者国外捐赠。[2] 然而多元化的资源结构并没有使社会组织免于"资源短缺"的约束，如果从稀缺性来理解资源，任何组织都处于"资源短缺"的状态，但社会组织的"资源短缺"又有别于其他组织，尤其是企业。企业的资源往往处于一种"扩大再生产"的循环状态，而社会组织更多是在"消费"资源。社会组织"因其非营

---

[1] 朱健刚：《从计划慈善走向公民公益：2013年中国慈善事业发展综述》，杨团主编：《中国慈善发展报告（2014）》，社会科学文献出版社2014年版，第10页。

[2] Wang, Shaoguang, "Money and Autonomy: Patterns of Civil Society Financeand Their Implications", *Studies in Comparative International Development*, Vol. 40, No. 4, 2006.

利性和非强制性,其对外部资源的依赖程度比企业和政府更高"。①

国家和市场力量较为发达的社会,社会组织在资源的结构和规模方面也存在缺陷。在萨拉蒙关于"志愿失灵"的分析中,社会组织具有减少交易成本,塑造社会责任感和合法性的优势,但组织资源的"不可靠"是其缺陷之一,他将之概括为"慈善不足"。原因一方面在于资源志愿性质的来源难以克服集体物品生产中固有的"搭便车"问题;另一方面在于慈善资源受经济财富波动影响,一些情形下会导致服务的覆盖面有严重的缺口。②与政府相比较,社会组织的资源动员能力相差甚远。社会组织获得的外部资源支持很大程度上依赖于国家与市场的发展水平,因此社会组织的资源规模受经济发展状况、重大事件等影响较大,不易形成稳定的资源格局。尤其在当下中国,社会组织的发展刚刚起步,自身力量严重不足,市场与公众的关注与投入虽然已经有所提升,但政府的政策扶持与资源输入对于社会组织的壮大来说,仍然起着主导性的作用。

(三) 社会组织资源使用的社会性效益

按照经济学"需求—供给"的分析,社会组织存在的原因之一就在于,相对于政府和企业,它不仅能够满足社会多层次的需求,另外也因为其所受的"非分配约束",③使得非营利组织能够提供更为优质的公共服务,并且以低于政府的"交易成本"来提供公共物品。也正是由于这些特征,社会组织作为"第三部门"的竞争力得到了体现。

除了社会组织一般性的优势,转型期的中国社会组织在资源使用方面还有其独特价值。

首先,社会组织对资源的使用包含了价值诉求。转型期的社会发展已经从改革之初的"效率至上"转向了对"公平正义"的注重,民政部2011年发布的《中国慈善事业发展指导纲要(2011—2015年)》就将慈善事业视为调节利益分配和促进社会公平的手段。政治哲学的论证中,现实社会中存在三种资源分配价值,有别于市场分配的"应得原则"和福利国家"权利原则",社会组织遵循了一种类似"需要原则"的逻辑。

---

① 曹正汉、李国武、刘世定:《身份权利及其竞争:制约中国民间组织发展的一种机制及其实证检验》,《第十一届中国制度经济学年会论文汇编》(下),2011年。
② [美]萨拉蒙:《公共服务中的伙伴:现代福利国家中政府与非营利组织的关系》,商务印书馆2008年版,第47页。
③ 田凯:《西方非营利组织理论述评》,《中国行政管理》2003年第6期。

相比于市场机制，社会组织在资源分配方面更加考虑弱势群体的需要。在转型期社会贫富差距加大的情况下，这种从弱势群体出发的分配原则更好地诠释了当前中国社会公平正义的内涵。

其次，社会组织能够及时准确回应社会问题与社会需求，提高资源使用的社会化效益。许多社会组织成立的直接动因就在于解决特定的社会问题。这决定了社会组织对于社会问题和社会需求有着很强的指向性，其对于问题的解决往往也采取具有实效性的解决方案。随着我国经济社会发展进入新阶段，社会问题日益复杂化，社会需求日益多元化，以往政府包揽的模式已难以适应新的形势。社会组织针对性地回应社会需要，不仅能够切实对接和满足社会需求，也能更好地利用有限的社会资源。

再次，社会组织显示了一条影响政府福利政策的途径，通过政策倡导为弱势群体争取资源。西方国家福利体系的形成一方面是出于社会稳定或者人道主义的考虑；同时其发展也伴随着一系列的社会运动，其中社会组织的政策倡导发挥了诸多作用。在中国社会福利政策更多是一种自上而下的政策实施，但随着社会组织合法性的增强，其影响福利政府资源配置的案例也开始出现。弱势群体的需要经社会组织的发声可以成为一种"表达的需要"，[1] 从而为国家福利资源的分配提供决策依据。近年来无论是多地"失独家庭"补助金的提高，还是艾滋病儿童福利状况的改善，都不乏社会组织在其中的推动作用。

综上，社会组织在资源来源的多元化渠道与资源使用的社会性效益，对于社会治理创新具有诸多可兹探讨的积极意义与诸多可能。然而需要正视的是，中国社会组织仍然面临着资源空间不充足与资源渠道不平衡的局限，有待进一步地发展与调适。

（四）中国社会组织资源状况的体制环境

社会转型过程中，中国社会组织的发育和发展经历了一系列资源困境与机遇。在改革开放初期"后总体性社会"的情境中，"体制内资源"与"自由流动资源"构成了社会组织存在和发展的基础动力；在20世纪90年代"社会福利社会化"的理念下，社会组织在补充社会政策资源不足的同时也获得了自身发展的合法性空间；2010年以来，在社会治理体系创新的政策推动下，随着政府治理理念的转型，社会组织的资源空间

---

[1] Bradshaw, J. A, "Taxonomy of Social Need", *New Society*, Vol. 30, No. 3, 1972.

相应得到扩张。

1949年后,在政权建设逻辑下,国家对过去各类社会组织逐步进行消灭和改造,"单位"成为我国各类资源配置的主要组织形式之一:它既作为生产组织"消耗"经济资源,也作为福利单元输送各类福利资源。① 1978年后,随着经济体制改革推进,市场逐步成为配置资源的主要手段,与此同时同样带来了社会领域的一系列问题,一方面是经济发展伴生出多层次的社会需求,既有公共服务体系难以满足;另一方面是社会弱势和边缘群体开始大量浮现,民政等部门应接不暇。对此,民政部提出了"社会福利社会化"的改革思路,以期利用社会资源补充政府资源不足。政府公共服务能力的不足由社会组织来补充,进一步拓展了社会组织生存的合法性空间,社会组织在这一时期也获得了长足发展。

2006年以来,中国进入"社会政策时代",政府加强对"民生"问题关注,不仅进一步完善了政府公共服务的覆盖面,提出了公共服务均等化的主张,而且开始意识到"社会力量"开展社会服务的优势,由政府向社会组织输送资源的购买服务等模式开始推行。政府期望通过向社会力量购买服务以"增加公共服务供给,提高公共服务水平和效率",社会组织不再被简单地视为社会福利体系的补充,而是开始成为重要的社会政策工具,同时政府购买服务的资金开始成为社会组织发展重要的资金来源。

党的十八届三中全会提出"创新社会治理体制"后,以社会组织为代表的社会力量进一步参与到社会治理与社会建设之中。中央到地方各级财政都拿出资金用于政府购买服务和扶持社会组织发展,2013年全国政府购买服务的资金达到150多亿元,2015年中央财政社会组织专项预算支出2亿元用于支持社会组织发展和开展各类服务。地方上,尤其是经济发达的地区,社会组织资源注入力度尤其可观。2015年,东莞市政府拿出1000万元用于扶持社会组织发展,深圳市福田区也设立每年2000万元的专项资金用于扶持社会组织发展。②

---

① Lv, Xiaobo, "Minor Public Economy: the Revolutionary Origins of the Danwei", *Danwei: The Changing Chinese Workplace in Historical and Comparative Perspective*, New York: M. E. Sharpe, 1997.

② 朱健刚:《从计划慈善走向公民公益:2013年中国慈善事业发展综述》,杨团主编:《中国慈善发展报告(2014)》,社会科学文献出版社2014年版,第6页。

随着政府治理理念的逐渐调整，社会组织在国家层面受到越来越多的重视，政府购买服务与扶持社会组织发展等方面的资金投入不断增长，为社会组织创造了良好的发展机遇。另外，社会组织在经历着发展初期草莽乱象的同时，也在逐渐明确自身的生存空间与竞争优势，凸显自身的专业职能与社会属性，以期在社会领域中扮演更为重要和不可替代的角色。然而不能忽视的是，中国社会组织仍然处在成长阶段，依旧面临着外部环境的种种制约，因而有必要对社会组织的发展做进一步探讨，分析其发展过程中那些持续的和潜在的困难与风险，寻求一种可能的解决路径。

二 社会组织的资源困局

政府资金的投入带动社会组织资源空间的增长，这对于中国社会组织发展无疑是一个机遇，然而这并不必然是社会组织发展的充分条件，同样也形成一种潜在的障碍。可以说，社会组织已经逐渐摆脱发展初期那种资源匮乏的状态，政策层面的推动和外部认同的强化无不促进了社会组织资源空间的扩张，外部的支持与投入缓解了社会组织的生存压力，但同时也加剧了社会组织的内部紧张。不平衡的资源结构与持续性的内部紧张，构成了社会组织的资源困局。

（一）资源与组织自主性的紧张

作为多学科研究领域，社会组织被不同学科赋予了多种功能和使命，然而自主性作为其发挥各类功能的前提是许多研究者的共同假设。正是由于社会组织在选择目标人群、开展社会服务时有其自身的服务理念与评判标准，才使有别于政府和企业。政策文本中往往会强调社会组织的"自我管理"，而社会组织管理模式改革也多围绕如何"松绑"以给予组织更多自主性来进行。

如前所述，社会组织具有多元化的资源来源结构。一般而言，对环境中资源的依赖是所有组织的共同特征，各类组织通过交易或权力让渡来利用外部资源实现自身目标。然而，社会组织目标的特殊性使自主性对其尤为重要，无论是承载多元价值理念、促进社会公平正义，还是积极回应社会需求，往往都包含着超越既有社会结构的"行动的力量"。这就使社会组织相比一般组织同环境有着更大的张力，而组织的自主性则是维持这种张力的必要前提。对于企业而言，其价值更多体现在能够充分回应市场信号，社会组织则不然，它不仅要考虑资金提供者的意图，而且要着眼于社会问题的有效解决与社会效益的切实提升。社会效益始终是社会组织的理念与标尺。

　　社会组织对于资源的依赖性与理念的自主性之间无疑会构成某种紧张关系。当它们之间存在理念和目标上的差异时，社会组织有时不得不在目标与资源之间权衡以达成某种均衡，有时甚至会造成组织目标与手段的错置（goal replacement）。"组织总是容易受到控制着它们所需资源的组织的影响"[①]，对于社会组织而言，这种影响可能更为明显。中国当下政府对于社会组织的扶持与投入无疑有助于社会组织的繁荣发展，既为社会组织提供相对稳定的资金，也通过资源的流动增加了政社的互动。然而，社会组织的研究与发展经验都表明政府资源是社会组织发展的"双刃剑"，政府资源对于社会组织发展具有推动作用，但对社会组织的文化、结构和行为也会产生消极影响，尤其是对组织自主性的损害。[②] 对中国社会组织而言，利用政府资源谋求发展既是社会转型使然，也符合社会组织发展的基本规律。需要注意的是，一方面，政府对社会组织的资源投入还处在探索阶段，还没有形成较成熟完备的体系，可能存在多方面的不合理，给社会组织带来诸多限制，使得它们难以伸展手脚；另一方面，这种不平等的依赖关系是嵌入权力关系之中的，政府的项目设置与资源支持中往往意味着政府意志的伸张，这既是政府管理模式的沿袭，同时也是某种政绩体现的要求，权力关系的不平等使得社会组织有时不得不依从于政府的指挥。而社会组织失去自主性不仅会使组织功能难以充分发挥，而且部分组织对于政府部门偏好的迎合也可能带来组织之间的恶性竞争，进而损害组织生态的健康发展。

（二）资源与组织价值诉求的张力

　　社会组织被视为"基于价值的组织"（values - based organizations），[③]

---

① ［美］菲佛、萨兰基克：《组织的外部控制：对组织资源依赖的分析》，东方出版社2006年版，第49页。

② Toepler, S., "Government Funding Policies", In B. Seaman & D. R. Young (Eds.), *Handbook of Research on Nonprofit economics and Management*, Cheltenham, UK: Edward Elgar, 2010.

③ Edwards, M., Sen, G., "NGOs, Social Change and the Transformation of Human Relationships: A 21st - century Civic Agenda", *Third World Quarterly*, Vol. 21, No. 4, 2000.

它不仅是公共服务的提供者，还是多元价值理念的载体。对中国社会组织而言，价值属性一方面构成了改革开放以来社会组织发展的重要原动力；另一方面也为组织赢得了最初的生存空间。① 社会组织的价值诉求作为其非政府性、非营利性的精神基础，是其区别于政府部门与企业机构的重要特征。因而在社会组织工具理性化、科层化以及商业化的过程中如何保持其价值性是多数社会组织都要面临的挑战。

社会组织作为一种现代组织形式，价值理性与工具理性之间的现代性的冲突在其身上有着具体体现。一方面，组织作为价值载体，其行为往往遵从价值理性的准则，以期超越既有社会结构的弊端；另一方面，组织又必须在社会环境中汲取资源并运用资源，这又对组织提出了工具理性的要求。二者之间的冲突并非不可调和，在社会组织的运行过程中，价值理性与工具理性之间的内在张力既保证了社会组织的持续运转，可以通过合理有效的运作来实现组织目标，完善组织建设；同时也维系着社会组织的工作理念，规定并指引着组织的发展方向，固守组织的社会效益。而当资源获取作为一种外部挑战始终构成威胁时，工具理性对于社会组织而言就愈发显得重要，其与组织自身的价值诉求之间的张力被破坏消解，组织的社会性就容易发生偏移。

中国社会组织的价值诉求很多时候维系于其组织领导者身上，这种诉求在组织科层化的过程中出现了衰退的趋势。中国目前的社会组织大都尚处于发展初期，成立的时间普遍较短，社会组织的领导者普遍还都是组织的初创者，他们经历了组织从无到有，从资源状况窘迫到组织正常运转的过程，而这背后支撑他们的就是他们所秉持并在组织中贯彻的价值诉求，用他们自己的话说："哪怕没有一分钱项目款的时候，我也得在这干，因为这是我的孩子，但是对于组织员工来说，可就不一定了。"② 组织领导者对于组织理念的坚持，使得他们可以在与外界的资源交流、合作互动的过程中固守这一根本原则，但随着社会组织不可避免的科层化，尤其是组织领导层正在慢慢展开的更新换代，获取资源以维持组织运行和促进组织发展成为他们关心的核心问题，社会组织的价值

---

① 崔月琴、袁泉：《转型期社会组织的价值迷思》，《南开学报》2013年第3期。
② 崔月琴、袁泉、王嘉渊：《社会组织治理结构的转型——基于草根组织卡理斯玛现象的反思》，《学习与探索》2014年第7期。

诉求依然存在，却在组织科层化的过程中不断褪去光芒。

社会企业是国外经验提供的一条道路，也是很多社会组织选择的发展方向，但是商业化与社会化之间存在的天然矛盾，是组织发展所要慎重面对的问题。自我造血能够对社会组织维系自身发展，保持独立自主提供稳定的资源支撑和补充，但必须承认商业行为与社会组织有着不同的行动逻辑。要规范社会组织的组织行为，保持社会组织的公益性，不仅要靠政策法规的制度保障，还有赖于社会组织坚守价值理念的自我监督与自我调整。选择商业化发展的模式也就意味着承担商业化发展的风险，放任商业化对组织价值诉求的侵蚀会导致二者之间相互制衡关系的破裂，因此如何节制商业化的范围与尺度应当成为社会组织时刻警惕与反省的问题。

（三）资源结构的矛盾

社会组织的资源状况尽管已经得到了相当程度的改善，但总体而言仍然是不够充分的。除了资源不充分所带来的消极影响，外部资源结构的不平衡增长也对社会组织造成了很多影响。改革开放以来，伴随着经济增长，社会捐助出现过"井喷"的情况，尽管社会各个层面与部门对于公共权益、公共服务以及社会组织都有着越来越多和越来越深入的认识，但这种关注往往在有重大事件发生时才会产生大的波澜，汶川、雅安、玉树等地发生地震时的全民投入，红十字会、宋庆龄基金会等陷入信任危机时的公众声讨，确实标志着社会整体的公共精神的发展，而常态性的社会参与和公益投入虽然也在快速发展，但仍然难以产生规模体量上的效果。相对的，随着政府治理理念的转变，社会组织开始被视作公共服务体系中的关键一环，政府对于社会组织的扶持力度也在十八大以来得到大大加强，政府资源成为社会组织的资源结构中的重要组成部分，对于很多组织来说，几乎可以算是唯一来源。

资源结构的不平衡对于社会组织的整体发展同样构成威胁。如前所述，政府资源的支持往往也意味着政府理念的延伸与强化。从长时段来看，得到更多资源支持的领域会出现更多的社会组织，这些社会组织得以实现更好的成长与发育，但与此同时，社会组织并没有实现多元价值的协调发展，与政府理念关联较少甚至某些方面有所背离的社会组织相对而言受到了压制。这终将造成社会组织生态结构的失衡，进而影响到组织之间的相互协作与相互制约，并从根本上削弱社会组织的社会属性。

另外，从社会组织获取资源的整体状况来看，政府确实占据较高的支出比例，但如果考虑到目前政府对于慈善资源的吸纳，其合理性就值得商榷。在社会组织资源状况改善的过程中，官方背景的"社会组织"体现出了远高于其他社会组织的募款能力。实际上，2013年，我国慈善捐赠有11%由民政系统获得；32%由慈善会系统获得；3%是红十字会系统获得；46%为基金会系统获得；8%由其他机构获得。这在一定程度上也揭示了社会组织获得资源比例较低的情况。[①] 在社会组织的资源结构中，政府始终占据着非常重要的地位，这种结构上的单极依赖在社会治理创新的大环境下，需要社会组织发挥和承担更积极、更关键、更多样化的功能，因而有必要适度防守，让社会组织在"松绑"的状态下焕发更大的活力。

综上，资源是社会组织运转的环境要素，也是社会组织发展的必要支撑。中国当下社会组织的资源状况有了一定程度的发展，但这种发展尚不充分，并且呈现出一种不均衡发展的态势。资源的不充分发展与不均衡发展一方面局限着社会组织的发展空间；另一方面也在组织内部造成了同组织自主性与组织价值诉求之间的持续紧张，对于社会组织的发展与组织生态的建构都产生了消极影响，构成其发展的困局。因而有必要对社会组织的发展保持反省，推动社会组织资源状况和资源结构的不断调整与完善。

三 社会组织资源困局的应对

如何应对社会组织发展中的资源困局，引导其健康有序地发展，其关键在于制度层面的调整与引导，以及社会多元力量的共同参与。提升社会组织的主体地位，搭建社会组织资源获取平台，形成多元化的组织资源结构是其可行路径。

（一）深化政社关系调整

制度和资源是影响中国社会组织发展的主要变量，然而这两个变量

---

① 宋宗合：《2013—2014年度中国慈善捐赠报告》，杨团主编：《中国慈善发展报告（2015）》，社会科学文献出版社2015年版，第13—14页。

并不独立。在制度层面,政社关系构成了中国社会组织发展的主要制度障碍,而其中行政权力对社会组织发展的干预又被视为改革的关键。社会理论的分析中,权力和资源的关系常常难分难解,资源可以成为权力实施的媒介,而资源不均衡又会生产出新的权力关系。"组织间的依赖程度和对方所能提供的资源成正比,资源的不对等产生权力的不对等。"[1]

尽管社会治理理念已经成为共识,然而受到既有体制和思维的影响,一些地方政府在社会组织培育和发展方面往往"简政而不放权",将一些政府棘手的事务转交给社会组织,甚至由于资源的输入而再生产了政府对于社会组织的支配关系,有悖于社会治理体系创新原则,不仅没有形成新的治理主体,反而强化了政府对社会组织的"管理"。而且在公共服务的提供方面,政府和社会组织各有优势,实现二者的衔接不仅依赖于资源的调配,还必须依靠政府和社会组织建立良性的伙伴关系,而非单纯的支配的关系,以免使社会组织成为所谓"影子国家"(shadow state)。[2]

因此,要避免因资源输入而损害社会组织自主性的情况出现,深化目前政社关系的调整是其必要途径。这种调整除了进一步开放社会组织的活动领域和增加资源的投入,更为重要的是减少政府权力对于社会组织的不合理干预,政府对于社会组织的监管应更多体现在公共责任的监督,而非对组织具体工作内容的干预。政府应该更多将购买服务操作化为平等的合作关系,而非是对社会组织的命令和利用。在资源的利用方面给予社会组织更多自主选择的空间,而非将政府权力的逻辑延伸至社会组织。唯此才有助于践行社会治理创新的真意,才有助于真正实现社会组织的社会功能。

(二)搭建社会组织资源配置平台

目前中国社会组织活动开展的地域和领域,社会资源的分布以及社会需求的地区性差异使得资源在社会组织之间的配置往往难以实现最优,锦上添花有余而雪中送炭不足的情况时有发生。这既造成了资源的浪费,

---

[1] 韩俊魁:《境外在华 NGO 对草根组织的培育:基于个案的资源依赖理论解释》,丘昌泰主编:《非营利部门研究:治理、部门互动与社会创新》,智胜文化事业有限公司 2007 年版,第 224 页。

[2] Wolch, Jennifer R., *The Shadow State: Government and Voluntary Sector in Transition*, Foundation Center, 1990.

也不利于资源的持续稳定。目前一些地方政府搭建社会组织"资源配置平台"的模式则显示了一条克服上述情况的思路。这里以北京市"社会组织资源配置服务平台"和深圳市"公益慈善项目交流展示会"(简称慈展会)为例。二者的共同特点都在于以"线下"或"线上"的方式，将社会组织的项目信息公开展示，以吸引更多的个人、组织和资源参与到项目的运作中来。

搭建平台不仅有助于挖掘更多的社会组织资源用于公共服务和弱势群体福利的提高，其价值还在于将不同偏好的资源同能实现其目标的社会组织项目建立联系，通过信息共享而打破了资源和组织的空间隔阂，从而最大程度减少资源同组织价值诉求的紧张。北京市社会组织资源配置平台就将"直接打通资源和项目之间配置的时空障碍，让资源找到优质项目，让项目找到急需资源"作为平台的核心功能。而"慈善会"自举办以来，对接了数以亿计的慈善资源，2014 的第三届展会对接资源金额 50.79 亿元，较 2012 年 17.08 亿元，增幅达到 193.37%。[1] 此外，慈展会还实现了社会组织资源全国性的调配，在社会组织领域进行"南水北调"，同时也为不同社会组织提供了交流学习的机会。

(三) 实现社会组织资源结构多元化

资源稀缺以及资源依赖是任何组织都要面临的问题，对于社会组织而言，如何在资源依赖的情况下坚持组织价值理念以及保持独立性是应对资源风险的关键。社会捐赠有助于保持组织运转的自主性，但仅依靠于此则有碍组织的成长。既然以社会捐助作为社会组织的主要资金来源并不现实，那么对于这种两难可行的解决方案则是避免对单一收入来源过分依赖。而社会捐赠之所以能避免对组织运行的影响，原因之一就在于捐助主体多元化使得单一资源难以因"垄断"而干预组织运行。

在资源结构的多元化方面，"慈济基金会"给出了范例。20 世纪 80 年代，慈济在建立自己第一家医院时，婉拒了一笔 2 亿美元的捐款，坚持从民众募款。而现在已经发展成为国际性的慈善组织，其资源来源保持了多元化的架构，一方面组织部分成员自身生产维持生计，且组织经

---

[1] 杨团主编：《中国慈善发展报告 (2015)》，社会科学文献出版社 2015 年版，第 356 页。

营有经济实体；另一方面会员定期的捐赠也为组织带来了稳定的资金来源。[①] 总之，相比单一资源来源带来的外部垄断控制，多元化的资源结构有助于社会组织同其环境形成一种积极的耦合关系，从而避免资源依赖给组织带来的压迫。

总而言之，以经济发展为社会发展前提的发展模式一度被学界视为是"发展的幻象"，而资源增量导向的社会组织发展战略未尝不是一种迷思。在资源匮乏的情况下，社会组织的发展以及活力受到很大局限，而资源增长的不充分与不平衡也会造成一种资源风险，阻滞社会组织的发展。本文认为，深化政社关系调整、搭建社会组织资源平台以及实现资源结构的多元化有助于应对社会组织的资源风险。

(原刊于《学术研究》2015年第11期)

[①] 黄倩玉：《"时势造英雄"：从跨文化比较看慈济的慈善妇女运动》，萧新煌、林国民主编《台湾的社会福利运动》，巨流图书公司2000年版，第460—501页。

社会管理的组织化路径

——社区民间组织的"均衡化"发展

中国社会在经历了30多年改革开放后,其社会结构、社会组织模式都发生了巨大的变迁。个人的身份、地位、角色也处在变动之中,缺乏组织归属的个体大量涌现,社会失范问题频发,社会管理面临危机。建构单位体制变迁后的城市社区,培育能够承载单位原有社会功能的社区民间组织已成为中国当下社会建设的重要任务。20世纪90年代以来,国家大力推进社区建设,试图以街居制替代单位制,实现对城市居民的组织和管理,但问题重重。社区对于单位功能的承接尚显不足,对居民的组织化尤为薄弱。社区发展的过程中,民间组织的成长则显现了一条社区组织化的路径。但由于社区自身组织化程度偏低,发展空间受限以及政府的选择性激励,当前社区民间组织呈现出一种不均衡发展的状况。本文试图以社会管理机制变迁为背景,探索社区管理的组织化路径及民间自治力量的培育问题,为新时期社会管理的组织基础建构寻求理论依据。

一 社会管理组织机制的变迁:从单位制到社区制

中华人民共和国成立以后,中国城市的社会管理和社会秩序主要是通过单位体制来实现的。单位是国家支配和控制社会的手段,是城市基层社会秩序生成的路径,"国家—单位—个人"构成了单位制时期社会管理的基本格局。然而,随着市场化改革等一系列社会变迁,城市空间呈现出去组织化的趋势。曾作为城市人生活方式的单位生活也逐渐成为历史,城市基层社会秩序面临转型与重构。

(一) 单位制时期城市组织化的社会生活与秩序

单位制时期，单位以全能性的组织形态涵盖城市大部分空间，涉及各类城市公共事务。单位生活是城市公共生活的主要内容，城市人的生活方式与价值观念也由之塑造。

单位组织是这一时期城市基层社会秩序生成的主要路径，塑造了城市稳定的社会结构。"单位不但是一个经济组织，还是政治组织、社会组织，行使着党和国家的动员、组织、控制等权力。"[1] 城市资源配置、人事就业以及福利保障无不受单位组织的控制和支配，"'单位空间'代替了'公共空间'"[2]。

单位组织是城市居民参与公共生活、获取社会资源和社会支持的重要场域。在单位体制下，城市居民的互动和联系主要通过单位建立。集中生活以及高度一致的社会化环境，单位人之间往往既是家属区的邻居，又是曾在附属学校的同学，彼此十分熟悉。单位既是工作场所还是生活场所，以至于家庭生活也被整合进单位组织。"在单位中人们可以比较容易地观察到，单位和家一样，也是一个功能多元化的事业组织和社群。"[3] "以厂为家""以单位为家"，不仅是时代的口号，也是单位人生活的写照。

单位是个体可依赖的共同体，其生活的意义和价值也在其中获得。稳定的工作和完善的福利形成了单位人"铁饭碗"的安全感。单位人之间的紧密关系使单位成为具有伦理色彩的"熟人社会"，满足了其情感精神需求。个人遇到困难总是会想到向单位求援，个人的生涯成就也常由单位所表彰，工作和生活的意义也由单位同国家整合。

单位制以其特有的组织形式塑造城市人的生活，调节国家与个人的关系，构建了中国当时城市的基础社会秩序。

(二) 社会变迁与城市空间的去组织化

在住房分配制度下，单位居所的集中分布对城市空间起到了组织化的效果，城市居住空间同单位分布密切相关，城市物理空间因单位而成为具有社会组织结构的空间。市场经济改革促使单位组织改变其全能性

---

[1] 崔月琴：《后单位时代社会管理组织基础的重构》，《学习与探索》2010 年第 4 期。
[2] 田毅鹏：《单位制度变迁与集体认同的重构》，《江海学刊》2007 年第 1 期。
[3] 李汉林：《中国单位社会：议论、思考与研究》，上海人民出版社 2004 年版，第 59 页。

的组织形态,单位承载的诸多社会事务以市场化方式外移。这一转变分离了城市人的生产空间与生活空间,消解了单位对于城市空间的组织,弱化了城市人之间由依赖单位而产生的紧密关系。城市表现出社会原子化的趋向,这一趋向"主要是指在单位制度变迁过程中单位人社会联结状态发生变化的过程,表现为个人之间联系的弱化、个人与公共世界的疏离以及由此而衍生的个人与国家距离变远等情形"[①]。

市场化改革以及城市化发展,一方面,造成了大量的没有组织归属的个体,如国企改制后分离出来的大量下岗人员、城市中大量的外来务工人员、新兴的自由职业者等。另一方面,城市原有的组织化空间也因住房体制的变迁而消解,商品房的出现打破了单位与居所的同构,城市人口的空间分布不再基于作为共同体的单位,而是受到城市规划、资本运作以及阶层结构多方面的影响。曾经紧密的城市邻里关系悄然变更,防盗门把邻里阻隔在完全独立的居住空间。一些新兴的商品房小区内,即使是对门的邻居彼此除了偶尔的相遇,几乎再没有更多的交往。城市人的生活缩回了家庭和私人性的交往圈子,集体生活变得匮乏,公共精神也不可避免地走向衰落。原子化个体的大量出现直接反映了城市空间的去组织化,给社会管理造成了很大的障碍。

单位原有社会功能的承接虽可由市场部分实现,然而市场并不能解决城市人组织化的问题。市场兴起推动了社会利益格局的改变,"人对于物的依赖性"增强了人的独立性,个体利益取向日益多元。"从社会心理的角度上考虑,市场经济的运行逻辑中对自利行为的刺激,降低了人们的合作意愿与公共责任感。"[②] 与此同时,单位组织促成和调整人与人关系的功能也逐渐衰落,因利益结构分化带来的社会矛盾缺乏组织协调机制。"各单位组织逐渐由管理型单位向利益型单位转化,单位所承载的意识形态因素和政治要素开始退居背后,单位逐渐成为一个利益的共同体,单位组织之间的联系也开始明显减少。"[③] 缺少单位的整合,不仅单位人之间的关系在衰弱,个人同国家的联系也开始衰落。

[①] 田毅鹏:《单位制度变迁与集体认同的重构》,《江海学刊》2007 年第 1 期。
[②] 陈福平:《公民社会:强市场中的"弱参与"》,《社会学研究》2009 年第 3 期。
[③] 田毅鹏、吕方:《单位社会的终结及其社会风险》,《吉林大学社会科学学报》2009 年第 6 期。

(三) 社区管理体制的对接及其难点

社区建设与管理最主要的职能在于承接由单位外移的社会功能,将城市居民生活重心转移到社区,实现"单位人"向"社区人"的转变;并为那些脱离单位、分散的个人打造新的活动和参与政治生活、文化生活和社会生活的新空间。要真正实现这一转变就需要实现社区层面的组织化,使社区成为真正意义上的社区。

社区建设的兴起作为对单位制变迁的回应,一方面通过社区服务的方式来承接由单位分离出来的职能;另一方面国家也试图将社区作为新的城市基层社会管理模式。2000 年民政部《关于在全国推进城市社区建设的意见》中指出:"在新形势下,社会成员固定地从属于一定社会组织的管理体制已经打破,大量'单位人'转变为'社会人',同时大量农村人口涌入城市,社会流动人口增加,加上教育、管理工作存在一些薄弱环节,致使城市社会人的管理相对滞后,迫切需要建立一种新的社区式管理模式。"社区建设十多年来取得了一定成就,在社区服务、基层秩序与稳定方面发挥了重要作用。然而,街居体制的管理模式却无法达到单位制时期曾经对于居民的组织化程度。

社区居民数量多、异质性高、流动性强都给社区的管理造成了很大困难,在居民组织化方面问题尤为突出。一个社区往往包含几十栋楼宇、数千户居民,对于所辖全体居民的组织和动员难度较大。截至 2007 年,全国城市社区中居民户数在 1000 户以下的有 30746 个,占总数的 38.2%;居民户数在 1000 户至 3000 户之间的有 39825 个,占 49.2%;居民户数在 3000 户以上的有 10213 个,占 12.6%。① 而这还没有算社区中的大量流动人口,实际上社区居委会所辖的居民远远超过了单位制时期单位所辖人员。

现有的居委会组织还难以实现城市基层社会的再组织。社区是数千户具有较高异质性居民的生活空间,社区生活涉及方方面面,单一的居委会组织难以整合。而且居委会组织倾向于成为准政府组织,缺乏单位曾经具有的资源和权力,因而在增进居民互动交往、增加共同联系方面作用有限,难以形成居民共同利益和对社区的认同感,面对居民同政府

---

① 卫敏丽、李亚杰:《我国努力建设管理有序、服务完善、文明祥和的城乡社区》,新华网,http://news.xinhuanet.com/politics/2007-10/11/content_ 6868414.htm。

的矛盾也难以承担"中间社会"的功能。

总之，单位制时期单位组织是城市基层社会秩序生成的主要路径，不仅组织了城市人的劳动生产，同时也促成了城市人之间的社会联系，构成城市人生活的主要内容。单位制的变迁以及市场的兴起改变了城市公共服务的供给方式，也对城市空间与人群造成了一种去组织化的效果。社区单一的居委会组织也并不能解决社区居民的组织化问题，而在社区建设过程中兴起的社区民间组织则在组织和凝聚社区居民方面显示出较大优势，成为社区实现组织化的有效途径。

二 社区民间组织的发展及其缺失

在中国近些年的社区建设中，社区民间组织的发展展示了社区组织化的一条新路径，有助于实现社区应有之内涵及其功能。从业已披露的统计数字看，社区民间组织急剧攀升，呈现出一片"繁荣"景象。但值得注意的问题是，社区民间组织在数量上走向"繁荣"的背后，却存在严重的缺失，其主要表现之一就是民间组织的不均衡发展，导致了社区虚浮的组织化。

(一) 社区与社区民间组织

社区（community）一词源自拉丁语，本义为"关系亲密的伙伴和共同体"。简单地说，社区代表了一个社会集体，这个集体可以是同一区域的居民，也可以是有着共同生活方式、信仰、背景、利益及功能的一群人。"对于社会学家，社区传统上指的乃是建立在小群体之上的特殊社会组织形式，如邻里、小镇，或是空间区域。"[1] 尽管随着社会学的发展，对于社区的理解与定义也越来越开放，但地域空间以及其中人们的共同关系依然是社区的主要内涵。

在中国，民政部对于社区的定义是："聚居在一定地域范围内的人们所组成的社会生活共同体。"然而在社区建设过程中，社区往往被视为城市基层的空间区划或是城市居民户籍的归属之地，而其共同体的含义则被忽视。"理论界比较注重社区中关于'共同体'的含义，而实际工作部

---

① [英] Gerard Delanty, *Community*, London: Routledge, 2010, p.11.

门则注重于社区概念中'区域'的含义。"① 社区共同体的形成有赖于社区居民对社区生活的参与、对于社区的认同感和归属感以及居民之间的紧密联系。这就需要实现社区的组织化,以促进居民之间的互动,增强社区的凝聚力。故社区民间组织的发展当成为社区建设的题中应有之义。

社区民间组织,一般来讲是指由社区组织或个人在社区范围内单独或联合举办的,以本社区成员为主体,以本社区区域为主要活动场所,遵守国家法律、法规,尊重社会公德,以自我管理、自我教育、自我娱乐为主要活动目的,满足社区居民不同需求的、自发形成的群众团体队伍或组织。② 社区民间组织是社区组织化的平台和载体,是建设社区共同体的有效手段和途径。通过多样化的民间组织为社区居民提供沟通、交流的场所,提供社会服务和社会支持。而沟通将促进人际纽带的产生,增进社会互动,进而可以促进更为广泛的良性社会行为。有组织的行动,有利于共同体意识的培养和社会规范的形成。

国家推进社区建设以来,社区民间组织对于社区建设的意义不断被挖掘,其发展也经历了从萌芽到迅速增长的过程。从早期群众自发地组织活动,到政府部门有意识地去培育,社区民间组织首先在数量上实现了繁荣。以南京市和长春市朝阳区为例:南京市 2006 年共有社区民间组织 4355 个,平均每个社区 5 个,2009 年则增长为 7989 个,平均每个社区 9.3 个③;长春市朝阳区 2007 年共有社区民间组织 391 个,平均每个社区 7.7 个;2010 年增长为 536 个,平均每个社区 9.7 个④。尽管从中难以推论全国普遍情况,但也能从一个侧面反映出社区民间组织近年来增长的事实。然而单是数量迅速增长并不能反映其对于社区组织化的功效,这些数据背后还存在民间组织发展结构不均衡的问题。

(二)社区民间组织发展中的不均衡

社区民间组织能够促进社区的组织化,不同类型的民间组织对于社

---

① 卢汉龙:《发展社区共同体推进社区建设——兼谈基层组织重建中的理论与实践分歧》,上海社会科学联合会 2001 年主办的"社会转型与社区发展研讨会"论文。

② 杨贵华:《对当前我国社区民间组织建设的思考》,《科学社会主义》2005 年第 2 期。

③ 赵军、符信新:《南京市社区民间组织管理工作的"五个创新"》,《社团管理研究》2009 年第 1 期;张仁萍:《南京市社区民间组织培育发展工作的调研报告》,中国社会组织网,http://www.chinanpo.gov.cn/web/showGulltetin.do? Id = 22971&dictionid = 1500&catid = 15001。

④ 长春市民政局:《朝阳区新社区组织发展情况调研报告》、《朝阳区社区民间组织调研报告》。

区组织化的程度和效果也有差异。从组织的主要目标看，社区民间组织可划分为三类：具有娱乐性质的文体活动类组织、体现公益精神的志愿服务类组织以及维护居民权益的利益代表型组织。这三类社区民间组织往往具有不同的组织结构，生成不同类型的人际关系，因而对于社区的组织化有着不同的影响和作用。

文体活动类组织能够增进居民交往和了解，但所涉及的居民有限，维系的关系松散。参与文体活动并非社区每一位居民生活所必须，有兴趣并能够参与文体活动的只是社区部分居民。而且文体活动本身难以脱离固定的时间、地点，由之建立的居民之间的关系则更依赖具体的活动本身。相对于维护居民权益的利益代表型组织，文体活动类组织对于社区凝聚力的形成作用非常有限。当然，这里并不否认居民通过文体活动所结成的关系在社区生活中的价值。在社区，各类关系都有助于推进社区的组织化，推动社区朝着共同体的方向发展。

"共同的利益往往是社区居民产生归属感、认同感和共同行动的基础，是居民参与社区公共事务的直接动力。"[1] 社区居民对于社区的依赖，有助于提升社区组织化的程度。黎熙元、陈福平[2]的研究指出，社会支持网逐渐从社区内转移到社区外，导致了居民社区认同和社区参与减弱。居民的切身利益和需求如果能够在社区之内完成，那么社区的组织化就有了坚实的基础，居民之间由此建立的关系也将持久而牢固。然而，三类组织当前在社区的发展并不均衡，往往是文体活动类组织繁荣，而志愿服务类组织和利益代表型组织发展薄弱，对社区发展影响小。音乐、棋牌或是体育组织在社区遍地开花，显示出勃勃生机。与之相反，志愿服务类组织浅尝辄止，往往聊备一格；利益代表型组织虽举足轻重，却难名正言顺。这样社区民间组织往往停留在娱乐和休闲方面，对于社区发展及其公共性建构的意义非常有限。

社区民间组织的不均衡发展实际上造成了社区的虚浮组织化，居民之间的联系依然薄弱。单是文体活动组织一枝独秀，导致社区生活呈现娱乐化倾向。其实志愿服务类组织和利益代表型组织才是社区生活更为

---

[1] 夏建中：《城市新型社区居民自治组织的实证研究》，《学海》2005 年第 3 期。
[2] 黎熙元、陈福平：《社区论辩：转型期中国城市社区的形态转变》，《社会学研究》2008 年第 2 期。

重要的纽带,它们的匮乏导致难以形成较强的社区凝聚力和认同感。因而要实现社区真正的组织化就需要这三类民间组织的均衡发展,以实现社区多层面的组织化,完善社区各方面的功能,体现社区生活应有之内涵。

(三) 社区民间组织发展不均衡的原因

社区民间组织的发展嵌入于城市基层社会情境,社区的人口结构、经济发展水平和文化等既是其生发的基础,也是制约其发展的因素。此外由于城市中社会空间狭小和国家力量强大,政府对于民间组织的发展影响重大。这些因素对于三类民间组织发展的影响存在差异,因而导致了社区民间组织发展的不均衡。

社区民间组织的这种不均衡发展首先同社区本身组织化程度密切关联。社区民间组织能够促进社区的组织化,但社区自身的组织化程度也制约着各类民间组织的发展。组织化的不同程度对应着居民之间不同的了解和信任程度,以及参与不同类型组织的热情。相对于一起谋求共同的利益,一起唱歌打球所需要的信任感是不同的。因而社区民间组织的均衡发展同社区发展关系密切,社区组织化是一个渐进的过程,社区民间组织的不均衡发展产生于这一过程,因而也受到这一过程的影响。

文体活动类组织有着广泛的社会认同和成熟的运作模式,容易在社区生根发芽。早在社区建设之前,这类组织就长期存在于基层社会。在单位制时代,像合唱团、球队这样的组织就很普遍,其组织模式成熟,社会认同度高。这一类组织本身不涉及太多利害,而且是以特长和兴趣为纽带,居民对其有着高度的认同和信任,参与的热情不受其他太多因素制约。如果把组织理解为凝聚个体的特殊结构,那么这一类的组织结构乃是先在于社区建设的。因而其在社区的生长与运作不需要摸索的过程,其组织结构和形式都有着广泛的认知,在活动运作中较少面临组织社会学中的合法化困境。

尽管在制度层面单位制已经发生了变迁,但单位制所塑造的城市人的单位意识对于当下的社区建设还有影响。在过去,人们生活的诸多方面都由单位所包揽,各项权益的维护与伸张多是在单位组织内部解决,因而自发的利益型组织罕见。当前社区居民的权益同市场和政府都发生联系,但是还缺少自己组织起来维护权益的意识,自我管理、自我服务的意识还有待培养。而且相对于文体活动类组织,利益代表型组织和志愿服务类组织也缺少成熟稳定的运作模式，其运作的相关法律法规也尚不明确，组织的运作缺少合法化机制。面对社区公共事务，居民往往能因共同的利益聚集起来，但是难以有效组织起来。已经成立的一些组织往往遭受各方的质疑，遭遇相较文体活动类组织更多的阻力。

来自政府的激励能够促进民间组织的发展，但是政府的选择性激励则加剧了民间组织的不均衡发展。不可否认，"政绩"是政府行为的一个重要动力。文体活动类组织因其直观、生动，更有助于社区属地的政府政绩的彰显，因而也容易得到政府的表彰和资源的投放。与之相反，志愿服务类组织和利益代表型组织的运作更多落实在居民的日常生活，而且利益代表型组织维护权益的对象或则指向政府，或则对政府提出相关的监管要求，这导致基层政府往往视之为不稳定因素，对之态度谨慎，放不开手脚。

三 社区组织化与社区民间组织均衡发展的路径选择

通过社区民间组织实现社区层面的组织化，是中国当前社区管理的重要途径。这既有助于城市基层社会秩序的实现，也有利于将社会矛盾化解在基层。要实现社区民间组织的均衡发展，还需要政府给予相应的支持。

（一）组织化之于社会管理

从组织的特征来看，组织比其他社会结构更具有持续性；组织擅长用同样的方法完成同样的事，可控而且可靠。① 组织的这些特点正是当前社会管理所需要的社会基础，社会组织能够消除社会中的不确定因素，意味着社会秩序的生成。组织作为结构不仅规范和约束人的行为，同样会扩展人的行动能力和范围。在组织中，人们不仅仅展现自我，还扮演一定的角色。组织中的分工协作有助于培养个体的公共精神。保罗·霍普认为，公共精神是指人们参与共同体行动的一种意愿，即在考虑自己

---

① ［美］斯格特：《组织理论》，黄洋等译，华夏出版社2002年版，第21页。

的个人利益之外，能够更多地融入共同体和社会的愿望。①

城市空间的去组织化造成了许多社会后果，在社区空间则主要表现为邻里关系的疏远，社会资本的薄弱，公共生活的匮乏等。社区居民相对于单位人更多还是空间意义上的居民，而非共同体的一员。居住在同一社区仅仅是一种抽象的共性，并不能成为居民紧密联系的依据。这种较低的组织化程度给城市社会管理造成了诸多不便，公共事务缺乏运作的空间，个体利益缺少表达的渠道。"由于平时没有什么组织，社会冲突一旦爆发，往往容易受情感驱动……在这种情况下，国家不得不直接面对一个个组织性很差的、但能够迅速集结而后迅速上哪去的'散兵游勇'，不但解决问题的成本很高，而且效果也差。"② 与之相反，"在关系密集的社会里，经济和政治上的投机行为会大量减少"③。因而，提高社区居民的组织化程度是社区建设的一个重要任务，对于社区的发展具有重要意义。

现代人的生存与生活不仅仅满足于衣食住行等基本需要，还有情感归属、尊重和自我实现等其他层次的需求。社区对于他们来说不应只是房产与户口的所在地。即使对在企事业部门工作的人来说，工作岗位上往往充满压力和竞争，而所居住之社区则应成为他们休闲、娱乐、情感归属的共同体；而对那些居住在社区的自由职业者、下岗失业人员、外来务工人员、离退休人员等缺少组织归属的个人来说，社区的组织化生活及社区公共事务的参与更应成为他们的归属需求。

组织起来是单位制背景下城市社会管理的成功经验，社区民间组织以社区组织化为目标，同样可以成为当前社会管理的路径选择。社区民间组织提高了社区的组织化程度，体现了社区理念中的诸多要素，使社区向着一个共同体的方向发展。通过社区民间组织这种组织化的形式，生成和扩展了社区公共空间，凝聚和伸张了居民共同利益，深化和丰富了社区服务。

提升社区居民的组织化程度有助于城市基层社会管理，社区建设实

---

① ［英］保罗·霍普：《个人主义时代之共同体重建》，沈毅译，浙江大学出版社2010年版，第81页。
② 中国人民大学中国调查与数据中心：《中国综合社会调查报告（2003—2008）》，中国社会出版社2009年版，第248页。
③ ［美］普特南：《独自打保龄》，虞大鹏等译，北京大学出版社2011年版，第10页。

践则向我们展示了社区民间组织在社区组织化中的重要价值。

(二) 社区民间组织均衡发展的意义

社区民间组织的均衡发展有助于生成和扩展社区公共空间，增进居民之间的交往与联系。社区占据了一定的物理空间，其中居民的生活空间却非一体，受到居住空间的隔离，若非居住毗邻，社区不同楼栋的居民鲜有交往的机会。社区民间组织则超越了社区中的空间阻隔，合唱团不仅汇聚了歌声也增进了了解，志愿者提供了社区服务也带来了信赖。"只有通过特定的组织，才可能把人们从原来的家里'拉'出来，给予他们沟通空间，相互理解与认识，最后才能形成共识，形成社区共同体。"[①]社区民间组织由此超越了物理界限，打破了空间对于社区居民生活的隔离，进而扩张了社区居民的交往空间，增加了社区的社会联系。

社区民间组织的均衡发展能够凝聚和伸张居民共同利益，有组织地实现居民的利益诉求。社区的居民生活在一个共同区域，有着诸多的共同利益，如物业管理、小区环境等等。在其权益遭受侵害时，利益诉求个体化的表达往往处于弱势，难以同强势的一方抗争。而且，个体的表达往往失于理性，导致利益最大化的行动策略，行动各方没有共识和妥协，造成政府的许多治理目标陷入僵局，极易发生群体性事件。社区民间组织能够将社区内分散的利益诉求凝聚起来，进而通过组织方式实现利益诉求。民间组织参与到利益纠纷调解中来，则有助于通过法制化、程序化的渠道实现矛盾的解决。不同的利益群体也才有可能达成理性共识，充分维护居民的权益，同时避免各种非理性的利益要求以及表达方式，进而有效地将利益矛盾化解在基层。

社区民间组织还能够深化和丰富社区服务，充分满足居民的各类需求。政府在社区服务提供方面倾向于满足居民的基本需求，而难以适应居民日益增长的不同层次需求。相较于政府提供的社区服务，民间组织在社区服务方面灵活多样，更能满足城市居民日益多元的需求。相对于市场提供社区服务，社区民间组织则可有效调动居民的公益精神，增加社区服务的人力资源投入。

---

① 宋雪飞：《社区民间组织新功能解释——后单位现象解决方案之一》，《兰州学刊》2008年第11期。

维系社会秩序和化解社会矛盾被视为社会管理的总体目标和任务。[①] 从社会秩序的角度来看，居民有组织地参与到社区各项事务中来，本身就意味着社区处在一种良性的运行与稳定的结构之中。而一些作为居民利益共同体的社区民间组织还能够通过组织的力量来有效维护自身利益，而不是通过个体的方式谋求利益。因而发展社区组织，尤其是居民自发的具有草根精神的社区民间组织对于克服单位制变迁之后社区原子化的趋势有着重要的意义。

(三) 政府助推社区民间组织均衡发展

社区民间组织对于社区的组织化体现了自下而上社会秩序的生成路径，然而在当前，政府自上而下的引导也是必要的。"通过个人和社区分散的相互作用，社会秩序是不会简单地得到重建的；重建社会秩序也需要通过公共政策。"[②] 针对社区民间组织的不均衡发展，政府需要从以下几方面着手：

一是明确政府在社区的权力边界，增加利益代表型组织运作的空间。当前社区建设中居委会的行政化使得政府权力得以进入到社区生活各个方面，这客观上压缩了社区的自治空间，限制了社区民间组织的发展空间。居委会虽然在名义上是居民的自治组织，但实际上承担着大量政府事务。这样一种尴尬的角色模糊了居委会处理社区事务方面的责权。在这种情况下，居民生活中遇到各种事情首先都试图通过社区来解决，同时也把社区作为政府的"腿"看待。这给社区的管理造成很大的困难，作为居民的自治组织应该去处理涉及居民的公共事务，但居委会又没有相应的各类资源。因此，政府首先要明确居委会的职能，赋予社区更多的自主空间。减轻居民对于政府的依赖，增强自主意识。同时应该转变对利益代表型组织的观念，认识到利益的组织化有助于相关社会矛盾以一种程序化方式得到解决。同时也避免了政府在基层解决矛盾中的面面俱到，把本来是居民和市场的矛盾也变成政府的负担，把本来能够通过法律渠道解决的基层矛盾变成了维稳事件。

二是发掘成熟的组织运作模式，进行示范推广。社区民间组织的特

[①] 郑杭生：《不断提高社会管理科学化水平》，《人民日报》2011年4月21日。
[②] ［美］福山：《大分裂：人类本性与社会秩序的重建》，刘榜离、王胜利译，中国社会科学出版社2002年版，第341页。

点之一是组织形式灵活，组织类型多样。在社区民间组织的发展中，不乏一些经过实践检验、为居民广泛接受、切实可行的组织类型。这些组织或是具有新颖的活动内容，或是形成了成熟的运作模式，社区居民喜闻乐见，政府也给予了一定的认可。可以说，这些民间组织在社区创生了新的组织结构，对于民间组织的发展具有示范效应。如果政府对于这样的社区民间组织进行宣传推广，树立典型，则能够促进一批同类型的民间组织形成。这既增加了民间组织的数量，同时也赋予了它们更多的合法性，有助于其生存和发展。

三是针对不同民间组织的特点采取有针对性的激励措施。上述三类民间组织的运作具有不同的特点，政府在扶植与培育方面应采取不同的激励措施。文体活动类组织对于场地和器材的要求比较多，而利益代表型组织则更需要制度上的宽松环境，志愿者服务类组织需要的是对于志愿行为给予一定的荣誉。政府在这三类民间组织的激励上应该对症下药，让各类组织都有各自发展的动力和空间。此外，实施有针对性的激励措施还要避免锦上添花，充分发挥公共资源的效能。

总之，较低的组织化程度使社区尚不足以实现其丰富内涵，也不能够促进城市空间再组织化和承担城市社会管理的各项功能。社区民间组织的发展则有助于完善社区内涵，实现社区层面的组织化，进而服务于当前的城市社会管理。然而，不同类型的社区民间组织在实现社区组织化方面具有不同的影响和作用，其所实现的社区的组织化程度与层次也是不同的。当下社区民间组织的不均衡发展导致了社区一种虚浮的组织化。要实现全面深入的社区组织化，还需要各类社区民间组织在社区均衡发展。政府转变观念并予以推动和扶持则有助于促进社区民间组织的均衡发展。

（原刊于《社会科学战线》2011年第10期）

社会组织治理结构的转型

——基于草根组织卡理斯玛现象的反思

在中国社会结构变迁和转型中,社会组织对于中国社会发展的意义已经达成了某种共识。一方面,社会组织作为社会力量的载体备受理论界关注,将其视为中国社会再组织化的重要路径;另一方面,由于社会组织具有提供社会服务和解决社会问题的效能,国家也逐步开放其发展空间并投入各类资源。然而,相较于社会领域发育成熟的国家和地区,中国社会组织重建的过程则显得步履蹒跚。无论是组织发展环境、还是自身的成长历程中国社会组织都呈现出了种种初级化的特征,表现为法制环境缺失、管理体制滞后、非正式资源依赖、组织结构不健全等等。受此制约,目前多数草根社会组织的治理结构则停留在"卡理斯玛权威治理"的阶段。卡理斯玛领袖对于草根组织的意义毋庸置疑,但其对组织长期发展的困扰亦不能忽视。基于对东北地区30余家社会组织成立与发展历程的观察,本文分析了卡理斯玛权威对于草根组织发展的影响及其后果,试图为社会组织自身治理结构转型以及国家社会组织管理模式变革提供理论依据。

一 作为"卡理斯玛"的精英治理

"卡理斯玛"是韦伯社会学理论的关键概念之一,卡理斯玛作为"超常性"权威类型包含了变革传统的力量,甚至被韦伯认为是现代性困境的出路所在。在韦伯看来,卡理斯玛领袖具有打破社会传统结构的力量,能够悬搁生活秩序的历史性而成为生活秩序新的开端[①]。韦伯的经典论述

---

① 李猛:《理性化及其传统:对韦伯的中国观察》,《社会学研究》2010年第5期。

中，卡理斯玛领袖多是伟大历史人物；但沿着韦伯的思想，后世学者扩展了卡理斯玛的分析范畴，认为现世化的精英人物同样是一种卡理斯玛领袖。在特殊发展历史以及诸多结构性困境的压力下，中国社会组织的重建被视为"一个在黑暗中摸索前行的过程"①，而正是在各类具有卡理斯玛特质的精英行动者的推动下，中国社会组织才形成了今天的发展格局。

（一）社会组织中的精英治理现象

社会组织的发育和发展不仅表现在组织数量的不断增加、组织类型的不断扩展以及社会公众对社会组织的关注与参与趋势逐步上升上，还表现为社会组织的内部治理结构的发展与转型的过程。就"自上而下"成立的官办社团组织来说，它们往往会采取照搬现有政体机构设置的途径，在很多时候它们也是受官方直接或者间接支配的、作为国家的另一只脚而发挥作用。随着社会体制改革的逐步推进，在"政社分开"的改革思路下，这类组织的内部结构也开始发生变革。而就外部催生出来的社会组织而言，它们本身作为国外社会组织的下属与分支，自建立之初，就依托国外成熟的社会组织来建构其制度结构，但这种建构也面临着国外经验与本土实践之间的摩擦所带来的挑战。如果我们关注在更广泛层面上不断发展的"自下而上"形成的草根组织，其内部治理结构的建构过程往往会更明显地表现出来。

一般而言，组织的治理结构与组织的效能密切相关，即使在新制度主义视为"神话与仪式"②的正式结构其对于组织的生存亦有其合法性的价值。在社会组织研究领域，组织的治理分为内部管理及对外的联结活动，包括决定组织的使命、从事目标规划、确保组织财务健全、内部冲突的协调以及募款、提升公共形象、与政府部门建立良好合作关系等等。③ 在成熟的组织治理结构中，这些功能往往是通过科层化的组织结构分工完成的。然而就目前草根组织的治理结构来看，理事会等科层化的

---

① 王名：《走向公民社会——我国社会组织发展的历史及趋势》，《吉林大学社会科学学报》2009 年第 3 期。

② Meue, Rowan, "Institutionalized organizations: Formal structure as myth and ceremony". American journal of sociology, Vol. 83, No. 2, 1977, pp. 340-363.

③ 官有恒、萧新煌、陆宛苹：《非营利部门：组织与运作》，巨流图书公司 2009 年第二版，第 51 页。

治理结构往往是形式层面的,真正发挥治理功能的更多是一种精英治理的模式。

在中国文化的语境下,"精英"与"能人"并非一个新的学术话题。当代中国的社会转型中,学界关注农村社会中的政治精英、经济精英与宗教精英对于农村社会的治理结构与经济发展的影响,以及城市中精英阶层的再生产。但这里所谓的精英更多地表现为一种权力与资源的占有者。村庄精英所承袭的是一直以来基层社会士绅治村的传统;而城市精英则秉承米尔斯的精英理论思路来影响社会结构变迁。这些精英体现出的是社会结构的力量,他们事实上是受结构驱使的。应星分析了作为草根行动者的农村精英的行动逻辑与利益表达困境①,其中的精英在某种意义上表现为跳脱结构约束的能动力量,从而也更贴近卡理斯玛意义层面上的精英表现。而在社会建设的时代背景下,随着社会组织的发展,其中的卡理斯玛型的行动者因素越来越多地凸显出来。

(二) 作为权威类型的卡理斯玛

韦伯把权威②定义为"一项特定内容的命令得到特定人群服从的可能性"③。组织则是一种"通过社团关系而确立的特定权威安排",其成员是"一群习惯于服从领袖命令,且依靠他们自身的参与所维续的权威以及相应所得关乎其个人利害的人,为了维持权威的持续,他们进行内部职能分配,并且持续地聚集起来以保证职能的行使"④。领袖与服从者共同构成了组织,而组织凝聚与持续运转都必须诉诸其间的权威结构,韦伯进一步区分了权威结构的三种"纯粹"类型:"传统型权威""法理型

---

① 应星:《草根动员与农民群体利益的表达机制——四个个案的比较研究》,《社会学研究》2007年第2期。

② 韦伯在使用"Herrschaft"一词时,也把"Autoritat"作为一个可以替换的词来使用。而英文译本对"Herrschaft"的翻译也存在分歧,本迪克斯用"domination"来指代这种领袖作用于其追随者的权力,帕森斯则认为"domination"更侧重于使团体有效运转,这并非韦伯的本意,所以他用"leadership"来强调对团体的整合。他还认为韦伯强调的重点在于这种权力的正当性基础,因此,这种正当性权力应该被译作"authority"。在 Roth 和 Wittich 所译的英文版《经济与社会》中,在不同的章节分别使用了"domination""authority"以及"rule",康乐与简惠美将其对译为"支配""权威"和"统治",其中"支配"强调权力结构,"权威"强调领袖个人的权力地位,"统治"则强调其间的权力关系。

③ Weber, *Economy and society: An outline of interpretive sociology*, Berkeley: University of California Press, 1978, p. 53.

④ Ibid., p. 952.

权威"和"卡理斯玛权威"。

传统型权威是一种严格的个人性恭顺关系。在传统型权威结构中，领袖经由世代相传的规则产生并由此获得具有神圣性的权力，人们服从的是传统性的惯例。而法理型权威依据的则是由首尾一贯的抽象规则组成的规范系统。只有最高领袖的地位是通过占有、选举或继承的方式产生的，而他的权威也只限于系统规定的权限范围，人们服从的是具有一般性约束力的规范。个人性的传统型权威与即事性的法理型权威之间存在很大差异，但它们都表现为一种稳定的日常性权威结构，尽管所依循的是两种相悖的规范。因此当诸多"超日常"的需求出现时，往往就要另外寻求一种截然不同的权威形式，即卡理斯玛权威。

"卡理斯玛"（Charisma）一词表示的是一种人格特质，某些人因为具有这种特质而被视作超凡的。[1] 他们代表着超自然、超人，或者至少是特别出众的力量或品质，并由此得以与普通人区分开来，从而成为"领袖"。卡理斯玛领袖的资格与权威并不通过外部规范来获得，而是依据卡理斯玛自身使命的确证与限制。卡理斯玛权威完全依赖领袖与追随者相互之间的确证与承认作为基础，然而当其神圣使命无法实现、神圣力量难以延续时，领袖就会很快被抛弃。在卡理斯玛的共同体内部，维系权威结构的是作为情感基础的"共同体关系"。因此，作为一种非日常的、非经济的力量，卡理斯玛在本质上是特别不稳定的。纯粹意义的卡理斯玛原则上只存在于组织的初生期。当卡理斯玛的领袖与追随者都希望持久延续这种权威结构时，其内在结构就会无可避免地发生变化。

（三）现世化的卡理斯玛

卡理斯玛作为一种权威结构的"理想类型"，它在社会科学中的应用有两种不同的取向。韦伯把来自宗教领域的卡理斯玛概念运用到政治领域中，但他认为宗教仍然是卡理斯玛的基础所在。有的学者坚持使用韦伯所谓纯粹意义上的、带有强烈宗教色彩的"卡理斯玛"概念，[2] 也有学

---

[1] Weber, *Economy and society: An outline of interpretive sociology*, Berkeley: University of California Press, 1978, p. 241.

[2] Friedrich, "Political leadership and the problem of the charismatic power", *The Journal of Politics*, Vol. 23, No. 1, 1961, pp. 3 – 24.

者认为应该把这一概念从宗教背景中解放出来,以贴合现实的时代背景①。出现这种分歧的根源在于韦伯方法论本身存在的悖论。

韦伯在其分析过程中会经常强调,他的类型学是以一种理想类型的方式建立的,是一种高度抽象化的概念,而不是经验性的实体。虽然他区分了三种不同的权威类型,但他也随即指出历史事实中的权威形态都来自于这些"纯粹"类型的结合、混合、同化或者变形,②并不存在纯粹意义上的权威类型。一种对韦伯的批评观点认为,他的类型学划分刻意区分了卡理斯玛与另外两种权威类型。而帕森斯认为在从革命性的预言转变为传统型或者合法型的日常权威的过程中,改变的并非卡理斯玛这种特质本身,而是它的具体表现方式,以及它与所形成的特定权威结构中其他要素之间的关系。尽管卡理斯玛权威已经转化为传统型或法理性的权威结构,但其中仍然保留着卡理斯玛的成分,卡理斯玛实际上就是韦伯理论体系中一般合法性的来源,合法性作为一种规范秩序的特性,是卡理斯玛的制度性运用和体现。③ 希尔斯(Shils)也认为卡理斯玛权威在分析层次上可以明确区分出来,即使它表现在其他的权威类型中。④

如果把卡理斯玛分析局限于宗教组织的话,则随着工业化、城市化和科层化的不断发展,卡理斯玛作为一种权威类型必然会逐渐衰退。而正如希尔斯所指出的,"在任何社会中都不会失去与神圣性的联系。总会有特定的评价标准、思维方式与行为模式被看作是神圣的"⑤。真理、个性、甚至职业成就等等都可以视为某种程度的卡理斯玛。卡理斯玛的概念在这种意义上完成了向现实社会的延伸。而这种延伸也产生了进一步的影响,也就是社会结构的变迁将会引发卡理斯玛特征的改变。韦伯认为卡理斯玛是个体得以区别于普通人的特质,但随着人类文明程度的提高,体现着个体身上的卡理斯玛特质也会随之发生转变。而在不同的社

---

① Shils, "Charisma, order and status", *American Sociological Review*, Vol. 30, No. 2, 1965, pp. 199 – 213.

② Weber, *Economy and society: An outline of interpretive sociology*, Berkeley: University of California Press, 1978, p. 954.

③ Parsons, *Structure of social action*, NewYork: The Free Press, 1949. pp. 663 – 669.

④ Shils, "Charisma, order and status", *American Sociological Review*, Vol. 30, No. 2, 1965, pp. 199 – 213.

⑤ Shils, "Tradition and Liberty: Antimony and Interdependence", *Ethics*, Vol. 68, No. 3, pp. 153 – 165.

会系统中，对卡理斯玛的认知与评价也会有很大差异，正如西方发达国家热衷于和平与环保，而多数的第三世界国家所关注的卡理斯玛重心仍然在于抵抗贫困和发展现代化。因此，要理解一个社会中的卡理斯玛权威，就有必要考虑这个社会的制度环境与结构要素。

韦伯认为卡理斯玛通常会在危机出现时发生，不过这并不是绝对的。他并没有对产生与维系卡理斯玛权威的社会结构特征展开讨论，必须意识到的是，那些体现在卡理斯玛领袖身上的特质事实上都是社会的产物。从个体的社会经验来看，人们也总会接触到一些不同领域那些具有卡理斯玛特质的"精英"与"能人"。卡理斯玛在韦伯的类型学中是以一种宗教观念来阐释政治结构的，在政治领域与宗教文化领域中有着原初意义上的卡理斯玛权威拒斥日常的经济活动，这是卡理斯玛的重要特征。但韦伯意义上的权威本身是将经济活动排除在外的，因此在一定意义上可以把考察经济组织中的卡理斯玛成分的尝试，看作对卡理斯玛理论的补充。而在社会领域中，由于市场因素在很多情况下的不在场，使得卡理斯玛权威更易于在这里表现出来。

二 社会组织中的卡理斯玛领袖

本文立足于卡理斯玛的现世化分析路径，以个案资料为基础，分析东北地区草根组织的卡理斯玛领袖与治理结构。2013 年 5 月以来，我们对东北地区 30 余家草根组织进行了持续的深入调研，形成了大量的一手材料。本文以此为基础，[1] 分析东北地区草根组织中特定权威模式的具体表现，及其对组织自身和组织生态的发展所带来的影响与后果。在中国的基层社会中，"个人在发起和成立草根组织时强有力的领导往往成为这些组织成功的主要原因"[2]。在草根组织的生长发展过程中，个人的领导作用更为突出。这种作用可以从不同的层次来进行理解。

---

[1] 本文调研资料来自于 2013 年 5 月至 2014 年 3 月课题组成员崔月琴、郑南、张冠、王嘉渊对东北地区草根组织所进行的持续调研，文中对草根组织及相关人员的名称均进行了化名处理。

[2] MAQ, *Non-governmental organizations in contemporary China: paving the way to civil society?*, London, NewYork: Routledge, 2005, p.121.

(一) 草根组织成立的先驱

草根组织的卡理斯玛领袖提供了组织成立的现实动因，是组织成立的灵魂人物，组织的使命与价值诉求正是因他而起。在"市场失灵"与"政府失灵"的理论思路下，社会组织往往是被视为派生出来的、用以补充制度系统的功能不足。但是这种功能主义的解释无法说明社会组织是何以产生的，因为"一种事物的存在不是用这种需要能够解释清楚的，事物的存在有它自己的原因"①。催生社会组织的原因往往在于社会组织的发起者。作为推动中国民间环保事业的领军人物，梁从诫把自然之友的成立原因归结于"一定的偶然性"②，然而这种偶然性仍来自于他对环境保护的重要性的认知。价值诉求从本质上来说是超越日常的经济需求的，它构成了社会组织发展最初的驱动③，而卡理斯玛领袖则是组织价值诉求最真诚的践行者。在本文的调研中，SC协会正是因其创始者ATG"营造公益的社会氛围，用大爱的精神体现社会功能"使命感而一步步发展起来的。

承载着多元化的进步理想且受到体制与传统的制约，草根组织初期的成长可谓步履维艰，因而其创始人的卡理斯玛品格就显得弥足珍贵。草根组织领袖的卡理斯玛特质，不仅包括将组织的价值诉求广为传播、凝聚价值认同的个人魅力，还包括挣脱体制束缚、循使命奉献牺牲的勇气。如果其发起者或推动者没有足够的信心和能力，不仅难以带动和领导草根组织有效开展活动，更难以使得组织维持生存下去。SC组织的会长ATG就表示，"谁也不知道这个机构能发展到什么时候，它不知道哪天就关闭了，我们不希望这种现象发生，所以我们每天都尽职尽责地努力去做"。

作为组织成立的先驱，卡理斯玛领袖的意义不仅在于价值理想的坚持，还在于为组织的发展提供"原动力"。对于草根组织来说，其最初的发起者或推动者总是具有一定特质的人，他或者具备一定的资源和人脉，或者具有某种知名度和影响力，或者具有突出的领导才能。与政府部门的关系往往也是草根组织卡理斯玛领袖所具有的重要资源，在TY组织的

---

① [法]迪尔凯姆：《社会学方法的准则》，商务印书馆1995年版，第71页。
② 王名：《中国NGO口述史》（第一辑），社会科学文献出版社2012年版，第2页。
③ 崔月琴、袁泉：《转型期社会组织的价值诉求与迷思》，《南开学报》（哲学社会科学版）2013年第3期。

负责人 AYE 看来，"这就是中国做公益比较悲哀的地方"，因为"你必须得是一个社会知名人士，有背景的人，这是非常要命的。有的组织说注册上没遇到困难，那是因为他们彼此都认识，都是政府的人，如果没有这个资源，那就只能硬挺着，硬着头皮往下做"。但反过来说，这种关系恰恰也构成了草根组织领袖卡理斯玛特质的内容与支撑。这些能力和资源融合在一起，使其得以挣脱既有环境的种种制约，践行草根组织的使命。

（二）草根组织发展的奠基人

"卡理斯玛并非形而上学的概念，而是一种与人的行为和态度相关的，并且在经验上完全可以观察的人和事物的特性。"① 在草根组织的成立与发展过程中，卡理斯玛领袖的意义不仅体现为组织创立的灵魂；同样还开辟了组织的最初发展空间，也化解了种种危机与难题。以壹基金为例，李连杰的意义绝非仅止"功夫皇帝"的符号，更重要的是其身体力行所起到的中坚作用。在创立壹基金之后，李连杰不断借助公益演讲、电视节目、专题电影等形式倡导"壹基金壹家人"的"人人公益"理念，这不仅扩大了壹基金的影响，树立了良好的公益形象，也吸引了企业的广泛参与，拓展了基金会的筹资渠道。在其积极奔走呼吁下，壹基金还实现了从最初的"中国红十字会李连杰壹基金计划"到"上海李连杰壹基金公益基金会"的蜕变，最终成为大陆首家民间背景的公募基金会。

草根组织发展的初期，组织领袖的勇气、视野、创造力都是组织进一步发展的必要条件。从组织自身的发展方向、总体规划和行为模式，到组织外部的环境支持、资源获取与网络建设，都有赖于组织领袖的开拓建设。组织领袖对草根组织投入的不单是时间精力，不断灌注其间的还有他们的人生理想和价值诉求。YZ 组织的会长 ZYC 认为她作为创始人要"坚持住自己的愿景和价值观，执行正确的措施并承担后果，并把这种愿景传播开来，寻找合适的人来建立团队，开展事业"。在草根组织的领袖看来，只有做到这些，他的责任才算完成，然后才有资格把权力逐渐让渡出去。

这种对价值使命的坚持有时甚至会变成理想主义的执念。XB 组织的会长 XKT 就坦言道："其实就想把这个组织建成一个庙，只不过庙里是宗

---

① Parsons, *Structure of social action*, New York: The Free Press, 1949, pp. 668 - 669.

教信仰，组织里没有宗教，弘扬的是中国人的文化信仰。"事实上，大多数草根组织的核心理念和价值愿景基本上都是其所强调并希望突出的重点，这不仅体现在宣传手册、口号标语以及组织成员的言谈之中，同样是组织规划和组织活动的主线所在，它们构成了草根组织重要的合法性来源。卡理斯玛领袖坚守的价值理想使得草根组织的成长成为系于其一身的使命，他也成为草根组织发展的奠基人。

（三）草根组织运行的掌舵者

草根组织的卡理斯玛领袖不仅推动组织的发展前行，同时也维护组织的实际运转。徐永光在创立"青基会"之后，就选择了放弃仕途，彻底投身"希望工程"，推动其项目设计与运作实施。在服膺于卡理斯玛权威的草根组织中，人们对于卡理斯玛领袖及其承载使命的共同追随把他们结合在一起，形成了一种卡理斯玛的权威主义共同体。卡理斯玛权威中领袖与追随者的关系本身是很不稳定的，这种特殊关系的维系与组织整体的凝聚，是卡理斯玛权威的要求，也是其体现。即使在规模较大的草根组织中，这种权威模式也清晰可见。YK 组织的组织结构几乎覆盖全国范围，日常工作也主要通过网站和 QQ 群进行，其负责人 YAS 也表示："已经没法所有的工作都抓，就是在抓几个主要工作组，这几个主要工作组也就是跟它们的负责人去沟通。这些工作组的负责人呢，基本上还都是我们组织来考察，因为这个事情要说靠大家去推荐吧，有的人他兴许是比较有热情，但说实话能力不一定够。对于我们来说，还要求一个有耐力，再一个就是比较成熟的，所以就是在各个团队的组织者的任命当中，还是说靠我们去观察。"

ZA 组织的会长 NUD 认为其组织治理"说白了就是领袖负责制，也可以说有理事会，但那没有用，理事会实际上它应该是筹资的，可理事会谁给你筹资啊，但是形式上要求的这些组织里都有，其实有很多人也承担了一部分工作，但是基本上没有形成制度化的东西"。草根组织的制度设置与制度运作的脱节造成的必然后果是，需要组织领袖来承担起相应的制度职能。组织领袖需要负责组织内部事务的整合与管理，诸如组织目标的层级设计、组织活动的实施评价与组织成员的招募管理等等事务。NUD 就说，"所有理事会起不到作用的事，因为我是这个机构的负责人，所以所有的钱都是我来要的，机构里面各种各样的事儿，也都是我来管的。"在草根组织的发展航向上，卡理斯玛领袖成了组织的掌舵者，把握着草根组织的运行方向。

组织领袖追求的价值与肩负的职责决定着组织运行发展的可能性，而在挥洒自己热情的过程中也会反过来捍卫自己的权威地位，从而一方面可以推动组织活动的有序展开，更加有效地服务于组织目标的实现；另一方面这也是草根组织维持团结并增强凝聚力的有力保证。

三　草根组织治理的卡理斯玛困境

卡理斯玛型治理是中国社会组织发展过程中所普遍呈现出的内部结构样态，其中的组织领袖往往作为一种卡理斯玛权威而统摄整个社会组织。卡理斯玛权威在社会组织中不仅是作为社会组织的原始动力，同时也承担着社会组织发展的推动者和管理者的职责，决定着社会组织发展的潜能与方向。在中国的制度环境中，社会组织中的卡理斯玛领袖具有格外重要的现实意义，但他们同时不可避免地造成了社会组织发展中的困境与局限。具体来说，这些发展困境与局限主要表现在以下三个方面。

（一）草根组织发展的个人化

"NGO中的个人影响力对组织发展的影响巨大是中国NGO的鲜明特点。"[①] 诸如梁从诫之于"自然之友"、李连杰之于"壹基金"、徐永光之于"青基会"等等，创始者的个人因素在社会组织的成立与发展过程中提供了根本性的支持作用，以至于当谈及社会组织时无法绕开的就是创始者在其中的作用与影响。而在这一过程中，创始者往往是在追寻着一种公益取向的价值理念前行，这种价值诉求贯穿着社会组织的发展历程。现实的推动与价值的引领不仅使创始者个人成为组织发展的重要支撑，也使得创始者本人成为某社会组织实际意义上的标志与象征。

然而，对于组织创始人的过度依赖使得组织的发展也表现出了太多的个人色彩，使其发展呈现出一种个人化的趋势。这种个人化首先体现在草根组织的大小事务都不得不依赖于组织领袖而展开，组织领袖所具有的卡理斯玛特质决定了草根组织的行动能力与发展潜力。从组织层面来看，草根组织往往呈现为一种"铁打的营盘流水的兵"的状态，ZA组

[①] 王名：《中国NGO口述史》（第一辑），社会科学文献出版社2012年版，第64页。

织的会长 NUD 就说这么多年组织里就他一直在，其他的人都在不断流动，因为他们"养不住人，有能力的人培养完了之后，就被北京的 NGO 挖走了"。人才培养的现实困境可以从侧面折射出卡理斯玛领袖的支柱作用，这实际上也在强化着这种权威结构。

卡理斯玛权威如果想把自身转化成为一种持久的制度，那么首先面临的基本问题就是寻找卡理斯玛领袖的接班人。[①] 而从中国草根组织的现状来看，组织领袖所具有的卡理斯玛特质，使得很多时候出现的都是想接手的人能力不足，有能力承担的人又不愿意接手。对接班人的考量并非仅限于个人能力，ZA 组织的会长 NUD 说自己最深的感触就是"哪怕没有一分钱项目款的时候，我也得在这干，因为这是我的孩子，但是对于组织员工来说，可就不一定了"。XB 组织的会长 XKT 也表示："这组织我马上就可以交出去，一点也不留恋，因为我再去做其他方面的志愿者也行，志愿服务肯定是要终身的。可这事儿你要找对人是能顺利的，找不对人反倒麻烦。"用这样的标准来要求继任者的确是苛刻的。按照什么样的德行与能力的标准来培养和选择继任者，对于组织的发展与延续具有非常重要的意义，因此也构成了相当大的难题。

（二）草根组织发展的初级化

卡理斯玛是一种高度个人化的特质，领袖的使命与力量只是作为一种内在的导引，而非外部规则。领袖的使命通常只是指向某些特定团体，这也意味着它以这些群体为边界设定了自身的作用范围。[②] 而卡理斯玛领袖的使命与力量，是需要不断重新被确证出来的，这构成了卡理斯玛权威的正当性基础。因而卡理斯玛领袖需要对其追随者负责，而所谓负责，就是去证明他本身确实是肩负使命的领袖。由此会对卡理斯玛领袖的行为表现提出几个方面的要求：（1）对未来景象的描绘；（2）构建对这种景象的信心与承诺；（3）为追随者创造情感上的挑战与鼓励。[③] 也就是说，对于草根组织而言，组织领袖不仅需要奉行价值诉求，培育组织成长，还要随着时间的推移不断地表现出组织发展的动力与意义，给组织

---

① Weber, *Economy and society: An outline of interpretive sociology*, Berkeley: University of California Press, 1978, p. 1123.
② Ibid., p. 1113.
③ Javidan, Waldman, "Exploring charismatic leadership in the public sector: Measurement and consequences", *Public Administration Review*, Vol. 63, No. 2, 2003.

成员以追随下去的信心和承诺。

对于中国的草根组织而言，生存和延续才是最为艰难的挑战，① 这无疑也是卡理斯玛得到确证的基本要求。在中国其公共空间的任何事物都要首先解决政治合法性问题。② 政治合法性问题最主要的表现就是注册难的问题。只有已经注册的社会组织才有可能申请成为法人，从而才能获得与政府机关打交道的资格。在国家大力推动政府购买公共服务的当下，仍然只有已经注册的社会组织可以参与其中，并且会依据其政府评级来划分优先等级。而除了政府构建的直接针对社会组织的规制性制度之外，经济制度和社会保障制度也构成了社会组织发展的重要的制度环境，它们一方面影响到社会组织生存的制度空间，另一方面也影响到社会组织所需的社会资源。③ 尽管社会建设越来越受到政府重视，社会空间也在逐步扩大，但草根组织不得不面对的现实空间仍然是有限的，并且在很多情况下都是部分受限的。

卡理斯玛领袖所具有的力量因此显得格外重要。在当代中国社会的语境下，其卡理斯玛特质很大程度上是同其在与政府关系中的特殊角色、特殊地位或者特殊影响力相关的。因为草根组织仍然有赖于政府权威以扩大规模和提升影响，这对于草根组织来说是关键的生存策略。④ 由此造成的结果是，一方面卡理斯玛领袖强烈的个人化烙印带来的是不同强度的感召力；另一方面"僧多粥少"的局面却也使得众多草根组织往往陷于争夺资源与领域的困局，这种资源不仅是外部的政策、资金与人力资源的分配，还包括公益领域内服务内容、服务对象、服务区域的大量重叠和相互挤占。为了维系社会组织的发展，一味地追求"搞活动""做宣传"来巩固基础成为草根组织发展的要务，却也造成了草根组织发展上的"急功近名"，从而也使得这种发展往往流于同质化与初级化。在YK组织的负责人YAS看来，"东北吧，观念好像比较陈旧，还都是说像清明节咱们去给人家烈士扫扫墓啊，重阳节去给福利院老人去做做卫生啊什

---

① MAQ, *Non-governmental organizations in contemporary China: paving the way to civil society?*, London, NewYork: Routledge, 2005, p. 95.
② 高丙中：《社会团体的合法性问题》，《中国社会科学》2000年第2期。
③ 李国武、李璐：《社会需求、资源供给、制度变迁与民间组织发展基于中国省级经验的实证研究》，《社会》2011年第6期。
④ MAQ, *Non-governmental organizations in contemporary China: paving the way to civil society?*, London, NewYork: Routledge, 2005, p. 97.

么的，不像南方做得那么很多，就还有点保持在学雷锋那个状态上，这是东北的一个挺普遍的现象"。草根组织对于"正名"的迫切渴望，在制度环境的制约下，对其自身的健康发展事实上造成了极大的损害与限制。

(三) 草根组织发展的孤立化

判别社会组织的首要标准之一就在于它的自治性。而在中国，社会组织的独立性往往会让位于对政治合法性的需求与依赖。许多学者都指出，中国特定的历史和政治环境造就了政府与公民社会之间的一种"建设性的"合作关系。[①] 在威权主义的制度环境中，组织领袖倾向于同政府进行合作，并且在政府的压力下愿意选择妥协。但他们并非意识不到社会组织的自治性与独立性的重要，只是没有采用抗争的方式去争取社会组织的权力。事实上，得益于组织领袖个人所具有的社会地位、名声、社会网络乃至于政治网络，社会组织同政府之间往往会建立某种程度上的合作关系，由此不但可以获得廉租场地、项目经费等方面的支持，更重要的是同时会带来政治上的倾斜与保护等"无形资源"，这对于社会组织的成长与发展有着十分重要的作用。

组织生态学研究已经指出，资源压力会导致组织间的竞争。[②] 对于东北地区的草根组织来说，资源获取渠道相对欠缺常常将竞争引向一种"竞争排斥"。TY 组织的负责人 AYE 就表示了对另一家组织的不满，因为"他们家手伸得太长，他不会帮你，但是绝对会看你笑话，他的很多管理员都在各个社团的 QQ 群里待着呢，他去看你这家组织发展成什么状况，也不会给你任何指导性的意见，但是等一旦你出问题了他就会离你而去，就是这个状态"，所以"那我不跟你玩"。

对于社会资源来说，很多时候组织之间的竞争同样是组织领导者的魅力与能力的展现，由于组织成员与志愿者具有很高的流动性，这种竞争在许多时候都是很激烈的，而组织发展的初级化与同质化也在加剧着竞争的激烈程度。YO 组织的负责人就说："东北草根组织间的交流太少，大家没有合作的那种意向，都在单打独斗。"如果说草根组织在发展过程中很重要的一点是要学会借力、整合资源、加强合作的话，那么制度环

---

① MAQ, *Non-governmental organizations in contemporary China: paving the way to civil society?*, London, NewYork: Routledge, 2005, p. 124.
② 梁磊：《中外组织生态学研究的比较分析》，《管理评论》2004 年第 3 期。

境的局限使得它们不得不选择一种短期化的行为模式，对各种资源的过度竞争事实上在限制和影响着整个社会的公益环境与社会组织生态的发展与建设，竞争关系往往超越了合作与协同，本地社会组织之间的生疏隔阂、同类社会组织之间的貌合神离这些现象比比皆是，承载整合社会力量责任的社会组织却又成了一个个分立的孤舟。卡理斯玛并非总是一种积极的、革命性的力量，它不仅可以充当系统破坏者，有时也会成为系统维护者。[1] 对于草根组织的卡理斯玛领导者来说，在组织生存发展的压力下，选择与政府的合作关系成了大多数草根组织的主要生存策略。这种部分依赖关系反过来会对社会秩序产生间接的影响，使草根组织所处的制度环境与社会结构得到保留和延续。

结 论

在主流的组织研究理论看来，任何组织都不孤立于环境：一方面，组织的治理结构左右了其在环境中发展的路径与形态；另一方面，组织的生存与效能很大程度上取决于其与环境的耦合模式。对于草根组织来说，卡理斯玛领袖在催生组织的同时，也使得组织在体制的夹缝中生存延续。由于这样的发育机制，草根组织的治理结构也无可避免地卡理斯玛化了，在组织发展的一定阶段与特定环境中，此种治理结构对于组织的发展无疑具有诸多积极意义。然而，随着国家对社会组织发展空间的逐步开放，以及基层社会组织发展蔚然成风，卡理斯玛化的组织治理结构开始遭遇来自政府外部管理、组织间交往、组织资源获取以及组织"继承人"危机的压力和挑战。总而言之，在国家"技术治理"的新语境以及社会力量发育的背景下，社会组织转型初期特殊情境所塑造和诱发的治理结构的转型乃是一种必然的趋势。

基于本文的分析和组织发展的一般规律，我们认为，这种转型关键在于：一是完善基于民主原则的治理结构，通过规则和程序来保障组织制度的有效行使，规范组织结构的职能划分，维持社会组织的长效运转。

---

[1] Oommen, "Charisma, social structure and social change", *Comparative Studies in Society and History*, Vol. 10, No. 1, 1967, pp. 85 – 99.

规则和程序的意义不仅在于克服卡理斯玛治理的人治弊端,还在于为组织发展争夺更多的合法性空间。二是基于国家法制框架下的多元治理。社会组织的运行和发展一方面需要国家政策法规的引导;另一方面还有待于政府、企业以及其他社会力量的共同关注与监督,从而形成社会组织的多元治理体系。这样也有助于增进社会组织与其他各方之间的联系与合作,拓展组织的资源渠道。只有当社会组织的命运不仅仅维系于组织领袖的个人魅力之时,社会组织才会获得更大的舞台与真正的生机。

(原刊于《学习与探索》2014年第7期)

"双重脱嵌"：外源型草根 NGO[①] 本土关系构建风险

——以东北 L 草根环保组织为个案的研究

一 引言：问题的提出

改革开放以来，中国的社会组织逐步从萌发进入了迅速发展的时期。这样的社会变革既根源于国家政治改革自上而下释放了社会空间，也源于市场经济与民间社会发育自下而上地提供了社会组织发展的动力和支持。然而在此两者之外，一个易被忽视的维度是社会组织发展的自外而内的背景——对外开放与国际支持。就体制外的草根 NGO 而言，在缺乏国家庇护以及本土民间资源尚不充分的状况下，国际支持的意义尤为明显。就事实情况来看，中国有相当多的草根 NGO 是在国际组织的资源支持下生长发育起来的，而不少的草根 NGO 至今仍然主要甚至全部依赖国际组织的资金和项目支持。然而由于对自外而内背景的忽视，国际支持对草根 NGO 究竟有何影响仍然缺乏更多细致的研究。

我们在对东北草根组织的研究中，重点关注了 L 草根环保组织，进行了为期数月的参与观察和深度访谈，获得了翔实的一手材料。[②] L 组织成立于 2005 年，是东北 B 省 A 市的一家草根环保组织。组织的目标是"通过公众环境教育，帮扶本地环境社团，联合本地公众、政府、企业

[①] 外源型草根 NGO 是基于组织资源结构与路径的一种理想型的划分，指资源结构中境外 NGO 支持占主体，资源路径指向境外而非本土。可以视为相对于组织资源依托于国家和依托于本土民间社会的第三种资源类型组织。外源型，是对境外 NGO 资源依赖型的简称。

[②] 本文中所引用的访谈资料，来自于 2014 年 5—10 月笔者对 L 组织成员所进行的访谈录音整理。

等，保护 B 省流域水环境和生态环境"。L 组织成立 10 年来在资金等资源方面几乎全部依赖境外 NGO。相对丰厚的国际资源的引入，一方面确实使 L 组织获得了较于缺乏国际支持的草根环保组织的更为快速稳定的发展；另一方面却似乎使组织陷入了某种困境。综合来看，L 组织似乎在依赖国际组织资源支撑的同时，陷入了一种上不能与地方政府建立良性关系、下不能扎根于民间社会的"悬浮"状态。

这种"悬浮"表征的 L 组织嵌入本土社会关系的困境，与已有相关研究的结论和判断产生了一些不符。韩俊魁对宣明会培育草根 NGO 的个案研究，表明国际 NGO 的介入一方面能够使草根 NGO 获得注册资金；另一方面也可能通过自身的正式与非正式关系帮助草根 NGO 获得行政合法性以利于其注册[①]。根据观察，L 组织固然在一定程度上，尤其是组织初始阶段呈现出"外源供给—组织发展—关系嵌入—资源本土化"的趋势，然而如前所述，外源对于 L 组织本土关系嵌入的作用不仅愈加不明显，甚至呈现出潜在的负功能。进而组织的资源本土化也受到制约，反过来阻碍了 L 组织的发展，加剧 L 组织对于外源的依赖。显然，L 组织的情况超出了已有研究的判断，随之而来的问题在于我们是否过高估了国际支持对于草根 NGO 的效用？结合本文个案，这个问题可以更具体地表述为，我们是否低估了国际资源对于草根 NGO 与本土社会主体构建良性关系的潜在抑制风险？从理论逻辑上看，上述从外源供给到资源本土化的链条其实是存在漏洞的，比如它并没有把复杂的制度背景纳入考虑范畴，也忽视了外源供给主体的多样性及其与草根 NGO 的复杂多变的关系，简单化了外源供给对于组织发展的作用。就田野经验来看，笔者借由 L 组织的关系网络，了解到分布在华北、西北、东南近 10 家"外源"为主的草根环保组织都不同程度面临着与 L 组织类似的"悬浮"境况，L 组织则尤为典型。因此，重估国际资源对草根 NGO 嵌入本土社会关系网络的影响是十分必要的。

因此本文尝试探讨以下问题：第一，L 组织的本土关系困境是怎样的？第二，外源型的组织资源结构与依赖路径是否制约了 L 组织的本土社会关系构建？第三，L 组织作为外源型草根 NGO 的典型代表，其困境揭示出了怎样的带有共性的组织风险？

---

① 韩俊魁：《境外在华 NGO：与开放的中国同行》，社会科学文献出版社 2011 年版。

二 外源型资源结构与路径的生成和维系

（一）L 组织的资源结构与路径

在经典的资源依赖理论的视域下，资源主要是指稀缺的经济物质条件，如资金、人员、场地等，本文对 L 组织的资源分析也主要集中在经济资源。根据笔者获取的 L 组织历年财务报告，L 组织自成立以来，每年的资金至少 80% 来自国际 NGO，而其中绝大部分资金来源于 G、P 两家国际 NGO。以 2013 年为例，L 组织的民众捐赠和社团会费约 5000 元，本土基金会资助额约为 3 万元，政府购买服务方面资金为 0 元，而国际组织的资助则达到 30 万元。可见 L 组织的资源结构是以国际支持为主体的，本土资源比例低；组织的资源路径指向外部而非本土。我们姑且可以把这种草根 NGO 的"以外为主""指向外部"的资源结构与路径称为"外源型"。而 L 组织对国际支持的依赖度尤其高，可以视作这一类型的典型。L 组织的外源依赖形式是以 G、P 两家组织为核心资助方，保持长期的合作关系，并阶段性地接受其他国际组织资助。国际组织资助方式是以项目式资助为主，以机构建设资助为辅，在资源的"质"的方面以资金为主也包括知识技术方面，在"量"上较于本土相对丰厚。

（二）L 组织外源依赖生成——宏观背景下的双向亲和

L 组织在最初作为高校环保社团联盟的阶段，就已经获得了 G、P 组织的一些小额资助。组织成立一年后，L 组织主动向社会化的草根 NGO 转型。组织决策者认为转型意味着组织要尽快获得办公场所和专职人员以摆脱业余性，而这需要资金支持。与此同时，G 组织正在中国开展草根环保 NGO 启动的资助项目，L 组织借由之前在小额资助申请中与 G 组织建立的关系申请到启动资金 5 万元以及一间民宅作为办公室。随后，在 G 组织的帮助下，L 组织申请到了 P 组织为期两年 4 万元的 B 省流域水保护项目。有了资金和项目，L 组织开始招聘到专职人员，并通过 G 组织提供的组织能力建设逐步开始了正规的制度化、项目化运作。L 组织外源依赖的生成是组织和"外源"在宏观背景下的双向亲和的过程。宏观上看，一方面本土民间社会和政府之于草根 NGO 的资源相对贫瘠与难以获得促使组织向外寻求资源；另一方面 NGO 的全球化与中国的对外开放使得草根 NGO 获取国际支持成为可能。微观上看，G、P 组织的宗旨之一就是扶持草根环保 NGO，而 L 组织最初的社会网络触及了 G、P 组织并互相认同环境理念，两者双向亲和。

（三）外源依赖的维系——组织边界模糊化

L 组织转型过程中形成了最初的对"外源"的依赖。但这不意味着组织会持续获得"外源"资助。可事实上，我们看到 G、P 组织对 L 组织提供了长期稳定且额度较大的资助，L 组织的外源依赖得到维系。这固然缘于组织资源路径的惯性依赖，但更是组织间有意识地边界模糊的结果，而边界模糊的中介正是资源依赖理论视角下具有边界跨越职能的理事会。[①] L 组织在 2008 年组建理事会时主动吸纳了 G、P 组织的中国项目官员 H 先生和 W 先生，两人加入理事会并掌握理事会的话语权至今。L 组织的主动吸纳在相当程度上是基于稳定资源渠道的考量，而国际组织的主动嵌入既出于扶持草根 NGO 的目的，也有扩大自身影响力的考虑。由此，L 组织与资助方之间的边界被模糊化，在资源依赖理论看来 L 组织让渡了部分自治性与控制权以获取资助方在资源上的庇护，从而稳定了资源渠道，客观上维系了组织的外源依赖。

三　外源依赖与向上脱嵌

草根 NGO 与政府的关系始终存在依附性与自治性间的张力。一方面，草根 NGO 的生存依赖于政府的认可与支持，故必须努力与政府相关部门建立起宜于组织生存的互动关系；另一方面，草根 NGO 在自治性上的诉求，又要求其必须与政府保持一定的距离和张力。

（一）向上脱嵌：尴尬的"独立自主"

草根 NGO 与政府间的关系状况总是摆动在与政府疏离甚至互相排斥到丧失自治性的依附这两极之间。L 组织与地方政府的关系倾向于前一极端。这体现在两方面：第一，L 组织长期以来一直尝试民政注册，却始终无法获得合法身份。第二，L 组织所开展的环境与服务项目始终缺少来自

[①] 马迎贤：《非营利组织理事会：一个资源依赖视角的解释》，《经济社会体制比较》2005 年第 4 期。

官方的支持与肯定，更缺少合作。在现行体制下未获得注册身份的草根NGO与政府展开合作也是时常存在的情况，而L组织除了一些零散的活动之外几乎未与环保等部门展开过具体项目上的合作。这两方面表明L组织与相关度较高的民政部门和环保部门都未能构建起良性关系，显示出组织面临着"向上脱嵌"的困境。而这种"向上脱嵌"虽然没有使L组织依附于政府，却只让组织获得了一种尴尬的"独立自主"。表面看来，L组织在国际资源的支撑下摆脱了对政府的依赖进而获得了相当的自治性，但这种独立性是以丧失合法身份为代价的，而似乎具有自主性的行动却由于合法身份的缺失而处处受到严格的底线控制，并且由于政府支持的缺乏也使得该组织环境保护的行动收效不大。

（二）外源依赖对L组织向上嵌入的制约

中国关于社会组织的管理制度框架是基于"分类控制"理念的，并且赋予了地方政府较大的自由裁量权。[①] 因此，草根NGO无法仅仅依靠制度条文与地方政府部门建立稳定的关系，而必须在具体的组织场域中构建符合政府偏好的组织特质以逐步与政府建立良性互动关系，嵌入地方政府部门的关系之中。这些特质包括组织的外部形象、内部结构、组织的行动领域与方式等。而这些组织特质决定了政府对草根NGO的信任程度、需要程度两个重要的制约两者关系的因素。笔者在观察中发现L组织的外源依赖状况恰恰通过影响组织特质而降低了政府部门对其的信任度与需要程度，从而抑制了L组织的向上嵌入。

1. 信任困境：境外资助方与地方政府的关系

L组织的资助方与地方政府的关系是非良性的。从积极的维度上看，不同于韩俊魁所研究的主动与地方政府搭建关系的宣明会，L组织的两个主要资助方在东北地区几乎并未与地方政府主动构建任何正式或非正式的关系。P组织的项目官员W先生表示："目前我们和东北的政府并没有建立直接的关系，更多是在幕后推动草根环保组织发展，前台还是留给本地组织，况且我们在华的人力也有限。"从消极的维度上看，G、P两个境外NGO的代表机构都设置在北京，在现行的制度和法律框架下，地方政府的民政等部门无法直接了解和监管它们在本地的活动，而只能采

---

① 康晓光、韩恒：《分类控制：当前中国大陆国家与社会关系研究》，《社会学研究》2005年第6期。

取公安等部门的底线控制方式。因此，地方政府与 G、P 组织关系是疏离的，G、P 组织在地方的政治与行政的合法性是低度而不确定的。而 G、P 组织与地方政府的关系之所以能作用于地方政府对于 L 组织的信任度，是基于 L 组织与两个资助方因资源依赖而形成的"从属"与合作的关系状态。

首先，L 组织在外部形象上与资助方的从属关系，造成了资助方低度而不确定的合法性的向下传递。这种形象上的从属关系有其事实依据，但也有其外部的误读。一方面，尽管 G、P 组织理念上强调对于草根 NGO 自主性的尊重，但是在资源依赖状况下的"组织边界模糊"已经确实使得两资助方在 L 组织的理事会中掌握了较高的决策权；另一方面，社会公众与地方政府由于缺乏对草根 NGO 和境外 NGO 的了解，常常简单直接地透过这种资源供给和依赖的关系，将 L 组织理解为国外环境保护组织的在华下属机构。因此，前文提到的作为"上层"的 G、P 组织的在地方低度而不确定的合法性必然会伴随着这种关系直接传递给"下层"的 L 组织。L 组织的秘书长 Z 先生承认："其实我们知道，环保部门不愿意给我们做主管单位、民政部门以一些理由拒绝我们注册登记，跟我们的国际资助背景有很大的关系，他们可能不是不信任我们，而是不信任我们的资助方。"

其次，L 组织在事实上与资助方的合作关系、客观上造成了地方政府与 L 组织间严重的信息不对称。作为资源的供给者，L 组织的资助方有权力对 L 组织的项目过程予以一定程度的干预，而 L 组织也必须向资助方展示项目的成果等相关信息以示对资助资金的负责。然而，地方政府对于 G、P 组织的监管大多时候是空白模糊的，以至于地方政府部门很难了解境外资助方是如何干预 L 组织的，L 组织又向资助方提供了哪些环境等方面的信息。这使得 L 组织与地方政府之间产生了严重的信息不对称，降低了政府对于 L 组织的信任度。

2. 利益契合困境：外源依赖下的"做减法"

姚华的研究发现，民办社会组织可以通过"做加法"的策略，[①] 也就是在坚持自己的活动领域的同时尽量增加适应政府需要的活动与项目，

---

① 姚华：《NGO 与政府合作中的自主性何以可能？——以上海 YMCA 为个案》，《社会学研究》2013 年第 1 期。

以在保有一定自主性的同时尽可能地契合政府利益目标，从而获得政府支持。但是，L组织的特殊之处在于，组织对于活动领域的定位呈现出一个"做减法"的状态。L组织的"做减法"具体表现为两个层面。第一，L组织长期坚持活跃在当地政府不太偏好的污染企业治理的领域。L组织自成立以来就以推动东北污染企业整改为主要工作领域，近几年来在P组织的资助下更是持续对B省流域的企业展开污染调查并以动员公众、联合媒体等方式推动有违法排污等情况的企业进行整改。然而可能由于东北地区的经济发展问题较环境治理更为迫切，以及出于对民间力量参与环境倡导所带来的维稳风险的考虑，包括环保部门在内的当地政府似乎并不愿意过多予以支持。L组织的秘书长Z先生表示："政府肯定支持环保，但是污染企业不少是纳税大户，政府也要通盘考虑。我们目前的工作得到的政府支持不多，相关部门有时也提醒我们要收敛。"第二，L组织很少主动迎合甚至有意回避政府的偏好开展活动与项目。L组织的项目官员A女士坦言："政府是喜欢我们去做一些'正能量'的、不触及敏感问题的事。比如公众环保教育，或者辅助政府做简单的环境治理工作，美化、宣传城市生态形象等。但是，我们这方面做得少，而且不感兴趣，我们的工作主要仍是污染治理方面，可能比较'负能量'，但是可能社会更需要。"

　　L组织在活动领域上的"做减法"在相当程度上根源于组织的外源依赖。一方面，L组织有其资本"做减法"，组织在发展过程中始终在经济资源上依靠国际支持，使得对于国家资源的依赖被部分替代。虽然体制内的合法性资源尤其是法律合法性资源缺失，但是国家对于非注册组织的"三不"①（不承认、不禁止、不干预）底线原则给出了一定的社会生长空间。这使得L组织可以在一定程度上无须根据政府资源的偏好来决定自身活动领域的定位。另一方面，L组织的主要资助方P组织一直致力于水环境污染领域，尤其是污染企业治理的推动，资助方的偏好通过项目制的资源分配方式诱导L组织的活动领域进一步聚焦在污染企业治理领域。

　　江华等人认为政府与社会组织的利益契合程度决定了政府对社会组

---

① DENG, G, "The hidden rules governing China's unregistered NGOs: Management and consequences", *The China Review*, Vol. 10, No. 1, 2010, pp. 183–206.

织支持抑或限制的态度,① 而 L 组织在活动领域上的"做减法"必然会削弱其与地方政府的利益契合基础。L 组织在当地政府偏好领域的非迎合甚或主动回避,使得 L 组织缺乏提供合乎政府利益的组织产出。L 组织在污染等敏感领域的活跃甚至有可能与地方政府的经济目标和维稳目标相左。L 组织的秘书长 Z 先生曾谈道:"我们搞污染治理推动不可能像搞环境教育之类那么讨人喜欢,难免给政府'找麻烦',也很难给政府做出政绩,可能也就影响到我们跟政府部门的关系了。"调研中我们看到,L 组织对于活动领域对组织与政府关系建构的影响有所自觉,但是在外源依赖的惯性下组织缺乏"做加法"的主动性。利益契合的困境意味着地方政府部门对组织需要程度的下降,这也就削弱了两者构建良性关系的基础。

四 外源依赖与向下脱嵌

草根 NGO 与本土民间社会的关系状况,体现于组织与主要民间社会主体的关系,包括社会公众、组织志愿者、其他草根 NGO 和民营企业等。

(一)向下脱嵌:草根 NGO "无根"

L 组织与当地其他草根 NGO、民营企业合作交流甚少,但考虑到东北地区的经济社会环境,社会组织与民营企业等发育迟缓,L 组织未能与这些民间主体建立起良性的关系也不能苛责。但是对于 L 组织这一民间组织而言,如果与本土公众都难以建立起良性互动关系,则可以说组织确实陷入了脱嵌于民间社会的关系困境。而事实上 L 组织长期以来正处于这样的困境之中。L 组织与本土公众关系的疏离体现在至少两个方面。第一,作为志愿组织长期依赖高校学生志愿者而社会志愿者不足。第二,作为社会团体,成立已 10 年有余,会员却仍十分匮乏。笔者在调研期间发现 L 组织的真实会员只有近 20 人,在尝试登记注册时,为满足注册条件不得不临时去扩充会员。因此,如果说与地方政府的疏离与排斥是"向上脱嵌",那么 L 组织会员不足、志愿者匮乏的状况也表明其处于"向下脱嵌"的困境。这种状况,形象说来似乎意味着作为草根 NGO 的 L

---

① 江华、张建民、周莹:《利益契合:转型期中国国家与社会关系的一个分析框架——以行业组织政策参与为案例》,《社会学研究》2011 年第 3 期。

组织陷入了一种"无根"的窘境。尽管相对丰厚的国际资源能够在一定程度维持 L 组织的运转和发展，但是这种"无根"的生长一方面使组织有不可持续的风险；另一方面也有悖于草根 NGO 的功能与价值的定位。毕竟草根 NGO 不仅要发挥社会服务的功能，也承载着后单位社会的再组织化功能，并蕴含着共同体精神与公民精神的价值指向。

（二）外源依赖对 L 组织向下嵌入的制约

1. 外源依赖下的组织治理结构早熟

长期以来草根 NGO 受到治理结构初级化的诟病。然而 L 组织的情况却截然不同，其治理结构很快跨过了初级阶段而较早成熟。L 组织成立一年后便雇用了一名专职人员，并在两年内拥有了三名分工明确的专职人员以及组织的秘书长，初步形成了带有科层化色彩的机构治理模式。同时 L 组织在成立两年后便组建了以两家资助方代表为核心的实际掌握组织治理权的理事会。L 组织相对于许多其他草根组织所显示出治理结构的成熟在相当程度上源于"外源"的刺激。第一，"外源"提供了组织能够专职化的资金的保证；第二，G 组织对 L 组织的组织建设方面的培训和指导，使得机构化与科层化的治理结构得以输入到 L 组织；第三，L 组织与"外源"主体有意地"边界模糊"下生成的理事会，使 L 组织得以形成以理事会而非个人为主导的治理结构。

然而草根 NGO 治理结构的初级阶段有其深刻的社会根源，并对组织自身有其阶段性的历史意义。"理事会—执行层—社团会员与志愿者团队"是草根 NGO 的通常治理结构体系，其初级阶段往往意味着治理结构的重心向后一端倾斜，往往体现出理事会虚设、执行层业余化、个人主导的弊端。但是其意义之一在于使得组织治理体系的根基——组织的核心人物以及社团会员、志愿者团队——有较好的发育。而 L 组织在"外源"刺激下迅速跨过这一阶段恰恰使得组织的治理重心过快地向前一端倾斜而使治理体系的根基没有得到完全的发育。这主要表现在两个方面：一是组织的机构化压抑了社团化；二是组织卡里斯玛人物缺失。此两者直接影响了 L 组织的"向下嵌入"。

2. 治理结构早熟对向下嵌入的影响

机构化压抑社团化——自组织功能不足。对于一个致力于提供公共服务的草根 NGO 而言，在培育自己的社团基础的同时，必须也要形成制度化的、能有效率地形成服务产出的执行机构。我们姑且可以把草根

NGO 的社团发育称为组织的"社团化",将组织的执行机构的发展称为组织的"机构化"。此两者的平衡与良性互动,对于草根 NGO 扎根社会并发挥功能具有重要意义。如前所述,L 组织在最初阶段是以学生社团为基础的,但是组织在向社会化草根组织的转型过程中,由于"外源"的早早介入使得组织的社会化跃过了一个艰难的结社自组织的过程而较早聘用专职,形成了以执行层为核心的科层化色彩的机构化运作。因此,在组织的初期阶段,组织的迅速机构化使得组织的社团发育只停留在学生社团和志愿者为基础的萌芽状态。L 组织在这一阶段因"外源"的供给降低了对本土公众自组织的动力,意味着组织在初期就有脱嵌于本土民间社会的倾向。进一步,组织的机构化影响到了组织在后续发展中的自身定位。地方性的草根环保组织通常以社团法人定位,宗旨在于以热心环境公众的志愿结社为基础,代表本土的环境利益,协调社会力量参与环境治理。但是,L 组织的工作人员却大多在访谈中表示期望组织注册为民非,而非社团。就组织的具体运作来看,L 组织几年来一直逐步充实组织的执行团队以更多地承接国际组织的项目来汲取资源,而忽略组织的社团与社会志愿者团队的建设。因此,"外源"诱导 L 组织在初期与发展过程中重机构化而轻社团化,这种情况降低了组织结社自组织的意愿与能力,从而抑制了组织吸纳会员与社会志愿者的"向下嵌入"。

卡里斯玛人物缺失——本土精英缺位。L 组织最初阶段在缺乏结社基础的情况下被"外源"催生,因此并无类似许多草根 NGO 的核心创始人物。而后组织的实际治理权以资助方代表为核心的理事会掌握,组织形成了理事会主导的科层化色彩的治理结构,抑制了 L 组织卡里斯玛式人物的生成。卡里斯玛人物对于草根 NGO 的阶段性意义已有诸多论述,如为组织提供初始阶段的资源,为组织的发展奠基并掌舵等。[1] 但卡里斯玛还有一个易被忽视的重要功能——卡里斯玛的本土性意义。卡里斯玛本身在相当程度上代表了本土的利益与诉求并附着本土的民间社会关系网络以及再生产这种社会资本的能力。草根 NGO 往往是借由这样的核心人物而嵌入民间社会的。而 L 组织由于卡里斯玛人物的缺失,在动员本土公众上有先天的缺陷性。L 组织的理事 Y 女士曾谈道:"我们组织其实缺

---

[1] 崔月琴、袁泉、王嘉渊:《社会组织治理结构的转型——基于草根组织卡理斯玛现象的反思》,《学习与探索》2014 年第 7 期。

一个那种有社会关系的稳定的核心人物。其实不管政府还是民众，他还是先和你的人打上交道，才会信任你这个组织。"中国社会讲究"差序格局"，目前对公众来说与一个全然外在和陌生的组织发生联系远远比不上与一个活生生而有魅力的本土精英建立关系容易。也正是在这个意义上，卡里斯玛人物的缺失成了L组织与民间社会脱嵌的一个重要影响因素。

五 结论：组织的"双重脱嵌"风险

基于对典型个案L组织的分析，我们可以看到国际NGO的资源支持确实能够在一定条件下通过某些组织机制对L组织的本土关系建构产生消极影响。

与地方政府的关系建构，一方面L组织的外源依赖使得组织的被信任度受到了外源主体与地方政府关系的制约；另一方面L组织在国际资源支持下的"做减法"的组织策略则削弱了组织与地方政府的利益契合基础，降低了组织的被需要程度而加剧了组织的向上脱嵌。与民间社会主体的关系建构，国际资源的输入加速了L组织的治理结构早熟，使组织的社团化即与公众构建关系的自组织过程受到压抑，并使组织缺失负载民间关系网络的本土卡里斯玛人物，这阻碍了组织的向下嵌入。L组织的外部关系建构呈现出与政府和民间社会的"双重脱嵌"的困境。

通过典型案例的分析，笔者进一步推论：L组织的本土关系的"双重脱嵌"问题可能是外源型草根NGO所共同面临的组织风险。首先，L组织作为一个典型外源型草根组织，较为集中地反映了国际支持对于草根NGO本土关系建构的可能的抑制机制。而这些抑制机制往往折射出草根NGO发展面临的社会结构性层面的问题。外源依赖所造成的L组织与地方政府的信任困境，是以国家缺乏对境外NGO的法律与制度的合理设置为前提的。L组织在外源支持的情况下，活动领域不刻意迎合政府偏好，就会使政府理性地以利益不契合为根据，疏离甚至排斥这类组织。这反映了地方政府在社会组织管理方面选择性过强、支持性不足。而L组织在输入国际资源的同时，自身治理结构的"西化"式的早熟，一方面源于组织的自觉与反思的缺失；另一方面也折射出发展中国家的NGO在模仿学习西方制度与本土化之间的矛盾和张力。其次，如果把外源型草根

NGO 放在比较的视野下，我们可以看到资源依赖于政府的官办型组织的外部关系困境可能在于与民间社会的脱嵌，而资源路径指向本土民间的土生土长的草根组织的外部关系困境可能表现在与政府部门关系上的疏离，那么资源上依赖国际社会的草根组织则可能在政府与民间社会的关系建立上都有其特殊困难。

需要指出的是，"双重脱嵌"是作为外源型草根 NGO 所可能面临的组织风险而归纳的推论性概念，绝非意指国际 NGO 的资源支持必然会导致草根 NGO 的本土关系脱嵌，因为草根 NGO 的本土关系建构受到更多条件的影响，而且国际支持也有有利于草根 NGO 嵌入本土的一面。但是，"双重脱嵌"的意义在于从另一个侧面揭示了草根 NGO 的资源从对政府或民间社会的依赖被替代为国际社会的可能的组织风险，而这种风险的后果不仅在于外源依赖的草根 NGO 一旦失去外部供给可能面临解体的不可持续性，更在于组织可能在外源依赖的同时没能充分扎根于本土社会，失却调动各个社会主体共同进行社会治理的价值初衷。而避免这种风险的出路，既在于草根组织对自身资源路径与关系建构的自觉，更在于国家对社会组织制度层面的进一步的创新与改革，以及本土公益资源链条的建立与优化。

（原刊于《学习与探索》2015 年第 9 期）

嵌入式基金会社会化转型的困境

——基于组织场域视角的个案分析

近年来，随着中国社会改革进程持续深入的推进，市场经济的日益发展，作为社会组织类型之一的基金会在公益慈善和社会改革发展中发挥着举足轻重的作用。除了具有官方背景的基金会的发展外，以民间资金建构起来的企业基金会、个人家族型基金会、社区基金会等各种新型的基金会也呈现较好的发展势头，在社会改革创新中发挥着引领和支持作用。对于基金会中占比较大的嵌入于体制内的基金会来说，由于其依附于政府体制内部发展，自身的科层制治理结构固化，公益效率低下，缺乏自主性和活力，越来越难以满足社会公众的多样化需求，其面临的改革压力也越来越大。党的十八大以来，政府职能改革的力度不断加大，简政放权，激发社会组织活力，创新社会治理体制，已经成为政府的重要工作目标。基金会的治理转型问题也日益成为学界和政府关注的热点话题。

一　社会治理新格局下基金会的发展与转型

（一）基金会的发展

在我国，基金会是社会组织的一种类型，是指利用自然人、法人或者其他组织捐赠的财产，以从事公益事业为目的的非营利性组织。在中国，基金会的发育和发展主要是在改革开放以后，初期主要是由政府相关部门牵头成立的嵌入于体制内的基金会，本文称之为嵌入式基金会。1981年我国第一个公益基金会——中国儿童青少年基金会成立，其主要由共青团中央、全国妇联等17个全国性社团和主管单位发起成立。此后，与之类似的具有官方背景的基金会陆续成立。1982年宋庆龄基金会成立，1984 年中国残疾人福利基金会成立，1989 年中国青少年发展基金会成立，1995 年中国人口福利基金会成立。20 世纪八九十年代，从中央到地方此类嵌入式基金会进入一个蓬勃发展时期，成为引领公益慈善事业的重要力量。进入 21 世纪，随着《基金会管理条例》的颁布实施，包括企业基金会和个人家族基金会、大学教育基金会等非公募基金会快速发展起来，从数量上看，截至 2016 年底，中国基金会的总数达到 5782 家，非公募基金会早在 2011 年就超过了公募基金会占比达到 51% 以上。基金会自身作为支持型的社会组织，在资源募集和输送、项目扩展、社会创新和制度创新等方面发挥着越来越重要的作用。很多知名的基金会比如中国扶贫基金会、南都公益基金会、壹基金和中国青少年发展基金会等都在全国范围产生了重要的影响力，成为引领我国公益慈善发展的新型示范。

（二）嵌入式基金会的治理转型

2015 年国务院办公厅公布、印发了《行业协会商会与行政机关脱钩方案》，开启了官办社会组织的改革之路。嵌入式基金会的去行政化进程也受到行业协会商会与行政机关脱钩改革的示范效应影响，开始了改革探索过程。最早开始去行政化实施社会化转型的是中国扶贫基金会。早在 21 世纪初，也就是 2000 年，中国扶贫基金会就积极向其主管部门提交报告，要求取消扶贫基金会的国家行政事业编制，转型为民间性社团；建立新的人事管理制度，所有工作人员采用聘用合同制，领导实行竞争上岗制；撤销其行政级别，打破"铁"饭碗。从体制内移出转变为真正意义上的具有独立性的社会组织，由此大大提升了扶贫基金会运营的效率。在随后的几年里，扶贫基金会在社会上的影响力日益扩大，连续多年被评为民政部 5A 级基金会，而且吸引到越来越多有影响力的组织和企业与之合作，开发了很多极具社会影响力的品牌项目。中国扶贫基金会体制改革的成功成为嵌入式基金会去行政化的典型范例。

对于在改革开放初期成立的大量的嵌入式基金会来说，在新时代的社会发展格局中，一方面，仍然肩负着国家与社会的重要使命；另一方面，面临着社会化转型的压力。在政府简政放权，官办社会组织去行政化的浪潮中，大量的嵌入式基金会应采取怎样的改革方式，是否应与其他官办社会组织一样采取"一刀切"式的断奶断粮，与行政部门彻底分割，适者生存的原则。如果以这样的改革方式，是否会对刚刚发育起来的公益慈善事业造成损失，使基金会的发展面临困境和风险？

（三）学界讨论

在近年来的学术研究领域，许多学者对官办社会组织的去行政化改革给予了一定程度的关注，对社会组织去行政化的起源、内容、挑战与难度、反思与建议等方面提出了不尽相同的论点。①

其一，彻底的改革派学者认为官办NGO的改革方向就是完全去除其社会化与行政化的"两面性"，视其职能范围的不同，决定是保留其行政功能还是独立为非营利组织。至于其改革后能否生存发展，应由社会市场决定、由公众选择，而非依靠行政强制与垄断。②

其二，相对保守些的学者认为："改革可以从相对简单的物理分离开始，然后分类、渐进推动官办NGO组织运作的去行政化；鉴于去行政化的难度，过渡性办法是成立一个专门的机构负责官办NGO的民间化，集中精力强力推动官办NGO的民间化改革。"③

其三，更为谨慎的学者则认为："官办社会组织改革的基本原则是：区别不同，分类进行。要针对特点，对症下药，不能在政策上'一刀切'；要创造条件，逐步推进。"④

沈原等人以中国青少年发展基金会为案例，从新制度主义的"形同质异"概念来揭示我国的官办社会组织的演化路径，他们强调组织自身的对外交往活动对于组织演变的意义，对外的互动会以潜在持久的方式导致官办性社团组织在价值理念、制度结构、动员模式等方面产生变异，继续发展下去则可能会促使官办社团逐渐摆脱体制束缚和依赖，以渐进式的方式实现"社会化"的目标。⑤

孙立平等人则从社会动员的角度来分析中国青少年发展基金会的"希望工程"项目和资源配置体制之间的关系，并认为在"转型时期行政

---

① 李强：《社会组织去行政化的挑战与应对》，《中共乐山市委党校学报》2014年第4期；祝建兵、向良云：《社会组织行政化及其治理》，《长白学刊》2011年第3期；孙发锋：《国内社会组织行政化研究述评》，《求实》2016年第4期。

② 贾西津：《官办NGO路向何方》，《学会》2011年第11期。

③ 邓国胜：《政府与NGO的关系：改革的方向与路径》，《中国行政管理》2010年第4期。

④ 马庆钰：《实质推进官办社会组织改革》，《社会科学报》2014年第9期。

⑤ 沈原、孙五三：《制度的形同质异与社会团体的发育——以中国青基会及其对外交往活动为例》，中国青少年发展基金会、基金会发展研究委员会编《处于十字路口的中国社团》，天津人民出版社2000年版。

和政治体制对资源配置的影响仍然巨大……从体制中分离、自上而下发展可能是中国第三部门发展的一种独特而现实的路径"①。

既有的研究为我们多层面多视角地认识嵌入式基金会的改革路径提供了理论参考。

（四）研究对象和主要问题

2015 年，我们对 J 省基金会进行了为期一个月的调研，了解到 2014 年 J 省的 79 家基金会中，具有官方背景的嵌入式基金会 46 家，占比 58.22%；大学教育基金会 13 家，占比 16.45%；企业基金会 12 家，占比 15.19%；其他基金会，占比 10.14%。从全省范围看，嵌入式基金会的数量占据明显的优势。调研中我们发现，在已经开启的社会化转型中，基金会的发展面临多重困境和难题。于是我们选取了具有代表性的 C 基金会作为跟踪研究对象。②

C 基金会是 J 省一家资质较深、发展历史较长的嵌入式基金会，成立于 1987 年，2003 年重新注册登记，是典型的地方性公募基金会。2001—2014 年，基金会共接收各类社会捐赠，包括物资捐赠达上亿元，开展公益慈善项目 40 余个，直接受益人群十万余人；与中国残疾人福利基金会、世界宣明会、曹仲植轮椅基金会、三星微软基金会等大型公益慈善组织联合开展活动，建立了良好的合作关系，取得了良好的社会效果。2015 年以后基金会进入一个全新的发展阶段，逐渐开始了一系列的社会化的转型探索，进行了诸如主管单位剥离、工作人员社会化全职招聘、外部资源的社会化整合、理事会建设的制度化、信息公开与媒体合作等发展策略。尽管 C 基金会进行了一系列的社会化转型探索，但是并没有出现预期的发展效果和社会效益，整个组织的运作出现了不适应状态，基金会的内部运作效率并没有因为全职化而提高，整体的运作项目数量也出现了萎缩，社会影响力非但没有提升反而减弱，组织的发展几乎陷于停滞的局面。自上而下的社会化转型并非顺畅有效，也并未促进组织自身的活跃发展，反而导致了一系列意外后果和困境。

---

① 孙立平：《以社会化的方式重组的社会资源——对"希望工程"资源动员过程的研究》，中国青少年发展基金会、基金会发展研究委员会编《处于十字路口的中国社团》，天津人民出版社 2000 年版。

② 对 C 基金会的调研开始于 2015 年 7 月，后续 2016—2018 年一直跟踪 C 基金会改革进程，本文所引用的相关资料均来自于对 C 基金会的领导及工作人员的访谈。

结合调研资料，本文试图从组织社会学的视角运用组织场域理论探讨两个层面的议题：一是地处东北地区的 C 基金会发展转型的制约性因素何在？二是社会化转型中组织发展的冲突和张力对基金会发展的潜在风险是什么。本文希望能够通过此案例的分析和呈现，为研究和制定东北地区基金会的改革提供参考建议和思考路径。

二 组织场域中的体制嵌入与依附式发展

场域概念所表达的是一个社会空间内特定的行动者相互关系网络所表现的各种社会力量和因素的综合体。具有资源输送器属性的基金会发展离不开经济社会环境场域的支撑。C 基金会所处的 J 省处于东北地区，是新中国成立后计划经济时期重要的工业基地，资源丰富、经济基础雄厚，并且率先建立单位体制，形成了以封闭性、单一性和行政计划性为特征的制度体系。这种独具特色的地域社会特征对整个地区的社会生活产生了深远影响。改革开放之后，虽然单位制开始解体，但是市场经济发展缓慢，行政主导力量过度，单位制遗产过多等问题依然制约着 C 省的整体社会经济发展，包括对社会组织发育的制约。

在特定的社会场域，组织会产生特定的行动模式与实践策略，发展到后期就会成为组织自身的"惯习"。组织创立时存在的各种社会条件（包括制度条件）会对组织的结构和运作形式产生强烈影响，产生"铭记"效应，这种铭记过程对组织的影响往往会制度化，进而持续较长的时间。[①] 而这种"铭记"效应最终将会演变为组织的惯习。

C 基金会初期的社会发展场域迫使基金会必须依靠行政化才能生存和发展，并且在同时期同类型的基金会中，行政化也是当时的场域环境下的最优选择。因此基金会在其形成早期更多的是以自上而下的形式推动产生，大多依靠政府部门的扶持和资助，政府部门直接为其提供场地、人员、办公经费等，而且工作人员往往具有一定的行政编制，附属于体制。具体来看，C 基金会在社会场域环境的影响下，生成了以下三种形式

---

① ［美］理查德·斯科特：《制度与组织——思想观念与物质利益》，姚伟、王黎芳译，中国人民大学出版社 2010 年版，第 166 页。

的依附性"惯习":

(一) 主管单位领导兼职产生的社会资本价值

C 基金会是由政府直接主导创立的,是以省民政部门向政府提出报告的形式建立的(而国内有很多的基金会在初期都是以这种方式组建起来的)。C 基金会的历任理事长和秘书长都是残联的领导干部,理事长是残联的副主席,秘书长是残联的宣传文化部负责人,领导干部自身所具有的社会资本和社会经验,为基金会的发展提供了重要的支持。一方面,他们的社会网络复杂,拥有众多体制内的人脉资源;另一方面,他们的管理经验丰富,视野开阔,对于公益事业虽然并不专业,但是参观或者探访过较多的公益机构或组织。C 基金会理事长就表示:"我们得到了政府的扶持,GF 会长当了会长以后呢,他管省财政要的是福利彩票公益金。基金会你像原来这个做得最好的是徐永光的南都,他原来是团中央组织部部长,这些人都是精英。"(访谈资料 150718)组织领导者的个人经历和社会阅历为组织的发展带来巨大的红利和社会资本价值。

(二) 依附于主管单位的科层化结构和运行机制

一个正式合理的组织应该自身具有完整的组织结构,而 C 基金会的整个组织架构却表现为对主管单位残联的科层体系的模仿和复制,借用残联的组织架构,将原本自己的财务管理和信息宣传功能交由残联负责,这种"外包"的组织架构使得基金会的运行简单又随意。(如图 3) C 基金会秘书长坦言:"我们整个财务都交给残联的计财部来做,我们负责项目的设计、项目执行、运作。网站是由信息部维护的。" C 基金会的这种运行机制不仅表现在组织架构上,项目的运作主要渠道也要以残联的组织网络体系为依托。"包括我们的网络比较健全,我们一直到村都有……就是我们的行政组织是从上到下,我们的信息也不是从我们这来的,是从县区残联来的是从最基层来的。"(访谈资料 150718)

C 基金会之所以能够开展广泛的社会动员,拥有强大的执行力,恰恰是由于依赖残联系统的组织网络。残联是"覆盖社会面广,拥有'横向到边,纵向到底'的组织系统,兼具纵向利益沟通制度化渠道和横向社会联系的交叉性社会网络,有其他社会组织难以比拟的优势"[1]。其实在

---

[1] 褚松燕:《在国家和社会之间——中国政治社会团体功能研究》,国家行政学院出版社 2014 年版,第 235—237 页。

我国这种嵌入式基金会的运作方式基本上是相似的。中国青少年基金会所运作的我国最大的、并且也是海内外声名远播的项目——希望工程，在几年的时间内就建设了7000余所希望小学，资助了上百万贫困失学儿童。而中国青基会早就在1990年开始建立自己的全国性组织网络，到1995年时这个组织网络基本完成，迄今已发展到拥有33个省级青基会及下属机构的宏大的组织网络。

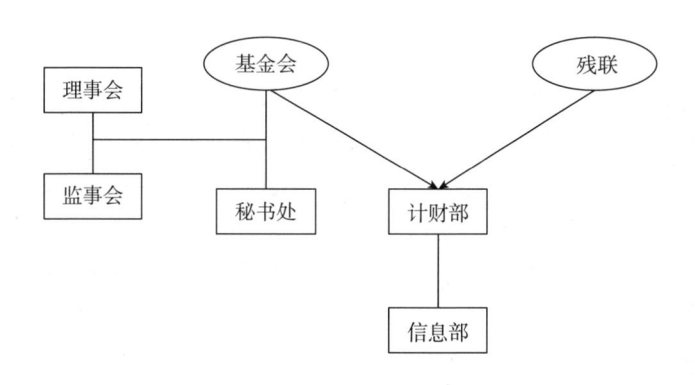

图3　C基金会的组织结构

（三）体制内资源的再生产

"体制内资源主要是指慈善组织依赖道德符号资源的建构与行政权威资源的号召所动员的资源，它主要以体制内网络组织为动员对象，形成'政府行政领导＋退休领导'为主导的动员管理体制。"[①] 基金会借助体制内资源的供给为自身的发展提供动力，生产出慈善公益项目，而后这些项目为基金会和政府赢得了合法性、支持力、影响力，促使政府再次为基金会的项目做出投入。基金会通过自身的项目运作再生产出体制资源，给以后的可持续运作提供了基础。理事长："我们做这个给残疾人安热水器项目，为什么它能列入政府民政实施呢，它用的是福利彩票公益金，政府支持也是一大块。"（访谈资料150719）政府的支持为基金会的项目可施性运作提供了基本的保证。

诚然，从理想主义的角度上来看，社会组织嵌入体制内的确给组织

---

① 龙永红：《官办慈善组织的资源动员：体制依赖及其转型》，《学习与实践》2011年第11期。

的发展带来了一些负面影响,但是从另一个现实侧面我们也发现,体制内的行政化资源作为基金会发展初期的必要手段或工具,为基金会的初期成长提供了必不可少的基础资源、网络资源和社会信任,成为其在特定社会场域环境中的发展策略。

三 社会化转型与行政化惯习之间的张力

过度依赖行政化的组织手段也成为嵌入式基金会发展的桎梏,效率低下、活力不足、发展迟滞等问题越来越成为其自身发展的障碍。体制依赖与公益的低效和重复是嵌入式基金会面临的重大难题。引进社会资源、拓展外部合作、扩大社会影响力等社会化转型已经成为嵌入式基金会发展的新趋势,但是社会化转型进程并非顺畅无阻,社会化的策略与C基金会自身的行政化惯习之间所引发的张力与矛盾使得转型产生了一系列的非预期后果。

(一) 场域变革与社会化转型的适应策略

体制嵌入给基金会带来的不仅是资源的稳定性,还有充分的合法性、完整的组织结构与运作网络。依附于行政化体制是基金会最为核心的资源和资本之一,但同时也是基金会进行社会化转型的最大障碍。社会化转型既是嵌入式基金会组织场域合法性的整体要求,也是国家的制度和政策压力所迫。2014年民政部要求社会组织领导干部要去兼职化;2015年国家出台《行业协会商会脱钩方案》。面对社会化的发展趋势,政府下放权力,更多地采用吸纳社会精英的策略,而这种"增选"① 技术的运用在一定程度上提高了政府的合法性权威。C基金会的社会化转型是面对制度要求和场域压力所采取的适应性策略。面对场域的压力,组织开始采取遵从和默许的策略手段加以适应。

工作人员的社会化招聘。2015年C基金会开启社会化改革模式,开始面向社会招聘,先后招聘了三个全职工作人员。在这之前,基金会的实际工作人员只有两个,一个秘书长,一个残联的兼职人员,都是事业

---

① [美] 塞尔兹尼克:《田纳西河流域管理局与草根组织——一个正式组织的社会学研究》,重庆大学出版社2014年版,第13—17页。

单位编制，参照公务员待遇。新招聘进来的工作人员是合同职工，其中有大学毕业生，也有从其他行业跳槽过来的人员。三人的工资福利全部是由项目管理费支出。"咱们基金会的人员都是社会招聘的。他们的工资不是残联拿钱，是基金会募集来的钱，10%可以用于工作经费。基本上他们是用这笔钱开支的。"（访谈资料 150718）社会化招聘是 C 基金会转型的一个方面，是基金会与社会进行合作的重要组成部分。社会化力量的进入使得基金会的工作团队壮大，分工趋于合理高效。

外部社会资源的整合吸收。资源问题是社会组织发展难以回避的现实问题。基金会自身作为资源的"输送器"，理应具有丰富的资源来源结构，多元化的筹资渠道。作为资历较深的 C 基金会，自成立以来主要的资源来自于政府的财政，2013 年，逐步开始与其他基金会进行合作，拓展筹资渠道。P 理事长表示："好多服装企业委托我们直接捐给红十字会，红十字会发给我们，我们再发给残疾人。""要说是大量的呢一汽比较多，比如说一汽今年给了一百万，他做的是自闭症儿童康复。"（访谈资料 150719）外部资源的引入不仅为基金会的后续发展提供了坚实的后盾，也给基金会提供了扩大社会影响的机会。

理事会建设与制度合法性的构建。理事会在社会公益事业的治理中发挥着举足轻重的作用。社会组织的理事会是社会组织治理的核心，理事会的理事起着十分关键的作用。在组织生态学中，理事会的角色定位是边界跨越者，一般来说履行四种主要职能：建立与外部公众的交换关系，帮助减少组织的不确定性；采集、整理和分析来自外部环境的信息，帮助组织保持良好的适应性；传达对组织运行来说最为必要的信息，保护组织免于环境的干扰；理事会代表组织面对外部公众。[①] 因此，外部相关者进入理事会可以给理事会带来经济物质资源和社会网络资本。同时外部人员的进入可以建立与外界环境的友好关系，提高社会影响力。P 理事长："基本上是我们有什么活动，找一下理事，理事就说我赞助一些，这个项目我赞助 5 万，或者说有的理事，比如说远东啊什么的，国商，比如说今年冬天了我给你捐服装，这都是理事做的。"（访谈资料 150719）C 基金会自 2014 年第五届理事会开始引进社会工商界的重要人士，很多

[①] 马迎贤：《非营利组织理事会：一个资源依赖视角的解释》，《经济社会体制比较》2005 年第 4 期。

理事都是 J 省的大集团的总经理或董事长，社会人士的比例已经占到 80%。但是我们看到 C 基金会的理事会的作用似乎仅仅只是在给组织带来实际的捐赠资源，而对于整个基金会的治理决策来说，理事会的作用却形同虚设，因为真正领导的核心还是在残联。Z 秘书长表示："我们有党组。党组是咱们省残联的，主管基金会。"理事会作为一种制度合法性的建设，其本质并不在于治理基金会，而在于表征一种民主化的技术，是一种与社会合作的形象展示。

信息公开与媒体合作——外部合法性的构建。信息公开是一个组织打造公信力，获取社会信任，增强社会合法性的有效手段，利用媒体的传播力和品牌度组织能够获取更为广泛的影响力。基金会治理水平的提升需要公众和社会的监督，社会监督促进基金会信息的公开度与透明度。C 基金会不仅建立了自己的网站，主动公开自己的财务信息和募捐信息、项目开展情况、活动总结，而且还和很多主流媒体单位合作，建立了一个媒体公益联盟，利用媒体的号召力和影响力进行公益传播。其秘书长就表示："我们基金会有个媒体公益联盟，我们跟城晚、电台、电视台，初期是有 5 家省级媒体做了一个公益联盟，每次活动它都主动来，我们所有活动的主持人都是电台、电视台主持人。"（访谈资料161109）基金会通过与社会公众的主动沟通扩大了自己的社会合法性，但是基金会的这种外部合法性构建很大程度上都是一种形象化工程和象征性的策略。信息公开和网站建设起主导作用的并不是基金会而是主管单位的信息部，基金会自身并没有独立的信息部门。

（二）社会化转型与行政化"惯习"之间的张力及其非预期性后果

嵌入式基金会的社会化转型某种程度上来看，是政府希望利用政治的合法性，增强社会合法性和参与性，但是体制内的社会组织本身却更愿意强化体制内认同，自身的转型脱轨动力并不充分。社会化是力图促进具有官方背景的基金会高效合理运作的手段，当社会化遭遇行政化的阻力时二者的矛盾和张力也就显现出来。行政化的运作已经成为基金会发展运行的"惯习"，趋于稳定性地内生于组织的运行之中，甚至产生了一种制度化的效果。作为外部力量的社会化转型开始作用于基金会的运作时，基金会自身会面临全新的现实挑战，然而这种挑战也让组织付出了巨大的代价，引发了一些非预期性的后果，导致了组织的转型困境。

人力资源流失与公益项目大量萎缩。C 基金会的公益项目比较传统，几乎都是一些救助类的，发放物资或者设备设施的项目，缺少创新性的培养人的自主性的"授人以渔"的项目。项目的封闭性较强，完全在基金会或者政府系统内部实施开展，很少扩大活动合作对象。但是自2016年开始转型以来，特别是2017年C基金会运作的公益项目和活动相比于2015年减少一半以上，2014—2015年每年开展项目和活动近30项，2016年和2017年总计开展项目活动不足10项，很多项目处于无人管理的状态，既无法实现资源的有效利用，也不能产生社会影响力。

基金会虽然进行了社会化的改革，但是没有改变项目的生产方式，仍然沿用以前传统的审批制，工作人员有想法没有领导的批准只能是空想。项目负责人H就坦言："我们的项目都是领导审核的，同意后报批，联系相关部门才可以执行。今年（2016）的活动比去年少了一半，去年咱们基金会光举办各类活动就很多，几乎每个月都有一两次吧，今年就很少了，哪有时间啊，也没有人组织啊。"（访谈资料161120）人力资源是一个组织发展必备资源。没有人才的基金会是没有可持续性的。2016年之前C基金会的主要工作人员有3人，外加一个秘书长、一个理事长。2016年开始工作人员陆续离职，最艰难时只有一人维持，秘书长也是频繁更换，根据后期追踪调研走访，新任秘书长走马上任，毫无经验，基金会的工作人员"大换血"，新接手的人对公益慈善的认识几乎为零，主管领导基本上不再过问基金会的工作。"就是我们这些同志，他们也很努力，但是脑子里没有东西，想啊看得也没那么远。我们都是新人嘛，都没有经验，我是去年7月份上来的，后来有一个8月份上来的，再后来就是去年底招上来的，都是4个新人，我们就是拳打脚踢。"（20180416）频繁的组织人员更换让原本就没有什么经验积累和项目储备的基金会更加难以为继，组织几乎处于停滞状态。

组织制度建设停滞。组织建设包括组织的正式制度建设和文化建设。组织建设能够凝聚组织的向心力，聚焦组织目标，确立组织的发展方向和实践策略，使组织保持健康向上、积极涌动的活力。尤其是像理事会这样的汇集决策和创意性的组织核心领导机构对于组织的发展具有极其重要的影响。然而C基金会的理事会最近3年只召开过一次理事会会议。之前建立的理事定期回访制度被废弃，近3年多未对相关理事进行拜访和交流；员工考勤制度和请假制度形同虚设，10点钟办公室没人上班，4点后办公室也空无一人。基金会的理事会并没有发挥任何决策的作用，只是名义上享有决策权,而实质上仍然是主管单位在背后主导。理事会的实质功能成了摆设和借口,成为组织构建合法性的工具。部门内部的党组作为真正的决策机构发挥作用。

外部合作减少与社会合法性、影响力减弱。社会化改革以来基金会的活动减少,整体的项目开展不足 10 项,出现在社会媒体上的次数减少,与原有媒体像 J 省的本地报纸《XWH 报》几乎处于失联状态,整体上基金会的影响力在减弱。基金会的 P 理事长表示:"咱们基金会现在存在的主要问题呢,我认为还是说去筹集资金的力度还是小。声音还是太弱了,影响力还是太低。基本上是没有什么影响。"(访谈资料 161120)"我们自己对慈善的宣传力度不够,影响力不够,一个是对社会上的一些困难群体,包括对需求方面的我们可能也得告知人家。"(访谈资料 180418)由于 C 基金会的活动减少、项目缩减,媒体的宣传与自身的宣传减少,在社会上的影响力减弱,引发的社会关注度也降低,社会关注度与知名度的弱化就使得潜在的筹资渠道变窄,潜在的捐赠群体无法有效获得捐赠的入口。

一位民政厅领导就表示:"对现有基金会的关注呀,尤其咱们残疾人福利这块,我联系了几个企业家,但人家说残疾人福利基金会在哪呀?愿意到慈善总会。"(访谈资料 150719,180416)而基金会要想发展得充分,必须要借助外部资源和组织,与其他社会组织保持合作关系,建立一个开放共赢互惠的合作模式。封闭式的运作只能导致组织与外界的隔绝,难以吸收有效的信息和资源。而 C 基金会在合作方面只是"计划"探讨,却迟迟不能进行实际操作,"应该有和其他组织的合作,我们也探讨过,像妇女联合会不也有一些基金会嘛,也没有走出去。也没有进行联系。这几年也没有,都是靠我们自己,没有一个项目是联合的"。局限于体制内系统的项目操作和运行既限制了基金会的专业化,也使得基金会无法走出去塑造自己的项目品牌并扩大社会影响力。

C 基金会的社会化转型其实质是政府和社会组织关系的再次调整,重新塑造政府与社会组织的角色,重新明确社会组织的内部治理结构,重新构建社会组织的运行机制。然而转型过程中,组织自身的行政化惯习深深地内化于组织的治理和运作机制中,社会化力量与行政化惯习的张力引发了组织发展的非预期性后果。嵌入式基金会的转型既需要外部制度与环境的推动,更需要内部的自我改革。

四 场域约束与惯习制约——C 基金会社会化转型困境的生成

组织的转型主要来自于制度环境的变迁。从制度的角度分析组织的转型更具有现实性和价值性。组织场域的概念在组织转型与制度之间的联系方面更为重要和密切。组织场域使得理论上模糊不清的组织环境因素变得更加明确和清晰。如果说组织场域是从外部环境因素考察组织转型的话，惯习理论则提供了一个从组织内部视角解释组织转型的概念工具。在场域和惯习的双重制约下基金会的发展转型面临困境。

（一）组织场域约束

1. 制度环境的模糊与关联制度缺失

"场域可以为其成员创造和提供某种稳定性与秩序的背景。"[①] 政策和制度环境是组织发展的场域要素之一，制度供给影响组织的发展。政府作为组织场域中重要的制度供给者，对于整个组织场域发挥着重要的影响。而对于一个具有官方背景的基金会来说，政府的政策和制度的调整也是直接影响基金会的重要变量。《行业协会商会脱钩方案》和关于领导干部去兼职化的政策出台对具有官方背景的基金会等类似的社会组织产生重要影响。

组织场域是一个综合性的系统，场域内部的制度逻辑具有差异性，制度的稳定性和制度安排之间的兼容程度相关。社会化是一个系统性的改革工程，会给不同的利益相关者带来完全不同的收益，需要有一个系统的制度来调节不同相关者的需求和矛盾。但是目前社会化转型的制度供给，国家虽然提供了一种模糊的制度方案，但地方政府在落实方案时只采取简单化、"一刀切"方式并没有与之相配套的其他制度做配合，如公益人才的吸引和培养制度，社会组织的培育和激励制度等。缺乏整体性、系统性的改革，必然造成混乱和失序。

人才是基金会发展的重要支撑。人才的培养需要政策的支持，然而

---

① ［美］理查德·斯科特：《制度与组织——思想观念与物质利益》，姚伟、王黎芳译，中国人民大学出版社2010年版，第208—209页。

当前社会组织的人才培养制度缺乏系统性建设。政府并没有出台相关的文件支持，对于社会组织从业人员的待遇方面相关配套政策还没有出台。"现在我们全省基金会呢政策上需要倾斜，另外人才的培养上，不是说谁都能做基金会的，需要熟悉这些政策、法规。但是在国内基金会还有一个问题，国内基金会薪水太低，养不起这个……现在好多基金会都是老弱病残的，都是在一线冲不上去的或者年龄大了，他这个没有视野也不专业，他也不想干事。"（访谈资料150718）人才的缺乏成为基金会专业化运作的桎梏和短板，专业化运作越缺失则越难以提升基金会的社会影响力。

2. 市场发育不足，地方经济环境约束

组织场域不仅包括与组织利益相关的行动者，地方性的社会秩序和经济环境也是影响场域的重要因素。C基金会所在地区的经济发展相对落后，在一定程度上对基金会发展造成了客观方面的困难与制约。地区经济环境相对较差，慈善资源相对匮乏；又受限于地理位置和历史原因，J省经济增长较为缓慢，市场经济发育程度低，因而自由流动的资源相对较少。"从基金会来讲，咱们省登记注册是比较少的。刚才Z局也说了企业效益不好，企业家素质不高，想做公益的不多。南方这块比咱们这块意识要超前一些。咱们还是很落后的。"（访谈资料150718）J省的基金会数量近年来虽然在不断增长，但与国内发达省市相比明显有很大差距。J省地处东北老工业基地的中心，东北地区的经济、社会发展相对落后，外部资源供给不足，基金会整体实力一般，导致具有官方背景的基金会数量和实力占据优势，企业和民间基金会发展较弱，形成结构不均衡的现象。

3. 慈善文化与社会参与认知不足

文化—认知框架[①]也是影响组织场域的重要因素。文化—认知框架提供一种建构组织场域的理解图式，是意义与资源之间的相互交织的结构，并涉及组织所处的广泛的文化与社会认知背景。慈善事业所呈现的不仅是一种文化认知现象，还是一种社会参与和公民精神。在现代社会中，慈善文化建立在对于和谐、美好生活的追求和向往之上，不仅注重社会

---

① ［美］理查德·斯科特：《制度与组织——思想观念与物质利益》，姚伟、王黎芳译，中国人民大学出版社2010年版，第195—198页。

参与，强调公民精神，而且较多地考虑社会分配的公正性。慈善文化发育良好可以促进社会公益事业的发展，缓和社会冲突，促进社会秩序的良性运行。C基金会理事长就表示"尤其是在中国的现有的慈善意识还不是特别好的时候，有些人刚刚有这些意识，而有些人根本就没有这些意识。"（访谈资料150718）在这样的认知环境中社会组织功能发育不足。J省的社会组织总量相对较小，社会组织的专业性、规范性和参与社会治理的水平仍有较大的提升空间。另外，J省的基层社会组织发育参差不齐，难以有效地承接基金会的公益项目，使得基金会不得不"募款"和"做项目"两手抓。

（二）制度惯习的制约

所谓惯习就是知觉、评价和行动的分类图式构成的系统，是结构和结构化的行为倾向系统，是历史的产物，具有一定的稳定性，又可以置换，它来自于社会制度；而场域是社会客观关系的系统，它也是社会制度的产物，但体现在事物和关系运行的现实机制中。① 惯习作为一种历史性的制度化的稳定系统，越是长期在稳固的科层制机构里从事活动就越是难以消除和转换，并对组织的转型产生反向制约作用。基金会的内在治理结构遵循着科层化的方式运行，封闭而又低效；外部层级秩序则给其提供了垄断性组织地位，社会积极性缺失；外在化的项目运作机制，规范性难以把握。这三种力量相互作用、相互交织，深深制约着C基金会的转型过程。

1. 低效的科层化治理结构

内生于科层体系的组织架构、组织支持和制度安排使得基金会陷入了自我循环的路径依赖式发展。科层组织这种社会集合体，自身所具有的内在固有的本质倾向，力图维持它们的存在。② 来自于体制内的支持一旦形成，就会在一定时期内持续存在，犹如进入一种特定的发展路径，没有外部力量的介入很难走出。这表明制度具有"自我强化机制"，"去行政化"改革是对社会组织管理制度的创新，而制度惯习却存在于这一改革进程之中。C基金会的治理结构仍然延续着科层制的治理，项目计划

---

① ［法］布迪厄、［美］华康德：《实践与反思——反思社会学导引》，李猛、李康译，中央编译出版社1998年版，第171—185页。

② 同上。

的实施需要秘书长理事长和党组审批,而不是理事会的决策。同时基金会的领导者并不认为行政化对组织发展具有阻碍作用,行政化的思维根深蒂固。近年来,社会组织快速发育,而在机关事业单位工作多年的领导者却仍然以其惯性化的管理方式介入社会组织的管理与日常工作,审批制和行政化的运行方式屡见不鲜。领导者的主要工作经验都是在体制内所获得的,他们并没有与社会资源合作的经历和策略。体制内的工作经验成了他们社会化转型的限制性条件。

2. 依附式发展与垄断性层级秩序的反向制约

依附式发展是我国嵌入式基金会的发展模式,这种模式导致基金会自主性非常低。依附式的发展在组织成长的初期来看,发挥了非常实际的效果,帮助基金会实现了从无到有、从零到一的增长。然而在组织发展到一定的阶段后,依附成为组织发展的一个绊脚石。C基金会是J省唯一的以残疾人为主要受益对象的基金会,而且在行政级别上没有可以与之竞争的组织机构,在政策和资源上占据着垄断性地位,享有着独占性的收益。P理事长:"我们行政组织是从上到下,中国是一种治理体系,包括我们的网络比较健全,我们一直到村都有,妇联的网络也健全到村,共青团的网络也健全一直到村。"(访谈资料150718)这种非竞争性的发展,一方面,给基金会带来了巨大的收益,如成长资本、稳定的合作关系、政府的良好关系、支持性的外部环境等;另一方面,使得基金会发育迟缓,没有竞争者所产生的惰性使得基金会与社会外部合作不足。社会合作需要基金会付出很大的成本。高度向上的嵌入引起了组织行为模式和发展策略的滞后,忽视了社会资源带来的价值和影响力,而政府的支持却又如此容易获得。这导致基金会向下发展、开放的动力不足,积极性下降,不断强化与政府的联系。

3. 规范性与专业性不足——外在化的项目运作

专业性与规范性是社会组织发展成熟的必备条件。专业性可以为组织的发展提供可持续性的保障,规范性为组织的稳定性提供支持。然而C基金会内部的职能划分并不清晰,责任义务与权利的落实不严谨,既没有具体的业务部门,也没有具体的人员职能分工;原来的3个工作人员虽然具有大学学历,但是对基金会等非营利组织的管理、项目运作、资产管理等方面缺乏相关专业知识和能力,他们既没有接受基金会组织的相关专业培训,也缺乏相关的自我学习。P理事长就表示:"我们现在主要是跟狮子会内部在合作，搞一些项目。整个财务都交给残联的计财部来做。残联基层单位实施。"（访谈资料150718）由于基金会的内部专业化分工模糊，工作人员的专业化水平不高，不可避免地会造成基金会的资金保值、增值困难以及项目运作的混乱性，致使基金会在项目设置、活动实施以及项目评估等环节上专业性与规范性不足，从而影响到基金会发展的动力和社会实效。

从组织场域的视角来看，国家或政府是基金会的主要制度供给方，在官办基金会的组织场域内，国家是这个场域的控制者和监督者，具有自己的治理逻辑；C基金会自身是面对国家给出的制度要求和施与的压力，采取了权变的适应性策略来应对环境，然而在C基金会采取适应性策略应变的同时，社会化策略与行政化惯习之间的张力关系，导致组织出现了非预期性的后果及发展困境，甚至产生了停滞状态。这样的困境的产生一方面是由于政府作为制度供给方所提供的模糊性的政策方案，导致组织出现了不知所措、无所适从的局面；另一方面是组织自身的惯习制约，对于政府体制的依赖惰性和逆向制约导致组织无法完成自我改革。

五　结语

对于改革开放初期中国社会出现的大量的具有官方背景的社会组织来说，社会化的改革势在必行。在新时代的社会治理格局中，如何激活社会的活力，建立起现代的社会组织管理体制，这是一个时代性的重要课题，需要认真地研究和探索，而绝非一个文件，一个指令即可完成。

在社会转型的大背景中，社会治理与社会创新紧密相连。对于嵌入式基金会社会化改革来说，一方面，需要政府改革制度设计上的完备性和系统性，而不是简单化的"一刀切"、一劳永逸地摆脱干系、撇清关系、断然地去行政化。另一方面，应在政府与基金会的关系结构中寻找新的联结点，通过各种创新的方式，来激活并发挥基金会的功能和作用。

鉴于不同地域的经济社会环境差别明显，应该充分考虑地方性社会秩序的差异，制定合理的改革方案和配套政策。由于东北地域特定的历史环境，单位制影响深厚，具有官方背景的基金会的发展具有明显的优势。在社会力量不足，相关政策不配套的情况下，嵌入式基金会不可断然轻率地与政府剥离，而应循序渐进，把握时机，否则可能在简单化的改革中使社会公益力量本来就薄弱的东北更是雪上加霜。社会建设的目标是做增量改革，激发社会活力，增强社会参与，助力社会自治，达成共建共治共享的社会治理新格局。

基金会的发展正在形成一种新的趋向，致力于公益平台的建设和社会创新的支持。在嵌入式基金会的社会化转型中，应着力于公益事业的发展，致力于资助型和支持型社会组织的建设，也就是要合理有效地利用其在我国社会组织治理体系中的优势，利用政府的资源支持民间草根社会组织的发展。这在一定程度上可以补充支持性社会组织的匮乏，提高草根社会组织培育的效率和质量，而同时这也是基金会转向社会化的有效选择路径。

（原刊于《社会建设》2018年第5期）

从国家法团到社会法团：
官办 NGO 改革路径的再思考

——基于 J 省官办基金会的调查

从中国共产党的十六届三中全会以来，中国的社会改革不断推进和深化。党的十八届三中全会进一步提出推进社会治理改革、激发社会组织活力的改革思想。在这样的指导方针下，为使社会组织能够真正参与到社会治理中，发挥其应有作用，国家开始通过各种方式激发社会组织的活力，促进社会主体的发育和成长并提升参与社会治理的能力。在此种意义上，官办 NGO 的改革显得尤为迫切。一方面，官办 NGO 普遍效率较低、活力不足；另一方面，官办 NGO 数量庞大，在社会组织中占有重要份额。官办 NGO 的改革关系到社会治理的成效。如果改革进程不畅，就难以激发第三部门的活力，难以为社会治理提供关键的参与主体。由此，官办 NGO 由于靠近政府、体量较大并占据社会组织生态体系的关键位置，其成败直接关乎第三部门的兴衰。

官办 NGO 的改革成为关乎社会治理的重要课题。本文不再过多着墨于官办 NGO 改革的动力、意义等，而试图在梳理、反思已有研究成果的基础上对其改革的方向和策略做进一步的思考和梳理，探索其可行的改革路径。此项研究是基于近年来对大量社会组织调研访谈的基础。选取官办基金会为对象，既是出于研究的便利性，也是出于对代表性的考虑。从狭义的官办 NGO 来看，基金会具有一定的代表性。基金会位于公益资源链条的上游，如果其不能有效运转，不仅无法满足公共服务需求，更无法为中下游的社会组织提供资源供给，进而抑制第三部门的整体发育，因而基于官办基金会类型的实证研究结论应当具有一定的代表性。

一 作为理想型的三条改革路径

官办 NGO 的核心特征在于其兼具官与民的双重性格，而改革的核心也正在于对其官民比例做出调整、界限予以划定。因此，任何尝试给出官办 NGO 改革路径的答案都应当对这种官民二重性有其立场，尤其是如何看待其官办身份和官方色彩。只有在对我国国家与社会关系的现状与走向有其历史性、规范性判断的前提下，方能明确官办 NGO 改革的方向和策略。

（一）国家法团主义的依附式发展路径

法团主义是国家与社会团体制度化合作，以达至秩序与效率相统一的国家与社会关系的图景。施密特将其界定为"以社团形式组织起来的民间社会的利益同国家的决策结构联系起来的制度安排"，有6个主要特征：(1) 在某一社会类别中社团组织的数量有限；(2) 社团组织形成非竞争性的格局；(3) 社团一般以登记方式组织起来；(4) 社团机构具有功能分化的特征；(5) 社团要么由国家组建，要么获得国家认可而具有代表地位的垄断性；(6) 国家在利益表达、领袖选择、组织支持等方面对这些社团组织行使一定的控制。① 在这个框架里，国家强有力地居于中心地位，社团一定程度渗入国家的成分并被秩序化地整合。施密特也进一步将法团主义区分为国家法团主义与社会法团主义。在前者模式中，国家自上而下通过行政化或明文规定的方式，赋予某些社团以垄断性的特殊地位，并采取更多的干预和支持；后者则基于自下而上的社团间竞争性淘汰形成法团主义的结构格局。顾昕、王旭在考察我国社团监管体系以及制度安排后，认为我国的国家社会关系与法团主义较为契合。② 而中国在以全能主义国家为起点的管理体制背景下，具有渐进式改革的特点，不少学者也进一步判断，尚处于转型初期的国家社会关系为国家法团主义。

---

① 陈家建：《法团主义与当代中国社会》，《社会学研究》2010年第2期。
② 顾昕、王旭：《从国家主义到法团主义——中国市场转型过程中国家与专业团体关系的演变》，《社会学研究》2005年第2期。

基于这样的国家与社会关系的判断，才能认清中国社会转型出现的大量的官办 NGO，正是国家法团主义框架下的产物。改革开放之初，官办 NGO 是国家在社会力量十分薄弱的情况下主动发起成立的。国家给予其资源等方面的支持，赋予其垄断性和一定的公权力，使其能够承担社会服务与利益整合的双重职能，以满足社会需求、稳定社会秩序，从而构建起国家法团主义的治理格局。由此，官办 NGO 的官办身份和官方色彩也就具有了相当程度的现实性与合理性。因此，有学者指出官办 NGO 改革的关键（至少在现阶段）不是消减其官方属性，而是如何利用其官方背景以求得更好地发展。其中魏涛通过对浙江消费者协会的研究认为，应当承认和接受官办 NGO 的存在和合理性并努力发挥其不可替代的作用；而官办 NGO 的改革首先"不是民间化的问题，而是要通过管理制度和运行机制的完善来更好地发挥其独特优势的问题"[①]。这条改革路径，基于国家法团主义的国家社会关系判断，将官办 NGO 作为国家法团看待，承认其法团地位，试图使官办 NGO 通过依附于国家支持寻求相对保守的发展与改革，可以概括为"依附式发展"的改革路径。

（二）多元主义的去行政化路径

多元主义是强调国家与社会分立，社会制衡国家，信奉社团间自由竞争以增进社会活力的国家与社会关系的理想类型。在这种理想型的模式中，NGO 应当与政府严格分界，高度自治：一方面，政府在 NGO 不违反法律的情况下一般不能干预其内部事务；另一方面，政府通常不能给予 NGO 日常行政事务的拨款和特殊照顾。因为，从价值判断出发，多元主义相信 NGO 与政府的边界不清，将导致社会无法与国家分立制衡；从现实效益讲，多元主义认为 NGO 的政府化会导致其官僚化的低效，而对 NGO 的差别对待也将破坏社会内部自由竞争的生态，降低社会活力。这种基于西方自由主义传统的多元主义框架，显然与中国社会的传统格局与现实情况大相径庭，但是其对 NGO 的这种高度自治、自由竞争的规范性预设却早已成为学术界与民间社会的主流话语。

在这种话语范式下，官办 NGO 的"官性"即为其"原罪"所在。改革的关键就是去除其官方支持和干预，恢复其社会本性，走一条"去行

---

① 魏涛：《发挥官办 NGO 在构建和谐社会中的作用——基于浙江省消费者协会的个案研究》，《学会》2007 年第 7 期。

政化"的改革路径。笔者认为,"去行政化"路径在学术界有激进和保守两种样态。一是相对激进的,如贾西津认为,官办 NGO 应当尽快与政府分开,至于其分离后能否生存发展,由社会公民选择,社会市场决定。这种样态的"去行政化"考虑的核心不是官办 NGO 的能力和效率的提升而是社会市场的公平问题。① 二是相对保守的如邓国胜认为,一方面要推动官办 NGO 与政府分离;另一方面要在分离的基础上加以培育,以确保其生存和发展。② 保守的"去行政化"路径更多考虑激发官办 NGO 的活力与效率问题。但是无论哪种,多元主义的去行政化路径都强调,官办 NGO 的问题根源在于行政化,与政府尽快地、彻底地分离才有可能摆脱困境。

(三) 现实主义的官民调和路径

不同于以上两种观点,近年来,一些学者似乎试图在悬置或者超越对国家社会关系的简单判断的前提下,直接从我国的社会结构、历史情境的现实条件和约束出发,开出官办 NGO 改革的药方。如,刘威认为,我国慈善事业中的"官民二重性"并非"官民二元性",二者在组织的实际运作中相互依赖、难解难分,并且植根于社会结构和历史情境。因此要抛弃"官退民间"的去行政化道路,寻求"超越官与民"的道路。③ 类似地,毕素华认为,现实条件不允许官办 NGO 完全的"去行政化",而志愿失灵理论和官办 NGO 的官方属性事实上所带来的比较优势,要求官办 NGO 通过调和官民二重性,实现渐进变革与"价值突围"。④

可见,官民调和路径的基本立场对于官办 NGO 的"官民二重性",主要有三个判断:其一,官办 NGO 的官方属性根源于历史遗产、国家的改革进程、公民社会的发育程度;其二,"行政化"一方面是造成官办 NGO 自治程度低、效率低下的重要因素;另一方面也为其发展与谋求自主性提供了相对于民间 NGO 的优势资源;其三,官办 NGO 的"官"、"民"属性既相互冲突、对立又持续互动、相互嵌入,不是简单的二元对立关系。在这样的判断下,官办 NGO 的官方属性是难以简单去除的,对组织同时具有促进与抑制的二重性,并且与组织的民间属性相互缠绕。

---

① 贾西津:《官办 NGO 路向何方》,《学会》2011 年第 12 期。
② 邓国胜:《政府与 NGO 的关系:改革的方向与路径》,《中国行政管理》2010 年第 4 期。
③ 刘威:《超越官与民:慈善事业转型与组织生态重构》,《中州学刊》2015 年第 9 期。
④ 毕素华:《官办型公益组织的价值突围》,《学术研究》2015 年第 4 期。

因此，改革的关键在于如何实现"政府性"与"民间性"的有机调和。这是一条现实主义的"官民调和"的改革路径：组织自身应当尽可能利用自身双重性的比较优势，在组织发展的同时积累出获得自主权的资本，在社会化基础增加的同时逐渐降低自身的"官"的比重；而政府应当适当放权，并给予必要的支持。

二 三条路径的经验检视与理论反思

学界提出的三条改革路径，正是基于国家与社会关系的判断有所差异或不同，在现实的社会改革中官办 NGO 由此形成不同的方向与策略，展示了各自的发展样态和运行范式。我们有必要结合中国社会的历史和现状，进一步分析哪一条路径更具可行性与有效性，以尝试为我国官办 NGO 的改革选择最优路径，甚或在比较甄别的基础上提出一个更优的方案。而这项工作不能只是理论上的纸上谈兵，将不同的路径在官办 NGO 的改革中加以实验才能真正检视其各自的优劣。这种实验在社会科学中固然难以进行，但是笔者在对 J 省数十家官办基金会的调研中却真实地发现，正在运行和发展中的基金会或自发或被动地实践着前述路径，并形态各异。因此，笔者试图以此为样本，辅以理论的反思对其加以检视。

（一）依附式发展的瓶颈

J 省从省级到市级的见义勇为基金会，以及县级的见义勇为协会，可以说是典型地依照国家法团主义框架设计成立并发展起来的。为减轻 J 省见义勇为抚恤工作的压力和财政紧张，J 省公安厅在 1996 年投入注册资金 400 万元，创办注册了省级见义勇为基金会。随后依靠公安系统的纵向网络陆续督促各市公安部门成立市级见义勇为基金会，各县成立县级见义勇为协会。这些自上而下、层级分明的基金会（协会），均依附于公安行政系统，并接受其领导，带有浓重的国家法团主义色彩。而这套基金会（协会）体系，在政府财政、编制、政策的支持下，相互协调并积极与政府相关部门合作，有效地推动了 J 省的见义勇为宣传、奖励和保护工作。显然，这些基金会走了典型的国家法团主义的依附式发展道路，并取得相当成效。但是，在调查中笔者发现 J 省见义勇为基金会的长期依附式发展已经开始面临瓶颈。一是长期以来基金会的资金主要来源于政府财政预算和省慈善总会，而正是对政府资金保障的依赖使基金会具有的公募职能逐渐丧失，自主生存能力减弱。二是主管单位掌握基金会实际的控制权，基金会内部行政化治理，以致基金会自主空间不足，工作模式行政化，无法满足多样化的公众需求。

J省见义勇为基金会的依附式发展实践，向我们展示了官办NGO作为国家法团相较于草根NGO能够依附于政府权威与资源，迅速成立、发展以及时填补社会需求，稳定社会秩序。但是这种依附式发展，随着时间推移其效益会逐渐递减，并可能反过来制约官办NGO的自主性与社会活力的生长。依附式发展的瓶颈效应，揭示了国家法团主义路径的最大风险，即在国家主义的历史惯性下，过度强调官办NGO对官办优势的依附，可能会导致官办NGO向国家主义的体制内退化，丧失其社会活力与发展潜力。因此，国家法团主义的依附式发展路径的改革效益可能是相对有限的，其弊端在于造成官办NGO自身发展动力不足，以至于越发展越依附，难以适应政府转型与社会发育的潮流。

（二）去行政化的意外后果

官办NGO的"去行政化"，要求组织与政府在办公场所、财务、人员上的分开，取消行政级别和编制，脱离业务主管单位的控制，同时不再享有特殊支持。与国家的总体状况一样，J省的官办基金会也并未如此全面彻底地进行自上而下的"去行政化"，但是在调查中笔者了解到省委组织部正在对公职人员兼职官办基金会负责人的情况进行严格地清理。领导兼职是官办基金会"行政化"的关键环节，政府部门往往以此方式对官办NGO进行行政化的控制和支持。因此，观察分析这种"去兼职化"所产生的影响，可以管窥"去行政化"路径的可能效果。

调查中我们发现"去兼职化"所带来的推动官办基金会社会化的效果不甚显著，却迅速产生了负面效应。其一是一些新兴基金会的夭折。J省老龄事业发展基金会，近两年模仿见义勇为基金会，依托行政力量在各市成立市级老龄事业发展基金会。为了尽快推进这个国家法团主义式的基金会框架的形成，以及取得政府的信任和支持，J省老龄基金会与各市商定了相应的政府领导作为负责人。然而，"去兼职化"的推进致使各基金会负责人被迫辞职，刚成立的市级基金会因为失去核心，大多迅速夭折。其二是一些原本发展较好的基金会将陷入困境。以J省老龄事业发展基金会为代表的一些官办基金会，其负责人虽为省内人大、政府退休干部，但这些负责人表现出对于公益事业的热忱，并且具备突出的管理能力和丰厚的社会资本，正在带领基金会向前发展并逐步改革。但由于"去行政化"的影响，这些负责人将被迫离职，造成基金会发展与改革的中断。此外，正如某基金会理事长所说："现在去行政化的问题是，如果撤掉了这些人，基金会只能去社会上找。但是现在社会上这方面的人才太匮乏了，而且社会人士夹在官办基金会和政府之间根本无法发挥作用。"

上述经验警示我们，"去行政化"改革路径的可能问题在于盲目地去除官办 NGO 的行政化面向，不意味它必然实现社会化和民间化的发展，甚至造成意料之外的反效果。官办 NGO 实现社会化发展不仅需要自上而下的松绑，更需要自下而上的社会基础和组织自身的社会化基础。在公民社会与文化基础薄弱，以及大多官办 NGO 几乎没有社会人才和社会资源渠道等社会化基础的总体社会情境下，如果国家迅速抽离官办 NGO 中的行政化力量，固然减少了控制，却也使官办 NGO 失去了赖以发展的政府支持。相对激进的"去行政化"观点可能认为，官办 NGO 分离之后可以遵循多元主义的自由竞争法则，优胜劣汰。但是，一方面在 J 省的调研中我们看到在社会基础薄弱的情况下，官办基金会的消亡并未带来民间基金会的发展，而官退民不进，必然造成公共需求供给的缺位与社会管理的失序。另一方面，更深层的矛盾在于，"去行政化"路径的多元主义预设与中国实际的国家社会关系在根本上难以契合，社会的发育才刚刚开始，社会基础仍然很薄弱。目前国家仍然需要官办 NGO 处于法团的垄断地位上，以维持社会组织体系的可控和秩序，所以不可能任其在社会竞争中淘汰。[①]

因此，笔者认为"去行政化"路径在一定程度上将官办 NGO 的改革简化为简单地切割官办 NGO 在人、财、物方面与政府在行政上的关联。但实践中的改革往往意味着"去行政化"与"社会化"两个方面相互交织的双重演进，而国家的行政力量对官办 NGO 的介入本身也存在着支持与控制的双重维度。而多元主义的去行政化路径则偏执一端，虽然有较强的批判力度并能勾勒官办 NGO 改革的部分远景，但若直接以其为改革

---

① 康晓光、韩恒：《分类控制：当前中国大陆国家与社会关系研究》，《社会学研究》2005 年第 6 期。

之手段，则缺乏足够的可行性与有效性。

（三）官民调和的有效实践

在 J 省多数官办基金会活力较低的背景下，仍然有一些发展势头较好，且表现出了朝向社会化改革的官办基金会存在。在笔者看来，这些基金会恰恰在有意无意地践行"官民调和"的改革路径。J 省青少年发展基金会作为其中的典型，向我们展示了"官"与"民"是怎样被巧妙地调和，以促进基金会改革发展。这种调和是由官方的主办单位与基金会两个主体共同进行的。

首先，主办单位之于基金会存在支持与控制两个维度。[①] 在支持维度上，主办单位对 J 省青基会可谓"有退有留有进"。以资金为例，主办单位为激励其募款的主动性，在公益项目上坚决不再给予财政补贴，此谓"退"。但为保证其有效运转仍然在行政经费方面，给予一定财政拨款，此谓"留"。同时，近两年主办单位通过购买服务的形式，给予基金会一定的项目资金，此谓"进"。在控制的维度上，业务主管单位（团省委）逐步"有所为有所不为"。"有所为"指仍然对其人事任免和活动范围掌握根本的控制权，团省委在其会长人选上有主导权，并力图使基金会的活动与团省委的工作目标相配合。而"有所不为"是指团省委为使基金会不成为包袱，并希望基金会为自身锦上添花，而选择在基金会具体项目设计和工作形式上减少干预，以激发其活力和主动性。

其次，J 省青基会自身"依托行政资源，市场化运作，社会化发展"。基金会的理事长认为官办基金会的行政资源是其优势，应当有选择地利用，其底线是不能违背基金会社会化的初衷；另一方面，基金会应当以民间化为取向，逐步社会化地建设工作团队，市场化地筹款和运作项目。在工作团队建设上，基金会接受政府给予的编制和公职人员兼职，但也招聘社会人才加入工作团队，同时注重培育事业共同体而非官僚机构的组织文化，使基金会内部逐步形成公益组织认同。在筹款方面，基金会坚决不采用行政强制的手段，但是也注重依托政府宣传和合法性符号，柔性地利用官方资源进行募款，从而吸纳整合社会资源。在项目运作上，在 J 省草根 NGO 匮乏的情况下，基金会选择依托各级共青团组织执行大

---

① 陶传进：《控制与支持：国家与社会间的两种独立关系研究——中国农村社会里的情形》，《管理世界》2008 年第 2 期。

型项目,而实验性的小项目则积极与草根 NGO 合作。这使得基金会既能够依托与官方的合作关系满足体制外社会组织无法满足的社会需求,又能够调控与培育民间社会力量。

相较于前两种改革,"官民调和"的改革路径在实践中被一定程度证明具有可行性并有积极的改革效果。而这种可行性与有效性,是可以被理论地阐释的:这条改革路径在相当程度上其实是国家法团主义路径与多元主义路径的实践理性的折中。一方面,它基于现实条件,要求官办 NGO 有底线地依托官办特性的比较优势寻求发展,要求政府有选择地对官办 NGO 提供支持;另一方面,它基于 NGO 的社会本性,要求官办 NGO 尽可能社会化、市场化运作,要求政府减少控制,赋予其一定自主权。在这个过程中,官办 NGO 的"政府性"与"民间性"被巧妙地调和,既不是简单化的"去行政化",更不是无目的的"依附式发展"。更为重要的是,这条路径承认官办 NGO 与政府特殊而紧密的合作关系,并使其依托这种合作关系发挥出政府与体制外社会组织无法承担的重要功能。

行文至此,我们已经比较得出现实主义的"官民调和"路径是官办 NGO 改革的可行之路。但是,我们的工作还没有结束,因为如果以其指导官办 NGO 的改革,我们会发现"官民调和"还相对模糊,学界对它的表述还不足以使其成为规范化的、可操作化的指引。"超越官与民""价值突围"这样的文学性表述也从侧面揭示了这种特质。首先,它对改革的策略与步骤的阐释还缺乏系统性。其次,它没有回答官办 NGO 最终应当与政府,尤其是业务主管单位构建一种什么样的关系。最后,不同于其他两种改革路径,它没有自觉并明确其对国家社会关系及其走向的前提判断,而这一点从根本上决定了它的模糊性。因此,笔者试图从揭示"官民调和"路径隐含的国家社会关系判断入手,重新具体表述这条改革路径,并将其抽象提炼为一条可能的改革路径——从国家法团到社会法团。

三 一条可能的路径:从国家法团到社会法团

虽然"官民调和"的改革路径并未自觉且明确其对国家社会关系及

其走向的判断，但事实上，透过它对官办NGO的改革方向与策略的表述，可以明显看到其对国家社会关系的判断是基于法团主义立场的。因为，一方面，它的改革目的是促进官办NGO的发展而非任其优胜劣汰；另一方面，它承认政府一定程度卷入的合理性，并且期望二者达成特殊而紧密的合作关系。这意味着，它承认官办NGO的国家法团角色和地位，因而是国家法团主义的取向而绝非多元主义。但是，又不同于"依附式发展"的路径，它要求官办NGO在某些层面逐步社会化，并且力图使官办NGO与政府逐步达成相对平等和更为高效的合作关系。因此，尽管对于国家社会关系现状的判断是国家法团主义，但是不止于此的是，它似乎又对国家社会关系的未来走向给出了某种预测和期待。而这正是"官民调和"改革路径隐含的前提判断。

（一）改革的前提判断：从国家法团主义到社会法团主义

关于从国家法团主义到社会法团主义的发展判断并非今日才提出来。康晓光提出，首先由国家建立以"双重管理体制"为主的法团主义的制度框架，并主动成立官办NGO占据国家法团的地位和角色；然后再逐步放松制度框架的控制性，并使官办NGO逐步提升其社会代表性和服务功能。[①] 这种过渡的实质是一个"先合再分"的过程。"合"是指国家先把社会纳入到制度体系中，以保持社会的秩序；"分"是指国家再逐步划清与社会的界限，激发社会活力，并与社会重新构建起相对平等的制度性的合作关系，以提升效率。

如果我们以此种国家社会关系的过渡模式作为官办NGO改革的前提判断，那么我们有必要从理论和实践层面进一步论证其现实性与合理性。在理论层面，已有学者已经基于中国历史传统与现实条件进行了初步论证。首先，中国的传统和现实已经确立了国家或政府的主导地位，这使得改革后的国家与社会的关系更为接近国家法团主义，并在近中期内很难转变为具有高度竞争性的国家与社会关系。其次，改革后在社会力量薄弱的条件下形成的垄断性的社会团体结构（如共青团等官方社团），如果能增强代表性与服务能力，就可以为国家与社会的关系向社会法团主义过渡提供可能。最后，在庞大的国家规模、复杂的民族文化构成与社会经

---

① 中国青少年发展基金会：《处于十字路口的中国社团》，天津人民出版社2001年版，第22—28页。

济发展程度的高度不平衡的条件下，采取高度竞争性的国家社会关系与政治体制很可能导致社会的失序与分裂。因此，"先合再分"的过渡模式，既合乎现实又能够在维系社会秩序、满足社会基本需求的前提下逐步实现国家与社会的良性互动。①

在实证层面，顾昕等人以专业团体为对象揭示了中国改革后的国家法团主义的国家社会关系格局；② 进而又以行业协会为对象阐发了近年来国家社会关系从国家法团主义到社会法团主义的演变趋势。③

据此笔者也进一步认为，近几年中国在社会改革中的实践，印证了国家与社会关系从国家法团主义向社会法团主义过渡的转型趋势。党的十八届三中全会首次引入"社会治理"概念，要求加快政社分开，激发社会组织活力，提升社会主体的地位，将适合社会组织提供的服务与解决的事项交由社会组织承担，从而创新社会治理体制。在实践层面，中央和地方政府也正在通过培育孵化社会组织和购买服务等方式创新社会治理体制。就国家社会关系而言，"创新社会治理体制"有两层主要内涵：第一，国家减少对社会的过度控制，并主动培育社会力量；第二，以此为基础，国家与社会力量构建起合作关系，共同进行社会治理。而从国家法团主义向社会法团主义过渡的主要标志正是国家控制的放松，社会力量的发育，以及二者相对平等的实质性的合作关系的建立。此外，尽管目前大量草根 NGO 的存在与发展所表征的公民社会的自下而上的发育，正在挑战法团主义式的总体判断，但是如果我们从各级民政部门注册的社会组织来看，具有官方背景的为多数，那么从国家法团主义到社会法团主义的模式判断仍然具有相当的解释力和指导价值。当然，也有学者指出法团主义是西方社会的产物，由于缺乏相似的历史传统以及社团自主发育的基础，与中国的国家社会关系框架存在"形似神不似"的可能。④ 但是笔者认为，作为规范性框架的从国家法团主义到社会法团主

---

① 中国青少年发展基金会：《处于十字路口的中国社团》，天津人民出版社 2001 年版，第 22—28 页。
② 顾昕、王旭：《从国家主义到法团主义——中国市场转型过程中国家与专业团体关系的演变》，《社会学研究》2005 年第 2 期。
③ 张长东、顾昕：《从国家法团主义到社会法团主义——中国市场转型过程中国家与行业协会关系的演变》，《东岳论丛》2015 年第 2 期。
④ 吴建平：《理解法团主义——兼论其在中国国家与社会关系研究中的适用性》，《社会学研究》2012 年第 1 期。

义的过渡模式的意义正在于，它能够引导国家与社会关系变革的实践，而逐步使其"形神兼备"。

（二）改革的方向：从国家法团到社会法团

假定我们承认上述判断的合理性，那么接下来的问题就是在这种国家社会关系模式的转换过程中，官办 NGO 的角色应该发生怎样的转变。前文我们已将国家法团主义格局下的官办 NGO 称为"国家法团"，那么在社会法团主义的格局下我们也不妨称其为"社会法团"，因而官办 NGO 的角色转换或者说改革的路径指向也就是"从国家法团到社会法团"。通过前文对国家法团主义与社会法团主义的表述，我们可以认定国家法团与社会法团的共同之处在于"法团"，即法团组织垄断性地在制度框架内影响国家政策、与国家职能合作，其代价是接受一定程度的政府干预并承担社会整合与政策执行的职责；不同之处在于他们法团性的角色、地位分别来源于国家的强力干预与授权，和社会内部的竞争性淘汰两种不同的形式。

如果我们教条地看待国家法团与社会法团的差异，那么官办 NGO 的转型则几乎无以可能。因为，官办 NGO 的法团地位已经由国家赋予，无法再经过自由竞争获取其垄断地位。施密特基于西方经验认为国家法团主义转变为社会法团主义的可能过程应是，国家法团主义体系自身先解体，再进入多元主义阶段，社团在多元主义时期相互竞争以产生新的社会法团，从而进入社会法团主义。[①] 在这种理论预设下，官办 NGO 将面临消亡或完全剔除其官方属性参与到社会竞争中以重新获取法团地位，而这二者都意味着官办 NGO 渐进改革的转型道路的锁闭。但是，如果究其本质，其实法团地位的获得是源于国家强力还是自由竞争的形式上的不同，真正指涉的是这种法团地位的社会合法性的差异。在自由竞争中获取法团地位的 NGO，相对于国家成立或授权的 NGO，往往被认为（也事实上通常）具有更高的利益代表性，更强的社会基础，更好的服务能力，更少的行政化倾向。因此，如果我们能够通过自上而下的改革促使官办 NGO 重新获得法团地位的社会合法性，也就能够使其从国家法团转变为社会法团。这样，官办 NGO 的转型也就成为可能，改革的方向也就

---

① 吴建平：《理解法团主义——兼论其在中国国家与社会关系研究中的适用性》，《社会学研究》2012 年第 1 期。

此得以明确。

官办 NGO 从国家法团向社会法团的转型，相对不变的是"法团"，亦即其所占据的垄断性地位，政府的一定程度的干预和支持，以及和政府的相对特殊和紧密的关系；而变化的维度是组织的社会代表性、服务能力与组织民间性的增强，政府的控制向相对间接的层面的退隐，组织与政府的关系从职能补充到功能合作的转向。如此，首先，"官民调和"路径的相对模糊的官办 NGO 的转型方向就明确了，其"政府性"与"民间性"的应然的比例和界限也就清晰化了，进而能够避免盲目的"去行政化"以及缺少远景规划的"依附式发展"。其次，对法团地位的肯定也指出了国家以适当的方式支持与干预以促进官办 NGO 改革的必然性与合理性。最后，"从国家法团到社会法团"的过渡模式，意味着与国家政治经济改革步伐相适应，表达了渐进性与策略性的改革思路。以此为基础，我们可以再简单梳理与概括"官民调和"的改革策略。

（三）改革的策略

如前所述，相关研究对这条改革路径的具体策略已有不少表述，而具体的官办 NGO 的改革策略往往与具体实践和情境紧密相连，本文在此仅做扼要地简单阐述。

首先，改革有关键的两个步骤。其一，以"借力"和"增量"的手段培育官办 NGO 的社会化基础与服务能力。"借力"是指，政府有选择性地对官办 NGO 予以能促进其发展而并尽可能不让其产生依赖性的支持，而官办 NGO 自身要善于利用自身的官方性质的比较优势发展自己，提升社会影响力。"增量"是指官办 NGO 在保持"政府性"的同时，可以尽可能地增加自身的社会性成分和社会化服务能力，比如在接受政府给予编制的同时，在工作团队中增加社会人才的招聘。其二，通过逐步"撤出"与"放权"降低官办 NGO 的行政化比重。"撤出"是指，政府减少对官办 NGO 过多的、不必要的资源支持，逐步抽离行政编制与公职人员兼职，以降低其依赖性。"放权"是指，政府尤其是业务主管单位逐步放开控制，给予官办 NGO 自主权，以激发其活力。需要指出的是，以上两个改革步骤应当相互关照地进行。后者必须以前者为前提，在官办 NGO 有一定社会化基础和能力的前提下的降低行政比重，才能保证其不致衰亡。而在组织有一定的发展的同时，"撤出"与"放权"也必须跟上，否则将会阻碍组织的进一步变革，甚至造成退化。

其次，还须以国家为主导，自上而下地推动改革。从上述两个改革步骤的阐述中可以看到，政府尤其是业务主管单位是改革策略的实施主体。然而在资源依赖理论的视角下，业务主管单位与官办 NGO 存在"非对称性依赖"的关系，① 亦即官办 NGO 对政府的支持与改革存在着强依赖，而官办 NGO 的产出则往往对政府而言微不足道。因此，政府对官办 NGO 改革所带来的收益，或者无法抵消改革之成本，或者无法带来足够多的政绩或资源，因而在组织社会学的视野下，政府尤其是业务主管单位是缺乏改革的组织激励的。因此，国家必须从制度和政策层面对其提供额外的激励与要求。比如，尝试把社会组织改革纳入"政府改革创新奖"的重要考察对象，成立专门的督促官办 NGO 改革的工作组等等。

再次，改革应当使官办 NGO 真正在社会组织体系与社会治理中发挥法团之作用。一方面，加强培育和孵化功能；另一方面，承担管理和支持等功能，使其既具有权威性更要具有社会性。政府应当进一步推进官办 NGO 主动承担枢纽型社会组织的职能。官办 NGO 既有资源上的优势，又分享政府的部分公共权威，因而能够依托行政体系以及与政府的紧密关系，调控与服务体制外社会组织的发展。② 此外，工会、行业协会等利益代表型社团应当在提高自身社会代表性的基础上，更好地代表社团成员参与政府政策的协商与制定。在此基础上，官办 NGO 能够摆脱简单提供公共服务的狭窄定位，从而使政府与组织的关系能够从基于领导的职能补充，逐步转向基于引导的功能合作。

最后要说明的是，官办 NGO 类型多样，发育程度参差不齐，国家对不同官办 NGO 的定位也存在差异，因此官办 NGO 的改革路径并不唯一。笔者只能在有限的理论与经验中，提出一条尽可能契合我国现实，适用于多数官办 NGO 的改革路径以作为改革的一个参照系，并不绝对排除"依附式发展"与"去行政化"等其他路径在改革实践中的可行性与意义。此外，本文所谈的改革更多集中在中观的层面，而对国家在法律、政策方面的宏观规划与改革涉及不多，但是如果要真正实现官办 NGO 的

---

① 徐宇珊：《非对称性依赖：中国基金会与政府关系研究》，《公共管理学报》2008 年第 1 期。
② 玉苗：《类公益孵化器：公募基金会培育草根公益组织的方式新探——兼谈公募基金会的改革转型》，《社会工作》2013 年第 6 期。

变革，激发第三部门的活力，则需要国家在顶层制度层面进一步的改革与创新。

（原刊于《学术研究》2017年第1期）

转型期宗教慈善发展的困境及路径选择

无论从历史传统还是当代发展来看，宗教与慈善事业都存在密切关联。有学者以"宗教为慈善之母"喻指二者关系，认为宗教在理念与事实上都是慈善的源头。[①] 随着我国慈善事业的恢复和发展，一度销声匿迹的宗教慈善开始为国家重视。如何发挥宗教慈善的积极作用也成为转型期中国慈善事业发展的议题之一。2012年初，民政部、发改委等六部委联合发布了《关于鼓励和规范宗教界从事公益慈善活动的意见》，旨在鼓励和规范宗教界从事公益慈善活动，推动宗教公益慈善事业健康有序发展。然而，我国目前的宗教慈善事业虽然呈现出较为良好的发展趋势，但也面临诸多困境。因而，辨析宗教与慈善的深层关系，反思宗教慈善发展的困境，是探索激活宗教慈善组织活力以及推进慈善事业发展的可行路径。

一 宗教慈善是慈善事业的有机组成

宗教活动与慈善事业的关系不仅表现为宗教组织作为慈善活动实际的担当者，而且根植于宗教与慈善相通的价值理念。慈善事业对个体利益的超越，在本质上同大多数宗教所蕴含的"社会性"是一致的，许多宗教的箴言与教义往往同慈善的理念目标极为相似。历史上各类宗教组织也常常是慈善事业的重要载体，即便是在慈善活动日益理性化、制度化的现代社会，宗教因素仍然在慈善事业发展中扮演重要角色。

---

① Moe, H. A., "Notes on the Origin of Philanthropy in Christendom", *Proceedings of the American Philosophical Society*, Vol. 105, 1961, pp. 141—144.

（一）宗教与慈善价值理念相通

宗教与慈善的关联首先体现在二者相通的价值理念。慈善事业所包含的利他、无私等价值诉求或多或少都可以在宗教中发现，其原因在于，宗教与慈善都是人类"社会性"的表现。在涂尔干看来，"宗教反映着社会的所有方面"，"宗教力就是人类的力量和道德的力量"。① 可以说，宗教与慈善是水乳交融的关系，在互相交融中共同发展，它们之间的这种吸引力就来自于价值上的一致性。

首先，宗教教义中的价值取向与慈善的价值追求具有一致性。虽然各类宗教千差万别，但教导人们怀善念、从善行，服务他人的价值取向，都能在各大宗教的经典中找到相关经文。贫弱者有衣食的天下大同往往也是宗教家的理想社会，而施舍财物、助人拔苦也常常是教徒修行或是抵达彼岸的必由之路。《圣经》中有："神的旨意原是要你们行善""他施舍钱财，周济贫穷，他的仁义存到永远。"② 《古兰经》中也能找到类似的表述："你们应当只崇拜真主，并当孝敬父母，和睦亲戚，怜恤孤儿，赈济贫民，对人说善言，谨守拜功，完纳天课。"③ 宗教教义在信仰与崇拜之外，让人们做一个乐善好施的"好人"，也是宗教的目标之一。而佛教的慈悲观念、民间道教的劝善思想则构成了我国古代慈善事业发展的思想基础。④

其次，宗教徒的实践伦理体现了诸多慈善精神。"对信仰虔诚的教徒来说，积极参加社会服务、向慈善事业捐赠自己的时间和金钱，是对宗教信仰和道德原则的最好实践。"⑤ 宗教不仅从精神层面教导人们，还对人们的世俗生活进行具体规定，这些规定与社会道德融合，共同规约人们的行为。妇孺皆知的"出家人慈悲为怀"即是指佛教徒应该具有慈善怜悯之心。佛教徒修行的重要法门——四无量心更是包含了丰富的慈善理念，将佛教徒的自我修行与大众利益有机地融合在一起了。⑥ 另外，我们也注意到，佛教"六度"中的布施，不仅强调对他人财物的舍予，还

---

① ［法］涂尔干：《宗教生活的基本形式》，上海人民出版社2011年版，第401、399页。
② 毛丽娅：《浅谈〈圣经〉中的慈善思想》，《中国宗教》2008年第12期。
③ 罗万寿：《试析中国伊斯兰教的伦理理想》，《西北民族学院学报》1993年第1期。
④ 参见王卫平等《慈源善本的传统》，载杨团主编《中国慈善发展报告（2009）》，社会科学文献出版社2009年版。
⑤ 刘澎：《当代美国宗教》，社会科学文献出版社2001年版，第290页。
⑥ 见心：《慈悲喜舍四无量心的现实意义和作用》，《法音》1989年第10期。

包含了对他人超越物质层面的关爱。这样的慈善理念不仅具有宗教的一面，其对于转型期我国慈善事业的发展也有着重要的启示。

总之，宗教与慈善的关系首先是价值理念的相通，宗教所蕴含的丰富的慈善观念对于当代慈善事业的进步与发展仍有借鉴意义。而宗教与慈善这种天然的联系，使得宗教组织在古今中外慈善事业发展中卜都扮演了重要的角色，宗教组织参与慈善活动的传统也一直延续至今。

（二）宗教组织有从事慈善的传统

在世界历史上，以基督教、佛教以及伊斯兰教为代表的传统宗教都以各自的方式开展了大量的慈善活动。英国常被视为现代慈善发源地，而宗教因素的影响一直贯穿于英国慈善事业发展始终。"中世纪英国的修道院具有重要的救济功能，具体执行机构是隶属于修道院的施舍所，这种施舍所是英国乃至欧洲最古老的慈善救济机构之一。"① 即使到了19世纪，伴随着资产阶级的兴起，私人慈善事业得以发展，教会依然在慈善活动中担当重要的角色，个人将财物捐给教会，再由教会组织慈善救济。②

我国的宗教慈善活动同样由来已久，同家族慈善、官办慈善共同构成了历史上慈善的主要类型。③ 早在汉代，佛教就开始从事一些慈善活动，"中古时期的中国寺院，实兼宗教与慈善团体于一身，其所兴办之慈善公益事业，对当时和以后之社会民生，均有极大的贡献"④。此后历朝历代，宗教组织都有开展兴办义学、开设义庄、造船义渡、修桥铺路等多个领域的慈善活动。佛教对于中国慈善事业发展的意义不仅体现在其直接参与的慈善活动中，其"功德"与"业报"的理论对于中国人的慈善行为也有着深刻的影响，"行善积德"的观念可谓深入人心。

相对于基于血缘的家族慈善，或是基于国家权力的政府慈善，宗教慈善因其价值性和理想性而具有独特的优势。在慈善的动机方面，宗教慈善虽然有其宗教扩张的一面，但从慈善的本质上来看，其同宗教的价值诉求有着更多的一致性，即对于宗教组织来说，从事慈善活动乃是其

---

① 丁建定：《中世纪后期英国的民间慈善救济》，《学习与实践》2010年第9期。
② 周真真：《19世纪中期英国中产阶级慈善活动论析》，《史学月刊》2010年第3期。
③ 梁其姿：《施善与教化》，河北教育出版社2001年版，第1页。
④ 全汉升：《中古佛教寺院的慈善事业》，转引自秦晖《政府与企业以外的现代化——中西公益事业史比较研究》，浙江人民出版社1999年版，第208页。

成员自觉的行为。此外，从慈善活动的具体展开来看，宗教组织的慈善实践活动，不仅包括社会救助和社会服务，同时也关注对服务对象精神层面的抚慰。这样一种传统在当代宗教组织中得到了很好的延续。例如，有着佛教背景的"慈济基金会"，在灾害救援中就坚持"安身、安心、安生"的理念，使受灾对象的衣食与心理都能得到救援。

（三）宗教因素对当代慈善事业发展具有积极影响

宗教随着现代性的扩展而无可避免地世俗化，对于社会生活的影响力在不断弱化，但对于现代慈善事业的影响却不曾减弱。以美国为例，基督教传统对美国的公益慈善事业发挥着无形的、不可忽视的作用，美国近代塞奇夫人、卡耐基、洛克菲勒等著名的慈善家也都是虔诚的基督徒。[①] 布鲁克斯的研究也发现，无论在宗教性慈善行为还是非宗教性慈善行为评估中，信奉宗教的美国人比世俗论者更慈爱，捐赠更多，花费更多时间做义工。[②]

宗教组织在我国慈善事业恢复进程中同样扮演着重要角色。伴随中国社会公益慈善事业的发展，各类宗教慈善组织作为慈善事业的重要力量，主要表现为宗教在日常活动中对人的精神的关怀和社会公共服务的投入和参与；此外，在重大灾害发生时，宗教组织在捐助救灾的同时，以其独特的方式参与救助活动。在汶川"5·12"地震中，许多宗教团体通过各种方式参与对灾民的救助，用宗教仪式告慰亡灵，安抚人心。台湾"9·12"地震中，有31个宗教团体参与救灾与灾后重建工作，宗教团体所募集的救灾资金占到了总额的一半以上。[③] 不仅如此，一些宗教慈善组织还不断探索新的慈善模式，为我国慈善事业发展注入了活力。开创我国社区服务社会化先河的上海罗山市民会馆，就是一个政府与基督教青年会的合作项目。

总之，宗教对于慈善事业发展的意义不仅表现在理念层面，而且也是慈善实践的重要担纲者。宗教组织参与慈善活动既有其历史传统，同

---

① 资中筠：《财富的归宿——美国现代公益基金会述评》，生活·读书·新知三联书店2011年版，第255页。
② ［美］亚瑟·C.布鲁克斯：《谁会真正关心慈善》，社会科学文献出版社2008年版，第17—25页。
③ 参见江明修等《台湾的宗教慈善》，载杨团主编《中国慈善发展报告（2013）》，社会科学文献出版社2013年版。

样也是当代慈善事业发展中不可或缺的有机组成。

二 转型期中国宗教慈善发展的困境

我国的宗教慈善事业有着较为久远的历史传统，但也同其他慈善活动一样都曾一度被中断。宗教慈善的功能和意义直到近些年才为社会各界所认同，在其成长与发展中仍面临诸多困境。这些困境既来自宗教慈善组织定位的张力，也来自外部环境的阻力和障碍。辨析这些障碍性因素，则有助于探索激活宗教慈善组织活力，寻求我国慈善事业繁荣发展的可行路径。

（一）宗教慈善组织双重身份的内在张力

与一般的公益慈善组织相比，宗教慈善组织具有双重身份：一是从事社会服务的"社会身份"；二是以信仰为基础的"宗教身份"。这两种身份之间的张力构成了宗教慈善组织发展的特有困境。

宗教慈善组织与其他慈善组织相比，有一个重要的不同，即它是以宗教信仰为纽带形成的组织；而它的善款来源和服务对象，又超越其信仰，在很多情况下是不分信仰的社会大众（既包括有相同信仰的，也包括有其他宗教信仰的，或无宗教信仰的）。这就使宗教慈善组织既与特定宗教的团体有关联，又与之有明显的区别。①

一方面，宗教慈善组织的特殊性也造成了其慈善活动开展的困境，在一些宗教慈善组织注册时就遇到了组织命名的难题。例如，天主教背景的"盛京仁爱社会服务中心"和佛教背景的"慈济基金会"在官方的命名体系中都被隐去了其宗教的属性。然而对于宗教慈善组织宗教属性的遮蔽，实际上会影响到宗教组织参与慈善事业的热情，毕竟宗教慈善的基础主要来自于宗教徒对于宗教信仰的热情及其通过慈善的方式对信仰的践行。

另一方面，对"宗教身份"与"社会身份"的不同倾向，导致不同宗教组织对慈善事业的不同态度。然而即使是积极认可自身"社会身份"

---

① 郑筱筠：《"另类的尴尬"与"玻璃口袋"——当代宗教慈善公益的"中国式困境"》，《世界宗教文化》2012 年第 1 期。

的开放宗教组织,在实际从事慈善事业时,也会出现双重身份之间的角色冲突问题。其原因在于宗教界是以信仰为纽带从事慈善事业的,而具体的慈善行为是对信仰的实践。因此,宗教界从事慈善活动时,难免会或多或少带有自身宗教特质,不管是 logo、口号,还是志愿者的语言风格和行为特征,都显现并蕴含了相应的"宗教身份",通过这些细节潜移默化地将宗教带入了公众的视野,从而提高了宗教的形象、扩大了宗教的影响力。McCarthy 的研究指出,目前国内一些宗教慈善组织实际上是以一种"化为己用"的方式来开展宗教慈善活动的,即通过对于宗教信仰变通的解释来实现宗教信仰与社会服务的统一。[①] 然而,这样的方式往往因裹挟了太多宗教因素而偏离慈善活动本身所需要的专业性,宗教信仰尽管是宗教慈善的基础,但在一些情境中,宗教因素却又违背了慈善活动的本意。

总之,宗教慈善以宗教信仰为基础,但宗教信仰的神圣性与慈善活动的世俗性之间的张力在现代社会尤为明显。在慈善事业较为成熟的国家,宗教慈善组织"宗教身份"与"社会身份"的分离是解决这一矛盾的主要方式,将传教的目的从慈善活动中分离出去。然而由于管理体制的滞后以及慈善事业发展的不成熟,目前我国一些宗教慈善组织还难以做到这一点,因而造成了其发展的困境。

(二) 国家制度层面的制约

受历史因素和意识形态的影响,中华人民共和国成立以来,我国宗教组织的发展一直受到严格的管理和限制。从 1982 年颁布的《关于我国社会主义时期宗教问题的基本观点和基本政策》中不难看出政府对宗教问题的慎重。文件要求各级党委,对宗教问题一定要采取如列宁所指出的"特别慎重""十分严谨"和"周密考虑"的态度。并且在文件最后还提出:"通过社会主义物质文明和精神文明的发展,逐步地消除宗教得以存在的社会根源和认识根源。……到那时候,我们国家的绝大多数公民都将能够自觉以科学态度对待世界,对待人生,再也不需要向虚幻的神的世界寻求精神寄托。"[②] 对于宗教意识形态化的理解导致了管理实践

[①] McCarthy, S. K., "Serving Society, Repurposing the State: Religious Charity and Resistance in China", *China Journal*, Vol. 70, 2013, pp. 48 – 72.

[②] 中共中央:《关于我国社会主义时期宗教问题的基本观点和基本政策》,1982 年 3 月 31 日颁布。

中对于宗教组织负面的判断,进一步也形成了对其发展的诸多约束。

从政策法规来看,一方面,我国至今还没有一部由全国人大通过或者制定的处理宗教问题的综合性法律,对宗教行为的规定散见于各种法规文件、意见中;另一方面,有关文件对宗教活动的各种规定模糊不清。如在1982年的文件中规定,社会主义国家政权不能用来禁止某种宗教,只要它是正常的宗教信仰和宗教活动。"正常"一词作为对宗教信仰和活动的界定是模糊不清的,也无法合适地规范宗教活动。再如,2012年国家出台的《关于鼓励和规范宗教界从事公益慈善活动的意见》提出:宗教界从事公益慈善活动时不得传教。① 然而意见中既没有科学界定何为传播宗教行为,也未给出具体的判定标准。笼统的规定宗教界从事慈善活动不得传教,可能被扭曲理解而限制宗教慈善活动,因而不利于宗教资源的利用。

从组织监管来看,宗教公益慈善组织的登记注册面临更多难题。一直以来我国社会组织实行双重管理制度,使得许多民间公益慈善组织很难获得法律实体地位,这给民间慈善组织开展活动、实现专业化和获得国家优惠政策造成了阻碍。在我们调研的公益慈善组织中,许多都受到注册问题的困扰。由于政府对民间性质的慈善组织采取较为严格的准入制度,大量民间的公益组织无法获得合法性身份,使得我国现有的具有合法身份的慈善组织大多是"官办"的,这压抑并阻碍了民间公益慈善组织的活力。宗教慈善组织特有的"宗教性"使其发展相对于其他社会组织更为艰难。宗教组织的活动被局限在国家认可的宗教场所内,并且宗教组织的人事管理、业务活动都在国家的管理和控制内,这不利于宗教组织独立自主地发挥作用和扩大发展。②

总之,管理制度的模糊和合法身份的缺失不仅限制了宗教慈善组织对于慈善活动的参与,也使得这些组织不得不以"化为己用"的方式来生存。这样一种方式又阻碍了宗教慈善组织"宗教身份"与"社会身份"相分离,从而难以使宗教慈善发挥其应有的效能与活力。

(三) 公众对于宗教的误解

在我国的话语体系中,宗教一度曾被视为落后的甚至是反动的旧势

---

① 国家宗教局等:《关于鼓励和规范宗教界从事公益慈善活动的意见》,(国宗发[2012] 6号)。

② 徐永光:《走出困境回归民间》,《中国党政干部论坛》2011年第12期。

力而存在。"宗教是精神鸦片"的论断也被广泛接受。历史遗留的根深蒂固的误解以及个别宗教组织在当下自我定位上的错误，都影响了公众对宗教的判断，形成公众对宗教的偏见，一定程度上阻碍了宗教界开展慈善活动。不仅如此，随着教育普及，公众科学素养有了很大的提升；科学话语同宗教信仰直接的矛盾则加剧了人们对于宗教的误解与偏见。而当宗教与迷信、愚昧画上等号时，宗教慈善组织的发展就面临着更大的生存难题。调研中我们也发现，一些人一旦获知某慈善组织的宗教背景，则对其态度就大为改变，避而远之。

人们对于宗教组织的刻板印象和偏见还来自于名义名号下的失范行为。从当下社会现实来看，几大宗教组织在我国都有较大的发展，不仅各类宗教组织种类繁多，而且信教人数也在不断增长，这难免导致与宗教有关的负面因素被放大。原教旨主义和分离势力导致的新疆暴恐事件造成了人们对于伊斯兰教教义的误读，邪教组织在宗教信仰名义下的违法犯罪活动也加深了人们对宗教的负面认知。不仅如此，伴随着市场经济的发展，出现了利用宗教聚富敛财，将宗教引向商业化、庸俗化的错误导向，使得宗教"被"成为"围墙"内的精神世界，"被"成为人文旅游景点，"被"成为烧香拜佛祈福的神圣场所。这种功利化的发展思路将宗教与世俗隔绝、将教徒与公众隔离，扭曲了公众对宗教的理解，不利于宗教自身的长远发展和宗教资源的充分利用。

公众对宗教慈善认识的偏差，不仅是对宗教信徒的一种歧视，同样也不利于宗教慈善组织开展活动和扩大发展。然而，打着宗教旗号失范行为并非宗教的宗旨，正如同以慈善名义的敛财行为也非慈善。因而如何打击利用宗教进行违法犯罪的活动，为宗教慈善正本清源，消除人们对于宗教组织的偏见和错误认知，是我国宗教慈善发展亟须解决的问题。

三 宗教慈善组织发展的路径选择

尽管宗教力量是重要的慈善资源，但宗教慈善组织在当下的发展中却面临诸多困境。既有来自认识层面、制度层面的因素，也有来自组织自身的因素。如何突破上述困境，推进宗教慈善事业健康有序发展，使之成为转型期慈善事业复兴的有益力量，则是本文试图探讨的另一问题。

从宗教组织二重身份的矛盾以及宗教慈善管理体制滞后的事实出发，本文认为，加强自身社会身份的建构，建立与政府部门的合作关系以及推进慈善活动专业化发展，是我国宗教慈善组织走出困境的可行路径。

（一）加强自身社会身份建构

中国的社会转型与社会空间的拓展，为公益组织的生成与发展提供了机遇和挑战。伴随政府职能的转变和权力下放，社会组织的发展有了诸多契机。正是在此背景下，公益慈善组织的发展受到各方面关注。应对现实中公益慈善事业的发展态势，宗教慈善组织需要在慈善领域加强自身社会身份的建构，将宗教信仰活动与社会服务活动加以分离。两种身份的分离并非意在彼此取代，而是确立宗教信仰在慈善活动中的边界，使宗教信仰成为其慈善活动的基石。宗教信仰固然是宗教慈善开展的前提，但在复杂的社会情境中，二者的分离，不仅有助于其开展专业化的慈善活动，而且有利于规避人们对宗教偏见所带来的误解。对于许多宗教组织来说，在现行的公益活动中如何将宗教性与社会性加以分离，如何在从事公益慈善活动中避免双重身份的困境和难题，积极有效地参与到社会服务中，还有待于去尝试和探索。国内外宗教慈善组织的诸多实践与探索已经积累了一些成熟经验和可行路径：

一是组织合法身份的获得。近年来，一些宗教组织为了获得社会认同与合法性身份，通过设立非公募基金的方式注册基金会公益组织，拓展服务社会、利益大众的渠道与途径，涌现了一批如：爱德基金会、进德公益基金会、慈济慈善事业基金会、仁爱基金会、庐同东林净土文化基金会、灵山基金会等有影响的慈善组织。他们通过多种形式和项目开展公益慈善活动，实现社会公益理念并建构其社会身份，获得了较好的社会影响。

二是组织活动内容和服务领域的与时俱进。近代以来，中国的宗教慈善主要热衷于社会救助活动，并主导于灾难和贫困的救助。伴随中国社会的变迁，慈善事业的主导由社会救助向社会公益拓展。一些宗教慈善组织确立公益服务意识，围绕社会需求开展公益服务项目。如：上海基督教青年会开展的社区服务，慈济慈善事业基金会开展的医疗、教育服务以及环保和垃圾分类活动等，将济世利人精神与社会公益实践有效结合，使组织的社会性得到彰显。

三是学习宗教慈善组织成熟的发展模式。美国宗教性非营利组织具有悠久的历史，并且在世界范围内具有巨大影响力，其在漫长的发展过程中形成了一套独特的发展模式，即不以满足宗教需求和劝人改宗为主要目标，在宗教组织直接的社会参与之外，丰富了"宗教"社会参与的途径。使得宗教信仰以要素化形式存在于这些专业从事社会服务的组织中，因而有效缓解了宗教动机与现代公益服务的专业化要求之间的压力。①

这些模式和经验，对于宗教慈善组织发展的一个主要启示在于，不囿于宗教慈善组织的双重身份而裹足不前，双重身份之间并不是绝对的二元对立，有些时候二者甚至是互促合作的关系。因此，只要在明确了组织的最高目的和追求社会服务的前提下，全身心投身于为这一最高指导目标，同时把宗教视为一种要素、一种外在身份，这样一种宗教慈善组织的身份定位就可以恰当地协调双重身份问题。一方面，宗教可以通过公益事业重返公共领域，获得其生存发展的空间；另一方面，社会的公益事业也需要社会多元主体的参与和共谋。②

虽然宗教组织是以宗教信仰和宗教活动为主导，但其宗教的社会性体现正是通过社会性活动的参与来实现。在现代社会的发展中，宗教的神圣性仍然发挥着一定的威力，成为许多人的精神依托。但在现实层面，人们往往是将信仰与行为融为一体，以宗教非营利组织的形式来服务社会开展慈善活动，在社会实践中去践行他们的理想和追求。

（二）建立与政府部门的合作关系

尽管政府对于宗教慈善组织管理体制的变革非一朝一夕，但中国共产党的十八届三中全会以来治理体系创新，则为宗教慈善组织的发展提供了契机。这不仅为宗教慈善组织在新的话语体系提供了发展的空间，也使得政府与其合作成为可能。大量的理论与实践已经表明，第三部门的健康发展，有赖于其是否能够与政府部门建立良好的合作关系。在第三部门的理论框架下，宗教慈善组织同样属于第三部门，同政府的合作不仅有利于增强自身发展的合法性，而且通过经常性的互动合作，还有助于消除相互间的误解，建立与政府以及公众良好的信任关系。

综观各国慈善事业的发展，往往都表现为政府与宗教公益慈善组织

---

① 参见黄海波《宗教非营利组织的身份建构研究》，上海社会科学院出版社2013年版。
② 同上书，第42—43页。

的合作。中国香港特区政府与宗教公益慈善组织之间的"伙伴关系",提供了一种可借鉴的发展模式。香港宗教慈善事业的发达与政府的作用是分不开的。香港特区政府将宗教慈善公益活动纳入社会福利体系中,并利用税收豁免、财政津贴等政策优惠,积极扶持宗教慈善公益组织的发展,形成了所谓的"伙伴关系"。而在具体的运行上形成一种政府提供财政资助、宗教慈善组织提供社会服务的合作模式。[①]

上海基督教青年会与政府的合作方式给予我们很好的启示。在20世纪90年代,上海罗山市民会馆的创办,开启了政府与宗教慈善组织合作的先河。它是由政府出资主导、上海市基督教青年会具体承办的一种全新的社区托管模式。罗山市民会馆的成功创办,从更深层的意义上,为宗教公益组织的未来发展提供了一种路径。一些学者已研究指出,宗教慈善组织建立与政府良好的合作关系,提供优质的社会服务,才能形成良好的社会声望。对政府来说,如果采用与优秀的非营利组织平等合作的方法,放手让他们承担社区的工作,给他们发展的空间,就可能在服务社区的工作中带出一批真正的非政府、非营利机构。[②] 而我们对于慈济基金会在深圳的研究也表明,他们通过和地方政府频繁的互动合作,慈济基金会不仅拓展了自身慈善活动的空间,也建立起和政府良好的信任关系,从而在地方慈善事业的发展中扮演了极为重要的角色。

宗教慈善组织与政府合作不仅能够获得自身发展的空间,拓展慈善活动的领域,而且有助于其和政府、公众信任关系的建立;从而使其能够在我国慈善事业恢复与发展的进程中担当起应有的使命。

(三)推进慈善活动专业化发展

在明确自身定位、积极寻求与政府合作的基础上,宗教慈善组织加强专业人才的培养和专业化技能的提高,是其寻求发展的可行路径。社会服务的多元化,使得同类组织之间形成竞争关系,而专业化正是各个社团组织成功与否的关键因素。不仅在单个组织生存上,专业化技能的培育至关重要,从整个慈善组织甚至公益社团的持续发展来看,专业化也具有不可忽视的作用。宗教慈善组织在选择的服务项目上加强专业化,

---

[①] 陶飞亚、陈铃:《合作的慈善:香港地区政府与宗教慈善公益组织的关系及启示》,《东岳论丛》2012年第1期。
[②] 杨团:《社区公共服务设施托管的新模式——以罗山市民会馆为例》,《社会学研究》2001年第3期。

形成领域中的优势特色，不仅有利于自身服务水平的提升，也有利于在全局上形成各个领域齐头并进的多元化发展势头，最终提升公益慈善组织的总体服务能力，促进社会和谐发展。

宗教慈善组织提高自身专业化水平，不仅指组织结构专业化，如完善指导机构、劝募宣传机构和实施救助机构等；优势强化也是专业化发展的应有之义，宗教慈善组织独具的宗教属性，即宗教教义中的慈善价值，应该被转化为组织专业化的活动。例如，宗教特有的一种无偏见的爱，使得受宗教熏陶的志愿者在面对艾滋病等特殊疾病患者时，可以更好地回避恐惧心理和主观偏见，以一种平和友善的方式照顾服务对象。另外，宗教特有的安抚心灵功能，可以用在老年人陪伴、临终关怀等具有独特需要的领域。如果宗教慈善组织加强针对这些特殊对象服务方面的技能培训，那么在特殊病、老年人陪伴以及临终关怀等领域，很可能形成一套专业化的照顾模式。

专业化顾名思义要有专业的人才且其具备对口的专业知识和技能，如针对人的服务即要有专业的护理人员、心理咨询师等；相应的对于"物"的服务如古建筑保护等，则需要专业的工程师、材料分析师等。在具备了专业人员之外，配合着专业的组织制度安排和监管，宗教慈善组织的专业化才算基本实现。如慈济基金会在专业化方面已经达到了较高程度，以环保项目为例，慈济基金会注重环保并设置了一系列的环保活动，在全国各地大规模地持续定期组织环保知识宣传和相关活动，比如"清除小广告还原小区美"、各地设置的环保站、环保亲子营、环保进校园等。专业化的环保活动不仅树立了一个现代公益慈善组织的形象，使人们摆脱了对于慈济基金会佛教背景的偏见；也通过专业渠道的拓展，吸纳了更多有志于环保事业的专业人士。

四　余论

宗教慈善作为慈善事业发展的重要组成部分，在中国社会治理结构转型，公益慈善事业复兴并急待有序发展的背景下，分析宗教慈善发展的困境，探寻其出路，其重要意义是不言而喻的。一方面，就新时期中国公益慈善事业发展而言，宗教慈善组织是一支不可忽视的社会主体力量,宗教慈善之于慈善事业发展的作用显而易见。如何激活其活力与效能,进而发挥其应有之作用是引导公益慈善健康发展的重要议题;另一方面,宗教慈善组织作为社会主体的自主力量,如何在有效激活的同时,从制度上合理引导和规范其健康发展,避免公益活动中的无序和冲突,也是理论和实践中需要解决的难题。另外,从我国公益慈善事业发展现状和全局来看,如何引导人们正确认识宗教慈善的价值和意义,唤起公民的慈善意识,营造良好的慈善氛围,也是我们思考问题中的应有之义。

(原刊于《思想战线》2014 年第 6 期)

第四编　社会治理：社会主体的协同

以治理为名：福柯治理理论的社会转向及当代启示

治理理论形成于20世纪末端，并很快为中国学者所接受和传播。近年来，"治理"不仅成为政府工作部署的重点，学界也给予广泛的关注。詹姆斯·N. 罗西瑙（J. N. Rosenau）的代表作《没有政府的治理》和《21世纪的治理》等文章，以及罗茨（R. Rhodes）、格里·斯托克（Gerry Stoker）的主要思想成为人们认识和理解"治理"的主要依据，治理往往被视作一种新的政府的以及非政府的管理模式和机制。而福柯则是以一种权力技术的视角来细致描绘治理的构成演进和现实图景，立足于人们的实践过程与思考方式来呈现一种具有足够丰富性与可能性的治理。治理在此既是局部性的，又普遍贯穿于社会机理之中。因此，福柯对于治理的考察不仅构成了对生发治理主题的历史与社会谱系的梳理与重构，而且有益于我们探讨与反思当前的治理理念与实践，以及展望今后的治理改革与建设。

一 治理与治理术

治理表现为经验层面的结构与行动，同时也具有内在的目标导向与精神内核，这两个层面是相互体现，相互建构的。福柯的治理理论就是在这种治理实践中展开，他并非试图去界定治理这一抽象的权力概念，而是着手分析现代社会中具体的治理运作机制，进而探讨治理本身的合理性问题。

（一）治理与治理术

福柯的后期研究转向对于生命政治的讨论，而治理（gouvernement）则构成了生命政治的主要维度。福柯关注的是在治理的维度中建构起来的历史，也就是"关于支配权及自我的知识所编制的历史"①。

福柯所使用的"治理"是狭义上的，"治理"并非指"存在着的指导人类，引导其行为举止、约束其活动及反应等的各种方式、模式和可能性"，也不涉及"人们的一般理解以及长久以来将其理解为治理子女、治理家庭、治理家务、治理灵魂、治理社群，等等"，而是只作为"政治主权的运转"。② 福柯认为，治理作为一种"积极的权力技术"，是在古典时期（l'Age classique）发明的，被用于治理儿童、疯子、穷人以及即将出现的工人。治理在此有三层意思：一种基于转让、出让个人意志的新的权力概念；一种是18世纪或者古典时期的国家机器及其延伸与支持的表象；一种治理人们的一般技术，它构成了这种表象中的法律与政治结构的隐藏内核。③ 福柯认为"在微观权力与宏观权力的层面之间，不存在断裂"，他对于治理权力的考察，立足于"一种相对局部、相对微观的分析"④。而"治理术"（gouvernementalité）就是这种微观权力中的内在合理性。治理术界定"权力关系的战略场域，而权力关系中有着可变动和可颠倒的东西"⑤，治理术并不形成一种结构，而是"一种特殊的普遍性：其真实性体现在事件上，其可理解性只能实施一种战略逻辑"⑥。

在治理权力的实践场域中，福柯想要研究的是"治理的艺术"（art de gouverner），它是对可能最好的治理方式的反思，并且同时也是对最好治理的反思方式的反思。治理建立在一种反思性的基础之上，它自身也处在这种反思性之中。通过反思，治理想要达到的是政治主权运转中的治理实践的合理化，这种合理化一方面表现在人们对于治理的权力技术的概念化与调节；另一方面表现在人们对于治理的实践领域、作用对象、一般规则以及整体目标的建构。

---

① [法] 米歇尔·福柯：《自我技术》，汪民安主编：《福柯读本》，北京大学出版社2010年版，第241页。
② [法] 米歇尔·福柯：《生命政治的诞生》，莫伟民、赵伟译，上海人民出版社2011年版，第1页。
③ [法] 米歇尔·福柯：《不正常的人》，钱翰译，上海人民出版社2010年版，第36—37页。
④ [法] 米歇尔·福柯：《安全、领土与人口》，钱翰、陈晓径译，上海人民出版社2010年版，第319页。
⑤ [法] 米歇尔·福柯：《主体解释学》，佘碧平译，上海人民出版社2010年版，196页。
⑥ 福柯关于治理术的手稿，转引自米歇尔·福柯：《安全、领土与人口》，钱翰、陈晓径译，第345页。

福柯以一种"问题化"的方式展开他的研究。问题化要求从问题开始，从人们在社会总的"切身体验"开始，而不纠缠于一种主义框架本身。① 这并非一种"历史主义还原"，而是重新书写一种历史。福柯试图从制度中抽取出权力关系，对它们进行技术分析；从功能中抽取权力关系，对它们进行策略分析；还要抽取出比对象更优先的权力关系，并把对它们加以分析的视角重新置入知识领域和范畴的建构之中。② 从治理的现实样态出发，从其自身的反思与合理化出发，福柯完成了对"治理"的建构，并由此重新审视和描绘关于国家、社会、君主、臣民这些普遍概念及其关系结构与相互作用的现实图景。

（二）国家理性的出现③

在17世纪，国家理性作为一种新事物开始进入人们实践和思考的领域。一种关于国家的治理当然不是新鲜话题，作为福柯的"一个不折不扣的对手"④，霍布斯预设国家是一种权力的统一体，这种统治权派生出了法律，进而在权力的运转中建构法律与合法性的循环。而福柯把国家置于权力实践的场域内部，国家被理解为一种政治类型、一种治理方式，是建立在权力关系的种种细微、彼此交错地产生影响并逐渐凝结的实践进程之上的。国家由此开始进入人们有意识的实践中，成为人们认识、分析、规划和发展的对象。国家早已诞生，但在这里，国家并不是指历史中的"冷血巨兽"，一直不停地增长、发展，凌驾于社会之上。国家与国家理性伴生而来，国家成了治理实践中横生的枝节。⑤

在西方社会，治理在16世纪才成为一个普遍性问题并开始被大量提及和讨论。这种对治理概念的最初建构是以一种反对马基雅维里的《君主论》中君权观点的方式上展开的。福柯认为这种对人进行管理、人的

---

① ［美］加里·古廷：《福柯》，王育平译，译林出版社2013年版，第29页。
② ［法］米歇尔·福柯：《安全、领土与人口》，钱翰、陈晓径译，上海人民出版社2010年版，第102页。
③ 国内学者对于"raisond'état"存在"国家理性"和"国家理由"两种不同译法，本文使用"国家理性"这种译法，盖因治理术作为一种权力技术，不仅是一种工具，同时也是一种知识，故而译作"国家理性"更为贴切。
④ ［法］伊夫·夏尔·扎尔卡：《权力的形式：从马基雅维利到福柯的政治哲学研究》，赵靓等译，福建教育出版社2014年版，第151页。
⑤ ［法］米歇尔·福柯：《安全、领土与人口》，钱翰、陈晓径译，上海人民出版社2010年版，第218页。

自我治理的观念的源头可以回溯到基督教中的牧领权力观念。而国家理性的出现，对应的正是牧领权力的危机。牧领权力作为"管理灵魂""引导灵魂"的制度始终面临着来自内部和外部的"反引导运动"的抵抗，这种抵抗在15世纪末、16世纪初以一种"牧领制度反叛"的形式集中爆发出来。当神圣法则不再成为君主行使权力的指引，君主被迫担负一项新的任务，这就是治理，而君主的治理模式既无法从上帝那里，也无法从自然那里得到。自然建构了自身的理性，形成了一种自然原则，从而拒斥其他理性，与治理主题断绝了关系。治理必须遵循另一套模式，要自己寻找自己的理性，寻找适合自己模式的东西，这就是治理的艺术。

治理作为一种新的主题，挣脱了历史的束缚，具有了一种不确定的、永久性的时间。这表现在，治理没有起点，没有合法性问题。"治理的艺术和国家理性不再提出来源的问题。已经在治理了，已经在国家理性当中了，已经在国家里面了。"相应地，治理也不存在终点问题。中世纪那种关于耶稣归来的末世帝国的想象不再受到关注，历史时间从此成为不确定的，治理处在一种开放的历史性之中，治理的艺术不再受到历史时间的限制，必须完成自身的重新建构。首先，国家理性将对国家的拯救置于至高无上的地位。国家并不体现在合法性的语境之中，国家外在于法律，国家具有的是一种高于法律的必要性。所以，"不是具备合法性的治理，而是具备必要性的国家理性"①。其次，国家理性把律法建立在一种现实性的基础之上。国家理性面对的不是君主统治权的安危，而是国家内部的日常生活，经济和舆论就是国家理性所关涉的治理对象，它们构成了治理的现实场域。再次，国家理性的真理来自于一种自身形成的关于国家自身的知识。"国家的问题不再是了解整套法律或者能够游刃有余地运用这些法律，而是要掌握一整套技术性的知识，后者构成了国家本身的现实。"②基于这种知识，国家理性会对人民的意识进行干预，影响人们的舆论、行为方式、社会态度等等，以此完成对国家理性真理体系建构的补充。

由此，福柯在一系列的实践过程中完成了国家理性的建构，国家成

---

① [法]米歇尔·福柯：《安全、领土与人口》，钱翰、陈晓径译，上海人民出版社2010年版，第232页。

② 同上书，第229—240页。

为一种实践，融入了这个实践场域。事实上，国家也无法脱离这一实践场域，它让国家成了一种治理方式。国家理性所指的就是"国家，国家的性质及它自身的合理性"①。国家理性建构的是国家的自我表现，是国家与自身的关系，其目的不是为了强化君主的权力，而是强化国家本身。因而，在国家理性中，主体是缺位的，国家理性的目的就是国家，是要实现一种没有主体的幸福，一种"国家的幸福"。

（三）国家作为一种治理方式

当国家构成一种治理方式，那么它也就成了这种治理理性的调控理念。国家是一种现实的可理解性原则，也是现实的战略性目标。"国家指挥着治理理性，让人们能够根据需要，理性地治理；国家相对于现实的可理解性作用，让治理成为理性的和必需的。"② 国家呼唤着治理，国家也成了治理。

在最初的国家理性中，国家只为自身而设，国家理性只是向内指向自身，而没有任何外在目标。福柯认为，国家理性因此隐含着一种对于更大的世界背景下国家并存的多样性的肯定。国家的多样性成为一种历史的必然性。而国家理性，正是在罗马帝国与教会这普世性的两极逐渐消解之后，在一种开放的历史性之中，在众多国家重新组织、建构、结盟的过程中，出现和发展起来的。在此过程中，国家之间的关系开始由敌对转变为竞争。国家理性的核心聚焦在一种新的政治理性元素——国家力量之上，国家的治理，就是要在某种力量关系中保护国家。治理，不再是重构和维持一种本质，而是成了"保护、维持或发展一种力量的动力学"。国家力量的动力学在西方社会中通过两种技术进行运转：通过外交—军事体系来保持一种力量关系，通过公共管理（police）来促进国家各自内在力量的发展，从而维持各部分的相互关联与整体的稳定。

外交—军事体系面对的是与其他国家和世界体系之间的关系。国家理性本质上要求的是建构一个平衡的欧洲，这种平衡通过政治来维持，并且在特定时期经由战争而重新建构。"战争是政治的另外延续形式"，而国家理性最为根本的政治框架是外交，外交成为国家间的常态并在政

---

① ［法］米歇尔·福柯：《个人的政治技术》，汪民安主编《福柯读本》，北京大学出版社2010年版，第270页。

② ［法］米歇尔·福柯：《安全、领土与人口》，钱翰、陈晓径译，上海人民出版社2010年版，第256页。

治领域和经济领域中持续地和多边地展开,从而共同维系一种稳定的秩序。外交—军事体系维持着欧洲平衡的外在框架,而支撑这种平衡的基础还在于在竞争的实践场域中国家自身力量的发展,这有赖于国家理性中的另一种治理技术——公共管理(police)。① 福柯认为,公共管理这个词从17世纪开始具有了新的意义,它指的是"一整套既可以增强国家力量,又能维持国家良好秩序的方法"②。公共管理试图建立的,是国家秩序稳定与国家力量增长之间的一种持续性的互动关系,并且通过一整套的技术来把握和控制这种关系,从而更好地发展和运用国家力量。③

公共管理表现为一种行政,它同国家、司法和财政一起领导着国家,但公共管理事实上包括所有的其他行政部门。公共管理真正的目标是人。具体而言,公共管理所关心的核心是个人的教育与职业化。职业对于公共管理的重要性体现在它对于国家力量发展的作用与价值。公共管理就是要对人们融入于职业的过程进行引导、刺激和干预,这事实上意味着公共管理所涵盖的内容还要包括人们生存、生活与共处的具体形式。"有了公共管理,就有了一个循环:始于作为针对个人理性的、盘算性干预权力的国家,又回到作为一整套增长的或有待增长的力量的国家,而整个循环会经过个人的生活,现在个人的生活作为简单的生活,对国家而言会显得宝贵。"④ 这里,公共管理涉及福柯的另一个重要概念——"规训",或者说,规训事实上就是公共管理的一部分,是这种权力技术的内在肌理。规训渗透到各种权力的运作机制当中,重新组织和扩展了它们的内容与形式,从而使得权力可以细致入微地触及每个个体和元素身上。规训通过这种潜藏的方式来实现权力对象的客观化,形成一套关于这些个人的知识体系,从而"让人群变得有用"⑤。规训的目的最终也回归到了国家的效用。福柯借用蒙克莱田使用的"政治经济学"(économie poli-

---

① 对于"police"的译法,国内学者亦有争论,存在"治安""管制""公共管理"等不同译法,本文选择"公共管理"这种译法,盖因"police"在此处指代的是从国家出发的一整套的权力技术,而不只局限为一种否定性的、限制性的制度。

② [法]米歇尔·福柯:《安全、领土与人口》,钱翰、陈晓径译,上海人民出版社2010年版,第279页。

③ 同上书,第263–270页。

④ 同上书,第291页。

⑤ [法]米歇尔·福柯:《规训与惩罚》,刘北成、杨远婴译,生活·读书·新知三联书店2003年版,第247页。

tique）一词来指代公共管理的内容：一切从生存到幸福，一切能够在生产之外引出幸福的东西，让个人幸福成为国家的力量。公共管理把增强国家力量与促进国民幸福联系起来了。

在国家理性的统摄下，国家作为一种治理方式，持续性地展开对自身的建构。通过对外平衡与对内干预的权力技术，国家巩固和发展了自身的力量。国家理性的治理就此实现了。公共管理的统一性的、无微不至的、具体化的规划方式本质上体现的是一种城市性，公共管理是城市性存在的条件。正是通过公共管理来规范和保障人们的聚居、交流和流通等问题，才使得城市得以存在，而这种公共管理化的城市模式也得以在更大范围推广，17、18世纪的公共管理实际上是在推进一种"领土城市化"的进程。在这一进程中，商业构成了国家理性的重要工具，是处于竞争状态的国家增强自身力量的主要途径，因此也是公共管理的关键内容，重商主义的逻辑成为此时的主导。福柯指出，"城市—市场"并非诞生于17世纪，但"城市—市场"在这一时期成了"一种国家干预人们生活的模式"。公共管理以一种外在的"规章制度化"的方式，实现了个人和领土内在的"规训化"。①

二 治理的社会转向

在17世纪，人们迎接一种新的治理技术的诞生，国家理性逐渐完成了自我建构，公共管理行使着国家的治理权力。但这种公共管理国家在18世纪却很快面临着消退和解体，因为作为一个新的主体，人口的概念诞生了。由此，国家理性不得不面对内生的自我反抗，这也推动着国家理性逐步调整并完成其社会转向。

（一）人口主题的诞生

公共管理奉行的重商主义的原则在18世纪中期受到了重农主义的冲击。重农主义强调一种自然性，一种社会作为人们特有的特殊场域所具有的自然性。人口本身也存在一种自发调节，也具有这种自然性。公共

---

① ［法］米歇尔·福柯：《安全、领土与人口》，钱翰、陈晓径译，上海人民出版社2010年版，第303—305页。

管理所指涉的政治经济学，是关联国家富强与人们幸福的关于生产、流通和消费的科学知识，这种科学知识贯穿于公共管理之中，但本身又是外在于公共管理的。国家理性必须考虑到这种自然性和自然性的知识，把这种自然性纳入到治理之中，治理的目标不再是"阻止事物，而是让必然的和自然的调节自己运作，或者让使自然条件成为可能的管理运作"①，并且设立保证这种运作的安全机制，治理需要把自然性和对自然性的限制都纳入其实践场域之中。公共管理就此被边缘化了，成了现代意义上的公共管理。这样，原本统一的公共管理规划解体了，分解成为经济实践、人口管理、一套明确尊重各类自由的法律以及一种具备镇压功能的公共管理这四部分内容，它们同外交—军事体系一起构成现代国家的治理谱系。从18世纪开始，人口主题在整个政治生活、整个政治思考和整个政治科学的中心出现了，人口作为主体在国家理性之中逐渐建立起来。

人口（population）一词古已有之，但直到18世纪中叶，人口总是同领土的大小与财富的多少一起被视为统治者力量的组成部分。在这里，人口总是以一种否定的方式出现，因为只有当战争、饥荒、疫病等各种原因导致出现人口锐减或者人口大规模变动之际，人口才会被视作一种问题。对于17世纪的重商主义者来说，人口不再仅仅是表明统治者力量的标志，而且是国家和统治者力量的源泉。重商主义者仍然将人口置于统治与服从的关系之中，人口是服从于法律的主体，人口要接受强制性的规训与管制。而到了重农主义者那里，人口不再被视作法律主体的集合，而是被看作一种整体的过程，对这些过程的治理要从人口所具有的自然性出发，围绕着人口的自然性展开。人口的自然性表现在三个方面。首先，当人口出现在治理视域之中的时候，它并不只是给定的领土上居住的人口总和，而是始终处在一系列变量的相互影响制约之下，具有一种作为社会事实的自然性。它无法通过律令与制度直接改变，只能借由干预和控制那些影响人口的因素来对其施加作用。其次，人口是由完全不同的个人构成的，但人口的欲望总是构成其行为的动机，并且是唯一的动机。欲望的自然性表现在从欲望出发，人口的自发活动在必要的调

---

① ［法］米歇尔·福柯：《安全、领土与人口》，钱翰、陈晓径译，上海人民出版社2010年版，第315页。

节下会从整体上生产出人口的集体利益。因此，治理不再是对欲望的限制，而是刺激和调节这种自然性，使其生产出其所需的有利结果。最后，人口的自然性处在欲望的集体利益之中，也受制于各种复杂的变量，但这种自然性总是保持一种稳定状态，总是有规律可循。

因此，当人口呈现在治理场域中时，人口的自然性就介入了权力技术的领域。人口概念的形成，一方面是通过"人种"（espèce humaine），人类被置入生物圈中，成为一种自然；另一方面是通过"公众"（public），人口的舆论、行为方式、习惯、恐惧、偏见和要求表现出来，并且需要通过教育、运动和律法来加以调控。[①] 从物种到公众，伸展出了人口的可控制的外形，人口在完成自身重新建构的同时，也使得治理而非统治成为一种必需。而这种具有自然性的人口概念，进一步促生出了对于国家理性的三种反抗。其一，国家理性把自身置于一种永恒的历史性之中，但是公民社会的出现对于国家的这种永恒性提出了挑战；其二，人口的自然性会最终要求一种自我的法则，而抗拒对于国家的服从关系；其三，国家理性预设国家持有真理，并据此展开治理，而人口的自然性会使得国民坚持他们是自身知识的持有者，社会作为一个整体持有社会的真理，因此也持有国家的真理。公民社会、人口和国民发起了对于国家理性的反抗，但它们本身又立足于国家理性之中，是国家理性与现代国家的产物，因此这种反抗最终会引向国家理性的现代转型，引发一种新的治理技术的出现。

（二）社会作为一种治理

国家理性建立了其自身的法律，国家理性本身又外在于法律，当法律成为一种外部结构之时，法律同时也构成了对国家理性的一种外在限制。而在 18 世纪中期，当一种新的治理理性出现，它不再像 17 世纪那样外在于法律，而是内在于法律之中。这种新的治理理性通过一种内在调整建立了其治理技术的限制原则。治理理性的调整首先是一种事实限制，治理并不会因此而非法，但会因此而不恰当。事实限制所依据的是一种实践的普遍原则，这种限制原则并不外在于治理，而是内在于治理实践与治理目标之中。事实限制并不对治理的对象进行区分，而只是区分治

[①] ［法］米歇尔·福柯：《安全、领土与人口》，钱翰、陈晓径译，上海人民出版社 2010 年版，第 55—61 页。

理实施的可能与必要领域。总之，治理不再是强加的，而是通过一系列的冲突、和解、讨论与互相妥协，通过一种广义上的交易，最终形成一种治理实践中普遍性的事实划分。因此，人们不再是反对君主权力的滥用，而是反对治理的过度；不再是衡量治理实践的合法性，而是衡量治理实践的合理性。

  这种新的治理理性不再着眼于国家力量的无限制增长，而是从内部对治理权力的实施进行限制。它所实施的是尽可能少地来治理的技术，是介于最大与最小之间，更多地从最小一方而不是最大一方来治理的技术。这种新的治理理性事实上构成了对"国家理性的增强和内在精炼，其原则是为了国家理性的维护、全面发展和完善"[①]。它并不是国家理性的承继者和否定者，它是国家理性的内在调整与补充，并且重新组织和生产着国家理性。这种最少治理的理性成了国家理性的新的组织原则。福柯认为新的治理理性的特征是自由主义的，但他随即表示这种治理理性更多地表现为一种治理的自然主义而不是自由主义。新的治理理性建立在其治理对象与治理实践的自然性基础之上，这种自然性体现为财富的自然性、人口的自然性以及将二者关联在一种实践过程中的经济的自然性，治理理性依据这种自然性生产出了自我限制的合理性原则。而这种自然主义，进一步成了福柯所谓"生命政治"的一般框架。生命政治通过一系列具体的、细致入微的介入来实现对作为生命和生命过程的人口的调整控制，人类成为自己的自身战略的目标。生命政治与作为"人口的解剖政治"的规训一起构成了生命权力机制展开的两极。[②] 作为一种微观的权力技术，如果说规训体现着公共管理的内在肌理，那么，生命政治映射的就是一种社会治理。公共管理与社会治理共同组成了新的国家理性，从18世纪中期开始，国家理性负责的内容在宏观层面就是社会，而在微观层面则表现为生命权力，公共管理已经不复之前的丰富意涵，而是成为一种否定性的干预工具，社会治理逐渐占据主导地位，国家理性不再只是占有生命，而且承担起了生命的责任。

  就此，社会成为一种治理。社会治理建立在一种自然性的基础之上，

---

  ① [法]米歇尔·福柯：《生命政治的诞生》，莫伟民、赵伟译，上海人民出版社2011年版，第24页。
  ② [法]米歇尔·福柯：《性经验史》，佘碧平译，上海人民出版社2002年版，第90—92页。

它表现为对自由的管理，这并不意味着社会治理是要给予一种自由，而是说社会治理中蕴含着个体的行动自由，个体成为行动的主体，这种个体的行动自由最终是服务于社会治理的，因此也是社会治理所要不断进行激发、生产和调节的。社会治理这种对于自由的管理同样需要一种限制机制，这就是安全机制。安全机制所要保障的是个人与集体免受来自利益的运转过程的风险。而利益正是社会治理的干预工具与直接对象，利益一方面把个体卷入到市场以及一切社会过程中来；另一方面对于利益的考量也成为调节权力技术的一种平衡机制。社会治理不再直接干预，而是聚焦于利益，由此来作用于所谓的"利益的现象共同体"①，同时也以此为自身设定了治理技术的范围与界限。

社会治理所面对的利益的现象共同体，并不仅仅是指市场，个体在其中既是作为经济主体，同时也是权利主体。因此，"经济学不能成为一门治理的科学"。而曾经涵盖了公共管理内容的政治经济学，也只是公共管理的工具，无法成为治理理性本身。福柯认为，这种新的治理理性为自己所限定的实践场域是市民社会。市民社会在这里并不是一个哲学的观念，也不是一种原初的实在，而是一种"和解协议的实在"（réalité de transaction），是一种在权力技术的实施过程中所形成的一种治理者与被治理者之间的暂时的、和解的稳定状态。事实上，市民社会与社会、国民一起经历并反思着社会治理的实践过程，从而形成这种治理技术的一种自我限制，"这种自我限制既不违背经济规律也不违背权力原则，既满足治理的普遍性要求也满足治理无所不在的必要性"②。社会治理在社会的自然性基础上构建治理技术的合理性原则，并以此来调节治理，这就是治理技术学的现代样式。治理是永恒的，国家和社会只是治理横生的枝节，国家理性依然统摄着治理，但治理已经完成其现代转向，一种社会转向。

三 福柯治理理论的当代启示

中国共产党十八届三中全会做出的《中共中央关于全面深化改革若

---

① [法]米歇尔·福柯：《生命政治的诞生》，莫伟民、赵伟译，上海人民出版社2011年版，第39页。

② 同上书，第225—262页。

干重大问题的决定》提出:"全面深化改革的总目标是完善和发展中国特色社会主义制度,推进国家治理体系和治理能力现代化。"十八届五中全会公报中又把"各方面制度更加成熟更加定型,国家治理体系和治理能力现代化取得重大进展"列为全面建成小康社会的新的目标要求。中央文件对"治理"的一再强调可以视作是当前中国政治体制改革中的方向性指引和尝试性超越,因而有必要从治理本身出发来探讨国家治理体系与治理能力的现代化建设。

(一) 治理能力:真理体制的建构

对于治理能力的探讨关涉的是国家治理的运作逻辑与评价标准。俞可平引入"善治"的概念来期许一种理想的治理,他认为善治是"使公共利益最大化的社会管理过程",是"政府与公民之间的积极而有成效的合作,这种合作成功与否的关键是参与政治管理的权力",并且实际上是"国家的权力向社会的回归,善治的过程就是一个还政于民的过程"。① 善治理论的背景在于20世纪90年代起治理理论的盛行。其实把治理、善治以及相应的全球治理的思想付诸实用的是世界银行、国际货币基金组织等国际金融组织,它们把善治作为其评估受援国现状的主要标准之一,从而以经济的视角考察其政治运作与社会问题。② 从"善治"这个概念的构成来看,它是一种对治理的评价,不但存在"善治",同样存在"治理失效",因此它包含一系列关于治理能力、治理体系、治理过程、治理效果的考察内容和评估标准。

对于治理理论,始终存在批评的观点。一种观点认为治理理论通常是罗列一系列不相干的过程来描述治理,而缺乏相应的分析工具。③ 这是因为研究者往往对这些过程中的权力机制缺乏系统的理解,使得这些过程彼此割裂,从而也导致一种零和的权力观念的产生,即认为治理中非国家因素的增长会导致国家因素的减少。而对于政治权力的转移与扩散的分析,也大都是围绕一种基于主权、权力和合法性这一三角结构的分析框架而展开。这样,对"治理"的分析事实上又绕回到了"统治"本身。就像"善治"本身是相对于"善政"而言的,但同时俞可平又指出

---

① 俞可平:《治理与善治引论》,《马克思主义与现实》1999年第5期。
② 俞可平:《论国家治理现代化》,社会科学文献出版社2014年版,第40—41页。
③ Sending, Ole Jacob, Iver B. Neumann, "Governance to Governmentality: Analyzing NGOs, States, an Power," *International Studies Quarterly*, Vol. 50, No. 3, 2006.

"一个国家要实现善治,首先必须实现善政"。这使得治理与统治的概念在这里出现了混淆,二者之间的关系为何,二者的"善"有何不同,其评价标准如何确立,又如何实现其间的过渡?其中缺乏一个统一的逻辑来进行解释。在可见的文本中,对于国家治理理解的偏差,有时还会明确地表达出来,比如认为"国家治理体系这一概念的主体词汇是'国家'。只要有国家,则必然有国家治理。国家治理体系并不是现代性的产儿。国家治理这一概念的好处就在于它是对国家权力体系和国家管理体系的客观描述"。① 治理反而不再是重点,而是成为一种客观描述,产生这种误解的原因依旧在于无法摆脱关于统治的分析框架本身。

福柯把"治理"限定为政治权力的运作,他对于治理的考察最终着眼于"治理术",也即是"治理理性"之上。从一种权力的视角出发,当治理出现后,它就是先在的,而国家成为了治理的一种工具和表现。当国家不再是一人之国,国家就以一种治理的逻辑重新组织和建构起来,成为现代意义上的民族国家,国家的重心围绕人口和领土展开,而非王权和统治。国家治理所依循的是国家理性,其基础在于一种关于人口和领土的真理体制的建构。这种真理体制并非国家理性,而是为治理权力的运作提供了必要的知识,这就是福柯所谓的对知识的管理,一种知识政治。这种知识是微观的、具体的,是建立在一种社会的自然性基础之上的,治理因此也以多元化的方式展开,呈现为复杂的实践形态。治理权力与国家和法律密不可分,但并不在其中建构自身的运作逻辑,反而要依据治理权力的运作形态来考察国家与法律的表现及变化。因此,要在建构治理的真理体制的基础之上,据此来衡量、调整、补充和完善治理结构体系与具体运作,从而推动治理能力的提升。

(二)治理体系:多元结构的展开

对于治理体系的探讨涉及的是治理结构与治理机制。围绕中国的国家治理结构这一主题,周黎安认为中国因人口众多和国土辽阔,中央政府的治理能力受制于信息约束和财政约束,为了节省财政成本和行政监督成本,中央政府在国家治理上采取了两项基本原则:一为属地管理;

---

① 刘建军:《和而不同:现代国家治理体系的三重属性》,《复旦学报》(社会科学版)2014 年第 3 期。

一为行政逐级发包。① 曹正汉认为中央政府在考虑治理效率之外还需要考虑治理风险，因此形成了中央治官、地方治民的结构。② 周雪光认为中国的中央集权和地方分权的关系因为权威体制和有效治理之间的矛盾，而始终处于一种动态的周期性循环调整之中。③ 曹正汉认为这三种不同的解释模型存在分歧，在不同层面上分别考察了不同的统治风险对于国家治理的影响；但也共享一个前提假设，即认为中央政府在处理集权与分权的关系上，既需要提高治理效率，也需要维护政权稳定，因此它们又是彼此互补的。④ 但这三种模型探讨的事实上都是国家行政结构治理体系中的内部张力和矛盾，关注点在于这一政治的科层制结构本身的调整和补充，治理在其中依然是一种虚置的预设。

米格代尔认为在实践层面，国家其实是碎片化的，不构成一个统一行为体，不同层级和不同部门的国家机构与国际、国内社会发生联系，国家与社会之间并没有清晰的边界。⑤ 但这并不意味着在碎片化的国家机器中，因为基层政府与社会接触最多，最易受到社会力量的制衡，中国历来的上层统治者与底层民众合力监督中间层的"三明治"式的治理结构⑥就值得推崇。治理的特点就在于它不再只是一种自上而下的单向的权力实施。当代中国的治理创新实践往往是在地方层面率先开展的，其背后的运作逻辑不是"自上而下整齐划一的治理意志，而是基于各级地方党委和政府负责人的人格魅力所推动的治理创新实践，以及基于窘迫的财政状况而被逼出来的治理创新实践，甚至是基于地方政府推卸责任后的无奈的治理创新实践"⑦。而这种治理创新很容易出现"人在政推，人走政息"的状况，难以形成相对固化的制度形态。因此在中国，单向的自上而下的权力运作不仅存在于国家与社会之间，而且在政治结构内部

---

① 周黎安：《行政发包制》，《社会》2014 年第 6 期。
② 曹正汉：《中国上下分治的治理体制及其稳定机制》，《社会学研究》2011 年第 1 期。
③ 周雪光：《权威体制与有效治理当代中国国家治理的制度逻辑》，《开放时代》2011 年第 10 期。
④ 曹正汉：《统治风险与地方分权：关于中国国家治理的三种理论及其比较》，《社会》2014 年第 6 期。
⑤ [美] 乔尔·S. 米格代尔：《强社会与弱国家》，张长东等译，江苏人民出版社 2012 年版，第 30 页。
⑥ 陈慧荣：《国家治理与社会建设》，《学术月刊》2014 年第 7 期。
⑦ 唐亚林：《国家治理在中国的登场及其方法论价值》，《复旦学报》（社会科学版）2014 年第 2 期。

也在阻碍着治理创新的实现。

德勒兹指出福柯权力分析的首要特点在于，权力是生产性的实践，而不是压制性的外在控制。① 传统的权力分析总是强调权力消极否定的一面。福柯早期也基本是从这样的思路来理解权力的，但他通过对监狱和性的问题的研究发现，权力首先应该被看作是一种生产性的实践或者说生产性的网络。② 在治理语境中，政治权力的运作应当通过（through），而非强加于（on）社会，治理所面对的是具有积极性的主体，而非被动的客体。③

国家治理的中心在于治理，国家服膺于治理的历史选择和现实要求，国家原本所独占的统治权和治理权逐渐向社会扩散和延伸，这一方面要求国家调整与改革自身的运作体系，而这也需要依据社会的发展现状与需要；另一方面社会本身有自我表达、自我维持、自我发展的需要，因此也有自我治理的需要，这种治理是在具体的实践中完成的，体现为一种多元治理结构的不断展开，而这一过程必须要由国家来监督和维护。推进国家治理体系和治理能力的现代化，事实上探讨的是国家治理的外在框架与内在肌理，而二者事实上也是相辅相成，互相表现的。国家依然是全景敞视式的，但它不再表现为国家意志对个体的规训，而是成为维系与引导社会运转与发展建设的手段与保障。

［原刊于《南开学报》（哲学社会科学版）2016 年第 2 期］

---

① Gilles Deleuze, *Foucault*, Minneapolis: University of Minnesota Press, 1988, p. 71.
② 李猛：《福柯与权力分析的新尝试》，《社会理论学报》1999 年第 2 卷第 2 期。
③ Sending, Ole Jacob, Iver B. Neumann, "Governance to Governmentality: Analyzing NGOs, States, an Power," *International Studies Quarterly*, Vol. 50, No. 3, 2006.

草根 NGO 如何推进农村社区的新公共性建构

——基于吉林通榆 T 协会的实践探索

一 问题的提出

改革开放以来，随着国家权力在农村社会的逐步退场，以及以村民委员会为核心的村民自治制度的确立，中国农村社会形成了"乡政村治"的治理格局。"乡政村治"的治理思路旨在使国家权力从对农村社会的强控制、强干预转变为退居幕后的柔性管理与扶持，重建农村的自治力量并使其走向农村社会治理的前台，形成政府与村民自治合作的治理格局。[①] 从总体上看，"乡政村治"推行以来在一定程度上促进了国家的简政放权，激发了农村社会的内在活力，但是时至今日在这一格局下我国乡村社会仍然普遍面临着社会治理的危机，比如环境治理恶化、公共服务与公共设施短缺、经济合作困难、社会矛盾和官民冲突时有发生且缺乏有效调节。

针对这一问题，有学者指出其根源在于自上而下推进的村民自治制度并没有建立起有效的自治结构。[②] 村民委员会过度行政化，并没有真正成为村民利益的代理人，而村民自发的志愿组织寥寥，经济合作组织常被少数人或公司组织操纵。农村社会自治主体的缺失或异化，使得农村的自治结构处于失调甚至无主体的状态。由于缺乏有效的自治主体，政

[①] 徐晓全：《新型社会组织参与乡村治理的机制与实践》，《中国特色社会主义研究》2014 年第 4 期。

[②] 陶传进：《草根志愿组织与村民自治困境的破解：从村庄社会的双层结构中看问题》，《社会学研究》2007 年第 5 期。

府的政策推行就没有合适的承接主体，村民也难以以组织的形式与政府进行沟通协商，这使得宏观的"乡政村治"的治理布局无法真正落实在微观的农村社会场域之中。因此，要解决农村社会的治理危机就应当培育和革新农村社会的治理主体，亦即实现有效的农民组织化，进而形成基层自治组织与其他农村社会组织合作共生、协同治理的局面，重构农村社会的微观治理格局。在公共性理论的视角下，这一过程被视作乡土社会"新公共性"的构建。①

事实上，地方政府和各社会主体一直在积极尝试探索在农村社会培育组织化的治理主体，构建共生合作的治理格局。学界已有研究关注到这些实践，并大多倾向于从推动变革主体的类型入手加以概括和分析，包括政府主导型、社会组织主导型。其中社会组织主导型，已有研究往往聚焦在来自农村之外的以项目的方式介入农村社区治理的社会组织，比如国际 NGO 和来自城市的扶贫组织或支持型组织。然而这类研究忽视了农村社区中一批独特的草根 NGO，虽然其最初的核心结构来自于农村之外，但是却长期扎根于农村社区、依靠农村社区的资源发育生长，以长期参与农村社区治理而非短期项目的方式推动农村社区治理格局的变革。在近年来对东北草根 NGO 的调研中，我们观察到吉林省通榆县 T 协会参与 X 村社区治理的过程，并发现 T 协会的发育和成长同时伴随和推动了当地社区治理格局的变革，并在变革过程中呈现出不同于其他主体的特性与优势。T 协会相对于政府等其他主体缺乏资源、权力，却为何在重构 X 村社区的治理格局中发挥出不可替代的作用？这是何以可能的呢？因此，基于对该个案的分析，本文试图从新公共性的视角出发揭示草根NGO 培育社区治理主体，革新社区治理格局的独特路径机制，从而为农村社区治理格局的改革提供理论上的启示和实践中的典型案例。

二 理论视角与研究回顾

（一）理论视角：新公共性

新公共性理论是日本学界将公共性理论本土化之成果，其核心在于

---

① 吕方：《再造乡土团结：农村社会组织发展与"新公共性"》，《南开学报》（哲学社会科学版）2013 年第 3 期。

对公共性承载主体及其相互关系的判断。公共性本身内涵丰富且随历史情境不断变化和拓展，但是就其最普遍和抽象的共识而言，公共性意指维系公共生活的价值、结构、法则和事业。① 所谓公共性的承载主体，也就是生产和维护这些维系公共生活的基本要素的社会主体。以今田高俊为代表的日本学者认为近代以来的西方社会公共性由市民社会所承载，表现为"市民社会的公共性"，而东亚社会历史上长期以来都是由"官"承载公共性，表现为"行政主导的公共性"。前者即哈贝马斯所概括的以公共辩论为核心的公共领域，其与私人的生活世界相分离，并对抗来自国家和市场对于公共生活的侵蚀。后者则是政府排斥市民社会对于公共事业的参与，垄断公共性的生产。② 可见，就公共性承载主体的维度而言，东西方的两种公共性具有内在的一致性，即强调公共性承载主体的垄断性和排他性，进而在国家与社会主体之间呈现出相互对抗的关系。

在20世纪90年代的日本"公共性复兴运动"中，日本学界试图超越官民对立，所构建的官与民共同作为公共性承载主体并采取合作而非对抗的方式生产公共性的理论体系，即为新公共性理论。具体而言，"新公共性"意味政府与以NPO部门为核心的民间主体基于对等、独立与自治的原则共同承担公共性的格局。③ 可以看到，"新公共性"所勾勒的治理蓝图与"乡政村治"的内在要求是相契合的。因为，要使"乡政村治"成为可能，就必须在农村社会培育和革新组织化的治理主体，搭建基层组织与各类社会组织共生合作的治理格局。进一步地，新公共性理论在批判"公私一元论"和"公私二元论"的基础上，提出了达致新公共性蓝图的可能路径，即通过公（以政府为主的制度领域）、共（以社会组织为主的公共领域）、私（作为生活世界的私人领域）三元的良性互动以"活私开公"。④ 然而在既有的农村社区实践和研究中，人们常常只以"新公共性"作为变革蓝图而忽略了其作为变革路径的深层蕴含，进而把其实现过程机械地分解为构建社区组织、改革基层自治组织、实现官民

---

① 吕方：《再造乡土团结：农村社会组织发展与"新公共性"》，《南开学报》（哲学社会科学版）2013年第3期。
② 今田高俊：《拓展新的公共性空间》，《社会科学》2007年第7期。
③ 俞祖成：《战后日本公共性的结构转型研究》，《太平洋学报》2011年第12期。
④ 郑南、丹边宣彦：《日本社会建设新思维：地域社会的新公共性建设——以丰田市团体活动为例》，《东北亚论坛》2013年第5期。

协同治理，较少在变革过程中将公、共、私三元有机地联系起来，以实现"活私开公"。而笔者观察到吉林通榆 T 协会在其重构所在社区的治理格局的过程中，始终试图作为社区的公、共、私的中介协调三者，使其互为基础、相互促进。因此，我们可以从新公共性的视角出发，揭示 T 协会如何实践新公共性理论所蕴含的变革路径，进而回答作为草根 NGO 的 T 协会重构社区治理格局何以可能。

（二）研究回顾：农村新公共性建构路径

构建农村新公共性的首要问题是构建主体的问题，即在大多数农村缺乏内在动力和资源的情况下，由谁来推动农村新公共性的构建。因而，我们可以通过区分公共性的构建主体来对已有研究进行梳理、归纳和分析农村新公共性的构建路径。其一是政府主导的建构路径，通常是由地方政府以行政手段和制度化的方式推进某一区域内的农村社区的组织化，进而改变社区单一主体的治理格局。王晓莉通过对江西分宜县的调研，发现地方政府通过在村民小组建立党支部并发动社区精英建立致力于社区公共服务的村民理事会，从而在村民小组一级构建起村两委、村民小组党支部和村民理事会的多元共治格局。[①] 蔡禾等关注到广西某市政府在其下属的自然村大力推动与村民理事会相类似的乡贤理事会的建设，并将其制度化为正式的权利主体。[②] 其二是社会组织主导的建构路径，通常是国际 NGO 或来自城市的支持型 NGO 以项目的形式介入农村社区，以输入价值理念和制度模式的形式帮助农村社区进行组织化建构。如，向家宇通过对一家具有国际背景的扶贫组织在扶贫过程中对农村社区的组织化构建尝试的研究，展示了社会组织在推动农村组织化上所具有的专业性和价值理念。[③]

这两种路径在农村公共性构建中都发挥出各自的优势，但也存在着各自的困境。以政府为主导的路径，由于具有行政命令的强大推力和资源供给的外在诱导，能够较快地、规模化地推动一个区域内的农村社区的组织化与治理格局的重构。但是，在政策具体实施的过程中政府往往

[①] 王晓莉：《农村公共事务治理的现状与推进——"村民小组建党支部＋村民理事会"的"分宜模式"》，《中共中央党校学报》2016 年第 2 期。

[②] 蔡禾、胡慧、陶兆安：《乡贤理事会——来自粤西 Y 市 D 村的地方经验》，《学海》2016 年第 3 期。

[③] 向家宇：《贫困治理中的农民组织化问题研究》，华中师范大学博士学位论文，2014 年。

仍然要依仗既有的村两委，而这就可能导致农村社区新生的社区组织再行政化。比如，一些村民理事会的核心成员与村两委成员重叠，致使多元共治的外衣下仍然是一元的治理主体。① 社会组织主导的构建路径，虽然能一定程度绕开村两委，并具备专业性和价值理念，但是项目介入的形式周期通常较短，快速的理念和制度的输入所带来的社会变革存在流于表面的风险，有时不仅不能生产"社会"，反而沦为地方政治—社会结构再生产的空间。② 从公共性的视角看，政府主导的路径的可能困境在于作为行政力量的"公"在培育作为社会力量的"共"的过程中反而可能压制或替代"共"的发育；而社会组织主导的路径则可能在形式上建立起社区的"共"却并没有真正变革作为社区内在文化和准则的"私"，从而使组织形态的"共"缺乏稳固的根基。但如前所述，作为社会组织的草根 NGO 在农村构建新公共性的实践探索，目前尚缺乏足够的关注和研究，而该主体在其实践中呈现出不同于上述路径的独特性。因而，通过揭示草根 NGO 在构建新公共性上的独特机制或可为超越上述困境提供新的答案。

三 案例分析：治沙协会重构乡村治理格局的实践探索

X 村是吉林省通榆县行政村下属的一个自然村，共 81 户，400 余人口。该村位于科尔沁沙地东南边缘，经济以种植业为主，畜牧业为辅。尽管地广人稀，但由于土质沙化严重该村并不富裕。村两委在行政村一级处理公共事务，且承担较多乡镇政府布置的行政事务，在 X 村的公共治理方面着力不多。在 X 村，只设有村民小组组长，没有次级自治组织和其他社区组织。

T 协会是一个以治理沙漠化为使命的草根环保组织，其主要治理对象

---

① 向家宇：《贫困治理中的农民组织化问题研究》，华中师范大学博士学位论文，2014 年。
② 孙飞宇、褚卉娟、张闫龙：《生产社会，还是社会的自我生产？——以一个 NGO 的扶贫困境为例》，《社会》2016 年第 1 期。

是位于吉林省白城市通榆县 X 村的 100 公顷沙地。协会的创始人 WP 来自吉林省长春市，自 2000 年起迁至 X 村开始以个人奋斗的形式治理沙地，随后逐步吸纳志愿者和社会资源参与沙地治理，并有意识地学习 NGO 的组织架构和运作模式，渐渐由个体发展为一个正式的社团组织，于 2006 年在民政部门注册。在治理沙地的过程中，WP 意识到环境治理是当地公共事务治理的一部分，必须调动社区的力量参与沙地治理。而 X 村社区公共事务衰败，几乎没有组织化的治理主体，因此治沙协会在调动 X 村参与环境治理的过程中，探索着培育和革新 X 村社区的治理主体，重构治理格局。

（一）治沙协会的组织化与 X 村的社区革新

1. 化私为共：治沙协会的组织化

在 WP 进入 X 村开始治沙的时候，X 村只设有一名村民组长而几乎没有组织化的治理主体，因而 T 协会的组织化过程本身就是 X 村第一个组织化治理主体的发育过程。治沙协会的组织化发育分为两个面向：其一是吸纳社区以外的志愿者和会员，其二是吸纳当地社区的农民进入协会。基于对农村社区的关注，后者是本文观察的重点。社团吸纳社会人员的组织化过程，从反面来看也就是社会人员成为认同组织目标并具备志愿精神与公共意识的志愿人员的过程。然而，如大多数农村社区的状况一样，X 村的农民同样内化着熟人社会的互惠关系法则，在差序格局中基于人情关系的邻里互助已经是其参与公共生活的最高限度。而这与社团要求的具有高度公共性的公民精神有巨大差异。那么 X 协会是如何在这种情况下吸纳社区农民成为组织的志愿成员参与环境治理的呢？在调研中笔者发现，T 协会在遵从乡土逻辑的基础上，利用社区的人情互惠原则和经济理性将农民带入具有公共性的组织之中，进而在组织中向农民传递现代的公共组织原则，从而吸纳农民的志愿参与，完成协会在农村社区的组织化。在新公共性的视角下，如果我们把基于特殊主义的农村社区传统的人际交往与互惠关系和私人领域的经济理性理解为"私"，而基于普遍主义的结社生活中的现代公民准则与志愿精神理解为"共"，那么治沙协会的组织化逻辑可以被提炼为"化私为共"。

基于人情互惠的吸纳。T 协会最初吸纳农民的参与并非理性规划的结果，而是 WP 作为"外来户"为了不被当地居民排斥，努力融入社区的自然后果。WP 在最初进入 X 村时，便经常到各家走访聊天，积极参与当地的红白喜事，力所能及地给有需要的村民帮工，希望以这种方式被当地村民所接纳，进而没有后顾之忧地开展治沙工作。在这样的日常交往、集体参与和邻里互助之中，他也确实逐步融入到 X 村社区的情感关系网络之中，获得了村民的接纳与信任，并进一步与一些农民建立起了基于情感伦理而非理性计算的互惠关系。由此，一些接受过他帮工、关系较好的农民便开始在农闲时主动帮助他做一些简单的治沙工作，而这正是 T 协会最初与当地农民的互动方式。受此启发，最初协会尚未真正成形时 WP 就开始有意识地在治沙工作之外，以协会的名义拓展农村社区支持方面的工作，如帮扶弱势群体、协助维权、调解农民纠纷等。他试图使农民与作为组织的治沙协会而不仅是其个人建立人情互惠的关系，所以，当地的农民初期参与协会的治沙工作往往是人情因素使然。而事实上，这种尝试确实为 T 协会吸纳到了更多的农民参与，尽管这种参与不是现代意义上的志愿行为，更多仍是基于乡土社会的文化与逻辑，亦即基于伦理情感的互惠关系。

基于经济利益的吸纳。在协会治沙的初期阶段需要投入大量的人力来完成一些治沙的基础性建设，比如打井、种树、养草，还人情式的参与显然无法为协会提供足够的人力资源。在以有限的资金在市场雇用劳动力的同时，T 协会开始通过基于利益捆绑的合作关系吸纳村民参与。其中一个典型的例子是协会动员全村居民以户为单位在示范区种树。其具体做法是协会提供树苗并负责后期养护，农民负责种树，木材作为协会与农民的共有财产，产生的经济效益五五分成，并以签订合同的形式确立这种合作关系。可以看到，此时协会动员吸纳社区村民参与的基础是经济利益，共同的经济利益预期使得农民与协会的合作关系成为可能。此时协会对农民的吸纳所遵循的逻辑就不再是人情伦理的互惠关系，而是基于理性的利益关系。这合乎农民的生存伦理与实用理性，因而能吸纳更多的农民正式地参与到协会的治沙工作中。不同于短期利益交换的雇佣关系，基于长远利益预期的合作关系，使得农民开始与 T 协会结成一个利益共同体。

将基于"私"的参与转换为志愿参与。通过上述两种方式的吸纳，X 村的农民开始参与到协会之中。非常有趣的是，无论是人情参与还是利益导向的合作式参与都是农民出自"私"的选择，前者服从于私人的关系网络，后者则基于私人的理性考量，但是却使得农民参与到治沙协会主导的社区公共事业之中。而在此基础上，协会开始有意识地在农民的参与过程中向其渗透公共意识与志愿精神。第一，为乡土道德与志愿精神架起桥梁。作为现代社会的公民精神与传统乡村的道德原则虽然存在着差异，但不应被过分夸大，二者在相互性的意义上具有根本的一致性。① 最开始农民无法理解 WP 等来自城市的志愿者不求回报的志愿精神，但是在不断的互惠互动之中，基于朴素的道德观，农民能够理解志愿精神的利他本质，从而超脱出熟人圈子的互助。第二，与志愿精神相结合的经济合作。T 协会在治沙过程中逐渐开始有经济效益产出，由此开始尝试通过经济激励的方式使农民内化志愿精神。比如在有经济项目可以合作时，协会优先考虑积极参与治沙工作的农户，农户必须接受志愿培训并合格后才有资格与协会签订经济合同。而在经济产出中协会也尝试以志愿服务替代经济回报。以协会的草原牧牛项目为例，协会以低于市场的价格将恢复的草原提供给牧牛户放牧，但牧牛户必须以加入草原志愿看护队作为回报，如果牧牛户不履行志愿义务则根据合同给予相应的罚款。事实上牧牛户都积极地参与到草原的看护工作中，这不仅是出于合同的法律约束，更由于切实感受到草原保护给社区带来的经济实惠。通过以上方式，社区农民参与的志愿色彩逐渐增加，志愿精神逐步内化于农民的惯习之中。其结果是一些社区农民开始以志愿者甚至会员的身份加入协会，其中一名会员成为协会的副会长，负责农民志愿者的调度和农村事务的协调。由此，T 协会基本完成了在 X 村社区的组织化过程。

不同于外在于农村社区、以执行项目为目的的社会组织，T 协会由于经历了对社区农民的参与的长期吸纳，并使其逐步内化对组织目标和志愿理念的认同，从而具有了真实的社区根基。而治沙协会十年如一日地扎根于 X 村社区参与当地环境治理与其他公共事务，因而也就成为 X 村社区第一个组织化的治理主体，亦即构成了社区公共性的第一个正式的承载者。

2. 以 T 协会的组织化为中介：X 村的社区革新

经过了吸纳社区农民的组织化过程，T 协会逐步成为农民参与社区公共环境治理的载体，进而以协会的组织化为中介，X 村社区状态与性质

---

① 李荣荣：《作为礼物的现代公益——由某公益组织的乡土实践引起的思考》，《社会学研究》2015 年第 4 期。

开始发生转变。首先，通过参与协会的治沙工作，X 村村民的共同体意识得到强化。虽然，X 村作为一个自然村落，由于密切的血缘地缘关系，具备了一定程度的社区共同体意识，但是由于缺乏对社区公共事务的关注和治理，这种共同体意识只停留在生活共同体的层面。而通过参与治沙协会组织的当地环境治理，社区村民开始以组织化的形式投入社区公共事务的治理之中，村民的共同体意识从生活层面上升到了公共治理层面，社区的共同体意识由于集体行动及其反馈给社区的经济、环境利益而得到强化。协会在治沙过程中将宏大的环境目标具体化为 X 村的沙地治理。协会使治沙切实服务于 X 村，这样参与治沙就从绝对的利他转换为了相对的利他，也就是服务于农民所在的乡村共同体。正如当地农民常说的：参与治沙就是"为屯儿里做点事儿"。其次，村民在协会中习得的志愿精神开始融入并改变着 X 村社区的公共生活原则。通过参与协会的事务，村民理解并内化了超脱于熟人关系的道德准则，这使得志愿精神能够在协会之外进入到社区的日常生活之中。而在后续的社区组织化过程中，这一点体现得尤为明显。再次，通过协会组织生活的演练使社区具备了组织化的基础。村民在参与协会的过程中，被组织起来对环境进行治理，在协会的引导下就沙地治理进行商谈、决策以及在实际工作中分工合作。在这种组织生活中社区居民的组织意识和能力得到了提升和锻炼，社区获得了自组织基础。

最后，积极参与治沙的社区精英走向了社区治理的前台。在治沙协会的调动下，X 村中几名年富力强、热心公共事务的社区精英成为协会的骨干力量。在协会介入之前，这些社区精英没有参与公共事务的平台，也缺乏参与的意识，而协会为他们提供了参与的平台，并锻炼了他们的能力，从而使这些社区精英走向了社区治理的前台。

共同体意识的塑造，公共道德的转型，组织化基础的获得，社区精英的浮现，这些以 T 协会为中介的社区变革，为社区的自组织化打下了基础，T 协会将进一步塑造承载社区公共性的新主体——社区自治组织。

（二）社区自治组织的培育与基层组织的革新

1. 化自在的"共"为自为的"共"：培育社区自治组织

T 协会通过吸纳村民的参与，使社区开始成为治理沙地的重要力量。但是，初期村民是以个体的形式参与到协会中，在本质上 T 协会是唯一的组织化的治理主体，社区自身并没有组织起来承担环境等方面的公共事务的治理。基于此，T协会开始尝试培育社区的自治组织，以真正动员社区参与沙地治理。值得注意的是，T协会并非仅仅通过培训、开会等方式，强行输入组织化的理念和制度，而是试图通过引导的方式将社区已经具备的潜在的公共性因素转化为组织形态的公共性。这些潜在的公共性因素包括T协会组织化过程中以及X村社区革新过程中产生的要素，尤其是共同体认同和志愿参与已经使社区开始出现追求公共利益的短暂和非组织化的集体行动。按照我们对公共性的划分，这代表着社区"共"的萌发，但是由于未经组织化也仅仅是自在的"共"。而T协会的实践就是试图激活社区自在的"共"，使其转化为以组织形态存在的自为的"共"。

将集体行动的诉求转化为组织化的动力。除了土地沙化的问题，X村村民最关心的公共事务就是"路"。"路"的问题包括两方面，其一是村内的路沙化严重急需整修，其二是村外的路被风电公司的运输车损害，迟迟得不到赔偿。一方面由于"路"的问题切实损害了全体村民的利益；另一方面由于村民的社区认同感和集体行动的意识在T协会的组织化过程中得到强化，村民们摆脱了"各扫门前雪"的状态，开始寻求通过集体行动的方式整修村内道路和向风电公司索赔。然而因为缺乏集体行动的经验和足够的资金等原因，村民们的修路计划迟迟不能实施、维权也屡屡受挫。由于T协会在治沙之外长期为X村做各种力所能及的公共服务，并在工作过程中在社区树立了很高的威信，村民们在集体行动失败后通过村民小组组长主动向T协会寻求帮助。而此时T协会正在考虑如何向X村村民提出构建自治组织的想法，于是会长WP顺势向村民小组组长提出T协会帮助村民的条件是X村先成立一个代表村民治理社区公共事务的社区自治组织，进而以修路维权作为第一个议案在社区组织中商讨。村民组长决定召开全村会议商讨此事，T协会在会上向村民说明成立自治组织对于解决眼下修路问题的益处，以及此后为治理X村的公共事务提供平台的长远意义，并承诺以顾问的身份帮助村民进行组织建设及后续的公共事务治理。出于对以集体行动的方式解决公共问题的急切诉求以及对T协会的信任，村民几乎一致同意尽快组建社区自治组织。由此，T协会顺利地将村民的相对短视的集体行动的诉求转化为使社区组织化起来的内在动力，T协会进一步的组织培育计划的落实也就有了真实的社区基础，而非基于项目利益的诱导抑或价值理念的机械灌输。

将社区体制内外精英转化为组织骨干。社区组织的理事会成员并非村民直接选举而出,而是由 T 协会与村民组长共同拟订初步方案,再经由村民投票确定人选,而最终村民的投票意见与人选方案几乎一致。T 协会与村民组织拟订的人选不仅是社区中的经济、社会方面的能人,而且他们都热心社区事务,尤其是积极参与 T 协会的沙地治理,并承担组织其他农民之责任。因而,村民对这些人选都较为认可。需要特别提到的是,村民组长也是理事会成员,而在理事长选举中,对于组长是否担任理事长,理事间产生了争议。一部分理事认为组长理应成为理事长,一部分理事认为这样会使村民小组与社区组织无法区分。T 协会认为,X 村人口较少,组织基础薄弱,如果强行剔除组长则必然削弱组织基础,并且可能造成社区内部的分裂,因此 WP 以顾问的身份建议组长有资格参选理事长。理事会接纳 T 协会意见,并在民主选举程序下选举组长为理事长。这样,T 协会就通过拟订参选方案和为组长争取候选资格的方式,成功地将社区的体制内和体制外的精英转化为社区组织之骨干。

将志愿精神与共同体意识转化为组织参与。理事会成立之后,社区组织的治理结构已经搭建起来,下一步则需要组织在规则和制度之下运转起来,这需要理事会成员积极发挥作用,以及村民们的有效参与。对于前者 T 协会选择对理事会成员进行培训,除了能力建设之外,T 协会试图使理事会成员将在参与 T 协会治沙中逐步内化的志愿精神运用于社区组织之中。T 协会通过言传身教与监督的方式,使理事会成员认识到作为理事的责任在于以志愿精神服务于社区,而非成为凌驾于社区的特权阶层。对其他村民,T 协会则在社区不断增强的共同体意识的基础上,向他们讲明社区组织对于社区公共事务治理的意义,进而实现共同体之利益。村民在认识到社区组织化之于共同体的意义之后,更为积极地参与到社区组织的选举、集体决策以及决策执行之中。

与其他社会组织培育社区自治组织一样,T 协会也要帮助 X 村的自治组织商讨和拟定一系列规章制度,提供组织的初始资金支持,协助组织规划并实施公共服务项目。这些培育社区组织共性的方式和策略,本文不再赘述。总之,在 T 协会的引导下,以及社区的内生作用下,X 村成功构建了内生的公共性承载主体——社区自治组织。

2. "公"与"共"的互渗和制衡:基层自治组织的革新

作为自然村的 X 村,也是隶属于 L 行政村的一个村民小组,因此 X

村在形式上是作为一个治理主体存在的。在法律上，村民小组应当选举出村民小组长，进而以小组的形式对外协调、对内治理。但是，X 村的村民组长实际是由村两委授意任命的，执行村委的行政命令，X 村小组在实质上并没有组织起来进行公共事务的治理。L 行政村的村两委在相当程度上是作为乡镇政府的行政末梢而存在，X 小组又直接由 L 行政村主导，因此作为形式上的治理主体的村民小组一方面很少涉及公共治理；另一方面可以被视作行政末梢在最基层的延伸，以行政权威在 X 村承载公共性，亦即"公"的代表。

然而 T 协会培育的社区自治组织使村民小组的性质发生了一定程度的变化。X 村成立的社区自治组织并未得到基层政府和村两委在制度上的授权和认可，因而是纯粹自发的社区组织。所以尽管村民已经开始通过社区自治组织处理 X 村小组大部分的公共事务，但社区自治组织并不能等同于村民小组。社区自治组织与村民小组的交集在于村民小组长兼任了社区自治组织的理事长。这使得社区自治组织和村民小组之间的关系变得复杂而微妙。一方面，社区组织理事长 F 同时也是村民组长，因而在社区组织的公共决策中，不可避免地会从组长的身份出发代表基层政府的意志参与其中。比如在组织维权的过程中，F 基于村委维权的授意多次投反对票。另一方面，由于社区组织的存在，从前由村民组长单独决定或直接执行村委意志的事务，现在或多或少地要经由社区组织的理事会的讨论和表决才能决定和执行。比如村委授意组长 F 在 X 村组建农业合作社，原本 F 决定虚设一个合作社，而村民在得知这一消息后要求通过社区组织商议并组建一个实质性的合作社。由此，代表"共"的社区组织和"公"的村民小组开始相互渗透。已有研究表明，在基层组织与农村社区组织的互动中，时常会出现基层组织渗透进农村自发的社区组织，并使社区组织行政化或成为基层组织的附庸。[1] 然而在 X 村，却发生了相反的趋势。在社区组织的决策中，村民组长在理事会中的意见只有一票的权力，所以很难改变社区组织理事会的集体决策。反之，涉及村民小组的事务，村民小组不得不越来越多地参考社区组织理事会的意见。当然村民组长和村委依然可以通过其他方式对 X 村的事务进行干预，但是并不能通过操纵或同化社区组织的方式。而除去对抗性的一面，村

---

[1] 向家宇：《贫困治理中的农民组织化问题研究》，华中师范大学博士学位论文，2014 年。

委和村民组长越来越意识到社区组织在提供公共产品和发展集体经济上的组织优势，开始主动依靠社区组织治理 X 村。"没有社区组织的村民组长就是一个光杆司令。"而这种反常的趋势之所以能出现，其中关键的因素在于 T 协会作为第三方的制衡作用。

首先，在社区组织的选举、决策过程中，T 协会以顾问的身份参与其中，监督组织自治程序与制度的落实。作为顾问 T 协会几乎参与社区组织的所有重要选举和决策，除了发挥引导和提出建议之外，还起到了客观上的监督作用，使得民主程序得以保证，防止基层组织的过度渗透和干预。其次，作为社区的治理主体平衡"公"与"共"的力量对比。在一般情况下，基层组织之所以能够通过渗透、干预改变社区组织的性质，根本原因在于二者的力量对比的不均衡。拥有行政权威和更为丰富的组织经验与策略的基层组织处于强势，而新生的社区组织则由于发育不足、资源匮乏相对弱势。在这种局面下，T 协会对新生的社区组织的培育和支持使得二者的力量对比在一定程度上达到了相对的均衡。T 协会在十几年的发展过程中积累了资源、人脉，在当地具备了一定的政治、社会影响力，如果说基层组织拥有行政权威，那么 T 协会在当地具备一定的社会权威。正是凭借这种社会权威，作为 X 村主体的 T 协会能够为尚还弱小的自治组织"撑腰"，从而防止基层组织凭借自身的强势地位越过民主制度改变社区组织的自治性质。最后，以第三方的身份促成基层组织与社区组织的良性互动。X 村的村民组长在政策执行或社区治理中遇到困境时，经常主动向 T 协会寻求帮助。在社区组织成立之前，T 协会会对有益于社区的事务力所能及地帮助组长出谋划策，争取资源。但在社区组织成立后，T 协会转变了对组长的帮助方式，要求组长以提案的形式将其想法置于社区组织的理事会议中加以讨论，T 协会作为顾问从旁辅助。为了获得 T 协会的帮助，大多数情况下村民组长都接受了 T 协会的要求。在这种情况下，原本由村两委和村民组长垄断的决策和执行过程，因为社区组织的参与而加入了社区村民的声音和诉求。由此，作为行政化的基层组织末梢的村民小组逐渐融入了更多社区性的因素，而村民组长也在实践中意识到社区参与能够使决策更易于推行，甚至开始主动寻求社区组织的参与。

由于 T 协会在村民小组和社区组织的相互渗透中起到了制衡的作用，基层组织对社区组织的干预因素被有效地压制而没有改变社区组织的自治性质。相反地，社区组织则代表村民介入基层组织的决策过程中，扭转了行政性因素在基层组织中的垄断地位，使得原本脱离社区的基层组织获得了社区参与的基础，基层组织的性质由"公"转变为"公"与"共"的混合。由此，原本形式化和行政化的村民小组因社区的真实参与而开始摆脱单纯的政策执行，真正参与到社区事务的治理之中，X村中又一个公共性承载者就此被激活。但是，由于村民组长并不具备选举基础，基层政府和村委的行政命令能够绕开社区意见被贯彻执行，所以村民小组在本质上仍然是以"公"为主的基层组织末梢，其与社区组织之间仍然有分明的界限，二者并未合二为一。

（三）"公""共"共生合作：搭建协同共治的治理格局

至此，经过T协会在社区的组织化、社区自治组织的发育以及村民小组的革新，X村已经由几乎无治理主体的状态演变为拥有三个组织化治理主体的治理格局。在公共性的视角下，X村社区已经在一定程度上构建起了"新公共性"的治理格局。T协会和社区自治组织是生发于民间的公共性承载者，而村民小组则在一定程度上代表行政权威在农村社区承载公共性的生产。这种官民共治的社会治理格局就是"新公共性"的雏形。所谓"新公共性"在更深层次的意义上，不仅仅是存在多元的治理主体，更为重要的是各个治理主体之间能够共生互促、协同合作。事实上，X村的三个治理主体在构建过程中已经通过良性的互动彼此促进。比如T协会对社区组织的扶持，社区组织对村民小组的革新。但是三者还没有通过合作的方式对社区公共事务展开系统性的治理，而这是"新公共性"的最为重要的表现形式。而对T协会来说，培育社区治理主体的目的也正在于实现当地沙地治理的协同共治。因而，T协会规划协同治理沙地的方案，并尝试使X村小组与社区组织承担相应的角色参与其中。

T协会的协同治理方案的基本思路是"沙地集中，协会恢复，社区协助，合作开发，规模经营"。

T协会所治理的100公顷沙地已经基本恢复绿化，并产出经济效益，其下一步计划是将农民手中的沙化严重的耕地以土地流转的方式集中起来，由社区进行恢复，协会从旁协助，待恢复后共同进行农业项目的合作开发，并形成规模经营。目前这个方案正在落实"沙地集中，协会恢复，社区协助"的阶段，T协会成功地将村民小组和社区组织调动起来，形成合作治理关系。首先,在沙地集中这一环节,T协会需要通过土地流转的方式从农民手里获得耕地的使用权。虽然T协会会给予农民租金,但是由于农民缺乏对土地流转政策的了解以及对收益预期的不确定,积极性不高。为此,T协会求助于村民组长,具有行政权威的村民组长向村民解释国家关于土地流转的最新政策,增进了T协会集中土地的合法性。村民逐渐了解政策,并增进了信任,部分村民开始将沙化的耕地流转给T协会。将沙地集中起来之后则进入"协会恢复"的阶段。但是,在治理范围拓展之后,T协会有限的工作人员、不定期到来的城市志愿者和尚未被完全调动起来的农民志愿者就无法满足倍增的治理工作所需要的大量人力资源。因此,T协会必须更充分地调动当地农民的参与。对此,T协会选择求助于X村的社区自治组织,希望社区自治组织能够把当地农民组织起来,协助T协会看管和治理后续新增的示范区。而为了促使社区组织与T协会合作,动员并组织农民参与后续新增示范区的治理工作,T协会拟将新治理区域的经济产出以确定的比例捐赠给村民小组,并划拨部分资金作为社区组织的经费。目前,社区组织已经开始组建志愿巡护队,对恢复中的沙地进行巡逻看管。

在上述过程中,村民组长以其公权威协助T协会推进沙地集中,社区组织以其社区动员的能力协助T协会进行沙地治理,T协会以其沙地治理的专业性主导沙地恢复。社区组织、社会组织和基层组织各自发挥其优势,互相助力,使沙地的进一步治理成为可能。这种共生合作的局面得以形成,T协会发挥了重要作用:在社区自治组织和基层组织尚缺乏足够自治能力的情况下,T协会主导了协同治理的方案规划,构建了蓝图。在村民尚缺乏自治意识的情况下,T协会通过经济利益驱动的方式,诱导社区组织和基层组织参与治理。而T协会在社区的长期参与中所积累起来的威信则构成了协同合作的重要基础。以治沙为核心的协同治理中,T协会无疑发挥了主导性的作用。社区组织和基层组织在参与的过程中,会增进对彼此合作的益处的理解,积累合作共治的经验与信心,这对于各个治理主体间构建共生合作的治理格局具有基础性的意义。因此,在以T协会为主导的治沙实践中,不同的治理主体开始协同合作,协同治理的架构被搭建起来,"公""共"合作共生意义上的"新公共性"被初步激活。

四 结 论

在农村社会培育多元的社会组织，使其与基层自治组织共生、互促、合作，从而重构农村社会的治理格局，被认为是解决农村社会治理问题的有效手段。学者借鉴公共性理论，将这种治理格局的形成称为"新公共性"的建构。相对于政府和外部介入的支持型NGO等推动"新公共性"建构的主体，外部介入但却长期扎根于农村社区的草根NGO在重构农村治理格局上的实践探索尚未引起学界足够的重视。毕竟相对于其他主体，草根NGO既缺乏行政权力，也没有足够的资金来源。但是，通过对T协会的观察，我们看到作为草根NGO的T协会经过十几年的实践探索，在一个农村社区培育了社区自治组织、革新了基层组织，并且与此二者共同初步搭建起了共生合作、协同共治的治理格局。尽管作为草根NGO，其实践成果尚仅限于一个自然村，但其成效却是扎实而具有实质性意义的。一方面，社区自治组织并非流于形式地被行政权力强行组建，也不是被NGO以资源诱导和价值输入的方式速成，而是在内化公共精神的基础上，具备真实社区参与的社区组织化。另一方面，社区的三个治理主体并非各自为政、机械地组合在一起，亦非冲突性地对抗或者试图彼此吞噬，而是能够相互协调、互动，彼此促进，针对社区事务进行有效的协同治理。

通过在新公共性理论视角下对于案例的分析，我们可以看到T协会的行动逻辑是在尊重乡土礼俗的基础上，催化和诱导社区从"私"到"共"、从"自在的共"到"自为的共"转化，完成草根NGO的组织化以及社区的自组织化，以社区组织的发育来推动基层组织公与共比重的优化调整，进而搭建公共协同的治理格局。因此，我们认为T协会之所以能够在缺乏资源和权力的条件下，实现对于X村社区治理格局之重构，其根源在于T协会凭借其对乡土社会的洞悉和现代NGO的理念与专业视角，在长期的农村社区治理参与中，以其智慧和策略在农村社区既有的公共性结构基础上，活化了社区中存在的私、共、公，促使其良性互动和转化、制衡乃至合作，从而激活了农村社区的"新公共性"，而这恰恰在更深层次的意义上契合于新公共性理论的内涵实质。新公共性理论，不仅勾勒了一幅现代社会的治理结构与模式的蓝图，同时也内含了实现此种治理格局的路径机制。一方面，新公共性理论将更为私人的亲密圈和小共同体视作新公共性的重要主体以及构建基础，承认了从私到共、从小共到大共的转化在东方社会的可能性与必要性。① 另一方面，新公共性理论认为新公共性格局是在官与民的良性互动与相互促进中建构起来的。

T 协会之所以能够在实践中摸索到并践行新公共性的内在意涵，与其作为草根 NGO 的特性是密不可分的。草根 NGO 缺乏强制权力与资金，所以无法通过强制性或资源诱导的方式，强行快速地在农村社区实现形式化的变革。而为了适应乡土社会以寻求自身发展，使其不得不放弃直接输入所谓的现代社会价值，而先去洞悉乡土社会的逻辑与结构，并因势利导地为我所用。长期参与而非项目式地参与，使其获得了真实的社区基础和村民的信任，并能够缓慢而深入地推动社区变革。作为 NGO 的理念与专业性以及中立性，使其能够理性地调节社区中官与民的互动，并促成协同共治的局面。因此，草根 NGO 是在推动农村社区变革中不可或缺的社会主体。正如新公共性理论所倡导的多元协同共治一样，在推动农村社区的变革中同样需要政府、草根 NGO、支持型 NGO、社区的互补与共治。而以 T 协会为代表的草根 NGO 对于构建农村新公共性探索的启示则应当为政府、支持型 NGO 所借鉴。这个启示在于，相较于权力强制、资源诱导或价值灌输，重构农村社区治理格局的关键机制在于，在农村既有的公共性结构基础上，活化社区中存在的私、共、公，促使其良性互动和转化，从而激活"新公共性"。而新公共性理论不仅勾勒了农村治理格局的蓝图，并且内含了实现此种变革的内在机制与路径。

（原刊于《社会科学战线》2017 年第 3 期）

---

① 郑南、丹边宣彦：《日本社会建设新思维：地域社会的新公共性建设——以丰田市团体活动为例》，《东北亚论坛》2013 年第 5 期。

"村改居"进程中农村社区"公共性"的重建及其意义

当代中国无论是城市还是农村都在经历着社会的变迁和跨越式发展。就农村而言，面临着"村落终结""农民原子化""村落共同体瓦解"等巨变，尤其是在快速城镇化发展模式中，有些地方用三五年时间就完成了"村改居"的进程，呈现出许多社会问题。"村改居"不仅仅是农民生存家园的外在变化，农民从物质生活到精神家园都经历着巨变。中国乡土社会面临着"公"与"私"的意识变革，这些快速的"公"与"私"之间的动荡、较量、平衡，充分地表现为"公共性"的消解与重构。

"公共性"问题往往随着时代变迁的焦虑感增强而被人们重视。在秩序失衡、道德失序、行为失范等情况下，有些学者选择用重塑"公共性"的路径，引导焦虑的现代人进行价值重塑。徐选国认为，中国市场化改革以来出现了原子化、碎片化的困境，导致公共精神在当代社区生活中的日益消解和式微，社区公共性的缺失是造成社区日益碎片化的根源。[①] 田毅鹏、齐苗苗认为，在二元结构体制下，如何在"村改居"的转型期打破闭锁的"公共性"，建构一种基于公平开放的新"公共性"，是我们解决一些现实问题的根本之策。[②] 在"村改居"进程中，农村社区"公共性"犹如一条暗河，在变迁的农村土地下被高楼大厦的地桩阻截、干涸、分流，需要漫长而曲折地变道，才能自然而然地冲出一条新"公共性"路径。本文正是基于现象分析，揭示"村改居"之改的核心，通过梳理"公共性"理论的渊源脉络，阐述我国乡土社会"公共性"的消解与重建，探讨"村改居"进程中的农村社区"公共性"重构之意义所在。

---

① 徐选国：《从专业性、本土性迈向社区公共性：理解社会工作本质的新线索》，《社会科学战线》2016年第8期。
② 田毅鹏、齐苗苗：《城乡结合部非定居性移民的"社区感"和"故乡情结"》，《天津社会科学》2013年第2期。

一 "村改居"之改的核心

"村改居"是以城乡"二元结构"论为前提的，不是"村"，即为"居"。但值得注意的是，城市发展本身并不自动带来"二元结构"，而是一种"自上而下"的路径选择。在城乡"二元结构"的政策引导下，人们形成了非"城"即"乡"的固化思维。失去土地的农民，在生产上和生活上双重地面临着从"乡"脱离，向"城"靠拢的路径选择，脱去"农民"身份即为"市民"身份，失去"乡村村落"即建立"城市社区"，似乎别无他选。

实际上，"村改居"型社区属于一种过渡型社区。在社区建设进程中，民政部门倡导"村部"改名为"社区"，并推进村部服务硬件规范化——1000平方米办公楼、公共事务办事大厅、文体室、居家养老室、多功能厅等。村部便民服务大厅的服务项目与城市社区基本相同，服务内容主要包括：民政、计生、综治、社会保障、政策咨询等。即使不在"村改居"规划中，很多村部在硬件设施与服务形式上已大多趋同于城市社区。但在"村改居"进程中，村部除了常规工作以外，还要处理大量的"过渡性"事务，形成了既不同于村委会，也有别于城市社区的过渡型社区。在改革进程中，"村改居"并不是一个"化乡为城""化农民为市民"的直线发展过程，而是一个复杂而多重的城镇化图景。① 城镇化建设伴随着"村庄再造""农民上楼""农村社区建设"等急剧变迁：农业用地转为工业用地或商业用地，农民脱离土地寻求新的生计；农村失去了散居的公共空间，村集体盖楼后统一分配新的私人居住楼房；农村集体经济面临着大量金额的再分配，村委会服务功能发生转变，"过渡型社区"亟待建设等等。尤其是在没有完全分散村集体经济的情况下，村委会虽然在服务功能上能够向居委会靠拢并复制，但在农民心目中，村委会仍像往常一样，具有分配集体经济的绝对领导权，对于村民有绝对的凝聚力与权力。

"过渡型社区"产生的问题主要围绕着"公"与"私"的转换。一

---

① 田毅鹏：《"村落终结"与农民的再组织化》，《人文杂志》2012年第1期。

是社会结构方面，乡村逐渐演化为利益多元、阶层多元的趋于"个体化"的社会，固有的家庭结构、邻里关系、家族纽带等乡村社会基础性结构发生了前所未有的断裂，农村社区的独立性与组织能力亦逐渐地得以培育与发展起来，社区中的各种社会力量与民间性的组织也不断地探索生长路径。二是社会价值方面，追求"私"的个人价值实现个人理想、发家致富等思想观念逐渐兴起，家庭、家族、宗族以及传统习惯成为主流。[1] 从社会学角度看，社区本应是一个社会性互动网络，共同文化的维系需要成员之间面对面的互动，并由主流价值进行规范和指导。但追求私利的价值观使农民们不在意人与人之间的温情互动，在面对公共事务时，人们的私人欲求高于公共事务。[2] 三是社会治理方面，农村社会治理理念和方式发生了深刻变化。在农村管理体制下，村委会既是基层群众自治组织，又是集体经济管理组织，还是协助乡镇政府开展工作的准行政组织。在"村改居"初期，"过渡型社区"不得不承担起原村集体资产的经营管理职责，并继续依靠集体经济的财力、物力和人力为原村籍居民提供公共物品。然而城市化的发展要求"村改居"型社区实现工作职能与城市基层社会管理和服务接轨，在协助街道办事处工作的同时，组织居民开展自我管理并向社区居民提供服务。[3]

"村改居"最终完成的关键在于该村私人承包的土地全部流转和村集体资产全部实现农民私有化。农民集中居住过程中的"脱身"并不能使其与原村落发生"脱根"。[4] "村改居"进程中只要还有一亩未流转土地的农民绝不会选择撂荒。土地全部流转后，征地补偿款通常归村集体所有，农民安置房由村集体（村委会或村民小组）进行再分配。一些社区依托原村级集体经济，成立了土地股份合作社或股份公司，负责原村级

---

[1] 陈文胜：《城镇化进程中的乡村变局与评判》，《武汉大学学报》（人文科学版）2017年第1期。

[2] 黄成亮：《社区公共性何以可能？——中国的论辩与拓展》，《中共福建省委党校学报》2016年第3期。

[3] 杨贵华：《城市化进程中的"村改居"社区居委会建设》，《社会科学》2012年第11期。

[4] 田鹏、陈绍军：《"无主体半熟人社会"：新型城镇化进程中农民集中居住行为研究——以江苏省镇江市平昌新城为例》，《人口与经济》2016年第4期。

集体经济的管理和运营。① 诸如原有"私"的私人承包地流转为"公"的村集体资产，原来"私"的独立居住变为现在有一部分"公"有空间的楼宇居住，原来"公"的村乡土路改建为受《物权法》保护并制约的"私"有小区绿化道路等等——在"村改居"的变迁环境下，原有的"私"融于"公"，原来的"公"分离为"私"。

由此本文认为，随着社会生活秩序的改变与乡土团结的动摇，"村改居"最核心之"改"是"公共性"的重构——"公"与"私"之间的转换。

二　"公共性"的理论溯源

"公共性"理论在社会学的理论脉络中具有重要位置。在西方社会学的"公共性"话语中。从滕尼斯到鲍曼、从涂尔干到罗尔斯，从阿伦特到哈贝马斯，均涵盖了"公共性"理论内容。经过梳理比较，本文认为在不同的时代背景下"公共性"理论脉络有不同的侧重点，可划分为侧重于"共同体"的"公共性"、侧重于"公民道德"的"公共性"和侧重于"公共参与"的"公共性"，对他们所论述的"公共性"理论应当有各自的语境应用。

（一）侧重于"共同体"的"公共性"

在"共同体"的视域下谈"公共性"，大多在强调人与人之间的信任与依赖。"共同体"最大的美德是给人以信任感和依赖感。

像亚当与夏娃失去的天堂一样，"共同体"被神话了。"共同体"在滕尼斯的论述中本就是一种追求：在《共同体与社会》前言中滕尼斯声明："对于我来说，共同体和社会是标准类型，真正的社会生活介于这两种类型之间。"② 在鲍曼的解析中，"共同体意味着的并不是一种我们可以获得和享受的世界，而是一种我们将热切希望栖息、希望重新拥有的世界"③。"共同体"似乎代表了一种简单而自然的共同生活，是人与人之

---

① 湖北省社会科学院联合课题组：《"村改居"类型社区建设的实践与思考》，《学习月刊》2014年第4期。
② 参见［德］滕尼斯《共同体与社会》，林荣远译，北京大学出版社2010年版。
③ ［英］齐格蒙特·鲍曼：《共同体》，欧阳景根译，江苏人民出版社2003年版，第4页。

间无意识无目的形成的关系。既然是无意识形成的，"共同体"就不能被有目的、有理性选择地构建、回归、重塑。在当今现实生活里，虽然已难以捕捉或者说难以界定原始的单纯的"共同体"，"共同体"不再持久、稳定，但它给人的信任感和依赖感依旧存在，并以它特有的方式存在着。"共同体"因内部成员的多样性而不稳定，但也因内部成员的难以聚合更加有存在感。

鲍曼在《共同体》中列举了一个当今时代极其短暂的共同体——偶像粉丝团。他认为运动员、歌星、电影演员、主持人等偶像的倾慕者们构成了体验式的美学共同体。"偶像造就了一个小小的奇迹……不用真正的共同体，他们就能魔术般地让人有一种'共同体的体验'，唤起一种归属感的快乐……在他们周围形成的是用来当场消费的、现成的、使用方便的共同体——使用后，也可以被彻底抛弃。这些是不需要经历缓慢地、悉心地建设的漫长历史的共同体，不需要费力地保证其未来。"① 这种"流动游乐团式的"美学共同体只是当今时代共同体的一种极端形式，几乎每个人都有这样的共同体的体验。这也许是一种趋势——共同体内人与人之间的沟通、交往、信任、联合、分离更加快速。

综上，在社会研究中不乏有许多向往"公共精神"的学者应用"共同体"理论解释解决现实问题，企图用各种制度、模式重塑社会群体的共同体精神。因此，利用"共同体"理论谈"公共性"，应当针对那些有归属感的、有凝聚力的自发性群体行动。

（二）侧重于"公民道德"的"公共性"

社会学领域通常还会把涂尔干和罗尔斯的理论作为"公共性"理论的溯源。

涂尔干直接把"道德"看作一种社会事实，通过"公共精神"阐述了职业伦理具有令社会团结的功能。在《社会分工论》的第一版序言中涂尔干就强调了"道德"，并且其考察对象就是道德生活事实。② 从分工到细化中，他看到了社会团结的可能，从而赋予分工以"道德"意涵。③

---

① [英]齐格蒙特·鲍曼：《共同体》，欧阳景根译，江苏人民出版社2003年版，第79—80页。
② [法]埃米尔·涂尔干：《社会分工论》，渠东译，生活·读书·新知三联书店2013年版，第一版序言第6页。
③ 渠敬东编：《涂尔干：社会与国家》，商务印书馆2014年版，第46页。

涂尔干认为，行为规范要靠群体的权威来维持，只有集体构成的道德实体才能凌驾于私人之上。要想治愈失范状态，就必须首先建立一个群体。① 而建立这一群体的最佳选择是建立职业群体。"在职业群体里，我们尤其能够看到一种道德力量。"② 因为"人们一旦发现共同利益并联合起来的时候，他们不仅维护着自身利益，而且还互助合作，共同避开来犯之敌，为的是进一步享受彼此交往的乐趣，与其他人共同感受生活，归根到底就是一种共同的道德生活"。所以在整个社会中，人们也是基于"道德"使公共生活得以可能的。在《职业伦理与公民道德》中，涂尔干认为，公民正是通过国家才能成为道德存在。③ 涂尔干在其后期研究中总结道，"社会要想生存下去，……需要一种能够令人心满意足的道德一致性"④。该道德一致性，或许可以理解为公共生活中的"公共性"。这种公共性即公民所具有的超越个人狭隘眼界和个人直接功利目的、关怀公共事务和公共利益的道德态度、思想境界和行为方式。公共精神孕育平等、公正、尊重、宽容、友爱、和谐、信任、参与、责任、自律等现代公民美德。⑤

在《作为公平的正义》一书中，罗尔斯阐释了基于"重叠共识"的公共性的三个层次：第一层次是公民对正义原则和公共知识（理性信仰）的相互承认；第二层次是公民在已经接受的正义原则基础上对一般事实的相互承认；第三层次是公民对作为公平的正义基于自身而得到的完全证明的相互承认。⑥ 罗尔斯强调，公开性能够保证处于公共领域的社会成员知道他们相互期望的行为界限在哪里，什么样的行为可以被允许等等。公开性的基础是一种共同的价值观，即对何为正义、何为非正义有一种公共的理解。而持有不同价值观念的人们在交流时所使用的理性即"公

---

① ［法］埃米尔·涂尔干：《社会分工论》，渠东译，生活·读书·新知三联书店2013年版，第一版序言第17页。
② 同上书，第一版序言第22页。
③ ［法］埃米尔·涂尔干：《职业伦理与公民道德》，渠东、付德根译，上海人民出版社2006年版，第71页。
④ ［法］埃米尔·涂尔干：《宗教生活的基本形式》，渠东、汲喆译。上海人民出版社2006年版，第19页。原文为"社会要想生存下去，不仅需要一种能够令人心满意足的道德一致性，还需要最低限度的逻辑一致性，倘若超出了这个限度，社会也就岌岌可危了。"
⑤ 何建华：《马克思与罗尔斯的公正正义观比较及启示》，《伦理学研究》2011年第3期。
⑥ ［美］约翰·罗尔斯：《作为公平的正义》，姚大志译，上海三联书店2003年版，第10页。

共理性"。① 罗尔斯对于"公共"的理解,是带有价值判断的,非常明确地赋予"公共性"以道德意涵,并把道德引申为"公共理性"。

综上,当我们引用涂尔干和罗尔斯的"公共性"理论,通常涉及"公共精神"这一道德意涵,可应用于经济飞速发展过程中"公共秩序"的瓦解,全民共享的价值体系已不再有社会约束力,各种利益行为的冲突和某些极端的利益行为把社会推向道德失序②等社会状态。

(三) 侧重于"公共参与"的"公共性"

西方学者普遍认为"公共性"理论主要源于阿伦特、哈贝马斯等提出的"公共领域"为出发点来谈"公共性"。

在对"公共领域"的阐述中,阿伦特认为:"'公共'一词首先意味着,在公共领域中展现的任何东西都可为人所见、所闻,具有可能最广泛的公共性。"③ 她认为不朽的生命只有在公共领域中实现。"一个人如果仅仅去过一种私人生活,如果像奴隶一样不被允许进入公共领域,如果像野蛮人一样不去建立这样一个领域,那么他就不能算是一个完完全全的人。"在阿伦特眼里,只有公共领域中表示复数的"人们(men),而不是人(man),生活在地球上和栖息于世界"④。阿伦特的观点中,她所阐述的"公共性"包含了一种想象,即与他者联系和分离的共同体想象,⑤ 这亦是一种从"私人领域"到"公共领域"的过程想象。阿伦特对于"公共性"理论的论述具有人类生活的普遍意义。

哈贝马斯对于"公共性"问题的阐述是不断自我修正递进的。他以18世纪和19世纪初的英、法、德国历史为研究背景,对公共领域和私人领域的理解进行了阐述。随着资产阶级的兴起,普通民众开始在咖啡馆沙龙等开放空间里讨论公共事务,形成公共舆论。在1962年出版的《公共领域的结构转型》中哈贝马斯这样定义公共领域:"公共领域首先可以

---

① 寇东亮:《公共理性及其道德意义:康德与罗尔斯的诠释》,《伦理学研究》2012年第5期。
② 袁祖社:《"公共性"的价值信念及其文化理想》,《中国人民大学学报》2007年第1期。
③ [美]汉娜·阿伦特:《人的条件》,竺乾威译,上海人民出版社1999年版,第38页。
④ 邵培仁、展宁:《公共领域之中国神话:一项基于哈贝马斯公共领域文本考察的分析》,《浙江大学学报》(人文社会科学版)2013年第5期。
⑤ 袁祖社:《"公共性"的价值信念及其文化理想》,《中国人民大学学报》2007年第1期。

理解为一个由私人集合而成的公众的领域;但私人随即就要求这一受上层控制的公共领域反对公共权力机关自身,以便就基本已经属于私人,但仍然具有公共性质的商品交换和社会劳动领域中的一般交换规则等问题同公共权力机关展开讨论。这种政治讨论手段,即公开批判的确是史无前例,前所未有。"① 哈贝马斯在1992年出版的《在事实与规范之间》一书中认为:"公共领域最好被描述为一个关于内容、观点,也就是意见的交往网络;在那里,交往之流被以一种特定方式加以过滤和综合,从而成为根据特定议题集束而成的公共意见或舆论。像整个生活世界一样,公共领域也是通过交往行动——对于这种行动来说,掌握自然语言就足够了——而得到再生产的;它是适合于日常交往语言所具有的普遍可理解性的。公共领域是在交往行动中产生的社会空间。"② 哈贝马斯把他对公共领域的这种描述称为:"资产阶级公共领域的理想模型",在政治公共领域中,人们要进行集体性的自我理解,他们要讨论,他们共同期待的美好生活是什么。他所讨论的主要是政治公共领域。③

综上,阿伦特通过可讨论交流的"公共空间"界定"公共领域",当我们以存在主义为出发点谈"公共性",可引用阿伦特的论述,并且应当止步于"公共空间"。哈贝马斯突出了"公共领域"中"公共参与"这一功能。引用其论著时,应当清醒其"公共领域"是侧重于"公共参与"的,具有一定政治色彩。

三 中国农村"公共性"的重建及其意义

在我国和日本等东亚国家的传统意识形态里,"公共性"的观念往往被归为国家集体主义型"公共性"。④ 随着改革开放后我国市民活动逐渐兴起,人人参与型"公共性"观念逐步形成,"公共性"的主体不仅仅是

---

① [德]哈贝马斯:《公共领域的结构转型》,曹卫东、王晓珏、刘北城等译,学林出版社1999年版,第32页。
② [德]哈贝马斯:《在事实与规范之间》,童世骏译,生活·读书·新知三联书店2014年版,第445页。
③ 王晓升:《"公共领域"概念辨析》,《吉林大学社会科学学报》2011年7月。
④ [日]佐佐木毅、[韩]金泰昌(主编):《中间团体开创的公共性》,王伟译,人民出版社2009年版,第12页。

政府,还包括积极参与社会事务的每一个人。① 尽管"公"与"私"可在个人立场、视角、格局的变化下进行思维转换,但这种思维转换如同"大我"与"小我"的观念认知,是瞬间意识。假设人们随着生活方式的长期转变,开始由"私"转而站在"公"的立场思考、行动,扬弃自身的"私"性,强烈地意识到个人的立场的基础之"公"性,那么这是一场"公"与"私"的意识变革。② 中国农村的"公共性"就是在"公"与"私"的意识转换、变革中消解与重建的。

(一)中国农村"公共性"的变迁

我国农村"公共性"的变迁,主要表现在基于劳动生产而生成的"互助体系"和以政府为载体的"公助系统"之间的具体变革。③ 新中国成立前,我国村庄通常由一个或几个大姓家族形成的自然屯,从村庄名称上即可分辨家族——"张家大院""孟家屯""胡家村"等;村里生产一般是自家种自家的地,通过劳动积累土地与财富;村庄内每户人家几乎都沾亲戚,如果有秋忙、盖房、娶媳妇、丧葬等大事,经常都有低回报的帮工互助;居住空间较固定;每个村落都有约定俗成的传统市集用于简单交换,"赶集"的日子和场所是世辈传下来的,多年来基本没有更改;公共卫生与公共治安全凭"碍于情面"而自觉维持;如果有公共冲突,通常由族长等有威望的调和人进行劝阻调解。人民公社时期,村落里生产采取工分制,通过分数评比的方式分配全村的劳动所得;全村在大食堂吃大锅饭;婚丧嫁娶等大事仍有帮工互助;居住空间仍然比较固定;几乎不存在传统市集;公共治安由民兵组织维护。改革开放后,土地与生产资料承包到户;传统市集开始恢复;秋忙、盖房、娶媳妇、丧葬等大事既有等价交换取得劳动报酬的有偿性帮工,也有人情往来免费互助的帮工;小卖店、麻将馆等场所成为农民新的聚集地;公共卫生与治安由村委会维持;伦理亲情作为维系社会关系的准则,农村社区中的人们依照血缘、地缘的亲属关系,被整合进或大或小的宗法共同体之

---

① [日]佐佐木毅、[韩]金泰昌(主编),《欧美的公与私》,林美茂、徐滔译,人民出版社2009年版,序言。
② 卞崇道、林美茂:《公共哲学,作为一种崭新学问的视野》,载[日]佐佐木毅、[韩]金泰昌(主编):《国家·人·公共性》,金熙德、唐永亮译,人民出版社2009年版,总序第18页。
③ 田毅鹏:《村落过疏化与乡土公共性的重建》,《社会科学战线》2014年第6期。

中;① 一些村委会以低价雇佣的形式组织村民进行公共卫生维护和治安巡逻。近年来，我国自上而下大量推广的"村改居"发展模式中，"公共性"的具体变化也表现在"互助体系"和"公助系统"两方面。在"互助"方面，农民开始考虑长期职业规划，同乡之间相互介绍工作成为同事；在融入市民社会过程中，农民的人际关系基于私利，伦理亲情不足以作为维系社会关系的主要准则，农民依法办事意识变强，一些农民自组织正在萌芽发展。在"公助"方面，分配和处理村集体资产过程中，造成了村庄的治理危机和农村社区公共服务的转型升级。②

我国农村社会在漫长的历史发展中逐步形成了适应社会发展的公共生活体系，在新中国近60年经济社会变迁的大背景下，旧"公共性"基于"国"，市场经济"公共性"基于"我"。仍然在经历着历史性的转换。

（二）"村改居"进程中"公共性"的重建

在快速城镇化发展模式中，我国乡土社会急剧变迁，农民原本缓慢无争的生活节奏被打乱了。新形势下"公共性"迅速消解、重建，使农民个体越来越融入社会，分解"公"占有"私"，超越"私"融于"公"。

实践中，第一种推动"公共性"重建的动力之一是土地流转时的私权维护。分散的农民没有定价权，只能依靠那些代表农民的集体负责人来与外界进行谈判。在这个过程中，农村组织的负责人很容易拿集体的产权做不正当的交易，最终损害村民的利益。普通农民则拘于认知能力，对土地价值的评定没有合适依据，只能被动地接受谈判的结果。农地经营权的分散化与农村土地管理垄断化的矛盾是主要根源，这其中反映的则是农村社会中农民广泛参与的"公共性"的缺失。这里的"公共性"并非单纯指向土地的集体所有制，而是村民共同参与土地产权交易的动机和条件，总体上则表现为农民集体与地方政府以及相关企业博弈的能力。因此，在现实当中，缺乏整合力的村庄往往也是农民土地权益受到损害较大的村庄。③ 农民们在发觉自己私利受损的时候开始重新凝聚起

---

① 田毅鹏、刘博：《单位制变迁与社会治理》，《山东社会科学》2016年第6期。
② 吴春梅、林星：《村庄治理中的集体主义精神培育》，《学习与实践》2014年第11期。
③ 武中哲、韩清怀：《农村社会的公共性变迁与治理模式建构》，《华中农业大学学报》（社会科学版）2016年第1期。

来，集体起诉维权或是集体上访抗议，形成了以"私利"为出发点的新型"公共性"群体。

第二种推动"公共性"重建的动力是农民上楼后业主维权组织的发育与成长。传统农民居住形成了一种简单的住宅管理意识，没雇佣过他人维护自己的居住领地，也没因居住缴纳过物业费，这是"村改居"后农民融入现代社区的一道严重的思想障碍。聘请专业的物业公司服务农村社区住宅楼，必然会显露出一些问题，例如农民缴费意识薄弱、物业管理用房缺乏、"收费难"造成企业效益不良服务质量下降、物业缺乏居委会支持等。①在城镇化进程中，以业主群体为主体的、以维权和自治为标的的业主委员会开始涌现，并通过其具体的维权行动带来了城市基层社区政治生态的深刻变革，有论者甚至称之为一种"有产者的革命"，亦即新型"公共性"之革命。②农民们在生活中摸索业主如何形成力量拥有话语权，学习物权如何集体捍卫，形成了以"私产"为出发点的新型"公共性"组织。

第三种推动"公共性"重建的动力是"村改居"农村社区的转型。"村改居"社区居委会不是与村委会、城市社区居委会相并列，也不是村委会向城市社区居委会自发演进的产物，而是我国城市化进程中政府所主导和推动的农村建制的村委会向纯城市社区居委会转变的过渡。"村改居"过程中，同时也是其职能分解和转变的过程，在集体资产改制的同时，"村改居"农村社区开始剥离其前身村委会遗留下来的经济职能，逐步转向社区管理和公共服务，如协调开展社区共建、纠纷调解、社区文化教育；协助政府开展失地农民的社会保障和再就业服务，外来人口的管理和服务，困难居民的低保与救助；协助政府部门及其派出机构开展计划生育、社会治安、公共卫生等工作。③从"村委会"到"居委会"功能上的变化，形成了以"公共生活"为核心的新型"公共性"社区建设。

---

① 赵向标：《透视深圳"村改居"物业管理模式》，《中国物业管理》2013年第7期。
② 金太军：《中国城镇化推进中的公共性不足及其培育》，《社会科学战线》2015年第1期。
③ 杨贵华：《城市化进程中的"村改居"社区居委会建设》，《社会科学》2012年第11期。

(三)"公共性"重建与"村改居"的农村社区

基于"公共性"理论溯源,"公共性"的重建有利于转型期农村社区归属感的增强、公共精神的培养和公民参与的激励。在实践中,"公共性"的重建对于农村社区凝聚力的维护、农民自组织的萌芽和农村社区治理都有促进作用。

第一,"公共性"重建有利于维持"村改居"进程中农村社区的凝聚力。对于传统中国乡土社会来说,差序格局的社会结构使农民们对于世俗利害关系比较敬重,这一世俗利害关系体系的"公共性"直接影响到社会凝聚度与社会经济的发展。[①] 农民在传统的农业社会中对于"公"与"私"的界限意识比较固定,个人与社群的纽带紧密,社会凝聚力较强。但在城镇化的快速变革进程中,世俗利害关系急剧变化,农民的意识形态也在进行着"公"与"私"的重大变革,乡土社会的旧"公共性"瓦解、新"公共性"建立,许多以前不需要考虑的问题不得不面对。例如农民失去土地后,转换谋生观念和适应市场需求是他们的必经过程。虽然很多青壮年在没有失去土地时就已经在外打工谋生了,但在心理上一直对土地的归属感,认为"大不了还能回家种地""混得好挣了钱就回村里娶媳妇"。彻底失去土地后,这份对村落的归属感也失去了。例如农民上楼后,物业费、采暖费与水电费等公共服务需要交纳费用不再免除,邻里共享楼道空间不能堆放杂物等市民习惯还需要时间培养。例如扭秧歌等传统娱乐变得扰民,于是农民开始自发组织徒步、跳广场舞等等。农民在适应新居住环境的同时,也在建立新的社会资本与社会凝聚力。

第二,"公共性"重建有利于"村改居"进程中农民自组织的萌芽。"公共性"与社会组织之间是相互促进的关系。一方面,社会组织培育了社会"公共性"。作为转型期中国社会组织基础变迁的重要方面,社会组织发展的意义不仅在于张扬自身价值理想,还在于参与中国社会公共新构造的转换。[②] 内生型农村社会组织的价值不仅在于促进农村公共服务水平的提升,更重要的是开启了重塑乡土社会整合、再造乡土团结的契

[①] 李明伍:《公共性的一般类型及其传统模型》,《社会学研究》1997年第4期。
[②] 崔月琴、袁泉:《转型期社会组织的价值诉求与迷思》,《南开学报》(哲学社会科学版) 2013年第3期。

机。① 一个社会组织活跃的社会，必然是"公共性"较强的社会。另一方面，"公共性"促进了社会组织的发展。许多社会事务不能完全依赖乡镇政府或村委会，要逐渐由社会组织来实现完成。在"公共性"低迷的社会环境中，民众普遍追逐"私利""私欲"，对"公共事务""公共领域"漠不关心，必然不会参与或发起社会组织。在"公共性"较强的乡土社会，一些社会组织在嵌入型发展过程中，不断进入乡土社会的情境和脉络，发挥了较大的社会作用。例如，安徽省亳州市蒙城县岳东村在参与式发展项目中，"养鸡协会"这一草根组织从8户发展到80多户，从经济的关注扩展到对法律、选举事宜和村庄社会公共事务的管理的关注，从单个村民小组的民间社团组织扩展到跨地域的社区草根组织。②

第三，"公共性"重建有利于"村改居"进程中农村社区的公共治理转型。治理理论的一个基本理念与规范就是"公共性"的转型，即政府不再是治理活动的唯一主体，也无须单一地依靠国家强制力来实现，社会组织或私人机构都可以作为主体参与进来。③ 乡村治理需要奠定在农村公共领域的基础之上，否则乡村治理就会因缺失社会多主体参与的力量而沦为乡村管制。④ 在城镇化进程中，传统的"上令下达型"公共治理开始失效，很多社会问题需要"人人参与型"的公共治理才能解决。在"公共性"重构的作用下，以前农民普遍认为的"公家"管的事成为"人人有责"的"私事"，此时的公共治理效率较高，公共治理效果极佳。例如桂林市渡河村在美丽乡村建设实践中，该村的政策落实过程中是以"公共精神"重构为基础的，既在发展园艺花卉等合作社时致力于生态产品的开发，又不忘基础设施和公共服务建设，从而使恶劣的农村生态环境得以改善。⑤ 城镇化进程打破了原有固化的"公共性"体系，正在逐步建立新的"公共性"体系，转型期农民面临着多种未来的可能性。因此农村社区的"公共性"危机是值得我们讨论和重视的问题。无论是促进

---

① 吕方：《再造乡土团结：农村社会组织发展与"新公共性"》，《南开学报》（哲学社会科学版）2013年第3期。
② 汪志强、袁方成：《参与式发展：草根组织生长与农村社区综合发展的路径选择——蒙城县岳东村实验观察》，《学习与实践》2006年第11期。
③ 申建林、徐芳：《治理理论在中国的变异与回归》，《学术界》2016年第1期。
④ 李山：《农村公共人：乡村治理的社会基础》，《求实》2015年第6期。
⑤ 龙海平、吴理财：《打造自治、参与、合作的共同体——美丽乡村视阈下的公共性问题》，《国家治理》2016年第1期。

社会凝聚力、维护社会秩序还是保证公共参与程度,"村改居"进程中农村社区的健康发展都有赖于"公共性"的重建。

（原刊于《福建论坛·人文社会科学版》2017年第4期）

城镇化进程中农村社区"新公共性"的萌发与营造

——基于吉林省坪村的实地研究

党的十九大报告明确提出了"乡村振兴战略",这为我国的乡村建设指明了新的发展方向。改革开放以来,乡村建设主要是以土地流转、农民上楼、农业资源向城市单向流动等方式进行,在发展进程中表现出村庄"空心化""原子化"、失地农民权益失衡、社会秩序混乱、环境资源破坏等现象。特别是在快速城镇化发展过程中,有的乡镇政府与村级组织在处理巨额集体资产过程中产生"异化",主要表现为组织成员"离村化"、集体资产处置"谋私化"、组织选举"资本化"、组织运行"黑恶化"和干群关系"离心化",结果造成农村公共服务供给缺失、农民群众利益维护机制断裂、村级组织公信力下降、党和政府在农村的执政基础动摇等严重危害。[①] 在乡村振兴的背景下,如何结合农村发展的实际状态,发挥村委会的基层自组织作用,自下而上地发现和培育公共性的意识,是建构新公共性的关键。本文以理解"新公共性"的双重内涵为出发点,通过调研分析吉林省坪村近十年的快速城镇化案例,阐述农村社区"新公共性"的萌芽、变迁与乡村治理主体的"新公共性"营造过程,进而表明村委会作为基层组织的双重角色定位与行动逻辑,从而为乡村振兴和城镇化建设提供一个实践的视角。

---

① 范柏乃、邵青、徐巍:《后税费时代村级组织功能异化及其治理研究》,《浙江大学学报》(人文社会科学版)2013年第3期。

一 "新公共性"的概念及其内涵

(一)"新公共性"的概念范畴

"新公共性"之"新",在于比较西方传统公共性和国家权威主义公共性。在西方社会学的传统"公共性"话语中,从滕尼斯到鲍曼、从涂尔干到罗尔斯、从阿伦特到哈贝马斯,均涵纳了公共性理论。西方理论中的传统公共性是一个状态描述词汇:脱离了"私""私利""私人生活"的一种趋向或一类处境——它使公民在政治领域有更多的参与度与影响力,使人们为了集体利益牺牲个人利益,令人与人之间更加信任、有凝聚力、有归属感。"欧美的公共性特别是哈贝马斯的公共性概念的最大特点就是指出了对于公权力的对抗性,而这种公共性是建立在欧洲启蒙运动以后确立了个人主义及契约精神这一基础之上的。"① 与西方资产阶级萌芽期出现的公共性不同,公共性在东亚社会有独特的载体与侧重点,具有明确的"本土境域"。② 20 世纪 90 年代,东亚公共哲学的代表人物佐佐木毅、金泰昌等人发起了公共性建构思潮,将公共性作为国家批判话语展开讨论,认为东亚社会公共性往往强调"公私"关系,实现主体为"公、私共同承载"。③ 东亚在理解公共性时虽然在有些情况下也沿用欧美的原意,但相比之下"缺乏西欧语言中所带有的公共的、公开的及相互沟通交流的政治意味,更强调其实用性,所以较之为新"④。

东亚公共性理论中,典型的行政主导型公共性也为"旧的"公共性。⑤ 回视中国乡土社会团结形态的历史变迁不难发现,在新中国成立初期,国家主导的公共性始终是形构乡土团结的主导力量;人民公社时期,

---

① 郑南、丹边宣彦:《日本社会建设新思维:地域社会的新公共性建设——以丰田市团体活动为例》,《东北亚论坛》2013 年第 5 期。
② 袁祖社:《"公共性"的价值信念及其文化理想》,《中国人民大学学报》2007 年第 1 期。
③ 田毅鹏:《"活私开公":东亚志愿主义发展的新路径》,《南开学报》2013 年第 3 期。
④ 田毅鹏:《东亚"新公共性"的构建及其限制——以中日两国为中心》,《吉林大学社会科学学报》2005 年第 6 期。
⑤ 郑南、丹边宣彦:《日本社会建设新思维:地域社会的新公共性建设——以丰田市团体活动为例》,《东北亚论坛》2013 年第 5 期。

在生产资料集体所有制的基础上，"私"的领域被压制乃至禁绝，而"公"则由国家及其在基层的代理组织——人民公社包办下来。新千年以来，国家以"政策在场"的方式推动农村建设，但由于乡土社会中村两委、家族与宗族之外的社会组织发育并不充分，乡土社会的公共性构造依然是行政主导的旧公共性。①

此种语境下，"新公共性"强调的并非西方传统"国家"与"社会"的二元对立关系，也不是东亚国家权威行政主导型的"国家"统领"社会"的关系，而是以国家权威为标志的"公"与强调社会共同连接性的"共"保持一种动态平衡关系。②

（二）"新公共性"的双重内涵

很多学者把公共性的内涵二分化。田毅鹏认为，公共性的内涵既包括其共同体内部自生的公共性，也包括由政府承载的公共性。③ 黄显中认为，公共性有"实然"和"应然"的两类。其中"应然"的公共性是"对公共政府的反思，它是公共政府反思的理想境界，是公共政府反思的实践意志"④。吴业苗认为，公共性分为自在的和自为的两种，"自在的公共性作为一种性质存在于一切公共事务中，只要有公共事务的存在，就应该有公共性的存在；自为的公共性是公共权威需要利用的或经专家智慧加工的按公共性逻辑处理的公共事务"，农村社区原本就存在大量的公共性，并且，这些公共性是农村社会建设、农村社会管理等公共活动的根本出发点和归宿。⑤

自发的"新公共性"在农村社会中经历了一个历史变迁的过程，以土地为基本生产要素的生产力发展要求决定着农村社会组织制度，从而也决定着公共性的走向。⑥ 随着改革开放与经济社会的发展，人人参与型

---

① 吕方：《再造乡土团结：农村社会组织发展与"新公共性"》，《南开学报》（哲学社会科学版）2013年第3期。
② 芦恒、郑超月：《"流动的公共性"视角下老年流动群体的类型与精准治理》，《江海学刊》2016年第2期。
③ 田毅鹏：《村落过疏化与乡土公共性的重建》，《社会科学战线》2014年第6期。
④ 黄显中：《政府公共性理论的谱系》，《湘潭大学学报》（哲学社会科学版）2004年第3期。
⑤ 吴业苗：《农村社会公共性的流失与变异——兼论农村社区服务在建构公共性上的作用》，《中国农村观察》2014年第3期。
⑥ 武中哲、韩清怀：《农村社会的公共性变迁与治理模式建构》，《华中农业大学学报》（社会科学版）2016年第1期。

"新公共性"观念逐步形成,开拓"新公共性"的主体不仅仅是政府,还可以是积极参与社会事务的每一个人或社会组织。无论以哪个主体来开拓"新公共性",都不会以牺牲"私"来构筑"公",而是通过"私"的参加来开拓"公"。① 自发的"新公共性"大多以保障一定的公共舆论自由、公共精神、公共空间、共同体归属感为前提。

政府承载的"新公共性"往往侧重于维护社会秩序与美德,促进公共参与,推进国家改革发展。"政府主导路径的可能困境在于作为行政力量的'公'在培育作为社会力量的'共'的过程中反而可能压制或替代'共'的发育。"② 无论是理论上还是经验上,公共性都不会作为公共权力的对立面而存在,相反会在多个方面支持公共权力的正常运转。③ 农村社区服务具有拓展农村社会公共空间、壮大农村社会公共利益和培育农村社会公共精神等功能,并且其公共性能兼容农村社会的其他公共性,于是发展农村社区服务便成为减缓农村社会公共性流失、促进农村社会公共性成长和建构农村社会公共性的重要途径。④ 因此,农村社区"新公共性"的营造需要整合政府、村委会、村民合作组织等多方力量,形成良性互动的新格局,把自利与利他结合起来,探索一种能够兼顾"私利"的"新公共性"。⑤

二 城镇化进程中坪村村民的公共意识萌发

(一) 坪村概况

坪村位于吉林省 C 市城郊,土地规划为工业集中区域,地理条件优

---

① 佐佐木毅、金泰昌主编:《中间团体开创的公共性》,王伟译,人民出版社 2009 年版,第 26 页。
② 崔月琴、李远:《草根 NGO 如何推进农村社区的新公共性建构——基于吉林通榆 T 协会的实践探索》,《社会科学战线》2017 年第 3 期。
③ 李友梅、肖瑛、黄晓春:《当代中国社会建设的公共性困境及其超越》,《中国社会科学》2012 年第 4 期。
④ 吴业苗:《农村社会公共性流失与变异——兼论农村社区服务在建构公共性上的作用》,《中国农村观察》2014 年第 3 期。
⑤ 李蔚:《何谓公共性,社区公共性何以可能?》,《河南师范大学学报》(哲学社会科学版) 2015 年第 4 期。

越，交通发达。全村面积为 5.4 平方公里。辖 5 个自然屯，5 个村民小组。耕地面积 467.56 公顷，总户数 609 户，总人口 1901 人。近十几年来，坪村经历了经济社会跨越式发展。2007 年 4 月，国家发改委确定该乡镇为该省唯一的挂钩试点申报镇。当年冬季，坪村流转土地的价格谈拢后，村民在没有钱实际到账的情况下就踊跃在合同上签字盖章，可见村民对当时村委会的信任。2009 年坪村建设 5 栋新楼，总面积为 6600 平方米，可居住 350 户。

2010 年坪村已经在完成配套设施建设基础上，进一步完成了供暖、下水、环卫、文体、配套服务设施、道路建设及村屯环境的美化，新建 6 栋住宅楼。通过宅基地换楼房模式迁入回迁楼居住 1125 人、454 户。2011 年农民新居二期刚要提上日程，该乡镇书记兼镇长被立案调查，2012 年以贪污、受贿、行贿、滥用职权、巨额财产来源不明罪，判处无期徒刑，剥夺政治权利终身，并处没收个人全部财产。坪村书记兼村主任、村委会委员、会计均被判处有期徒刑。坪村土地流转过程中的巨额集体资产未分配而下落不明，农民新居二期一直没有资金和政策支持盖楼，还有将近一半农民没分到楼房。

坪村在"村改居"类型上属于土地流转型农村社区，其特点是减少农村人均居住面积，将宅基地平整复垦以获取建设用地指标，农民进入楼宇单元集中居住，土地集中流转给大型企业进行现代农业生产，拆迁村庄中的回迁村民均保有土地，村民户籍和生产方式均没有显著变化，青壮年寻求劳务打工的机会，年迈的农民在上楼居住的同时兼顾农业生产。① 2011 年末，新一批村干部通过临时选举正式上任，处理坪村历史遗留问题，创新社会治理方式，村委会班子成员一直连任至今。正是由于城镇化生活变迁和社会治理危机同时发生，坪村村民在公共意识方面产生了自觉自省。

（二）坪村变迁中村民对"公"与"共"的自发意识及其呈现

1. 为保障私人权益重视公共参与

自坪村城镇化初期，村民已展现了较之以前更加积极的公共参与。"以前村里开大会得入户动员，能去开会那都是给（村干部）面子的。"

---

① 吴莹：《空间变革下的治理策略——"村改居"社区基层治理转型研究》，《社会学研究》2017 年第 6 期。

2007年土地征占期间，开村民大会根本不用动员，家家户户都派代表去开会。"那当然比选举开会人多，因为卖地分楼跟我们每家每户都相关啊。"实际上，大部分村民并不了解当时坪村整体规划，只对自己家能分配多少征地补偿费比较重视。2008年11月，坪村农民几乎每天都要选派代表，到在建的楼房前视察工程进展情况。村集体资产流失之后，在2011年以后的公共参与过程中，村民参加村民大会更有法律意识和责任意识，认为"村上欠我们钱呢，我们选举新干部也得盯紧了钱的事儿"，认为"开村民大会就因为大家都是见证人"。

可见，在与私人利益相关的公共活动中，坪村农民公共参与意识逐渐增强。"村改居"以前，村民日常生活与私人利益受村委会集体决策影响不大。在土地流转过程中，村委会与村民之间"公"与"私"的关系结构和权威认同均来自于集体资产分配。村民为了在集体资产分配过程中达到私人权益最大化，更加重视自己的公共事务表决权，通过公共参与维护私人权益。

2. 公共服务的付费困境与暂时妥协

目前坪村村民在公共产品方面只有电费和煤气罐的开销，村民普遍认为不应为其他公共服务买单。"农村的物业费、采暖费、卫生费都不好收，为啥不好收呢？因为征地款一直欠老百姓，不是欠一两家，是几乎家家都欠钱。除非把欠款都还给我们，才能把各方面收费步入正轨。""'公家'本来就欠我们老百姓钱，为啥我们还得向'公家'交钱呢？"访谈中，这些理由在村民心中不断固化，坪村上楼村民显然把当前公共产品费用作为集体资产的一部分，要求村委会为公共服务买单。2009年，为了保证村民平稳过渡上楼，时任乡镇领导在一次村民大会上随口承诺村民免10年物业费和采暖费，被该村村民用于上访证据资料。经历村民多次上访后，新一任村委会于2012年讨论决定实现本村免收10年采暖费、物业费。

在农村社区，农民长期自给自足的生产生活方式，导致现代生活必需的付费公共服务难以立即被农民接受。尤其是在村委会与村民之间有债务的情况下，村民认为公共服务费用由"公家"买单理所当然。如果在僵持缴费的过程中令公共服务缺失，易造成较大的社会矛盾与隐患，村委会往往需要深度介入或直接参与，用资金补贴或提供免费物业服务的方式缓解公共服务缴费难的问题。

3. 由物权维护到公共精神的萌发

坪村上楼农民因物权产生的公共精神初见萌芽。物权冲突主要集中在生活垃圾倾倒、生活物品堆放和动物饲养三方面。（1）生活垃圾处理。农民上楼初期普遍乱扔垃圾，但后来因为负责打扫卫生的是本村村民，村民们碍于乡邻之间的情面逐渐自觉。据笔者在访谈期间观察，小区楼道和楼宇间街路非常整洁。（2）生活物品堆放。东北很多家都自己腌渍酸菜，城市社区内基本已经杜绝了楼道内摆放酸菜缸的现象。但在坪村，村民刚上楼的两年内，仍有放在公共楼道内的酸菜缸，甚至有顶楼楼层居民在天台放置了大酱缸。经过多年邻居间磨合，大多数村民的物权意识已觉醒，排斥在公共区域随便堆放私人物品的行为，很多人迫于乡亲间的舆论压力把酸菜缸、酱缸挪走了。（3）饲养动物。农民在旧村习惯了饲养一些鸡鸭鹅狗，在刚上楼的一两年内，有部分村民喜欢利用公共空间饲养一些家禽。但渐渐地由于上楼居住在饲养上的不便利放弃了饲养。对猫、狗等城市化宠物的饲养，也逐渐保持在互不打扰的空间内。

农民上楼后，因楼宇单元房比过去散居式平房的居住空间更密集，村民之间的交往出现了频繁的物权对撞。传统村落的公共空间集体权利与责任区域模糊，楼宇中的公共空间通常被物权私有化，责任划分更加明晰。在权利义务均确切的物权冲突过程中，村民的心理预期是享有不被他人侵犯的权利。在法律权责划分明晰的基础上，村民因其重视"情面"的秩序特质，主要依靠道德舆论约束日常行为，进而萌发了公共精神。

4. 承续传统村落共同体的归属感

坪村新村上楼居住的村民保持了原有的村落共同体"归属感"特征，仍处于一个较为封闭、稳定的熟人社会。一是上楼村民范围较为集中。分楼时觉得自己"利益没有受损"的村民均已顺利上楼，上楼村民主要为原西边屯和马家店两个自然屯。"我们西边屯原来130多户，现在没上楼的只有20多户了。我们现在上下楼、对门邻居之间基本上都认识，都是以前一个屯的。谁家有个大事小情都帮忙，红白喜事都去。现在上楼了，串门进人家没有以前方便，平时我们就在小广场、麻将馆唠嗑。"二是外来居住人口较少。整个小区实际居住的居民里，4/5是坪村村民居住，1/5是租户。房子没有正常产权，卖房一般只卖给本村人。租户100余名，其中90余名邻村村民、10名城郊人（坪村旧村临近城乡接合部）、

1名本省长岭人。村民对于租户基本了解,"来了外人基本上都能认出不是我们村的"。租户大多为在小区门市谋生的邻村村民,或在小区临近的一家孵化基地员工。村民像过去在旧村一样,对于楼里邻居家的琐事基本了如指掌。三是单位制思维较为浓厚。20世纪90年代末,坪村辖区附近有大型农场、煤矿、果树厂等多家国有企业,村民不是在本村务农,就是大单位体制内成员,鲜有个体、私营经济或进城务工人员。如今虽然这些国有单位全部解体,但坪村村民的单位制思维仍旧根深蒂固。

"我告诉我们家几个儿子,都必须找地方上班。钱挣得多少不要紧,最重要的是得稳定、得上进。"由于坪村的城镇化进程属于"一村改居",不是"多村并居",没有为了募集资金把部分楼房作为商品房市场化销售引入更多外来人口。农民上楼对于原有社会网络有一定的破坏,但村民在传统村落生产和生活实践中积累起来的认同感和亲切性依旧存在,楼宇居住方式没有消解村民之间的归属感和认同感。村民在城镇化进程中找到了新的共同体形式,在驻村企业中实现了"同乡"变"同事"的身份重叠,增加了类似于"单位制"共同体的关系纽带,以新的方式形成集体记忆。

坪村经过近10年的城镇化改造,农民实现了从村民向市民的转变。"'村改居'不仅仅是农民生存家园的外在变化,农民从物质生活到精神家园都经历着巨变。"[①] 城市化的生产与生活方式,不但改变着村民的生活习惯、观念意识,还促成其居民在维护私权的同时,自发地产生出公共意识和公共精神,成为新公共性建构的重要基础。

三 乡村治理过程中"新公共性"的营造

"公共性"营造是处理乡村治理危机的关键,城镇化进程中农村社区的乡村治理危机本身就是一种公共性危机。坪村新一届村委会针对农民需求的变化和社区建设的实际开展相应的公共事务,提供公共服务,让自发的公共性意识与自觉的公共性建构形成有机结合。

---

① 崔月琴、张扬:《"村改居"进程中农村社区"公共性"的重建及其意义》,《福建论坛》(人文社会科学版)2017年第4期。

一是尊重农民私人利益，谋划集体经济发展。坪村新一任村委会更加积极地通过召开村民大会、互联网即时沟通等方式，创造机会与村民对话。在民主理念的指导下，坪村农民的公民意识已经不断觉醒，村委会引导、支持、鼓励他们广泛进入村民自治组织公共决策的运行过程中，通过定期会议等"仪式感"，使村民的主体意识几乎超越了政策制定者和执行者。在集体经济发展方面，2016 年坪村村委会在镇政府的支持和帮助下，成立了以果蔬采摘"农家乐"为经营项目的合作社。集体经济倡导的是一种公共利益，这种公共利益又与村民的个人利益紧密结合在一起，村民必然会通过关心村集体经济的效益与分配，进而关心公共利益和公共事务。[①]

二是提供公共产品过渡，雇佣村民自我服务。新一任村委会每年通过向镇里财政借款和小区门市房售卖的钱款，低价雇用了乡邻间人品口碑好、因病因贫仍积极劳动的本村村民，以类似"自助""互助"的形式提供公共服务。其中包括一名物业负责人，每月工资 1000 元。9 名村民负责打扫卫生，其中户外 6 人，楼道 3 人，每人每月工资 820 元。"我们早中晚各一次打扫，农忙时节打扫不那么及时，村民们一般也都不计较。"一名村民专门负责维护小区的水泵，每月工资 1000 元。坪村新村完成了饮用水改造工程，整个小区使用地下井水净化抽泵入户，自来水费也没有向村民收取。农民较少的资金积蓄，决定了他们的思维方式只能关注眼前利益。对于农村社区"新公共性"的营造而言，既不能简单地从对农民单方面的道德要求出发，也不能要求村民为社区公共事务无私奉献。"新公共性"应在兼顾个人"私利"的基础上把个体利益与公共利益有机统一起来。[②]

三是尊重原有社会网络，维持乡村道德秩序。坪村村委会针对上楼农民乱扔垃圾的问题，没有强制要求村民自觉维护卫生，而是运用乡邻情谊维持秩序。村委会只聘任了一名本村村民"张哥"为物业负责人，张哥本来只负责卫生、供暖、管道维修等各方面物业服务，但由于多年来上楼村民有事就给张哥直接打电话，很多村民间的物权冲突、失序现

---

① 武中哲、韩清怀：《农村社会的公共性变迁与治理模式建构》，《华中农业大学学报》（社会科学版）2016 年第 1 期。

② 李蔚：《何谓公共性，社区公共性何以可能？》，《河南师范大学学报》（哲学社会科学版）2015 年第 4 期。

状也向张哥投诉。"刚上楼的时候,各家的酸菜缸也都放在楼道里,我说了挪走,人家答应我挪走但迟迟未动。我们小区这么多户,我没有一家不熟的,谁能真管他们啊!我只帮他们相互传话。"张哥在村民之间的物权冲突中,代表各方村民进行物业维权谈判,帮忙说合,他处理不了的事情再汇报给村委会。"都是乡里乡亲的,谁也不想伤了和气。"物权矛盾往往会引起邻居之间碰撞。坪村在实践中,将现代的物权界定与熟人社会的乡邻感情结合起来,表现了村民和村委会的实践智慧。通过公共性问题的解决和处理,引导农民在公共领域中自我约束、规范行为、形成秩序是城镇化进程中社会治理的重要环节。在快速变迁的社区中公共精神的营造,不能脱离原有村民的社会关系和社会网络,既要尊重其传统,也要发挥原有社会关系的连接作用,发挥村委会和自组织的力量,用引导、示范效应来维护公共精神,营造新公共性的空间。

四是保持共同体连续性,尊重群体依赖情结。坪村新任村委会与农民新居附近的一家大型孵化基地共建合作,解决了本村几乎80%的中青年就业,大部分中青年农民既互为乡亲,又互为单位同事。坪村新村的村落共同体特征属于半开放型,不排外并且不强求转型。不仅该村的村落共同体没有立即疏解,而且青壮年村民们欣然融入了"单位"的新共同体,出现了"同乡""同事"身份重叠的现象。既保持了原来乡村共同体的特征,又让新一代村民融入合作性的生产经营事务中,逐步获得新的生产与生活的体验。对于快速变革中的农村,应当充分考虑人与人之间的群体依赖感,不必急于完成农民的"城市化"转变,而是应以农民实际群体依赖情况为依据,因地制宜合理引导农民融入新的共同体。

综上可见,在乡村治理实践中,村委会作为村民自治组织扮演着十分重要的角色。既是村民行动的组织者、领导者,也是乡镇政府政策实施的代表者。村委会的组织合法性也来源于两部分:一方面是自下而上的自组织成员的认同;另一方面是自上而下的国家权力赋权。[1] 正因为村委会的角色定位具有二元性,村委会的行动逻辑应当在尊重自发的"新公共性"基础上,同时积极促成行政力量对公共产品的提供和公共服务的提升。

---

[1] 郑永君、张大维:《社会转型中的乡村治理:从权力的文化网络到权力的利益网络》,《学习与实践》2015年第2期。

四　结　语

在中国社会转型的大背景下,"新公共性"的建构成为一个时代性的课题,对于农村社区来说更是面临诸多难题。从坪村的案例中,我们可以看到,在自发的公共性意识与村委会公共事务交织中,如何促成"公"与"私"的兼容与互动,又如何从逐利于"私",而趋向于"公"。这是新公共性建构中的关键议题。公共意识的动力在于私人对于"私权""私利"的重视,通过"私"与"私"之间的利益制约、互助服务、自觉让步、抱团取暖来维护"公",促成"公"与"私"的良性互动。新公共性的内涵应在尊重私权、私利的基础上,平衡私人利益与公共利益的矛盾,兼顾私人权利与公共权威。

从社会治理的视角看,政府、村委会、农民合作组织等多元治理主体的良性互动,可在"新公共性"的营造中发挥较大作用。它们进行的"公""私"利益整合,营造具有"公""共"意识的乡邻关系社群,有利于"乡村振兴"战略的稳步推进。

（原刊于《新视野》2018 年第 2 期）

第五编　社会创新：社会主体的实践

社会组织管理模式变迁及创新路径

从长时段来看，我国对于社会组织的管理，大体经历了新中国成立后的消灭和控制、改革开放初期的松绑和吸纳以及21世纪以来的支持和培育三个阶段。随着社会组织提供社会服务以及承载价值诉求的作用不断凸显①，政府开始重视社会组织的培育与发展。2013年11月党的十八届三中全会的胜利召开则从中央层面对社会组织的发展予以了充分肯定，会议所形成的《中共中央关于全面深化改革若干重大问题的决定》在改革的多个方面赋予社会组织以重要使命。对于社会组织的管理模式，地方政府已经进行了一些探索，但在下一阶段如何进一步激活社会组织活力，促进社会组织繁荣还需要地方政府形成更多的创新举措和模式。而从理论层面反思由政府推进的社会组织创新实践，进而理解新时期社会组织管理创新的目的与原则，则有助于推动社会力量健康发展，从而加快形成科学有效的社会治理体制。

一　强政府格局下社会组织管理模式及其变迁

新中国成立以来，在国家与社会的关系上，一直呈现强国家弱社会的局面。从计划经济时代的总体性社会模式，到改革开放后的管控社会模式，都以不同的方式体现了政府管理社会的一元主体角色和地位。随着政府职能的转变和社会组织的发育和成长，多元的社会管理格局正在逐步形成，社会组织的发展与管理变革势在必行。

---

① 崔月琴、袁泉：《转型期社会组织的价值诉求与迷思》，《南开学报》（哲学社会科学版）2013年第3期。

(一) 政社合一模式下的社会控制与整合

1949 年新中国成立后,国家在对旧社会的改造和新社会的建构中所采取的策略是"在政治上实行党政合一和党国合一,在经济上把工商企业改造成国家控制,在社会生活中把所有民间组织全部纳入官方范围"①,党和国家对政治、经济、社会实行总体性控制,形成了国家"全能主义"的治理模式。国家与社会高度合一,自主的社会领域不复存在。

首先,旧社团的清理和人民团体的建立与行政整合。新中国成立之初,针对社会层面大量的民间社团组织,中央政府于 1950 年颁布了《社会团体登记暂行办法》,1951 年出台了《社会团体登记暂行办法施行细则》,它们成为新中国第一部社团管理的法规。在这部法规中,规定了社团的类别、登记的范围、程序、原则等事宜,明确界定了社会团体由人民群体团体、社会公益团体、文艺工作团体、学术研究团体和宗教团体等五类组成,为随即开始的社团管理登记提供了法律依据。由于新政权对旧的民间团体和职业团体心存疑虑,因此,"社会团体的登记过程也是新政权用自己的社会主流价值观对当时存在的社团进行判断和选择的过程。依据中国共产党领导的多党合作的政治体制,非主流的政治团体均被解散。那些与社会主义价值观不符合的社团被认为是'封建'或'反动'的而被取消。有些团体被加以改造"②。经过清理登记,旧社会遗留的社团组织大部分被取缔和清除,重新建立了以工会、妇联、共青团等八大人民团体为代表的社团组织,并将其纳入国家的行政体系管辖之中。

其次,国家—单位—个人的社会管理模式的形成。在完成对旧社团组织的清理和新团体的建构以后,国家不再执行统一的登记制度,也没有设专属机关进行社团管理,而是由各个部门分别主管与自己业务相关的社团的审批和管理工作。"20 世纪 50 年代初,全国性社团只有 44 个,1965 年不到 100 个,地方性社团也只有 6000 个左右。这些社团的类别也十分单调,主要是工会、共青团、妇联、科协和工商联等 9 类群众组织。"③从新中国建立到改革开放前这段时间,教育、文化、卫生等社会

---

① 俞可平:《中华人民共和国六十年政治发展的逻辑》,《马克思主义与现实》2010 年第 1 期。
② 中国社团研究会编:《中国社团发展史》,当代中国出版社 2001 年版,第 623 页。
③ 俞可平:《中华人民共和国六十年政治发展的逻辑》,《马克思主义与现实》2010 年第 1 期。

服务类组织都被纳入国家的事业单位，城市社会形成了以单位组织为核心的社会管理和控制模式。过去各类民间组织所承载的社会功能或是被清除，或是由单位组织全面承接下来。国家的基本政策取向是抑制甚至禁止民间社会团体的发展，并通过对单位组织的控制来整合社会，在国家行政体系之外的社团活动一律被禁止。这一时期，社团活动空间不大，作用十分有限。在政社合一的模式下，政府控制着各种社会资源，社会没有独立的空间和活动范围，在此意义上社会消失了。

（二）国家监护模式下的双重管理

自1978年实行改革开放政策后，在全球涌动的结社浪潮中，我国也开启了这一时期社会自主结社的社会运动。面对不断增长的社会组织以及经济改革的需要，国家适时调整社会管理政策，"由原先的'全能主义'（Totalitarianism）治理模式逐渐转变成'威权主义'（Authoritarianism）治理模式"[①]，以对社会组织的管理和控制为策略，期望实现中国社会改革进程的平稳和有序。

自主结社的宽松期。改革开放初期，中国社会深受十年"文革"浩劫影响，百废待兴。党和政府致力于政治上的拨乱反正，经济上的奋起直追，而各种社会思潮的涌动并未受到格外的关注。1978年3月在北京召开的全国科学大会上，邓小平代表党中央提出的"科学技术是生产力""四个现代化，关键是科学技术的现代化"等重要观点受到社会的普遍关注和认同，从而使科学技术的重要作用凸显出来。以此为契机，全国以及各省、市、自治区的科协和学科专业学会相继成立起来，几年间全国层面的社团组织，如中国红十字会、中国少年儿童发展基金会、中国航海学会、中国教育学会、中国考古学会、中国地震学会、中国统计学会等一批全国性的团体组织相继成立。此段时间，国家并没有颁布有关社团管理的新法规，也没有明确规定固定的注册登记部门，并且加上当时正处于改革开放的起步阶段，进而形成了社团发展和管理的宽松期，社团数量呈现出迅速增长之势。截至1989年初，全国性社团由"文革"前的近百个发展到1600多个，增长了15倍。地方性社团也由6000多个发

---

① 邓正来、丁轶：《监护型控制逻辑下的有效治理——对近三十年国家社团管理政策演变的考察》，《学术界》2012年第3期。

展到近 20 万个，增长了约 32 倍。① 经过十几年的快速发展，大量新兴的非政府、非营利组织拓展了社会空间，逐渐形成了一股自主的社会力量。

双重管理模式的建立。社会组织的快速增长，对中国的政治生活和社会生活都产生了重要的影响。如何将正在发育的社会力量控制在国家的政治权力之下、如何监督和管理独立于国家体系之外的社会组织成为改革开放 10 年后政府面临的新问题。1989 年政治风波之后，国家为了对社会团体加强管理，明确了主管部门和管理职能，并开始着手对社团组织进行重新登记和清理，同年颁布了《社会团体登记管理条例》，成为继 1950 年后国家对社会团体管理颁布的第二部法规。在《社会团体登记管理条例》中，明确规定了社会团体的登记机关是中华人民共和国民政部和县级以上地方各级民政部门；明确了登记时要有业务主管部门的审查意见；明确了登记部门的监督职责和每年一次的年检制度等。这些举措使得大量分散在政府各部门管理下的社团组织统一归口于民政系统；加强了登记机关和业务主管部门的审查和监督；初步形成了国家威权下的管控制度。20 世纪 90 年代以后，随着市场化改革的启动以及政治体制改革重心的变化，中央为了保证由国家主导的市场化改革的顺利进行，进一步加大了对于社会组织的清理整顿力度。1998 年又重新修订出台了《社会团体登记管理条例》。经过修订的条例更进一步强化和完善了"归口登记、双重负责、分级管理"的制度机制，至此，国家权力对于社会组织的渗透和管控模式正式确立起来。双重管理模式的确立犹如一把双刃剑：一方面，严格的准入机制，规范的登记管理流程，阻止了一些素质不高、综合实力不强，或者可能危害公共利益和影响社会稳定的民间组织获得"合法组织"身份，从而在一定程度上有利于社会的稳定；另一方面，所有的合法社团都置于政府的直接控制之下，彻底剥夺了社团的自主权和自治的可能性。业务主管单位的巨大责任使得它不愿担当社团的"婆婆"，从而使许多民间社团因为找不到"婆婆"而无法获得"合法性"身份，更增添了社会管理的难度。

由此可见，20 世纪 90 年代在我国经济从计划体制向市场体制转变的

---

① 俞可平：《中华人民共和国六十年政治发展的逻辑》，《马克思主义与现实》2010 年第 1 期。

同时，社会领域却"从无到有"地建立起社团的计划管理体制。以监督控制为主导的社团管理体制，在其后十多年的运行中，虽然控制了大量草根组织的合法性身份，但作为社会结构性力量的社会组织却以不可阻挡之势成长壮大，它们以独有的方式占领社会领域，并为社会提供单凭政府无法完成的公共服务项目和产品。从某种意义上讲，中国社会民间组织的迅猛发展，与美国学者莱斯特·萨拉蒙提出的"全球结社"浪潮形成了内在的契合。

（三）社会治理新格局与社会组织管理变革

随着中国社会结构的变迁和社会自组织力量的快速增长，社会层面的问题与矛盾日益凸显，传统的一元化管理思维受到挑战，双重管理制度在面对大量新兴社会组织的管理中遭遇困境。因此，重新认识和积极应对中国社会建设所面临的问题和挑战，推动制度变革和管理创新，成为中国社会各阶层的普遍共识。

首先，重新定位和调整政府与社会组织的关系。与传统的总体性社会相比，分化社会的显著特点在于社会管理多元主体的形成。改革开放三十多年来，中国社会的巨大变化就是从一元结构向多元结构转变、从总体性社会向分化性社会转变，形成多元的社会格局。在新的社会建构中，原来被各种类型的单位组织所挤压的社会空间得到释放，在国企改制的过程中，昔日的"单位人"变成了"社会人"，原来由国家、单位承载的社会职能逐渐让渡给真正意义上的"社会"。政府的行政体制也逐步从行政的全能型政府转向政社分离；面向市场的现代企业逐步摆脱全能型的组织结构，剥离其社会职能轻装上阵；社会的功能正在逐渐显现，并由各种各样的社会组织来承担，使得社会开始走向自我组织、自我规范并不断产生社会运作活力的新局面。虽然社会现实的变革，冲击着传统的社会管理理念和制度。政社合一、政府主导一切的一元模式已成为过去，但在现实的制度和实践层面，社会组织的主体地位仍然没有得到真正的体现。在社会领域中，政府的行政管理仍然发挥着主导的作用，双重管理的模式框架继续被沿用。因此，在新的社会秩序建构中，引导社会组织健康发展的关键是要调整政府与社会组织的关系，重新界定各自的角色和职能，理清各自的边界。

其次，改革难以适应经济社会发展需求的社会组织管理体制。一方面，对社会组织实施双重管理是在较特殊的背景下形成的，出台之时就已远远落后于社会组织实际的发展状况，限制了大量草根民间组织的成长和有效管理；另一方面，在这样的管理体制下，能够注册登记的社会组织往往有着很强的"官民二重性"。这种不合理的情况不仅严重限制了社会组织发展的空间，同时也让政府对于社会组织的管理陷入混乱。如此众多的社会组织处于漂浮和无根状态，并因失于合理的规范和有效的引导，极易造成社会的失序。然而，那些具有官方背景的社会组织往往发展较好，它们更容易获得主管部门在资金、场地、编制、人员等多方面的支持，致使其组织行为的行政化色彩十分浓厚，影响社会组织良性生态的形成。

面对中国社会的转型和社会力量的快速发展，由于缺乏足够的理论支撑和实践经验，国家在法律规制、行政监督、政策导向等方面还没有及时做出相应的制度安排。虽然政府和学界对社会组织的发展及其社会作用给予了充分的肯定，也形成了一定的共识。但是，社会组织作为一种新型的组织形式，无论是其自身的组织结构、组织规范还是国家对社会组织的管理方式等方面都面临难题和困境。在新时期中国社会组织基础秩序的变革中，如何确立新的社会管理理念，形成新的社会管理模式成为中国社会建设的关键。

二 地方政府社会组织管理的创新实践

2001年以来，"为了进一步转变政府职能，国家开始重视那些能够提供大量公共产品的社会团体的重要性，并且对地方政府的某些调整社团管理创新做法也予以了默认"[①]。相对于国家体制层面的调整，地方政府对于社会组织的管理呈现出诸多不同的做法。虽然一些固有的思路和做法仍然延续，但社会组织的功能和价值开始受到更多的重视，地方政府对于社会组织的管理呈现出松动的趋势。在突破原有社会组织的管理体制上，地方政府的改革大致围绕三个方面展开：一是如何松绑；二是如何控制；三是怎样培育。在探索实践中，由于认识上的差异和地域上的

---

① 邓正来、丁轶：《监护型控制逻辑下的有效治理——对近三十年国家社团管理政策演变的考察》，《学术界》2012年第3期。

不同呈现出迥异的类型和样态，也表现出改革实践中的不同逻辑。具体来说有如下三种实践形态：

(一) 监督与引导

在中国改革开放与现代化建设中，多数地区的社会建设相对滞后，发展经济往往是地方政府的当务之急。但是，伴随着社会自主力量的发育，一些地方政府开始意识到社会组织对于公共服务的积极意义，虽然在管理上仍对社会组织的行为进行着严密的监督，防止其危害"稳定"，但也开始有选择性地引导某些类型社会组织的发展，"利用"社会组织提供社会服务，解决政府无力处理的社会问题。

一方面，地方政府遵循国家对社会组织的管理制度，坚持严格的双重管理，通过行政化的手段、方式实施管理。无论是负责登记注册的民政部门，还是业务主管的政府部门都将社会组织的建立、发展与其行政职能和业绩挂钩。那些具有政府背景、由政府部门发起并担任负责人的社团往往注册顺畅，并受到主管部门的关注及各种支持；而大量的民间草根组织由于没有官方背景，难以找到业务主管部门而不能获得合法性身份，更谈不上获得资助。对于一些行政管理部门和管理者来说，眼睛向上、追寻上级领导和主管部门的意图成为一种习惯，上边有要求，下面才有行动；对于像民间组织这些来自基层老百姓的要求，如果文件没有规定，上级没有指示，事情则很难落实。另一方面，按照国家的意图，对于国家提倡，符合地方经济发展和社会发育需求的某类社会组织类型在政策上给予重视和支持。如社会服务类行业协会、商会、民办非企业等相关组织的发展往往受到各级领导的重视和支持；对于那些具有代表性、富有特色、发展较好的社会组织则往往成为地方政府表现工作业绩的窗口，受到各方面的关注；对于大量新兴的农村经济合作组织、社区民间组织按照通行做法给予备案管理，并推动其在农村社区、城市社区相关的公共服务领域功能的发挥。

这样一种有选择性的发展和管理策略，虽然还不能从整体上促进社会组织的繁荣，但无疑也是一种进步。这样的管理策略实际上对于社会组织的发展是一种松绑。也正是在这样的契机下社会力量有了进一步发展，日益彰显出自身对于中国社会转型的积极意义，从而为 2006 年"社会建设"战略的提出提供了现实依据，"支持社会组织参与社会管理和公共服务"① 被写进了中央决议,纳入国家发展战略。

(二) 吸纳策略下的控制

当社会力量经由社会组织能力的彰显并获得中央的认可,由社会组织参与社会管理与服务的治理格局也成为一种趋势,地方政府与社会组织的互动不再是禁忌,而是成为一种正当的和必要的社会治理策略。而官员为了彰显自身治理理念的合法性与先进性,也开始尝试将社会组织的管理直接纳入政府权力的范围,不仅把社会组织作为解决社会问题的手段,也把对社会组织的控制作为政府权力的对象。正是在这一逻辑下,一些地方政府以新的思路来建构地方社会管理的新格局,一方面主动让渡空间,在管理模式与社会公共服务方面主动寻求与社会组织的合作;另一方面则加强党和政府在社会管理中的主导和引领地位。

在"多元治理"和"小政府、大社会"的观念下,政府直接介入一些社会事务的模式开始被摒弃,地方政府开始尝试以自己的方式培育一些社会组织。已经为多地所效仿和推行的"枢纽型"社会组织的打造与建立则体现了这样的思路,在"存量脱钩与增量吸纳"②的逻辑下,政府开始增强"官办社会组织"的民间性,并通过它们来管理和整合其他社会组织,从而在支持社会组织发展的同时实现了对其整合。因而,这样一种社会组织管理模式一经出现,就为各地纷纷效仿,不仅在北京、上海以及广东等社会组织建设的前沿地区实施,也为其他社会组织建设相对不充分的地区所效仿。

通过枢纽型社会组织连接政府与社会组织的管理模式,在一定程度上克服了政府直接介入社会组织发展的弊端,但仍然体现了一种政府主导的思维模式。以北京的枢纽型社会组织为例,北京市第一批市级枢纽型社会组织包括:北京市总工会、中国共产主义青年团北京市委员会、北京市妇女联合会、北京市科学技术协会、北京市残疾人联合会、北京市归国华侨联合会、北京市文学艺术界联合会、北京市社会科学界联合会、北京市红十字会、北京市法学会。不难看出这十家"社会组织"大都有着较强的政府背景,由这些组织来整合和管理社会组织,难免会出

---

① 参见《中共中央关于构建社会主义和谐社会若干重大问题的决定》,人民出版社2006年版。

② 高勇:《治理主体的改变与治理方式的改进——"枢纽型"社会组织工作体系的内在逻辑》,《北京社会科学》2013年第2期。

现政府仍然主导社会组织发展的局面。"政府主导性过强，容易模糊或打破政府对枢纽型组织的权力边界，甚至越俎代庖，挤占社会组织自主发展的空间。"①

这样一种管理模式在支持社会组织发展的背后，实质仍体现了一种整合控制的逻辑，试图通过间接的方式来完成对社会组织的支配，因而这样一种社会组织的管理模式也有其局限性。"枢纽型社会组织是一个转型时期的过渡形态，它是阶段性存在的，是伴随着社会生长规律产生的，为社会组织的成长发育而服务。当社会组织发育成熟之时，现代社会组织体制形成之际，'枢纽'的使命也就完成了。"②

（二）合作基础上的培育

社会组织的成长发育首先是一个结构性的问题，社会组织相对于政府和企业部门在公共服务和产品的供给方面有其优势；同时也是一个发生学的问题，即社会组织是如何在一定的社会条件下从无到有生长出来。如果说前两种实践模式政府更注重同已经存在的社会组织互动，那么"公益孵化器"或者"社会组织孵化器"以及购买服务等模式则已经开始针对特定的社会问题，或者按照先进的公益理念有意识地"制造"和"壮大"社会组织，为其搭建一个更利于成长的平台。对于社会组织的成长，资金、人才、环境、理念等都是影响其发展的重要因素，由于转型期社会的发育不足，各类资源的匮乏往往是其最初发展的最大障碍，政府有意识地培育则有助于克服这些障碍。

随着国家社会建设以及社会管理创新战略的持续深入，一些地区社会建设的理念对于地方政府的影响也越来越强，再加之国家层面对于社会组织发展倡导力度的加大，地方政府也有了更多的动力推进社会组织的发展。一方面是通过购买服务等形式给予社会组织资金上的支持；另一方面则是通过"孵化器"等支持型社会组织有针对性地解决社会组织发展中的困难。

在购买服务的模式中，政府与社会组织更多的是一种平等的合作关系；而在"孵化器"的模式中，政府工作的直接对象不再是社会组织本

---

① 彭善民：《枢纽型社会组织建设与社会自主管理创新》，《江苏行政学院学报》2012年第1期。

② 王鹏：《什么是枢纽型社会组织》，《中国青年报》2013年10月28日。

身，而是关注社会组织成长平台的搭建。在购买服务的模式中政府往往采取公开招标的形式，如果程序的公正性能够充分保证以及购买服务的合同能够严格执行，那么社会组织在服务提供上就能够发挥自身的专业性和灵活性，真正获得社会服务中的主体地位。然而，从目前的实践来看，这样的模式还有待改进和完善，其完善的路径不仅在于设计合理的路径，还在于地方政府对于社会组织管理创新内涵的领会。

总之，上述几种模式是各地政府在不同阶段针对地方社会情景进行的社会组织管理实践，这样的探索和创新不仅促进了地方经济社会发展，而且也助推了社会力量的发育。然而，在社会建设的思路之下，社会组织的数量和规模还难以满足公共服务和社会管理的需求，因而如何进一步促进社会组织繁荣则成为一个需要理论反思和实践创新的重要课题。

三 社会组织管理创新的内涵与实践路径

2013年《国务院机构改革和职能转变方案》明确了对社会组织管理制度的改革，意味着"社会组织发展的春天"到来了。为进一步推动社会组织建设与发展，更好地发挥社会组织的积极作用，民政部随后组织"开展创建全国社会组织建设创新示范区活动"[①]。当各地纷纷上马各类创新项目之时，我们尚需对这种由政府推动的社会组织创新予以充分反思。只有真正把握了社会组织管理创新的内涵与原则，才可能有效推动社会组织的发展，使之从春天走向繁荣。

（一）社会组织管理创新的内涵

一般来说，创新乃是一种有别于已有解决和处理现实问题的实践活动，所谓"创新实践，则是指那些通过对事物规律、属性和关系的新发现或新运用，能够比先前的实践更有效地认识世界和改造世界的实践"[②]。这种创新的理念从目标和手段两个方面界定了当前社会组织管理创新的内涵。一方面，社会组织管理创新的目标在于从政府治理的角度促进社

[①] 参见民政部《关于开展创建全国社会组织建设创新示范区活动的通知》（民发［2013］40号），2013年4月1日。

[②] 董振华：《论创新实践的生成机制》，《哲学研究》2011年第12期。

会组织健康有序发展；另一方面，社会组织的管理创新不能违背社会建设以及社会组织发展的一般规律。要达到这样的目标，地方政府不仅要突破那些制约社会组织发展的制度障碍，还应顺应社会组织发展的一般规律给予其必要的资源和支持。

如果用这样的标准来衡量创新，那么一些地方政府的创新举措尚有待反思。以购买服务为例，对于这样一种支持社会组织发展的模式，国务院出台了相关的指导意见①，各地方政府也出台了相应的购买方案并已经付诸实践。然而一些地方政府在观念上仍然只是把社会组织作为解决社会问题的手段，通过购买服务的形式介入和支配社会组织的运行发展，实际上损害了社会组织的独立性和专业性。而在另外一些地方，虽然也实施了社会组织直接登记制度，但是由于主管单位的取消，登记部门为了不承担责任和风险，不愿意为没有主管部门的社会组织予以登记。诸如此类的"管理创新"虽然在具体措施方面有了改变，但却没有真正促进社会组织的发展，因而实难称其为创新。

此类情况出现的根本原因乃在于，社会组织的管理创新不仅需要国家单方面的管理引导，还需要国家与社会形成良性的互动模式，其实质乃是政社关系的不断调整。社会组织之发展不仅是解决各种社会问题的策略性手段，社会组织充分发育更为重要的意义在于它构成了社会建设最为重要的组织基础。当地方政府没有真正意识到这一点时，就会沿着社会管理旧体制的惯性，将社会组织培育作为政府治理的一种手段，而非作为社会管理的主体。这样不仅有悖于中央"简政放权"的总体要求，也限制了社会组织能够给予社会建设的活力。总之，社会组织管理创新的意义超越了具体社会矛盾和社会问题的化解，社会组织的管理不应是延伸政府的权力，而是扶携合作的伙伴。

（二）社会组织管理创新的原则

随着中央的大力倡导以及地方社会组织的蓬勃兴起，各地方政府也开始改变既有的管理措施，在一定程度上有助于社会组织的有序发展。然而当前各地的社会组织发展还远未能适应经济社会发展需要。一般而言，创新在经济领域的意义和价值往往不言而喻，但在社会建设领域地

---

① 参见国务院办公厅《关于政府向社会力量购买服务的指导意见》（国办发 [2013] 96号），2013年9月30日。

方性的创新实践也同样有力地证明了社会建设以及社会组织的发展需要创新来推动。由于社会组织管理创新对于地方政府还是一个新课题，一些旧体制或者经济领域的惯性思维往往不利于社会组织管理创新的展开。在笔者看来，社会组织管理创新最为重要的原则是尊重社会组织的自主性，而不是越俎代庖以管理代替发展。具体来说，尊重社会组织的主体性可以体现为以下几个方面：

一是对于社会组织的运行，政府应尽量减少不必要的干预。社会组织在一些公共事务的处理方面有其优势，原因就在于社会组织具有灵活的运行和发展模式。作为一种自下而上的力量，社会组织直接面对的是基层的社会情境和具体的社会问题，因而常常能够对一些新的社会矛盾和现象给予创造性的解决。而这恰恰是庞大的政府体系所欠缺的，而且政府在处理公共事务的思路上与社会组织存在诸多矛盾和不一致。政府对社会组织的过度干预或者会扼杀社会组织在解决社会问题时的独特优势，或者使得社会组织过度行政化，从而有悖于社会组织建设的总体思路。

二是对于社会组织的成长，政府应给予适宜的制度和政策。有别于西方社会，我国社会组织的成长尚处在一个探索的阶段。一方面，没有太多成熟的发展模式和可借鉴的经验；另一方面，对处于起步阶段的社会组织给予政策层面的支持，往往有助于弥补其在资源等方面的不足。组织社会学研究已经一再表明，不仅物质资源能够影响组织的发展，制度环境同样是组织蓬勃发展的重要条件。然而，目前我国的社会管理体制还处于"强国家"的背景之下，那么有针对性地给予社会组织一定的制度和政策支持有助于其获得发展的动力。

三是对于社会组织的发展，政府应给予尝试和探索的空间。鼓励社会组织发展之所以能够成为我国社会管理体制改革的重要一环，其原因就在于对于养老、医疗等社会领域的重大现实问题，既有的治理手段已经显示出了疲态，鼓励社会组织的发展则是探索问题解决的另一种可能。然而，由于理论和现实双重的复杂性，这些问题的解决很难一蹴而就，只有通过不断地尝试和探索才有可能形成有益的解决方案。然而要做到这一点，不仅需要先进的发展理念，还需要社会组织勇于尝试，更需要政府对于社会组织的探索和尝试予以宽容的态度。然而这种宽容并不意味着巨大的风险，相对于政府的探索尝试，社会组织在一些社会创新方面的试验，往往不会造成严重的后果。①

（三）社会组织管理创新的路径选择

基于上述分析，我们认为，在社会组织管理创新的议题上，政府一方面需要做的是给予社会组织成长发展以实质性的支持；另一方面则是建立一种良性的政社互动关系，使得社会组织的发展有力可借、有据可循。从政府的角度，发展支持型社会组织、完善社会组织立法以及健全社会组织评估机制则是可选择的路径。

发展支持型社会组织，给予社会组织有针对性的扶持。社会组织的多样性决定了其在发展中会遇到彼此各不相同的困难，产生不同需求，因而很多政策性的支持往往会造成社会组织选择性的发展，不利于社会组织的整体繁荣。而支持型社会组织则能够针对不同领域的各类社会组织，有针对性地予以帮助和服务，让处于萌芽阶段的社会组织快速健康成长。此外，支持型社会组织自身也是社会组织，因而能够避免政府直接干预社会组织发展的诸多弊端。

完善社会组织立法，保护社会组织发展的合理空间。曾经"稳定压倒一切"的思维模式使得诸多社会领域都成为禁忌，对于社会组织的一些做法和行为虽然没有明确禁止，但同样没有给予充分的合法性依据。这使得我国社会组织在运行中往往是小心翼翼、如履薄冰，极大地限制了其应有的活力与功能的发挥。立法的完善不仅能够明确社会组织的权利与义务，更重要的是给了地方政府社会组织管理创新以法律依据，使政府的管理创新有了边界，从而真正为社会组织的健康发展助力。

健全社会组织评估制度，明确社会组织发展的尺度与标准。转型期，政绩驱动是地方政府行为的重要特征，在社会组织管理创新的过程中，我们需要警惕社会组织管理创新的"政绩"化。防止不契合地方经济社会发展情景的"管理创新"，政府强力推动下社会组织虚假的繁荣同样也不是创新。这就需要对于社会组织的发展形成完备的评估体系。既应有对社会组织自身发展运行的评估，也应有对政府管理机制和制度环境的评估。这种评估不应只是官方的、自上而下的，还应建立起民间的、第三方的评估机制，从而形成系统的评估体系，使社会组织的发展和管理创新真正成为社会建设的中坚力量。

---

① 秦晖：《传统十论》，复旦大学出版社 2011 年版，第 138 页。

社会组织对于中国社会转型与发展的意义已经成为学界的共识，国家也将其作为深化改革的重要力量。在深化改革的部署中，正确处理政社关系，加快实施政社分离是激活社会组织活力的重要途径。如同市场经济体制的完善非一朝一夕之功，社会组织管理体制的改革亦难一蹴而就。政府管理创新实践已经表明，只有尊重社会组织发展的一般规律，给予社会组织以充分的自主空间，才有可能实现其健康有序的发展，使之成为中国社会转型的积极力量。

（原刊于《江海学刊》2014 年第 1 期）

支持性评估与社会组织治理转型

——基于第三方评估机构的实践分析

近年来，在政府简政放权的改革中，政府通过购买服务，将具有专业性、技术性的公共服务领域的工作移交给社会主体，特别是在社会组织的服务和监管领域，逐步建立起第三方评估机制。2016年9月正式实施的《中华人民共和国慈善法》明确规定："民政部门应当建立慈善组织评估制度。鼓励和支持第三方机构对慈善组织进行评估。"因此，政府与第三方评估机构协同进行社会组织治理，共同致力于促进社会组织的发展，这一实践已经成为当前各级政府社会治理改革的前沿。及时跟踪这一实践过程，发现新的机制下的亮点，探索其运行的轨迹，对于社会改革和评估机制的完善具有重要的理论和现实意义。

本文以第三方评估机构为研究对象，通过其评估实践中所内蕴和展示的"以评促建，支持性评估"机制为核心，重点阐述这一评估机构在社会组织评估中的价值定位、评估方法，以及实践运行中与政府的互动合作机制。希望通过Q评估机构的支持性评估实践，揭示和探索社会组织第三方评估的理论价值以及在经验层面给予的启示。

一 社会组织第三方评估的理论基础与现实状况

多元治理主体参与公共服务供给是当代许多国家实施社会治理的重要手段。从中国社会全面深化改革的角度看，推动社会组织参与公共服务供给，不仅能有效满足公众对公共服务多元化和精细化的要求，更有助于实现政府职能的转移。

(一) 社会治理理论与社会组织第三方评估

从中国共产党的十八大以来,社会治理成为中国社会管理改革新格局的重要理论支撑。从社会管理到社会治理的话语转向,社会主体也由"被管理者"转变为治理主体。

社会治理将治理的含义由宏观目标与理念层面发展到微观层面,提出了由自上而下的统治转化为自下而上治理的实践机制,指的是政府和其他社会主体,为实现社会的良性运转而采取的一系列理念、方法和手段。[1] 具体而言,社会治理一方面注重公共事务运作中的行动者,另一方面,关注公共事务如何运作的具体机制。

首先,在公共事务运作中的行动者方面,社会治理体系的行动者就是一个由政府、非政府组织和其他社会自治力量构成的行动者系统。[2] 社会治理强调多元主体协同合作,改变政府主导的单一中心模式,谋求与其他社会主体的协同合作。其次,在公共事务运作的具体机制方面,社会治理一方面关注增强社会的活力和自主性,同时保证其作为独立责任主体对公众负责,即提高社会管理的效率,又保证社会管理过程和结果的相对公正。[3] 另一方面,社会主体的协同合作需要建构自下而上的新机制,有赖于合作网络的权威作为管理机制,形成多元的、相互的权力向度。[4]

可见,社会治理的首要目标在于实现多主体间的互动合作和共同治理。在社会组织管理改革中,政府职能部门引入第三方评估机构对社会组织进行监督管理。一方面,契合了治理理论中的权力转移与下放,体现了政府管理职能的转变;另一方面,发挥第三方的专业技术,并将其作为责任主体,能够实现社会组织管理效率与公正的最大化。

(二) 社会组织第三方评估的推进及其意义

社会组织评估是助推社会组织健康发展的重要手段。自 2007 年民政部出台《关于推进民间组织评估工作的指导意见》和《全国性民间组织评估实施办法》等文件以来,社会组织等级评估在全国范围内建立起来,

---

[1] 周晓丽、党秀云:《西方国家的社会治理:机制、理念及其启示》,《南京社会科学》2013 年第 10 期。
[2] 张康之:《论主体多元化条件下的社会治理》,《中国人民大学学报》2014 年第 2 期。
[3] 孙晓莉:《西方国家政府社会治理的理念及其启示》,《社会科学研究》2005 年第 2 期。
[4] 马玉洁:《社会治理的模式研究与路径选择》,北京师范大学博士学位论文,2014 年。

形成了社会组织监督管理的平台。伴随政府创新改革的深化,从顶层设计上引导多元主体参与到社会事务中,2015 年,民政部又出台了《关于探索建立社会组织第三方评估机制的指导意见》,标志着社会组织第三方评估机制的确立和实行。此外,不仅社会组织评估引入了第三方机构,政府购买服务也纳入了第三方评估。2013 年,国务院办公厅颁布了《关于政府向社会力量购买服务的指导意见》,社会组织治理也转向购买服务项目,发挥社会组织提供公共服务的功能,培育其作为政府转移职能的承载者。然而,由于刚刚发育成长的社会组织在专业化能力方面的欠缺,使得政府购买社会组织服务在实践中出现了问题,故引入第三方评估机构进行专业性监督和监测。

从政府管理部门主导的等级评估到第三方评估机制的建立,一方面,体现了政府在社会公共事务中多元主体协同治理的总体思路;另一方面,也表明社会力量参与并协同政府进行社会组织治理,推动社会组织的健康发展已势在必行。第三方评估机制的建立,对于社会组织自主性的发展,组织性的建构,公信力的维护、专业化的能力建设等方面都将形成积极的推动力量,它对于克服等级评估中的权力寻租和内部人把控的现象,实现以评促建,通过科学性、专业化的评估引导和推动社会组织健康有序地发展都具有重要的社会价值和意义。

(三) 第三方评估的现状与支持性评估

第三方评估机制在实践中表现为社会组织等级评估和政府购买项目评估两个方面。很多学者也对其实践现状进行了研究,有学者指出第三方评估机制在建设过程中存在制度缺失、资金依赖、评估不够专业,以及信息不对称等问题。[①] 有的学者对 5 个城市的第三方评估现状进行了问卷调查,通过量化研究也发现了相似的问题,诸如评估方法专业性不足、指标项目设置不科学、评估的公正性不足等。[②] 可以看出,评估制度、评估主体、评估指标、评估方法是第三方评估实践的关键,而在评估机制建立初期,这些方面的问题有待于完善和探索。

社会组织第三方评估在实践中产生了三种"第三方"主体:"专家学

[①] 潘旦、向德彩:《社会组织第三方评估机制建设研究》,《华东理工大学学报》(社会科学版) 2013 年第 1 期。

[②] 徐双敏、崔丹丹:《完善社会组织第三方评估工作机制研究——基于 5 市调查数据的分析》,《中南财经政法大学学报》2016 年第 6 期。

者第三方""专业公司第三方""社会组织第三方"。① 本文的研究对象 Q 评估机构即属于第三种"社会组织第三方"。

Q 评估机构的前身是 S 高校社会公益研究中心,2007 年社会组织评估机制建立之初,根据民政部文件的要求,各地方的评估指标可以参照民政部指标体系自行细化,具体评估工作可以通过建立或委托相关的评估机构进行操作。② 在 B 市的社会组织评估中,委托了 S 高校社会公益研究中心实施部分工作。近年来,社会组织等级评估改变了以往"行政牵头,行政确认结果"的方式,③ 委托第三方进行评估逐步制度化。在此背景下,2013 年 S 高校的社会公益研究中心师生发起了作为独立法人的 Q 评估机构,以"民办非企业单位"登记注册。社会组织评估是 Q 评估机构的核心业务,主要承接当地基金会和民办非企业两类社会组织的评估。随着 B 市政府购买服务项目的全面展开,Q 评估机构也全方位介入 B 市残联和民政局的政府购买工作。

Q 评估机构在评估实践中所主导的支持性评估,强调通过评估支持社会组织发展,即通过建构一整套更为完善的评估机制帮助社会组织能力的增长。目前支持性评估的研究仍偏重理论层面,具体实践层面的研究较少。因此,本研究试图通过对 Q 评估机构的支持性评估进程的阐述,给予经验层面的分析和提炼。

二 支持性评估的协同实践机制

第三方评估机构通过参与社会组织等级评估与政府购买项目评估,与政府互动、合作,共同致力于支持社会组织发展。在此过程中,Q 评估机构与政府的相关部门在理念的生产、指标的完善以及方法的创新方面,共同建构了支持性评估的运作机制。

(一)助力与指导:支持性评估理念的生产

社会组织评估具有三重功能,从政府层面,实现对社会组织的监督

---

① 潘旦、向德彩:《社会组织第三方评估机制建设研究》,《华东理工大学学报》(社会科学版)2013 年第 1 期。
② 《民政部关于推进民间组织评估工作的指导意见》,《社团管理研究》2007 年第 2 期。
③ 陶传进:《社会组织的第三方评估》,《中国社会组织》2016 年第 24 期。

管理；从社会组织层面，引导其开展自身建设；从社会层面，促进社会组织信息公开与公信力建构，激发社会选择机制。[1] Q 评估机构作为第三方，其组织建构的宗旨是"将研究与实践相结合，通过专业特长助力公益组织和公益事业的发展，为相关政府部门、公益组织、企事业单位及个人提供服务支持"。因而，在评估过程中，其本着助力公益组织发展的目标，生长出管理与服务结合的评估理念——支持性评估，以此拓展和促进社会组织的能力建设、资源建设和公信力建设。通过评估不但发现社会组织存在的问题，实行有效的监督，更为重要的是承担起指导社会组织成长的责任。

在 B 市开展政府购买服务模式的初期，由于社会组织自身面临的诸多困境，在项目运作中出现了社会组织服务定位模糊、投入产出比不均、解决问题能力不足、财务问题等。由此，引发学界质疑和批判，致使政府购买服务制度的推进面临巨大压力。Q 机构则积极面对问题，适时地将支持性评估理念运用于政府购买项目评估，在评估过程中除管理和监测之外，帮助社会组织进行运作项目的能力建设。

Q 评估机构的支持性评估理念成为社会治理转型的"安全阀"。通过评估对社会组织及其运作项目能力的支持，一方面使社会组织具备承担社会角色的能力；另一方面保障了公共服务供给效率及专业性，配合政府应对改革压力。

（二）合作与互动：支持性评估指标的完善

社会组织等级评估指标是评估的重要依据，引导整体评估走向。以往在社会组织治理中，强调监管的思路，评估指标主要由政府主管部门制定，一定程度上抑制社会组织的自主空间。伴随社会组织治理从监管向培育思路的转变，B 市民政局以及区民政部门在评估指标的修订上，也强调吸纳相关专家及评估机构的建议，Q 评估机构参与其中。

在评估开展前，B 市、区政府部门会就评估指标进行修订，组织专家委员会研讨。评估结束后，再根据实际评估操作中出现的不适用之处进行讨论修改。针对这一机制，Q 评估机构在实地评估前结合理论研究与以往实践经验对指标再细化，讨论评估中需要关注的节点性问题以及指

---

[1] 王名、刘国翰、何建宇：《中国社团改革：从政府选择到社会选择》，社会科学文献出版社 2001 年版。

标在现实中可能出现的结果。研讨过程中，如果 Q 评估机构发现政府牵头修订的指标具有较大问题或不适用之处，则采取两套指标并行的策略，将自行修改的指标与政府指标同时使用。以 B 市某区社会组织评估工作为例，由于 Q 评估机构认为政府部门指标的某部分存在问题，故邀请相关领域专家进行了两次指标研究，将 1—4 级指标重新讨论修订并细化。其后，Q 评估机构每评估一家组织结束后会对忽视的问题与出现的情况进行总结，并在整体评估结束后，整合了所有参与评估的人员与相关领域专家再次完善指标。最后，Q 评估机构对两套指标的评估结果进行对比讨论，整理分析各自出现的问题、优势，并将研究结果向区民政部门反馈。他们的策略是将客观的评估结论呈现给政府部门，敦促其对评估指标存在的问题进行了修正，通过互动、合作、问题的反馈等环节形成新的指标体系。虽然有了既定的评估指标，但评估指标不是包罗万象的，社会组织之所以能够提供更有效率的服务，在于其运作原则是依法自治，一方面要遵守法律法规，另一方面也需要有自我治理的空间。如果将评估指标变成硬性要求，则会导致社会组织的自主运作空间被剥夺。而这种评估方式也容易导致第三方的异化，即评估机构的专业性被行政权力淹没。在此情况下，如何保障评估指标可以达到支持性的目的，Q 评估机构的做法是，在既定指标的基础上针对社会组织的特色予以加分，设置无涉，即指标不适用于该组织的条项，并在评估方法上进行创新。

（三）制度与自主：支持性评估方法的创新

B 市政府委托第三方进行社会组织等级评估的一般流程是，首先，通过筛选机制，对评估机构的承接条件进行审核，审核通过的评估机构可以参加年度内市、区民政部门组织的社会组织评估项目招投标。其次，获得评估项目的社会组织需要根据全市统一制定的评估指标、评价标准、程序规范开展社会组织评估工作。最后，委托方组织社会组织评估工作汇报会，评估委员会对其结果进行审核。可以发现，B 市政府在对评估机构的监督方面，采取了事前资格审查、事后结果审查，两端把控的原则。因而，评估机构作为独立责任主体需要对评估结果直接负责，保证了评估的公正性。并且在评估工作开展过程中，第三方具有了较大的自主空间，其专业性得以发挥，而不致成为嵌入行政体系的代言人。

另外，B 市政府购买社会组织服务项目引入第三方评估机制则尚未制度化，是基于对评估机构的信任与依赖展开的。因而，Q 评估机构在社会组织等级评估和政府购买项目评估中，都获得了作为第三方的独立自主空间，得以在评估实践中创新评估方法。

1. 关注行动事实

公正性是社会组织评估的重要取向，因而有些评估机构采取关注客观量化标准的方式，在评估过程中以审阅社会组织提交的材料为主。但这一评估方式出现一些作秀或造假的问题，Q 评估机构对此做出了改变，更加关注行动事实。Q 评估机构认为，文件材料仅仅是社会组织规范性的一个侧面，可能导致展示性的问题。评估规范性方面，以理事会履职情况为例，除了包含理事签字的证明材料之外，更关键的看其是否了解组织的运作状况，是否真正发挥了监督、决策的功能。此外，考察工作绩效时，项目构成了社会组织的灵魂，而项目不仅要有产出，还包括具体的技术手法、项目之间的结构布局，回应组织目标或解决社会问题的程度。上述这些事实都是需要深度挖掘才能获知的，故 Q 评估机构采取深度访谈的评估方法。

2. 深度访谈法主导

深度访谈法需要专业化、职业化的评估人员操作。在社会组织评估时，Q 评估机构组织 4—6 人的评估小组，分别负责主访谈以及基础条件、内部治理、工作绩效、社会意义和财务的评估指标打分。进入组织实地后，基础条件与内部治理部分的负责人单独审核文件材料并访谈参评组织的一般工作人员，财务单独审核并访谈财务工作人员，其他三个部分的负责人则和主访谈一起访谈组织的主要负责人。访谈过程约两个小时，由在该领域中有多年实践经验及理论研究的专家作为主访谈，整体把握涉及组织规范性、公益性、绩效、社会影响等在组织实践中的状况，并通过提问、聊天的方式将其挖掘出来，其他三个部分的负责人在最后进行补充提问。同时，在政府购买项目评估时，采取实地评估与答辩评估相结合的方式，答辩评估也是在组织负责人进行 30 分钟的项目介绍，之后相关专家对其进行 1 小时的访谈讨论。

为确保评估结果的公正性，Q 评估机构在访谈之后组织内部合议，各负责人相互交流进而得出综合性结论。同时，每家机构评估结束评估小组会进行组织的复盘，内容包括对自身评估过程中存在不足的批判性反思，讨论该组织在同类组织中的发展状况，梳理优势特点或探讨组织面临困境的原因，分析相关政策、社会环境及组织内部的影响因素等。

评估之后的复盘也成为 Q 评估机构进行社会组织与相关政策研究的基础，从而能够具备通过评估进行能力建设的专业性。

3. 能力建设

支持性评估的关键环节就是第三方评估机构对社会组织的能力建设。Q 评估机构在实践中的理念是通过自身努力减少参评组织的负担，因而在社会组织和政府购买项目的正式评估开始前都会强调评估的目的是"以评促建"。以评估 J 社团为例，J 社团是半官办性质的研究型社团，处于去行政化改革初期，组织自身也意识到转型的需求，并刚刚进行了组织主要负责人的改选，尝试理清发展状况并寻找新的方向。Q 评估机构通过访谈了解了该组织的组织架构、业务范围、工作绩效等方面的状况，做出评估打分后，对该组织未来发展建议进行了反馈，包括五个方面。其一，梳理了该社团的机制、定位、特长；其二，建议该社团进入街道社区，链接社会需求和资源；其三，建议该社团寻求自身专业性产出与政府的契合，专业能力嵌入行政需求；其四，建议该社团从机制上不仅继承更要创新，具体操作上，从需求出发研究在社会现实中的应用；其五，建议该社团对实操型组织的需求进行对接。Q 评估机构在五个方面帮助 J 社团梳理出两套机制和内容，从社会化运作和嵌入行政两个切入点的不同模式、目标、战略进行了澄清，J 社团表示非常受用，解决了其当下的发展困境。

此外，Q 评估机构对组织的能力建设偏重整体发展机制和内容梳理，而针对政府购买项目评估的能力建设则更偏重服务模式与技术的提升。例如如何使项目具有可持续性、如何将项目深化、如何提供更适应需求的针对性服务等问题提供建议，促使参评组织获得能力上的提升。

总体而言，在 B 市政策提供的自主空间下，Q 评估机构得以在评估指标和方法上进行创新，挖掘组织的行动事实使评估更为公正客观。同时，通过评估进行能力建设，培育了社会组织的自我建设能力。

（四）协同治理结构：建构支持性 U + B 结构

在支持性评估理念的主导下，Q 评估机构协同 B 市政府部门建构出一套对应的指标和方法。Q 评估机构认为，在社会组织能力尚且不足的当下，建立社会组织与政府合作治理的伙伴关系，应通过搭建"U + B"的支持性结构来实现。B 即 Basic，U 即 Upper，社会组织作为 B，则政府、第三方评估机构、支持性社会组织等作为 U。U + B 结构强调社会组织与政府的有机共生关系,① 社会组织是主体,其上层组织作为帮助者目标是培育社会组织自我治理的能力,以实现其作为责任主体参与社会治理。支持性 U + B 结构与 B 市政府部门发展社会组织的治理思路相契合,政府委托 Q 评估机构参与社会组织等级评估,进行了一系列发育社会组织的努力。除此之外,在政府购买项目中,民政局或残联等部门购买 Q 评估机构评估服务的同时,也会购买配套培训及能力建设工作坊。Q 评估机构在培训和工作坊中,引导社会组织将政府购买服务作为自身能力增长的机会。例如,在某政府购买项目研讨暨社会组织能力建设工作坊中,笔者观察到,Q 评估机构在其过程中引导社会组织借助政府购买的资金,关注整个组织的发展,搭建组织自身的社会关系、服务模式,通过运作项目的过程成长。B 市民政局相关部门负责人在场,并意识到工作坊的探讨已超越了政府购买服务的范畴,但仍对这一思路表示了支持态度。

此外,由于 B 市的政府购买服务以两种方式进行:一是民政局直接设置部分购买服务的资金由社会组织竞争;二是政府购买的资金先拨给枢纽型社会组织,由其向社会组织分包。B 市残联作为枢纽型组织,需要对接多种项目与多个社会服务机构,因而,借助 Q 评估机构的专业研究与评估经验建立应对体系。Q 评估机构帮助其搭建"助残社会服务社会化平台",引入多个社会专业机构作为支持性第三方,对残联不同类别的项目分别进行监督、支持。Q 评估机构对支持性第三方的运作模式进行了策划,从规范性监督、社会组织能力建设和社会组织运作监测三个方面运作。虽然 Q 评估机构成为除政府、社会组织、支持性第三方之外的第四方,却将政府购买服务平台与社会多元力量结合起来,助力社会组织的发育,构成了搭建社会组织支持性 U + B 结构的重要环节。

Q 评估机构作为第三方参与到社会组织治理之中,并通过其专业性建构起与政府的信任关系,将机构自身发展宗旨与政府社会治理改革思路相结合,从评估出发找到协同治理的突破口,建构起支持性评估机制。通过二者协同运作的支持性评估机制,实现了发展社会组织的目标,创新了社会组织治理模式,最后搭建起社会组织的支持性结构。

---

① 马玉洁:《社会治理的模式研究与路径选择》,北京师范大学博士学位论文,2014 年。

三 社会组织治理改革的有效路径

第三方评估机构的实践中包含着两重逻辑,其一是第三方参与社会组织治理的逻辑;其二是支持性评估培育社会组织,使其成为社会治理主体的逻辑,两重逻辑共同构成了社会组织治理转型的实践机制和有效路径。具体体现为三个方面:

(一) 政府的放权与合理定位

引入第三方评估机制是政府在社会组织治理创新中的重要举措,也是政府主导下社会力量参与协同治理的实践探索。而第三方评估机构之所以能够实现与政府的协同治理,有赖于政府的放权和合理定位。首先,政府部门主动建构与其他治理主体的合作机制,委托第三方专业机构参与社会组织治理并支持社会组织的发展,培育其作为社会治理的主体。其次,政府赋权于第三方评估机构,通过支持性的制度设计保障了第三方的自主运作空间,并建立互动与问题反馈机制,重视协商对话以实现共同治理。最后,政府部门定位为引导者而非强制者,通过制定相关规则以及事前和事后监督规范第三方评估机构的行为,在评估过程中保障第三方评估机构作为独立责任主体,故而能够建构一套更为灵活有效、权责分明的制度体系。①

(二) 第三方评估机构的自主性和专业性的发挥

协同治理所强调的多元社会主体协作,同时也是对专业性的关注。政府的放权和合理定位使评估工作能够以专业性为基点进行体系建构,是第三方评估机构的自主性和专业性发挥的关键。第三方是专业知识、技术资源的所有者,一方面,第三方评估机制的建立和完善需要专业评估机构的参与。第三方在评估实践与相关研究中积累的理论与经验,能够辅助政府完善评估指标和评估方法,使评估能够真正发挥对社会组织的引领并将社会组织的真实状况呈现出来。另一方面,第三方评估机构提供专业的评估服务需要保障独立的运作空间,发挥其自主性和专业性。一是避免被嵌入行政体系之中,保证评估的公正性;二是有益于提供专

---

① 陶传进:《社会组织的第三方评估》,《中国社会组织》2016 年第 24 期。

业的评估服务，提升评估的效率和效果，并促进社会组织与项目运作的信息公开与社会选择。

（三）支持性评估机制的有效运行

在社会组织能力尚且不足的过渡阶段，支持性评估与政府深化社会组织治理改革相亲合。通过支持性评估发展社会组织，培育其自我治理的能力，进而发挥其在社会治理中的主体地位，成为社会组织治理创新的有效机制。政府的放权与合理定位以及第三方评估机构的自主性和专业性发挥是支持性评估机制有效运行的保证。通过支持性评估指标的设计和评估方法的创新，一方面帮助社会组织在规范性基础上获得了更多的自主空间；另一方面明确了参评社会组织的定位与发展方向，改善其服务模式、提升解决社会问题的能力。同时，支持性结构的构建链接了社会组织的资源关系，整合了政府、支持性组织等社会力量，共同致力于社会组织的发展。因此，社会组织能够更好地发挥自身功能，改善提供社会服务的能力，推进社会公共服务体系建设，更好地协调社会资源再分配，增强自我治理的能力，进而参与公共事务，促进社会的整合与稳定。

总之，政府的放权与合理定位、第三方评估机构的自主性和专业性以及支持性评估的有效运行构成了社会组织治理转型的有效路径，为社会组织搭建了多元主体的支持平台。增强社会组织作为社会治理主体的力量，有益于多元主体协同治理格局的实现。

（原刊于《国家行政学院学报》2017年第4期）

组织衍生型社会企业的实践逻辑及其反思

——以长春心语协会的发展为例

社会治理是现代国家治理体系的重要组成部分，加强和创新社会治理是推进国家治理体系和治理能力现代化的重要内容。党的十九大报告指出，要建立共建共治共享的社会治理新格局，提高社会治理社会化水平，充分发挥社会力量和公众社会治理的协同作用。近年来，社会治理社会化和公共服务市场化已经成为一种发展趋势，社会组织和企业部门参与社会治理的情况越来越多，社会企业在世界范围内迅速发展，并在社会治理方面发挥了重要作用。

一 社会企业的兴起与发展类型

（一）社会企业的兴起

随着人们对欧洲第三部门的逐步了解以及应对传统福利政策带来的经济危机的现实需求，社会企业这一新型组织形式得以出现。社会企业最早源于法国经济学家蒂埃里·让泰提出的社会经济概念——社会经济是"把社会效果和间接的经济效益结合在一起"。随着以格莱珉银行为代表的商业手段解决社会问题的新型企业形式的出现，社会企业这一名词逐渐走入公众的视野。20世纪90年代初期，社会企业术语第一次出现于欧洲，1994年，经济合作与发展组织（OECD）在其发布的一份报告中首次使用了社会企业这一概念，既利用市场资源又利用非市场资源以使低技术工人重返工作岗位的组织。随后，欧洲社会企业研究网络（EMES）也设定有关"社会企业"的社会指标，它们是由一群公民首创、以资本所有权为基础、包含受活动影响的人们的参与和有限的利润分配以及施惠于社区的清楚目标①的社会企业。可见，最初的社会企业对应社会问题领域，面向市场获取社会效益，进一步改善社会福利。

社会企业在许多国家的蓬勃发展引起了我国学者和社会组织实践者的广泛关注。近十年来社会企业的研究蓬勃兴起，一些学者在对中国社会企业的考察研究中发现，社会企业的发展在我国源远流长，早在中华人民共和国成立初期就有社会企业的雏形。我国产生并存在着较为丰富的社会企业组织形式，从中华人民共和国初期的"以工代赈"组织、烈军属和贫民生产单位、计划经济时期的社会福利企业到改革开放后的街道、企事业单位办社会福利企业、为应对下岗失业问题而出现的灵活就业企业、非正规就业组织、民办非企业单位、城市住宅合作社及创业型社会企业等，②都可以看作是社会企业的雏形。社会企业作为一种新型社会组织形式，兼具社会特性和经济特性，在社会治理领域发挥了重要作用，对传统非营利组织产生了深刻影响，引发了国内大量非营利组织向社会企业的转型。而在社会治理转型浪潮下，面临公益与市场融合的潮流，社会企业采取何种路径落地生存，实现资本与公益的有机结合，成为社会治理中的一个重要问题。

（二）社会企业的发展类型

社会企业作为一种新兴的社会治理载体，在改进社会问题、促进社会良性运行和发展中发挥着重要作用。近年来，社会企业发展呈现出多元化的趋势，不同等级规模的社会企业开始出现，越来越多的人力、物力、财力开始投入到这一领域。根据现有经验研究和理论考察，本文将社会企业的生存路径总结为四种发展类型。

第一，市场助益型。社会企业是一种既不同于纯粹的商业企业，又不同于纯粹的非营利组织的创新型组织形式，其最显著的特征即为市场资源和公益目标的结合。如何利用市场资源创造社会收益解决社会问题是社会企业的重要落脚点。市场助益型社会企业直接运用市场资源创立企业，发挥企业社会责任精神，企业盈利主要用于社会目标的实现和企业的持续性运行。格莱珉银行即是典型的直接利用市场资源创办企业，

---

① 周红云、宋学增：《透视社会创新与社会企业》，中国社会出版社2016年版。
② 时立荣、徐美美、贾效伟：《建国以来我国社会企业的产生和发展模式》，《东岳论丛》2011年第9期。

并进一步实现社会目标的代表。格莱珉银行是一所孟加拉乡村银行，创始人穆罕默德·尤努斯在国有银行的内部设立格莱珉分行，为当地农村女性发放微型贷款，利用金融工具帮助贫困人群就业创业，增强经济力量，最终脱离贫困。格莱珉银行仅仅针对贫困人群开放，贷款金额很小但无须抵押，采用独特的"五人小组、中心会议、社区议题"模式，能有效扩展底层妇女的社会网络，培育社会资本，走出生活困境。目前，格莱珉模式被复制到美国、印度、墨西哥等全球 40 多个国家和地区，被证实是一种能够消除贫困的有效模式①。格莱珉银行作为一家民间信贷机构，采用市场机制运行方式，满足市场需求，致力于帮助穷人脱贫致富，成为市场助益型社会企业的标杆。

市场助益型的另一个代表是深圳残友集团，残友集团创立于 1997 年，由最初的一家复印小作坊发展到如今的以基金会、公益机构和企业三位一体协同推进的残友事业集团，其中核心的残友软件股份有限公司是一家以残障人士软件精英为主导的高科技软件企业。残友集团致力于促进残障人士等弱势群体的自我救助与可持续发展，推动残障人士在新知识经济时代的社会进程中成为卓越的发展力量。残友集团为拥有高知识技能水平的残障人士提供稳定的工作机会和优越的无障碍工作环境，在提供高服务价值平台的同时，帮助残友重塑人生价值。"三位一体"的组织架构实现了基金会整合社会公益资源，社会组织群提供社会企业群无障碍服务，社会企业群商业营利促进集团整体运行的良性生态公益链。②残友采用市场创业的方法，帮助弱势群体依托高新技术直接就业，用商业的方式解决社会问题，以经济效益发展促进社会效益提升，成为社会企业参与社会治理的典型代表。

第二，政府引导型。面对政府失灵、市场失灵和志愿失灵的困境，社会企业这一融合经济价值和社会价值的新型组织，成为政府部门探索第三部门发展转型的重要渠道。在西欧，各国政府（尤其是英国政府）以及欧盟对于社会企业的发展发挥了重要的推动作用。③政府部门通过制定法律法规提供认证支持，直接或间接的给予资金支持，推进社会企业

---

① 《格莱珉简介》，格莱珉银行，http://grameenchina.org/。
② 《残友"三位一体"架构体系》，残友集团，http://www.mycanyou.cn/。
③ Alex Nicholls, *Social Entrepreneurship: New Models of Sustainable Change*, Oxford: Oxford University Press, 2006.

市场化运作。这种以政府部门为后盾，社会化目标和市场化运营相结合的方式有效地将政府、社会和市场的力量相结合，成为社会企业发展的成功经验之一。社区利益公司是政府引导推动社会企业发展的典型代表。"社区利益公司"的设想最初是由英国首相内阁办公室"战略小组"在2002年9月的"私人行为和公共利益"报告中提出的，是作为英国慈善法的更广泛的改革议程。该报告针对社区利益公司提出"增进融资渠道、建立强大崭新品牌、得到法律保护、确保财产和利润只用于社会目的"①。随着报告的不断完善，最终，英国政府颁布《2005年社区利益公司规定》，将社区利益公司正式规定为社会企业的法律形式。社区利益公司是有限公司的一种类型，它在本质上是"非营利公司"，介于慈善组织和纯商业公司之间，是社会目的和商业形式的有机结合。② 社区利益公司既作为一项法律条款为社会企业提供法律认证，又作为一种社会企业实践形式，鼓励企业家利用商业资本盈利支持社区目标建设。

北京慈善超市是政府力量推动公共组织向社会企业探索的重要代表。慈善超市从民政部门下设的社区救助站发展而来，采用民政局捐赠中心负责，超市管理协会统筹管理，爱心超市发展有限公司市场化经营的方式，在各个街道设立慈善超市门店，直接为辖区居民提供各类公益服务。③ 政府提供政策指导和资金支持，动员社会力量直接参与市场运作，并对企业的运行进行监督，将被动的救助模式转换成可持续发展的良性运营机制。这种政府引导的市场化运行模式，虽然重视经济收益，但是经济收益不参与分红，成为公共服务领域解决政府失灵和市场失灵的有效手段。

第三，社会新创型。在加强和创新社会治理的热潮影响下，社会领域不断探索新的发展模式，建构新的公共服务理念。社会企业这一结合市场资源和公益目标的组织形式，成为推动社会资源高效运转、社会目标精准实现的重要手段。社会新创型社会企业有效整合社会资源，解决社会问题，满足社会需求，实现了社会治理手段的创新与发展。这其中

---

① Cabinet Office strategy Unit, *Private Action, Public Benefit: A Review of Charities and the Wider not-for-profit Sector*, London: Strategy Unit Report, 2002.

② 王世强：《社区利益公司——英国社会企业的特有法律形式》，《北京政法职业学院学报》2012年第2期。

③ 周红云、宋学增：《透视社会创新与社会企业》，中国社会出版社2016年版。

既包括非营利组织和商业企业合作实现公益与市场的共赢，也包括商业企业向社会企业转型实现商业复兴与公益创新的发展路径。一方面利用商业资本提供资金支持；另一方面坚持公益使命解决社会问题。在整合多重社会资源的同时，探寻出公益慈善的多种路径，实现合作共赢，为社会新创型社会企业的成功发展奠定了基础。社会新创型社会企业不仅仅是单方面的利益输出，更是一项可持续的生态发展模式。台湾彭婉如文教基金会与娇生公司合作创办了"娇生妇女就业贷款"，贷款给弱势妇女以支付职业培训期间学费及生活费，充当就业辅导金的功能。在帮助妇女获得就业技能的同时，彭婉如基金会依靠自身"小区照顾支持服务系统"整合小区照顾项目客户需求信息，为小区照顾福利服务供需双方进行工作对接，实现协助妇女的职业训练、就业辅导、就业支持与就业介绍等机构策略目标，使得这一创新社会企业项目得以持续发展。①

贵州晟世锦绣民族文化投资有限公司是一家 2010 年注册成立的以民族手工为核心的时尚消费品企业。晟世锦绣公司致力于研发、生产和销售民族刺绣、民族服饰等民族工艺品，通过社会企业的模式，将民族文化产业化，在传承民族文化的同时提高了当地妇女群体经济收入和社会地位。公司在成立之初就以文化保护为宗旨，不断挖掘文化资源，探索公司发展方向。随着民族手工艺品生活化和时尚化的发展方向的确立，逐渐扩大规模，形成农户 + 合作社 + 企业的集培训、研发、生产、加工为一体的产业化链条。民族文化不仅被投入了市场中，更是结合到了乡村旅游中，目前，当地已经开发出了以培训基地带动周边村寨协同发展的良性运转模式。②晟世锦绣公司作为优秀的初创型社会企业代表，以传统民族文化产业化的方式，结合当地文化资本与外在经济资源，形成商业价值、文化价值和社会价值的互融互通。

第四，组织衍生型。非营利组织在提供社会服务和解决社会问题方面产生了重大影响，因而非营利组织参与社会治理热潮不断。但是通过对实践的考察，发现存在一些非营利组织在面临资源困境、组织可持续发展危机的状态下尝试朝向社会企业探索，企图通过社会企业的衍生实现自我造血，推动社会组织与社会企业协同发展。这种处于萌芽阶段的

---

① 郑胜分、王致雅：《台湾社会企业的发展经验》，《中国非营利评论》2010 年第 2 期。
② 周红云、宋学增：《透视社会创新与社会企业》，中国社会出版社 2016 年版。

组织形式，被称为组织衍生型社会企业，具体表现为非营利组织为主体，社会企业为分支，非营利组织的坚实基础和经验为社会企业分支提供发展资源和路径，社会企业对非营利组织主体有较大依赖性，但在一定程度上反哺非营利组织；具体操作上，社会组织理事会和管理层横跨双向体制，日常活动紧密相连，社会企业和社会组织双轨并进。区别于成熟的社会企业发展类型，组织衍生社会企业公益指向明确，市场化手段薄弱，社会价值的实现多于企业盈利的获取，具有显著的个性化特征。

二 组织衍生型社会企业的实践逻辑

非营利组织的资金来源主要有慈善捐赠和政府补贴两种渠道，渠道单一且不稳定，组织在发展过程中受到很大限制，组织衍生型社会企业是非营利组织突破转型的重要路径。笔者在东北地区社会组织的调研中发现，在社会企业的本土化实践过程中，非营利组织的发展与转型既伴随着时代的需求也呈现了组织自身的路径探索，从而形成了组织衍生型社会企业独特的实践逻辑。

（一）组织衍生型社会企业的缘起

心语协会是一家拥有20多年公益历史的非营利组织，主要服务领域有助残、助学和心理援助。在助残项目的开展过程中，累计为1200名残障人士提供了技能培训和社会融入等服务，积累了丰富的助残经验。因此，组织在突破发展困境时选择将助残服务社会企业化，并于2011年注册了一家手工制品有限责任公司，试图通过市场化操作为组织带来更多资源活力。

第一，助残活动的拓展。心语协会自成立以来已经从事多年的助残公益活动，其中一个代表性助残项目是"快乐课堂"。"快乐课堂"主要针对20岁左右的残障人士，每逢周末，协会组织大学生志愿者为残障人士教授语文、英语、历史、计算机等文化基础课程，并组织有兴趣学习手工制作的残障人士集体学习中国结编织技术，活动累计教授了89名残友编织中国结，丰富了残障人士的精神文化及手工技能。手工兴趣课堂的开展为社会企业的成立奠定了基础。随着"快乐课堂"参与人数的增多，手工制作的成果越来越丰富，组织开始尝试进行手工艺品销售。作为一家非营利机构，在商品销售方面面临着合法性、专业性和公信力等诸多问题，为了实现残友手工产品销售渠道的畅通，2011年，心语协会的负责人于女士作为法人代表注册成立了Y手工制品有限责任公司——心语社会企业。

心语社会企业秉承原有社会组织的理念，旨在帮助残障人士重塑信心，在创造社会价值的同时，实现自我价值，融入社会，改变社会对残障人士的刻板印象。他们多年来通过益乐工坊不断推动残健共融，包括设立亲子体验课堂，让青少年通过互动活动改变对残障人士的看法，关心和理解残障人士的需求。于女士主张现在处于创办社会企业的初期，更注重的是通过企业的运营、产品的生产和销售来增加残障人士的收入，树立起他们自我生存的自信心和能力。

第二，自我造血功能的推动。一般来说，社会组织在快速发展的同时，会受到资源限制的困扰。公共资源竞争加剧，日常活动和管理成本不断上升，非营利组织的运营开支难以得到稳定有效的保障。面临生存困境，非营利组织亟须探索出一条新的路径来保障组织的持续发展。社会企业兼顾市场资源和公益目的的创新发展战略为非营利组织的可持续发展提供了新的思路。非营利组织衍生社会企业的自我造血功能，在于组织减少对外资源的依赖，通过商业化的方式将公益资源转化为社会效益，一方面降低组织的运营成本；另一方面实现自我创收，将市场资源与公益目的相结合，实现社会企业与非营利机构双轨并进，协同发展。

在访谈过程中于女士提到，创办社会企业的初衷就是要通过市场的手段，强化自我造血的生存功能。社会企业一方面为特定人群服务，带来了社会价值，是其社会责任感使然；另一方面通过开发助残公益产品，希望探索出新的助残模式。机构的资金主要来源有三方面，基金会、政府、企业创投。但是由于东北地区本身市场经济不够发达，公益意识欠缺，草根组织难以获得企业的直接投资，政府给予社会组织参与社会治理的自由度和支持度低，因而选择自我衍生的社会企业应利用现有的组织资源为社会企业发展打造良好基础，进一步利用社会企业占有市场资源增进社会效益，促进机构自身发展。

（二）组织衍生型社会企业的运行

非营利组织衍生社会企业往往是以非营利组织的发展需求、自身的社会目标和项目特色为基础，并为社会企业的创立提供资金来源；社会企业通过销售产品和提供公共服务进入市场，获取经济利润，所得利润用于帮助困难群体解决社会问题并保持社会企业的持续运营。

第一，与公益项目相结合。心语协会在助残活动中，申请公益创投项目，利用项目资金组织残障人士开展中国结编织技能培训，在2016年9月至2017年8月期间，累计在吉林省内的11个地区集中开设了11个"益乐工坊"，为300—500名出行不便的肢体残障人士提供手工制作培训。益乐工坊培训班对残障人士免费开放，并为残友免费提供手工制作的原材料，一个地区的培训周期为15天，通过集中学习，残友可以掌握基础编织技能。"益乐工坊"以心语协会最初的残友驿站为基点，培训结束后，残友可以通过驿站来进行技术交流，不断提升编织技能。"益乐工坊"鼓励优秀学员帮助新成员，集中培训结束后以老带新的方式不断增添新成员，通过录制中国结编织教程，为各地区学员提供网络视频学习。长春总部每周三、周五开设面向残友的免费课程，为所有有意愿学习手工编织的残障人士提供便利渠道。项目资金的支持，使得这一技能培训得以迅速开展，从长春市区扩展到周边市县。中国结编织对吉林省内的残障人士产生了重要影响，越来越多的残友了解到"益乐工坊"并加入培训队伍中来。

第二，依托公益资源建立生产销售体系。通过中国结编织技能培训，巩固和扩大产品的生产能力。生产销售一体化培训课程结束后，心语社会企业立即与技能合格的残障人士签订手工制作回收协议，对签订协议的残友当月分配制作任务，防止学员流失。采用邮寄原材料、预付手工费的方式实现残友居家就业，最大化地降低残友的成本，增加残友的便利度。成品由当地负责人上门回收筛选邮寄回长春总部，公司对合格的产品进行计件付费，当月结算。

以11个地区为基础生产的手工艺品，全部由心语社会企业进行销售，主要有以下三种销售渠道。其一，与长春本地五十多家企业签订爱心展架协议，在企业内无偿投放自助销售展架，进行手工艺品售卖；其二，以志愿者力量为支撑，联合高校志愿者协会开展手工艺品义卖，长春十九所高校志愿者协会分批定期开展义卖活动，成为大学生志愿者公益实践活动的重要组成部分；其三，以社会资源为辅助，益乐工坊参加了长春地区各类博览会与企业展销义卖活动，在商业企业的支持下进行公益义卖，将"益乐工坊"的手工品牌进行多方位推广。销售所得利润用于支付残障人士的手工费、购买原材料以及公司的整体运行,目前心语社会企业已经与154名残友签订产品回收协议,每月为残友支付手工费一万多元。

第三,公益推广,助残文化软着陆。心语社会企业在帮助残障人士就业的同时更是希望助残公益理念得以广泛宣传,改善社会大众对残障人士的印象。益乐工坊不仅面向残障人士开设免费课程,还面向所有社会健全人士开放体验课程,注重打造亲子活动、校园课外实践活动基地,通过残障人士为健全人士教授手工制作的方法,鼓励其融入社会。另外,益乐工坊体验推广课对接长春市12所高校,开展了大学生手工课堂交流活动,累计参与人数500余人,实现了社会多层次参与,引发了社会的广泛关注。在不断推广助残理念的过程中,宣传品牌文化理念,实现手工制作的文化软着陆。

(三) 社会企业反哺社会组织

非营利组织衍生社会企业的过程是双轨制并进的雏形。非营利组织推进社会企业发展,社会企业反哺社会组织,二者优势互补,协同发展。

第一,扩大社会影响力。作为拥有20多年公益历史的社会公益组织,心语协会多年的公益活动一直局限于固定的区域和人群,受益群众有限,传播范围较窄,社会的影响力有限。随着心语社会企业的注册成立,商业模式的运营使得心语链接的社会群体范围进一步扩大,社会知名度和影响力显著提升。心语社会企业发展的几年时间里,合作爱心企业60多家,涵盖餐饮食品、消费娱乐、教学辅导、证券经济等多种类型,渗透大众生活的方方面面。分布广泛的自助销售展架使得社会大众参与助残公益更加便捷,随手做公益的理念广泛普及。参与农博会、创业就业博览会的展销,企业联合义卖的商业合作模式拓宽了机构的服务领域,扩大了公益市场。将残障人士手工产品推向市场的同时,心语社会企业走进普通公众的视野里,越来越多的人了解到它的公益目标,参与助残活动,进行公益实践。

第二,拓展资源渠道。心语社会企业以商业模式解决社会问题的创新路径,不仅开拓了组织本身的发展思维,更是直接给组织的发展注入了新的活力。通过培训残障人士手工技能,销售手工产品的利润直接反馈给残友,自我创收实现助残活动资源的自我供给。凭借手工产品的销售,组织链接更多的社会企业交流平台,获得更多的社会捐赠,拓展社会资源，实现社会价值带动经济收益。如于女士所说，益乐工坊项目运行的一年时间里，通过义卖销售产品，建立知名度，协会收到社会捐赠7万多元，不仅获得了营利性收入更是提升了捐赠性收入。凭借益乐工坊的实践积累，心语协会申请到当地政府的购买服务项目，拓展公益创投资源。作为组织公益服务的新分支，社会企业的市场化运营拓展了社会组织的资源渠道，一定程度缓解了组织资金匮乏的限制。

第三，增强组织合法性。斯科特认为合法性是由一系列正确或恰当的社会规范定义的状态或行为属性，并划分了三种合法性研究视角，分别为规制合法性、规范合法性和认知合法性。组织合法性的确立有利于组织获取外部资源便捷化、运行效率提升。[1] 新制度主义学派认为社会组织在发展过程中会通过对外部的已确立的制度的依赖，减少组织的动荡和维持组织稳定性，以组织结构的制度性增强组织合法性，促使组织的成功和生存。[2] 非营利组织衍生社会企业是顺应内外部制度环境的变化的重要抉择。

社会企业模式为社会组织的市场化运作提供了制度合法性。首先，东北地区对社会组织参与社会治理的限制导致心语协会在自主独立发展过程中受到多重限制，选择直接在工商注册，使得心语社会企业具有了政策合法性，为心语协会进一步利用市场资源提供了合法性依据。同时，组织提供公共服务内容的增多，为组织与政府的合作提供了更多的可能性。下一步的发展过程中，心语协会将联合市残联共同开展助残活动，创新助残公益模式的同时增进组织自身的合法性。其次，社会组织衍生社会企业，组织可以通过对现有的正式程序或组织结构进行调整，创造更灵活的效率机制，提升运行效率，降低运营成本。心语协会2017年获得了ISO 9001质量认证，通过一系列标准化运作，实现社会企业分支与社会组织主体的协调运行。最后，通过商业手段运行、助残公益理念的推广，心语协会的助残服务得到了社会公众的广泛认知与赞同，提升了组织的认知合法性。

---

[1] ［美］W. 理查德·斯科特：《制度与组织》，姚伟、王黎芳译，中国人民大学出版社2010年版。

[2] ［美］沃尔特·W. 鲍威尔、保罗·J. 迪马吉奥：《组织分析的新制度主义》，姚伟译，上海人民出版社2008年版。

三　组织衍生型社会企业发展的困境与发展进路反思

当前中国社会正处在加速转型的重要阶段，社会治理的社会化水平提高亟须调动多重社会力量的参与。组织衍生型社会企业在参与社会治理和促进组织良性运行方面取得了一定的成果，但是处于探索期的社会企业发展类型仍然存在着许多问题。鼓励非营利组织朝向社会企业的探索，实现公益事业的可持续发展，为社会治理注入新的活力，既需要政府、社会、组织本身的协同合作，也需要积累面向市场的运行能力和资源。

（一）组织衍生型社会企业的双重困境

社会企业的发展尚处在广泛的摸索阶段，组织衍生型社会企业更是面临着现实和理论层面的双重困境。

从现实层面看，作为非营利组织派生出来的新的组织形式，其发展的初期具有高度依赖性，存在诸多不足与缺陷。

首先，社会效益有限。组织衍生型社会企业依据非营利组织发展经验，面向市场提供社会服务或销售商品。一方面，销售商品在不具备大规模机械化的生产力的前提下，生产商品成本高，销售利润低，服务对象获得的经济回报有限；另一方面，提供社会服务在不具备系统化服务设施和人员配置的情况下，服务水平有限，服务对象享有的服务质量不高，因而组织衍生型社会企业在没有强力的商业手段支撑下，难以取得广泛的社会效益。根据项目负责人介绍，益乐工坊共有 30 个团队，覆盖 801 人，但是残友们每月的手工费多数在 100 元左右，对经济收入的改善不明显。笔者在针对签订手工制作协议的残友进行的问卷调查结果中显示，大多数的残友认为，益乐工坊对自己经济收入的改善有限，无法单纯依靠手工制作实现就业生存。在长期经济收入无法得到明显改善的情况下，存在部分残友流失的情况。

其次，运行效率不足。社会企业由社会组织衍生而来，这决定着他们的行事逻辑中，社会组织固有的思维方式和行为模式占据主导地位，难以适应企业面向市场的竞争机制。特别是社会组织中缺乏企业管理的人才，导致社会企业的管理发展中存在诸多漏洞。产品单一且销售模式固化，占领市场力度低，无法直接实现市场化销售。益乐工坊以培训残障人士手工编织中国结为主，产品也以中国结为核心。目前的销售渠道主要有三方面，一是企业投放自助销售展架；二是参展义卖；三是高校志愿者义卖。可以看出，产品的销售多是采取义卖的方式，产品自身的价值没有得到充分肯定，这种初级的直销模式没能真正地打开市场。随着中国结编织队伍的壮大，无法占领市场导致库存压力逐渐加大，心语社会企业的经济收入与成本难以持恒，协会对公司的资金投入也难以获得直接的反馈，自我造血功能薄弱。

最后，主体性发挥欠缺。社会治理意味着包括社会企业在内的各社会主体不仅为监督者的角色，也是治理架构与过程中的行动者，各主体相互之间密切合作，形成多元治理、协商共治的有效机制，以弥补政府公共服务的不足。组织衍生型社会企业市场化手段薄弱，独立性不强，更多地依赖政府、组织和社会公众的支持，在参与社会治理的过程中主体性功能发挥欠缺。益乐工坊由心语协会的助残部门衍生而来，通过销售残障人士手工编织产品的方式提高残障人士的经济收入，并且鼓励残障人士融入社会，关怀残障人士的心理健康。这些针对残障人士的公共服务取得了一定的效果，但是仍然没有脱离传统的助残思维。依附原有组织的支持，通过宣传公益理念获取经济收益，无法真正实现参与社会治理的主体化角色。

从理论层面看，社会企业作为一种新的组织形态，其意图在于指向公益领域与市场领域的交汇。定位于此，意味着社会企业在兼具多重身份属性的同时，也需要明确和清晰自身的发展方向。是立足于商业身份，还是坚持社会组织的诉求，成为看待社会企业发展的争论焦点。将社会企业视作一种新型商业模式是徐永光等人提出的观点。公益向右，商业向左，左右逢源，殊途同归，当两者交集于社会企业时，公益和商业已然浑然一体，成为一边赚钱一边为社会谋福利的新模式。① 在徐永光看来，社会企业是一种集环境目标和社会目标为一体的商业模式，这种商业模式正是可以弥补三个部门失灵、又超越三个部门的"第四部门"，是非营利组织寻求可持续发展的重要出路。

---

① 徐永光：《公益向右，商业向左》，中信出版社 2017 年版。

相应的批评观点则认为社会企业只是社会组织运作的一种模式，其坚持的仍应是公共利益为先。康晓光所秉持的就是这种观点，他认为，尽管公益与商业的融合成为公益发展的趋势，但是公益的利他主义主旨已经建构起完善的组织体系，现有的公益模式是可行的，也是可持续的。社会企业主要依赖提供有偿服务和产品获取收入，适用领域有限，这种试图同时利用人的利己与利他之心，驱动组织高效运转的理想模式还需要探索。并且针对"融合"大潮，康晓光总结道，不是"公益向右，商业向左"，而是"人类向善"。人类向善，公益向右才能真正学习商业管理之长，提高组织效率；人类向善，商业向左才能真正发挥利他精神，践行公益理念。①

徐永光与康晓光所代表的上述两种观点构成了对于社会企业的公众认知，同时表明了社会企业发展的不同进路。作为理念的伸张，其一着眼于商业属性，以经济效益促社会效益；另一种观点则强调社会属性，坚守公益初心不变。面对商业取向和社会取向的不同进路，组织衍生型社会企业究竟该向何处仍是值得探寻的问题。

（二）组织衍生型社会企业的发展进路

组织衍生型社会企业作为非营利组织突破转型的发展渠道，对建构良好的社会治理环境、提高社会治理绩效、促进公益事业持续发展具有重要意义。这种发展趋向既是当下社会企业在中国萌生的现实呈现，又是实践发展的初步展开。但是必须要注意的是，趋向社会企业的这种发展只是社会组织的一种尝试，这种发展方向对于社会组织来说只是一种供给社会服务、参与社会治理的路径与手段。而就这种特定类型的社会组织而言，推动组织衍生型社会企业的发展不仅仅需要外部环境的支持，更需要自身能力的强化。

一方面，外部环境的支持是社会企业生存发展的根本保障。首先，政府管理部门要在制度与政策方面对社会企业的探索给予一定的空间，明确或开放专门的注册门类，提供社会企业合法化依据，在社会企业的市场化运营中给予适当的政策引导和支持。其次，非营利组织和营利性企业应该形成战略合作，搭建起社会合作平台，不仅仅提供资金支持，

---

① 康晓光：《驳"永光谬论"——评徐永光〈公益向右，商业向左〉》，《公益慈善论坛》2017年第9期。

更应提供技能引导和战略分析的能力支持。最后，社会公众需要形成广泛的公益价值取向，深化对社会企业的认识，积极参与社会企业的市场运作，发挥市场监督作用，不断提升组织衍生型社会企业运行效率。

另一方面，明确自身定位是组织衍生型社会企业可持续发展的重要理论基石。首先，非营利组织需要逐步完善内部管理机制，在坚持原有组织管理理念的同时引入商业企业管理方法，有针对地配置专业人才，积累面向市场运行的能力和资源。其次，组织衍生型社会企业需要在坚持原有组织公益使命的前提下，找准自身市场化运行的正确模式，以高效的商业模式推动组织自身的发展。最后，社会组织衍生社会企业需要加强与外界领域的交流与合作，注重资源整合，积极参与社会治理，发挥主人翁精神，以社会效益最大化为宗旨，实现社会企业和社会组织发展齐头并进。

社会企业的发展在不同地区有着不同的发展现状，其他地区成熟的经验和理念可以为内陆新兴社会企业的发展提供借鉴。台湾地区玛纳—光原社会组织双轨制发展模式是社会组织和社会企业双轨并进的一种成熟代表。玛纳有机文化生活促进会与光原社会企业优势互补，二者形成以帮助阿里山原住民经济发展及保护环境等为社会目标的社会企业发展模式。玛纳作为非营利组织吸收了很多外部的资源，而光原公司通过市场运作，一方面打通了销售渠道在市场上获得盈利；另一方面这些盈利反过来也可以支援玛纳的各项活动。① 玛纳—光原利用当地的资源优势，引入市场化操作模式，推动社会企业的活力运转。这种一个社会目标、两套操作体系、不断创新驱动、开放发展的理念成为社会企业持续发展的不竭动力。玛纳—光原作为非营利组织和社会企业协同发展的典型案例，实现了商业资本与公益目标的有效融合，为组织衍生型社会企业的发展提供了一种可以参照的方向。

（原刊于《学习与探索》2018 年第 8 期）

---

① 郑南、庄家怡：《社会组织的双轨制成长模式——以台湾"玛纳—光原"社会企业为例》，《吉林大学社会科学学报》2018 年第 2 期。

后 记

早春三月，在中国的南方已是鲜花和绿草的满园春色，而对东北来说，春天的脚步尚还步履蹒跚，时而漫天大雪，时而冰冻路面。正是在这季节交换之际，我于3月上旬离开家乡，来到邻国日本进行为期一个月的学术访问和学术交流。

此行日本是受到国家留学基金委的资助，并紧紧围绕着我多年关注的学术研究方向：社会治理与社区自治组织发展的主题进行学术调研和学术交流。在日本期间，名古屋大学社会学研究室丹边宣彦教授、室井研二副教授给予了非常周到的学术活动安排，并就相关的学术话题展开了充分的学术交流。在他们的协助和安排下，进行了多次有针对性的调研和访谈。此行还访问了关西学院大学社会学部社会学研究科的陈立行教授，就共同关心的话题进行了深入的交流。

首先，关于环境治理的调研和访谈。在3月中旬，我们对三重县的四日市进行了两次调研。四日市位于北伊势湾工业区的中心地带，以石油化工产业为主。初次调研是由矶津环境学校（一个环境教育自治组织）的负责人萩森繁树先生介绍当地化工企业建造之后严重的大气污染及现在经过改造和治理的情况，并引导我们进行了实地考察。第二次我们专程参观了四日市公害与环境未来馆，观看了由于大批化工、炼油厂的建设和开发，引起当地环境、空气的严重污染问题，由此当地一些居民患上哮喘病，引发了社会各阶层的关注，并由受害居民提起法律诉讼。许多学者参与援助，最后几经辩论和庭审，患病者获得了治疗和赔偿。从此以后，环境污染的治理，受到政府及社会各界的关注，促生了大量关于相关教育、法律、医疗等社会公益自治组织，相关企业投入了大量的资金和行动进行污染治理，公民自治组织积极开展相关的教育、宣传、互助等社会行动，四日市政府专门筹资建立了公害与环境未来馆供人们参观、学习和交流。

其次，关于社区自治组织的调研和访谈。在3月下旬和4月上旬，我们分别调研了丰田市、名古屋市、尼崎市等地的社区自治经验及自治组织的作用状况。其中，南部生活协会很具有典型性。它成立60年来已有会员9000多人，成立了服务于地方居民的医院、养老院、幼儿园、生活服务中心等机构60多家，在社区层面还有大量的居民自组织的自治互助组织，如由退休要人自发组织起来的"男人帮"，成为社区互助的一支重要力量，在当地社会和居民中形成广泛的社会影响，许多老人和家庭得到各方面的援助和社会支持。另外，我们还针对丰田市以丰田汽车产业工人为主导的"单位"社区进行调研和访谈，社区居民的自治组织十分活跃，既有社区的日常管理，如垃圾分类处理、社区环境的绿化；还有丰富的社区活动，如3月的赏樱纪念活动，以及居民组织的文艺节目和各种居民的互动活动。

再次，关于丰田市市役所的调研和访谈。在社会治理和社区建设方面，多元主体如何发挥各自的主体作用，扮演好自己的角色，也是我们研究中一直关注的问题。我调研了丰田市役所地域振兴部自治推进室的地域支援科，在调研中我们发现，丰田市役所负责所辖的十二个自治区，出台相关的地域自治政策和地域自治条例的推进和执行。设立了公共事业提案制度和市民活动促进补助金，用来支持市民自主活动和公共事业的开展。专设了市民活动促进委员会与地域自治区会议共同推进地域自治活动的有效开展。对自治组织的支援类别多种多样，支持资金不是来自政府，而是基金会，通过社区提供的项目需求计划，每年3月召开地域会议确定补助项目，4月公募项目的支持基金，并进行公开评审，5月批准项目实施。从5年的项目支持资金在逐年增长，但项目类别的支持却有不同，有的一直持续5年或更长时间，如社区的环境保护或绿化，有的项目可能是短期的，1年的或2年的。调研中他们为我们提供了非常详细的数据，来呈现5年中他们的支持计划和各类项目，从中可以看到政府工作人员对社区支持方面做了许多工作，并有一整套计划和制度规则。

今年3至4月在日本一个月的学术调研和访问交流，可以说是我多年来研究非营利组织建设、发展、治理的延续。学习和了解发达国家社会治理的经验，对于我们国家正在进行的基层社区治理和社区居民良性互动，增加居民的社会参与，提高自治能力具有许多参照价值和意义。

我从 2015 年到现在先后来日本名古屋大学学术交流三次，每一次都在丹边宣彦教授的精心安排下进行了较充分的调研，调研所获对于我们研究中国社会的社区自治、非营利组织的发展方面给予了很多的启示，这是我在后记中将此行调研的主要内容做一介绍的缘由。所以我要将这次学术交流的主题在此做一小结，也成为我下一步研究的重点和方向。同时，还借此向丹边宣彦教授给予的学术支持表示由衷的谢意！

正是在日本学术交流调研期间，我利用一些时间来整理即将要交由出版社出版的自选集。因为这本自选集汇集了我与我的学生们 10 多年来对中国社会变迁发展中社会组织的成长、发育、发展的研究成果。许多成果是我与学生共同调研、共同研究讨论、反复修改而成，这里他们为论文的基础研究、资料的提供、观点的形成都做出了十分重要的贡献。在此我要感谢我的学生们在学习期间的努力和付出。

此外，我还要向期刊界的朋友和编辑们表达感激之情！自选集中 26 篇论文，虽然渗透着作者的辛劳和汗水，但每一篇论文的发表都是在编辑们的精心编辑和认真修改中得以完善，这里凝聚了许多编辑的付出和劳动，特别是一些文章是在编辑们的约稿和督促下完成的。有了这些互动和支持才有这本自选集的成功集结。

在此我还要感谢我们的学院和学科同仁，在社会学的学术研究和成果的出版给予的支持和帮助。学术研究要有一个好的环境和氛围，学术伙伴们的共同探讨，理解和支持是学术研究的动力。

最后，我要感谢我的亲人和家人。我上有 96 岁高龄的母亲，下有 5 岁的孙女和刚刚 2 岁多的孙子，多年来家人们为照顾老人和孩子付出了很多，并支持和激励着我的学术热情和投入。我的丈夫也一直支持我的学术工作，承担了家里的主要事务。有了他们的理解和支持才能有今天成果的出版。

这篇后记是在从日本回国的飞机上一气呵成的。感谢今天航班延误，让我有充足的时间进行写作，就此搁笔。

2019 年 4 月 8 日作者于飞机上